KRAFT KARL ERNST VON MOY DE SONS

DAS EHERECHT DER CHRISTEN

KRAFT KARL ERNST
VON MOY DE SONS

Das Eherecht der Christen

in der morgenländischen und abendländischen Kirche bis zur Zeit Karls des Großen, nach den Quellen dargestellt

1. (einziger) Teil

Geschichte des christlichen Eherechts

NEUDRUCK DER AUSGABE REGENSBURG 1833

SCIENTIA VERLAG AALEN · 1970

Titelnummer 203/00721
ISBN 3 511 00721 6
Druck: fotokop wilhelm weihert,
Kleyerstraße 12, Darmstadt
PRINTED IN GERMANY

Das

Eherecht der Christen

in der

morgenländischen und abendländischen Kirche

bis zur Zeit

Karls des Großen

nach den Quellen dargestellt

von

Dr. E. v. Moy,

ordentl. öffentlichem Professor der Rechte zu Würzburg.

Regensburg, 1833.

Im Verlag von Friedrich Pustet.

Drei schöne Dinge sind, die beides Gott und den Menschen wohl gefallen: Wenn Brüder eins sind, und die Nachbarn sich lieb haben und Mann und Weib sich mit einander wohl begehen.

Sirach XXV. 1, 2.

NEUDRUCK 1970 · SCIENTIA VERLAG AALEN

Seiner

Bischöflichen Gnaden

dem

Hochwürdigsten Herrn Herrn,

Franz Xaver Schwäbl,

Bischof von Regensburg,

Ehrenmitgliede des Metropolitan-Kapitels München-Freysing.

ehrfurchtsvollst gewidmet

von

dem Verleger.

Vorwort.

Die Aufgabe, welche ich mir bei diesem Werke, wovon der erste Theil hiermit der lesenden Welt übergeben wird, gestellt habe, ist die, das christliche Eherecht, der morgenländischen Kirche sowohl als der abendländischen, in seiner historischen Fortbildung bis auf die Gegenwart darzustellen. Dieser erste Band umfaßt die Zeit bis Karl den Großen; diejenige Periode, in welcher die Kirche aus einem langen Kampfe mit dem Heidenthume, auch in Betreff ihrer Grundsätze über die Ehe, immer siegreicher hervorging. Wohl hätte dieser erste Band noch einer letzten Ueberarbeitung bedürft; allein zum Advokaten ernannt und immer mehr von den Geschäften in Anspruch genommen, glaubte ich ihn im verflossenen Winter dem Drucke übergeben zu müssen, weil ich für eine lange Zukunft nicht mehr die Muße zu gewinnen hoffte, die zu solchen Arbeiten nöthig ist. Jetzt, nachdem des Königs Gnade mich den wissenschaftlichen Bestrebungen zurückgegeben hat, die mir die theuersten sind, habe ich mir vorgenommen, bey der Durchführung meiner Aufgabe bis auf die neuesten Zeiten in einem zweyten Theile, der, sobald es die Umstände gestatten, erscheinen soll, es an dem Fleiße, der Umsicht und strengen Selbstprüfung nimmer fehlen zu lassen, die man in diesem ersten Theile vielleicht hie und da vermissen wird. Möge dieser ernstlich ausgesprochene gute Vorsatz als die einzige Erwiederung auf jede zu gewärtigende Kritik meines Buches hier stehen.

Die steigende Wichtigkeit des Gegenstandes wird dem Buche doch wohl einige Theilnahme zuwenden. Einen Nutzen wird es wohl auch stiften, daß nemlich diejenigen, die es lesen, nachzudenken veranlaßt werden über die Bedeutung der kirchlichen Einrichtung, an welche, mit dem Heile der Familien, der Segen aller folgenden Geschlechter geknüpft ist, sowie über die schwere

Verantwortung, die auf den Inhabern der weltlichen Gewalt ruht, welche, je nach ihrem Verhalten zur Kirche, diesen Segen ihren Völkern bewahren oder zertreten.

Ich habe dem Werke die Einrichtung gegeben, nach der es in seinen Resultaten am leichtesten zu überblicken, von Gelehrten, Geistlichen und Geschäftsmännern, die sich in dem Fache umzusehen haben, am bequemsten zu benützen seyn dürfte. Die Texte aus den griechischen Vätern und Concilien habe ich, wo es mir nöthig schien oder sich eben auch zufällig fügte, in der Ursprache angeführt. Auf die Bemerkung des Verlegers, daß dieses vielen Lesern unlieb seyn mögte, habe ich die meisten im Anhange übersetzt. Controversen habe ich nur berührt, wo es unvermeidlich schien.

Daß ich irgend jemand die eigene Prüfung erschweren oder verleiden, Dichtung für Wahrheit habe geben wollen, wird man mir hoffentlich nicht vorwerfen. Sollte es doch geschehen, so müßte ich den beklagen, der sich auf diese Weise befangen und lieblos zeigte. Das Buch soll nicht von mir, sondern von höherer Wahrheit Zeugniß geben.

München den 30. September 1833.

Der Verfasser.

Geschichte

des

christlichen Eherechts

von

Dr. E. v. Moy,
ord. öffentlichem Professor der Rechte zu Würzburg.

Erster Theil.

Inhalt.

I. Abtheilung.

I. Periode bis zur Regierung Constantins des Großen.

II. Abtheilung.

Periode von Constantin bis zu Karl dem Großen 323 — 800 nach Christo.

I. Abschnitt.

Das Römerreich.

II. Abschnitt.

Geschichte des Eherechts in den germanischen Reichen.

Anhang.

I. Abtheilung.

I. Periode

bis zur Regierung Constantius des Großen.

Einleitung.

Wenn wir von Ehe reden, so meinen wir damit stets die mehr oder minder vollständige Realisirung einer Idee, die beinahe in jedem unverdorbenen Gemüthe, einmal wenigstens im Leben, wie eine Blüthe sich erschließt und darum unverwüstlich und unveränderlich, durch alle Umwälzungen in den Schicksalen, Sitten und Vorstellungen der Menschen hindurch, sich behauptet hat, so daß auch unter den abgeschmacktesten Verbildungen der Rohheit und Entartung der göttliche Stempel, der ihr aufgedrückt ist, sich nicht verkennen läßt. Es ist die Idee einer aus der tiefsten Sehnsucht des liebenden Gemüths hervorgegangenen, auf unverbrüchliche Treue gegründeten Verbindung zweier Menschen zur innigsten Gemeinschaft, die die Natur unseres Daseyns nur gestatten mag. Die Realisirung dieser Idee in der Geschichte vom Anfang an, bey allen Völkern, die nach einander den Schauplatz eingenommen, zu verfolgen, gehörte sicher zu den wichtigsten Aufgaben wissen=

schaftlicher Thätigkeit; [1]) denn sie allein schon ließe uns die ganze Höhe oder Tiefe des sittlichen Standpunktes, auf dem sie zu jeder Zeit ihres Wirkens sich befanden, mit unbedingter Sicherheit auf einen Blick ermessen. Leider ist uns die Muße nicht geworden, unsere Aufgabe in solchem Umfang aufzunehmen. Wir haben darum die schönere Hälfte nur, die Geschichte der christlichen Ehe, uns erkoren und die Grundsätze, Vorstellungen und Normen, nach welchen sie sich gestaltete, darzustellen uns vorgenommen.

Dabey mußten wir vor allem den Boden, dem die christliche Lehre als lebendiger Keim sich eingesenkt, untersuchen, um zu erkennen, was in den Gebilden, die sie hervorgetrieben, ihm eigenthümlich angehört, und welche Elemente der Assimilirung und des Widerstandes darin sich vorfanden, aus welchen der Gegenstand unserer Betrachtung hervorgegangen. Die Masse der herrschenden Ideen und Verhältniße, nach welcher alles untergeordnete sich fügen und gestalten mußte, bildet in jeder Periode der großen Völkerbekehrungen diesen Boden, den wir meinen, und es versteht sich darum von selbst, daß im Beginne nur das römische Wesen, dessen Herrschaft so tief der Welt sich eingeprägt, daß noch heut zu Tag die Spuren nicht verschwunden sind, den Gegenstand unserer vorläufigen Untersuchungen überall ausmachen konnte. Das Judenthum ließen wir dagegen wohl billig meistentheils zur Seite liegen, wie die geborstene Schale, der der sproßende Keim sich einmal entwunden.

---

[1]) Ein für tiefere Auffassung durchaus nicht befriedigender Versuch ist Stäudlins Werk: Geschichte der Lehren und Vorstellungen von der Ehe. Göttingen 1830.

Rein und erhaben ist der Begriff der Ehe, welchen aus der Anschauung und der Denkweise des Volkes geschöpft, die römischen Juristen uns hinterlassen haben. **Maris et foeminae conjunctio, individuam vitae consuetudinem continens, omnis vitae consortium, divini et humani juris communicatio.**[2] Nicht selber ein Rechtsverhältniß, unmöglich der Gegenstand einer obligatio oder actio[3] ist ihnen die Ehe lediglich eine Thatsache, aus der, je nach den Verhältnißen, unter welchen sie eintritt, erst bestimmte rechtliche Wirkungen hervorgehen.[4] Diese Wirkungen hängen von der Art und Weise ab, wie die Ehe eingegangen worden, ändern aber nichts am Begriffe der Ehe, der unter allen Verhältnissen derselbe bleibt.[5] Das religiöse Moment, die Gemeinschaft der sacra, ist hier, wie überall in der ursprünglichen Anlage des römischen Gemeinwesens die Grundlage aller rechtlichen Verhältniße.[6] Darum gilt

---

[2]) §. 1 Inst. de patr. potest. (1, 9) ff. 1 D. de R. N. (23, 2). ff. 3 §. 1 D. de D. int. V. et U (24, 1) L. 4 C. de crim. expil. hered. (9, 32). Vgl. Zimmern Geschichte des römischen Privatrechts bis Justinian I. §. 132 S. 483 fg. §. 136 S. 498. Hasse Güterrecht der Ehgatten §. 2 S. 4 7 §. 3 S. 7—11.

[3]) Zimmern cit. S. 515.

[4]) Hasse cit. S. 1 u. 23.

[5]) Vgl. Zimmern cit. §. 136.

[6]) Heidelberger Jahrbücher Jahrg. 1828 Nro. 2 S. 24. Die alte römische Republik war, wie ursprünglich alle Staaten des Alterthums, eine religiöse Genossenschaft. (Sieh über den priesterlichen Ursprung der Staaten Görres Asiatische Mythengeschichte S. 16 ffg. Ekstein le catholique. Tome XV Nro. 45 Septb. 1829 p. 374.) Die griechischen Republiken hatten in religiösen Verbindungen und gemeinschaftlichen Opfern ihren Ursprung, wovon in späterer Zeit noch der Bund der Amphictyonen Zeugniß giebt (Tittmann Darstellung der griechischen Staatsverfassungen. Lpzg. 1822 S. 668 ffg. besonders S. 747). Bei den Indern, Persern und Ägyptern ist derselbe Zusammenhang ohne-

die angegebene Definition der Ehe nur von römischen Bürgern, nicht von Sklaven und von Fremden. Jenen hat ein divinum jus erst das Christenthum gegeben und darum zählen sie auch seit dem erst als Menschen im

---

hin klar. In Beziehung auf die Germanen sieh Eichhorn deutsche Staats= und Rechtsgeschichte I S. 166. Die römische Staatsentwicklung verdankt vielleicht ihren besonderen Character einer früheren religiösen Revolution, worin etwa die Kriegerkaste die priesterlichen Verrichtungen an sich riß. Der Natur einer religiösen Genossenschaft der Art entspricht es, daß, wie der gesellschaftliche Verband auf dem Nexus der sacra privata, gentilitia et publica beruhte, eben so auch alle unter Schutz und Bürgschaft der Genossenschaft stehenden Rechte zunächst unter dem Gesichtspunkte des religiösen Schutzes betrachtet und gewürdigt wurden. Damit hängt meines Erachtens der strenge Gegensatz zwischen Jus quiritium und Jus gentium (gentes hier in demselben Gegensatze gegen die römische Gesellschaft, wie später gegen die christliche); daraus erklären sich, um nur ein paar Züge flüchtig anzudeuten, die Förmlichkeiten aller gerichtlichen Verhandlungen und daß diese so lange Eigenthum und Geheimniß der Patricier blieben, die Besonderheit der Testamenti factio etc. Bestättigend für diese Ansicht ist vom Anfang bis zum Ende die Geschichte des Verhältnisses der Patricier und Plebejer zu einander, welche letztere größtentheils wohl nichts anderes waren, als Ansiedler, die sich unter den Schutz der Römer und ihrer Götter begeben hatten. (Niebuhr röm. Gesch. II. Aufl. S. 322. fg.) Das Bürgerrecht war natürlich durch die Theilnahme an den sacris publicis bedingt und eben so der Eintritt in die gens und in die engere Verwandtschaft durch die Theilnahme an den sacris gentilitiis und privatis. Connubium war daher nur zwischen Solchen möglich, die einerlei Sacra hatten. Diese scheinen die Sabiner mit den Römern gehabt zu haben; daher sie bei der Vereinigung mit den Römern als Patricier eintraten. Daraus erklärt sich der Sabinerinen Raub, weil die Römer nur bei den Sabinern Frauen, anderwärts aber nichts als Concubinen, wenn auch im besseren Sinne des Wortes, finden konnten; daraus auch der schwere Streit um das Connubium. Es ist keine Frage, daß damit, daß die Plebejer dieses ertrotzten, nicht bloß dem Uebergewicht der Patricier, sondern auch der Religion und den öffentlichen Sitten ein schwerer Stoß versetzt wurde. Nur die religiöse Frage, die in Mitte lag, erklärt den trotzigen Eifer der Patricier auf der einen und die wunderbare Lang=

geselligen Verbande*) Bei diesen konnte die Religion mit ihrem Einfluße auf das bürgerliche Leben kein Gegenstand der Beachtung des Römers seyn, der in seinem jus gentium, wonach er sie beurtheilte, nur das, was den meisten Völkern gemeinschaftlich, nicht was jedem eigenthümlich war, auffaßte (§. 1 Instit. (1, 9) cf. fr. 1 D. (1, 13).

Die ganze Stärke des ehlichen Bandes lag aber hienach in den Händen derjenigen, welche den sacris vorstanden, auf die es sich gründete, und welche die Religion und die darauf ruhende Sitte in der Familie und im öffentlichen Leben zu vertreten hatten.**) Dieß waren, in Ansehung der confarreirten Ehe die Priester, außerdem die Häupter des Geschlechts im Familiengerichte versam-

---

müthigkeit und die oft plötzlich hervortretende Scheu und Reue bei den Plebejern auf der anderen Seite in den beständigen Kämpfen, die sie mit einander hatten. Das völlige Ueberwiegen der Plebejer mußte zuletzt das religiöse Element im Rechte völlig vertilgen, obgleich noch zu Cicero's Zeit das jus pontificium einen wichtigen Bestandtheil der Rechtskenntniß bildete. Der nachhaltenden Erinnerung aber des älteren Zustandes ist vielleicht vor allem die vorherrschende Schonung der Formen und die allmälige Weiterbildung im Rechte zuzuschreiben. Aehnliches, bei ähnlicher Verbindung der Kirche mit der Verfaßung und der Aristokratie, nehmen wir ja auch in England wahr.

*) Daß sie unter Justinian noch im alten Verhältnisse standen, ist nur eine Folge davon, daß die altrömischen Traditionen und Ideen damals noch nicht hinlänglich gewichen, die christlichen nicht genugsam durchgedrungen waren. Uebrigens verstehen wir unter geselligem Verband nicht bloß das bürgerliche Recht. Der hier nur oberflächlich angedeutete Gedanke liegt auch, aber leider ganz einseitig durchgeführt, einer im Jahre 1829 mit einer Vorrede von Heeren bei Perthes erschienenen Schrift von Eisendecher: Ueber Entstehung, Entwicklung und Ausbildung des Bürgerrechts im alten Rom, zum Grunde.

**) In der späteren Zeit wirkte das Religionsgesetz als mos noch fort.

melt und darin vor allen der Mann selbst und endlich der Censor [7]).

Auf einer und derselben Grundlage unmittelbar ruhend, wie das ganze Staatsgebäude, Gesetzgebung und Recht, konnte die Ehe von diesen keine Norm empfangen und in ihnen keine Stütze finden. Es ist daher an sich leicht anzunehmen und der Natur der Sache gemäß, daß im bürgerlichen Gesetz die Scheidung nie verboten war; [8]) die nachtheiligen Folgen, die man später damit verband, waren mehr gegen das Unrecht deßen, der die Scheidung herbeigeführt, als gegen die Scheidung selbst unmittelbar gerichtet; aber eine Art religiöser Revolution mochte allerdings dazu gehören, daß sie der Gegenstand rechtlicher Anerkennung und Bestimmung werden konnte.

Eben darum ist klar, wie mit dem fortschreitenden Verfall der Religion auch den überhandnehmenden Ehscheidungen kein Damm wirksam entgegengesetzt werden konnte, und einen solchen zu setzen, beinahe außer der römischen Denkweise und Gesinnung zu liegen schien. Mit der Religion und Sitte giengen die Familiengerichte und die Autorität des Censors unter und die frechste Willkühr trieb darum wie von Rechts wegen mit dem Heiligsten das zügelloseste Spiel. Als auf diesem Wege die Ehen

---

[7]) Carl Wächter über Ehscheidungen bei den Römern S. 102. Hasse cit. §. 42 — 50. Zimmern cit. §. 154 S. 565 — 571 bes. S. 562. Savigny über die erste Ehscheidung in Rom in den Abhandlungen der Berl. Akademie v. 1814 und 1815 und in, Zeitschrift für gesch. Rechtswiss. B. V. H. III. Nro. VII. Zimmern in römisch rechtl. Untersuchungen Bd. I. Nro. 14. Vgl. Klenze über die Ehescheidung in Zeitschr. für gesch. Rechtsw. Bd. VII. H. I. S. 20—43.

[8]) Zimmern Gesch. des R. R. cit. §. 154 S. 561 Hasse cit. §. 40 S. 145 ffg. S. 148, im Anfang S. 475. Dagegen Klenze cit. Beide Meinungen dürften im Text ihre Ausgleichung finden.

größtentheils nur Verbindungen auf Monate und Tage geworden und zu bloßen Concubinaten herabgesunken waren [9]), trat auch, wie von selbst, der Concubinat, sogar in rechtlicher Beziehung, der Ehe gewissermaßen an die Seite [10]). Und so stellte sich denn allmälig jener grausenhafte Zustand der Verderbniß und moralischer Verwilderung ein, dessen oft versuchter Schilderung wir uns

---

[9]) Sic fiunt octo mariti, quinque per annum. Juv. Sat. VI. v. 20. Aut minus, aut certe non plus, tricesima lux est, et nubit decimo jam Thelesina viro. Martial VI. 7.

[10]) fr. 3 §. 1 (25,7) vgl. mit fr. 1 in der Ueberschrift cod. Früher war der Name Concubina gleichbedeutend mit Pellex (ff. 144 (50, 16) und die Pellex war der Ahndung der Gesetze unterworfen (Heineccius ad. leg. Jul. et Papp. Popp. Commentar. Lib. II c. 4 Nro. III Zimmern cit. §. 133.) In der Zeit, die noch nicht die ursprüngliche Höhe und die wahre Tendenz des Naturgesetzes, welcher Cicero (de republica lib. III) Zeugniß giebt, verkennen gelernt hatte, war eine solche Vermengung der Begriffe und Vorstellungen nicht möglich. Jetzt aber war, abgesehen von dem Ersterben aller religiösen Beziehungen, selbst die Absicht auf das omnis vitae consortium längst in keiner Ehe mehr vorhanden, und es blieb also nichts, als die Geschlechtsverbindung überhaupt übrig, quod natura omnia animalia docuit (ff. 1 §. 3 (1, 1), die sich im Concubinat eben so wie in der Ehe fand. Von nun an, war es freilich nicht bloß die Absicht des Mannes in Ansehung des Standesverhältnisses, worin er sich eine Gefährtin beigesellte, welche über das Daseyn einer Ehe oder eines Concubinats entschied (Paul R. S. II XX ff. 16 §. 1 (34, 9), sondern dieses Standesverhältniß, dignitas, war auch in der That das Einzige, was noch die Frau von der Concubine unterschied. Paul. cit. ff. 49 §. 4 (32). So trat der Concubinat an die Stelle des sogenannten Matrimonium injustum und wurde als ein inaequale conjugium und halbe Ehe geachtet, bloß dadurch, daß der Sinn für das Höhere, was die Aelteren in der ehlichen Verbindung erkannten, bei den Späteren erloschen war (Brisson opp. minor. ed. Treckell p. 202 Nota a ff. 13 (48, 5) Brower de jure connubior. L. II c. 27 Nro. 22. Ramos del Manzano de Concub Nro. 2, 3, 12, 15 in Meermann thes. jur. T. V. p. 553 Zimmern cit. §. 137 sq.)

hier füglich überheben können [11]). Wir wissen aber, wie mächtig eben die Scheußlichkeit dieses Zustandes in allen edleren Seelen die Sehnsucht nach der alten Reinheit und Strenge des großen Volkes weckte, welche Anstrengungen und Aufopferungen diese Sehnsucht Manchen einflößte; und so wird uns begreiflich, wie sie mit feurigem Eifer, namentlich in Ansehung der Ehe, die Vorschriften des Christenthums auffaßten und in ihrem Leben ausbildeten, in welchen die hohen Ideen, die als getrübte Ahnung in ihrem Gemüthe, als strafende Erinnerung aus den Monumenten der Vorzeit zu ihnen sprachen, nun verklärt ihrem Blicke sich darstellten.

Durch Christi Offenbarung und Tod war an die Stelle des bisherigen Reiches der Natur das Reich der Gnade getreten, [12]) in welchem jenes als aufgehoben erscheint*), und auch die Ehe, die bisher nur unter dem, immer mehr verkannten, Gesetze der Natur gestanden, trat nun unter das Gesetz einer höheren Weihe, welches, nicht in dunklen Gefühlen sich kund gebend, noch auch willkührlicher Forschung und Deutung preisgegeben, sondern mit Autorität verkündet, zu einer Reihe von positiven Vorschriften sich entwickelte, die wir das christliche Eherecht nennen. Die äußere Erscheinung der Ehe und ihr Verhältniß zur Gesetzgebung des Staates blieb sich dabei im Grunde gleich, nur daß an die Stelle der natürlichen

---

[11]) Sieh Wächter cit. S. 120 ffg. Meiners Geschichte des Verfalls der Sitten und Staatsverfaßung der Römer S. 199 ffg. Montesquieu Considerations sur les causes de la grandeur des Romains et de leur décadence c. 14. Gibbon history of the decline and fall of the Roman Empire.

[12]) Vgl. Kistemacker: die heiligen Evangelien übersetzt und erklärt I. Bd. ad Matth. v. 32, II. Bd. S. 99.

*) Das Wort „aufgehoben" hier im Hegelschen Sinne gebraucht.

Gesetze, die der Staat, ohne seinem eigenen Verderben entgegenzueilen, nicht verkennen konnte, nun jene positiven Vorschriften über das Verhältniß der Gnade traten, denen bey christlichen Völkern unter gleicher Strafe ebenfalls die Anerkennung nicht versagt werden kann. Denn in keinem anderen Sinne, als wie die römischen Juristen ein jus naturae als Inbegriff der Naturgesetze anerkannten, welches jus naturae neben den bürgerlichen Gesetzen nicht bloß bestand, sondern selbst gegen sie seine Kraft und Gültigkeit vindicirte, sprechen wir hier von einem Ehrecht nach dem Gesetze der Gnade, das für sich die nemliche Kraft und Gültigkeit im Verhältniß zur Gesetzgebung des Staats in Anspruch nimmt.

Daß diese Kraft und Gültigkeit in der ersten Periode, deren Geschichte wir nun beginnen wollen, lediglich auf der freiwilligen Unterwerfung der Gläubigen unter die kirchlichen Satzungen und Aussprüche beruhten, kann unsere Betrachtung nicht stören. Es war der Keim einer neuen gesellschaftlichen Ordnung, der, vom Blute der Christen begoßen, entweder mit der Erde untergehen, oder auf ihr seine mächtigen Gebilde entfalten, seine Blüthen und Früchte hervortreiben mußte. Uns kümmern darum die widersprechenden oder unserem Zwecke Fremdes beabsichtigenden und verfolgenden Gesetze der Römer wenig und nur, wo sie auf die Entwickelung des christlichen Lebens Einfluß äußerten, werden wir ihrer gedenken.

I. Abschnitt.

I. Kapitel.

Unauflöslichkeit der Ehe.

§. 1.

Die Gemeinschaft des ganzen Lebens, das omnis vitae consortium, nicht bloß dem Umfange, sondern auch der Dauer nach, war es vor allem, was das Gesetz des Christenthums wieder herstellte und als die ursprüngliche Grundlage des ganzen ehelichen Verhältnißes und aller Bestimmungen darüber mit absoluter Entschiedenheit geltend machte.

„Mann und Weib sind ein Fleisch ... Was nun „Gott zusammengefügt hat, das soll der Mensch nicht „trennen! Wer sein Weib entläßt und eine Andere „heurathet, der bricht die Ehe, und wer eine Entlaßene „heurathet, der bricht die Ehe." [13])

[13]) Matth. XIX 6 et 9 cf. V. 31 Marc. X 10 — 12. Luc. XII 18. Die exegetische Erörterung der Stellen, in wie ferne sie etwa einen Ausnahmsfall in Ansehung des Ehbruchs statuiren oder nicht; dann in welcher Ausdehnung das Wort πορνεία zu nehmen sey, gehört nicht hieher. Die Literatur hierüber großentheils bei Bintrim: Ueber Ehe und Ehscheidung S. 123. Uns liegt vor allem daran, nicht wie die Worte Christi zu verstehen waren, sondern wie sie verstanden und

So sprach der Herr, und sein Apostel geboth auf sein Geheiß: „Das Weib scheide sich nicht von ihrem Manne: „wenn sie geschieden ist, bleibe sie ehelos oder versöhne „sich mit ihrem Manne: und der Mann entlaße sein „Weib nicht.“ [14])

Die ersten Christen aber glaubten nach diesen Geboten und jenem anderen Ausspruche des Apostels, wo er erklärt: „Der Mann ist nicht mächtig seines Leibes, „sondern das Weib, und das Weib ist nicht mächtig „seines Leibes, sondern der Mann“ [15]) auch die bloße Gemeinschaft des ehelichen Lebens nicht aufheben zu dürfen, es sey denn, nach dem Ausspruche des Herrn, im Falle des Ehebruches. Darüber geben die ältesten Monumente des christlichen Glaubens, die den Schriften der Apostel am nächsten sich anschließen, ein unzweideutiges Zeugniß.

Unter diesen steht oben an Hermas oder der Verfaßer des Buches vom Hirten, welches lange Zeit den Schriften der Apostel beinahe gleich geachtet und, gleich diesen, in den Kirchen öffentlich gelesen wurde. [16]) Her-

---

befolgt wurden. Unseres Erachtens ist übrigens der exegetische Punkt vortrefflich erörtert in Zengers Schrift: Neuer Versuch einer genauen und ausführlichen Erklärung der Stellen ꝛc. welche von der Ehscheidung handeln. Straubing 1819, besonders S. 35. a. E. u. ffg. u. S. 85 u. ffg. Auch scheint uns in der That, daß die Verse 4, 5 u. 11 im VII. Kapitel des ersten Briefes an die Korinther keinen paßenden Sinn darbieten, es sey denn man nehme an, daß die Trennung in keinem Falle anders verstanden werden konnte, denn als bloße Aufhebung der ehelichen Gemeinschaft. Sieh in Ansehung des exegetischen Streites Möhler: Das Prinzip des Katholicismus oder die Einheit der Kirche S. 79 am. E. u. ffg. S. 162 fg.

[14]) I. Cor. VII. 10, 11 Rom. VII. 3.

[15]) I. Cor. VII 4.

[16]) Irenäus (um 177) führt ihn an gleich den heiligen Schriften. Clemens von Alexandrien (um 190) betrachtet das Buch vom

mas spricht im zweiten Buche des Hirten (Mandatum 4) von dem Falle, wo von zwei Gatten einer, und zwar die Frau, einen Ehbruch begeht. Der Engel, den er in dieser Stelle sprechen läßt, verordnet für diesen Fall, daß der Mann, sobald er das Vergehen seiner Frau erfahren, wenn sie nicht Buße thut, sondern im Verbrechen beharrt, sie von sich scheide, nachher aber ehlos bleibe. Dimittat illam vir et vir per se maneat. Und er bemerkt dabei ausdrücklich von dem auf solche Weise gekränkten Manne: Quodsi dimiserit mulierem suam et aliam duxerit, et ipse moechatur. Thut die Frau nachher Buße, so ist dem Manne befohlen, sie wieder zu sich zu nehmen und seine etwaige Weigerung in diesem Falle wird als eine große Sünde erklärt, es sey denn, daß die Frau bereits rückfällig gewesen wäre. Dasselbe ist der Frau in Ansehung des Mannes vorgeschrieben. Dann wird der Begriff des adulterii auch auf den Götzendienst, nach der Weise des alten Testaments, ausgedehnt und auch von dem Gatten sich zu sondern befohlen, der da ein Bild sich zur Anbetung machte (qui simulacrum facit), wenn er davon nicht abstehen will, mit der Bemerkung: Propter hoc praeceptum est vobis, ut

---

Hirten als ein Werk göttlicher Eingebung. Hochachten es Eusebius, Athanasius, Hieronymus und Rufinus. Sieh Natalis Alexander hist. Eccles. I c. 12 art. 9 und P. Polychronii Gassmann Diss. biblico critica d. libris apocryphis Aquisgr. 1783. p. 40. Tertullian feindet in seiner späteren Zeit, als Montanist, den Hermas nur als amator, patronus, socius moechorum an, was für unseren gegenwärtigen Gebrauch dessen Authorität nur erhöht, und bedeutend genug gegen diejenigen spricht, welche die Zeugschaft des Hermas, als eines übertriebenen Schwärmers, in Ansehung der Disciplin der ersten Zeiten recusiren möchten.

coelibes maneatis, tum vir, tum mulier: potest enim in hujusmodi poenitentia esse. [17])

Es war also die Sonderung, die da im Falle der Moechatio nicht bloß erlaubt, sondern sogar vorgeschrieben wurde, keine solche, nach welcher einer von den Gesonderten zu einer neuen Verbindung hätte schreiten können; es war nicht Aufhebung der Ehe, sondern nur Aufhebung der ehlichen Gemeinschaft. Denn wenn der fehlende Theil Buße that, mußte der Unschuldige ihn wieder zu sich nehmen. Wenn aber der Mann, der seine ehbrecherische Gattin entlassen hatte, weil sie im Ehbruch beharrte, eine andere nahm, so wurde er gleichfalls zum Ehbrecher. Selbst im Falle des Ehbruchs und des ihm gleichgeachteten Abfalls vom Glauben bedurfte es des ausdrücklichen Geheißes, um die Christen zur Trennung zu ermuthigen. So faßten sie in der Zeit die Worte Christi und die Vorschriften der Apostel [18]) Die Worte: Propter hoc praeceptum est vobis, ut coelibes maneatis, geben ein unverwerfliches

---

[17]) Was Werkmeister in seiner Widerlegung einiger Einwürfe des Herrn Professors Kübel ꝛc. über diese Stelle des Hermas gesagt, empfehlen wir der Aufmerksamkeit der Leser als Ein Beispiel für hundert von der Unredlichkeit, womit die Parteikämpfe über solche Gegenstände geführt zu werden pflegen.

[18]) Bey dieser sich als herrschend darstellenden Gesinnung und Denkweise scheint uns der Sinn Pauli in I. Cor. VII 15, 16 ganz einfach und klar. Er sagt zu dem christlichen Ehgatten: „Du bist keineswegs „verpflichtet, in der ehlichen Gemeinschaft mit dem ungläubigen Gatten „zu verharren. Das wäre eine wahre Sklaverei und gäbe nur Zank „und Unfrieden. Ihr aber seid im Frieden berufen. Und mache dir nicht „etwa ein Bedenken daraus, in der Meinung, du hättest durch dein „Ausharren das Seelenheil des Ungläubigen bewirkt. Woher weißt „du denn, daß du es hättest?" Nach dieser Auslegung können wir in den Worten des Apostels durchaus keine Berechtigung für einen Neube-

Zeugniß von der damaligen Disciplin der Kirche. Denn ein anderes ist die Thatsache, die darin ausgesagt ist, ein anderes die Erklärung derselben. Mag diese irrig und ungenügend seyn; die Thatsache besteht nicht minder, ja nur um so fester und die liegt offen da in den Worten: Es ist euch vorgeschrieben (nach der Trennung) ehlos zu bleiben.[19])

§. 2.

Unter den Schriftstellern, die über das kirchliche Leben vom zweiten auf das dritte Jahrhundert Zeugniß geben können, spricht am bestimmtesten über diesen Punkt Tertullian in seinem Buche de patientia, welches noch vor seinen montanistischen Verirrungen geschrieben ist.[20]) Er sagt dort (cap. 12) von der Geduld: At enim cum omnem speciem salutaris disciplinae gubernet, quid mirum, quod etiam poenitentiae ministrat, solita lapsis subve-

---

kehrten finden, sich wegen beharrlicher Weigerung seines im Unglauben verbleibenden früheren Gatten, ihm im Frieden beizuwohnen, nunmehr in eine neue Verbindung zu begeben. Diese Stelle Pauli scheint aber wohl Hermas im Sinne gehabt zu haben, da er, gleichsam im Bestreben, die erlaubten Trennungsfälle auf ein und dasselbe Prinzip zurückzuführen a. a. O. sagt: Non solum moechatio est illis, qui carnem suam coinquinant, sed et is qui simulacrum facit, moechatur. Vgl. Zenger cit. S. 105.

[19]) Gewöhnlich führt man unter den Autoriäten für die Unauflöslichkeit der Ehe aus dem ersten Jahrhundert auch die Briefe des heiligen Ignatius an die Kirchen von Philadelphia, von Tarsus und von Philippi an. Allein, ausgenommen daß er die Eheleute ermahnt, wie ihr eigenes Fleisch sich gegenseitig zu lieben, findet sich in diesen Briefen nichts näheres über die Untrennbarkeit der Ehe. Auch gelten die Briefe an die Kirchen von Tarsus und Philippi nicht für echt und der an die Philadelphier ist wahrscheinlich interpolirt und gerade die Stelle über die wechselseitige Liebe der Gatten gehört überdieß zu den verdächtigen.

[20]) Sieh Neander Antignosticus II Abth. S. 158.

nire, cum disjuncto matrimonio, ex ea tamen causa[21]) qua licet seu viro, seu foeminae ad viduitatis perseverantiam sustineri, haec expectat, haec exoptat, haec exorat poenitentiam, quandoque inituris salutem? Quantum boni utrique confert, alterum adulterum non facit, alterum emendat. Ueber die Ursache, warum die Trennung, von der hier die Rede ist, eintreten durfte, lassen besonders die letzten Worte keinen Zweifel bestehen; die Trennung aber ist nichts anderes, als ein ad viduitatis perseverantiam sustineri, und die patientia bewirkt, daß der eine Theil in diesem Zustande sich bessert, der andere aber dadurch nicht in Ehbruch geräth. Jeder Commentar über die Stelle könnte ihre überzeugende Kraft nur schwächen. Justin der Märterer giebt seinerseits über die eheliche Disciplin seiner Zeit ein Zeugniß, welches die Richtigkeit der oben aufgestellten Behauptung außer Zweifel setzt. „Denn in der Ehe bleiben“ heißt bei ihm nichts anderes, als die eheliche Gemeinschaft pflegen, „aus der Ehe treten“ hat ihm keine andere Bedeutung, als eben diese Gemeinschaft aufheben, und so ist klar, daß nach der christlichen Ansicht damaliger Zeit, so lange, als die Ehe bestand, auch die Gemeinschaft von Tisch und Bett bestehen mußte, es sey denn in dem einen gesetzlich bestimmten Falle, von welchem er in folgender Stelle seiner zweiten Apologie erzählt:[22]) *ἀσεβὲς γὰρ ἡγουμένη τὸ λοιπὸν ἡ γυνὴ συγκατακλίνεσθαι ἀνδρὶ παρὰ τὸν τῆς φύσεως νόμον καὶ παρὰ τὸ δίκαιον πόρους ἡδονῆς ἐκ παντὸς πειρωμένῳ ποιεῖσθαι, τῆς συζυγίας χωρισθῆναι ἐβουλήθη* ....

---

[21]) Nicht ex iis causis.

[22]) Geschrieben um das Jahr 162 n. Chr.

ἐπειδὴ δὲ ὁ ταύτης ἀνὴρ εἰς τὴν Ἀλεξάνδρειαν πορευθεὶς, χαλεπώτερα πράττειν ἀπηγγέλθη, ὅπως μὴ κοινωνὸς τῶν ἀδικημάτων καὶ ἀσεβημάτων γίνηται, μένουσα ἐν τῇ συζυγίᾳ, καὶ ὁμοδίαιτος καὶ ὁμόκοιτος γενομένη, τὸ λεγόμενον παρ᾽ ὑμῖν ῥεποὐδιον δοῦσα ἐχωρίσθη*). Wenn aber die Aufhebung der ehelichen Gemeinschaft nur in dem von Christus bezeichneten Falle statt finden konnte, so berechtigt uns nichts, die von ihm gegebene Erlaubniß zur Trennung auf gänzliche Auflösung des Bandes zu deuten oder anzunehmen, daß sie zur Zeit, wo jene Disciplin bestand, dahin gedeutet wurde. Denn von den zwey möglichen Scheidungsfällen ist offenbar der einer so gänzlichen Lossagung der Gatten von einander, daß sie zu neuen Verbindungen zu schreiten sich erlauben, bei weitem der ärgere und wohl die Aufhebung der ehelichen Gemeinschaft in diesem, keineswegs aber dieser auch in jenem begriffen, so daß, wenn das Recht zur bloßen Aufhebung der ehelichen Gemeinschaft auf den von Christus bezeichneten Grund des Ehbruchs beschränkt wurde, nothwendig der ärgere Schritt einer völligen Lossagung und anderweitiger Verbindung nun einer neuen besonderen Erlaubniß bedurft hätte, und das gegebene Trennungsrecht also mit jener Aufhebung der Gemeinschaft als erschöpft sich darstellt. Daß die Trennung, die wegen des adulterium's eintrat, nicht gerade dasselbe war, wie das Repudium der Römer, das beweist auch die bekannte Stelle aus Justin's erster Apologie, wo er sagt: Ἵνα δὲ μὴ σοφίζεσθαι ὑμᾶς δόξωμεν, ὀλίγων τινῶν τῶν παρ᾽ αὐτοῦ τοῦ Χριστοῦ διδαγμάτων ἐπιμνεσθῆναι καλῶς ἔχειν πρὸ τῆς ἀποδείξεως ἡγησάμεθα, καὶ ὑμετέρων ἔστω, ὡς δυνατῶν βασιλέων, ἐξετάσαι, εἰ ἀλη-

*) S. die Uebersetzung im Anhange A.

θῶς ταῦτα δεδιδάγμεθα καὶ διδάσκομεν. βραχεῖς δὲ καὶ σύντομοι παρ' αὐτοῦ λόγοι γεγόνασιν. οὐ γὰρ σοφιστὴς ὑπῆρχεν, ἀλλὰ δυνάμις Θεοῦ ὁ λόγος αὐτοῦ ἦν.

Περὶ μὲν οὖν σωφροσύνης τοσοῦτον εἶπεν· ὃς ἂν ἐμβλέψῃ γυναικὶ πρὸς τὸ ἐπιθυμῆσαι αὐτῆς, ἤδη ἐμοίχευσε τῇ καρδίᾳ παρὰ τῷ Θεῷ . . . . καὶ, ὃς γαμεῖ ἀπολελυμένην ἀφ' ἑτέρου ἀνδρὸς, μοιχᾶται . . . . ., ὥσπερ καὶ οἱ νόμῳ ἀνθρωπίνῳ διγαμίας ποιούμενοι ἁμαρτωλοὶ παρὰ τῷ ἡμετέρῳ διδασκάλῳ εἰσί, καὶ οἱ προσβλέποντες γυναικὶ πρὸς τὸ ἐπιθυμῆσαι αὐτῆς. οὐ γὰρ μόνον ὁ μοιχεύων ἔργῳ ἐκβέβληται παρ' αὐτῷ, ἀλλὰ καὶ ὁ μοιχεῖσθαι βουλόμενος· ὡς οὐ τῶν ἔργων φανερῶν μόνον τῷ Θεῷ, ἀλλὰ καί τῶν ἐνθυμημάτων.*)

Auch heurathete die Frau nicht wieder, von der er in der zweiten Apologie erzählt. In dem Sinne seiner Zeitgenossen sagt Irenäus (lib. V c. 17) von der Samaritanerin, sie habe, mit einem Manne nicht zufrieden, in mehreren Ehen gehurt.

§. 3.

Die Gebothe von der Untrennbarkeit der Ehe wurden also in den ersten zwei Jahrhunderten nicht blos von der Unauflöslichkeit des Bandes, sondern bestimmt von der Gemeinschaft des ehlichen Lebens selbst verstanden, und nur auf die Aufhebung dieser letzteren die Worte des Herrn (Matth. XIX, 9) gedeutet. Dieß beweist auch das ohne alle Ausnahme überall ausgesprochene und anerkannte allgemeine Verboth, bei Lebzeiten des ersten Gatten sich in eine zweite Verbindung einzulassen. Hieher gehört vor allen gerade jene berühmte Stelle des Tertullian, in welcher man Veranlassung hat finden wollen, die Ansichten dieses ausgezeichneten Schriftstellers vor seiner Ver-

*) Siehe die Uebersetzung im Anhange B.

irrung in den Montanismus in Zweifel zu ziehen. Sie ist aus dem 34 Kapitel des 4. Buches gegen Marcion. Marcion, der zwei Prinzipe annahm, und den Menschen als das Werk beider betrachtete, meinte auch in dem Gesetze Mosis, und im Gesetze Christi die widersprechenden Vorschriften dieser beider einander entgegengesetzten Prinzipe nachweisen zu können. Das Gesetz Mosis galt ihm dabei als das Gesetz des bösen Prinzips, das den Menschen an die Erde zu fesseln trachtete, indessen Christus dagegen, als das gute Prinzip, durch sein Gesetz den Menschen von der Erde abzuziehen und zu vergeistigen suchte. Die alttestamentliche und die neutestamentliche Ehgesetzgebung bot ihm in ihrem Gegensatze zur Ausführung dieses Themas einen willkommenen Stoff, und er war bemüht, durch Hervorhebung der in beiden sich zeigenden angeblichen Widersprüche nachzuweisen, daß sie unmöglich das Werk eines und desselben Gottes seyn könnten. Um die Verkehrtheit und Unhaltbarkeit dieser Ansichten einleuchtender zu machen, führt Tertullian in seiner Widerlegungsschrift den Marcion selber redend ein. Marcion sagt also: Sed Christus divortium prohibet, dicens: *Qui dimiserit uxorem suam et aliam duxerit, adulterium committit, qui dimissam a viro duxerit, aeque adulter est.* [23]) Ut sic quoque prohibeat divortium, illicitum facit repudiatae matrimonium. — Moyses vero permittit divortium in Deuteronomio: *Si quis sumpserit uxorem et habitaverit cum ea, et evenerit, on ninvenire eam apud eum gratiam, eo quod inventum sit in illa impudicum nego-*

[23]) Daß hier der in der Stelle bei Matth. XIX, 9 ausgesprochenen Ausnahme nicht gedacht wird, macht den Widerspruch noch greller und augenfälliger.

tium [24]), *scribet libellum repudii et dabit in manum ejus et dimittet illam de domo sua.*

Vides diversitatem legis et evangelii, Moysis et Christi? Darauf erwiedert Tertullian: Sane. Non enim recepisti illud evangelium ejusdem veritatis et ejusdem Christi, in quo prohibens divortium, propriam quaestionem ejus absolvit. [25]) *Moyses propter duritiam cordis vestri praecepit libellum repudii dare: a primordio autem non fuit sic: quia scilicet qui marem et foeminam fecerat, erunt duo, dixerat, in carne una. Quod Deus itaque conjunxit, homo non disjunget.* Hoc enim responso et Moysis constitutionem protexit, ut sui: et creatoris institutionem direxit, ut Christus ipsius. Sed quatenus ex his revincendus es, quae recepisti, sic tibi occurram, ac si meus Christus. Nonne et ipse prohibens divortium, et patrem tamen gestans eum, qui marem et foeminam junxit, excusaverit potius quam correxerit Moysis constitutionem?

Sed ecce sic tuus sit iste Christus contrarium docens Moysi et creatori, ut, si non contrarium ostendero, meus sit. Dico enim illum conditionaliter nunc fecisse divortii prohibitionem, *si ideo quis dimittat uxorem, ut aliam ducat. Qui dimiserit*, inquit, *uxorem suam et aliam duxerit, adulterium commisit, et qui a marito dimissam duxerit, aeque adulter est*, ex eadem utique causa, qua non licet dimitti, ut alia ducatur:

---

[24]) Propter aliquam foeditatem nach der vulgata.

[25]) Marcion verwarf die Evangelien des Marcus und des Matthäus.

illicite enim dimissam pro indimissa ducens, adulter est.[26]) Manet enim matrimonium, quod non rite diremptum est. [27]) Manente matrimonio nubere, adulterium est. Ita si conditionaliter prohibuit dimittere uxorem, non in totum prohibuit, et quod non prohibuit in totum, permisit. Aliud est, ubi causa cessat, ob quam prohibuit.

---

[26]) Auf den ersten Blick könnte man glauben, Tertullian meine mit den Worten illicite dimissam diejenige, welche ohne Ursache entlassen worden, von der also der Mann aus einem anderen Grunde als aus dem des Ehbruchs sich geschieden hätte, so daß, wer eine licite dimissa nähme, kein Ehbrecher wäre. Allein aus dem Context, und besonders aus den folgenden Worten, pro indimissa, ist klar, daß illicite nicht zu dimissam, sondern zu ducens gezogen, und der Satz so verstanden werden muß, als ob es hieße: dimissam pro indimissa illicite ducens. Dieß zeigt zu allem Ueberfluß auch die weiter unten folgende Stelle, wo Tertullian den Marcion fragt: Certe quid facit apud te maritus, si uxor ejus commiserit adulterium? Habebitne illam? Sed nec tuum apostolum sinere conjungi prostitutae membra Christi. Diejenige, die ihr Mann nicht behalten durfte, ne conjungeret prostitutae membra Christi, die durfte gewiß um so weniger ein Anderer heurathen. Und diese allein konnte doch als die licite dimissa gelten, die man, wenn obige Interpretation angehen könnte, im Gegensatze der illicite dimissa hätte heurathen können, ohne ein Ehbrecher zu werden. In so ferne gilt also auch von der Ehbrecherin daß ihr Mann sie nicht fortschicken durfte, um eine andere zu nehmen und auch von dem, der diese genommen hätte, gilt der Satz, daß der die Ehe bricht, der eine Entlaßene heurathet.

[27]) Hier drückt sich Tertullian auf dieselbe Weise aus, wie es in unserem kirchlichen Sprachgebrauche noch üblich ist. Es ist nemlich mit der Ehe, wie mit jedem Geschäft. Es besteht so lange, bis es gesetzlich gelöst ist. Da aber ein Theil nicht die Ehe lösen kann, um wieder zu heurathen, so kann auch der andere Theil nicht zu einer neuen Ehe gezogen werden, und es besteht also trotz der Scheidung, für beide das ehliche Band. Manente autem matrimonio nubere, adulterium est. Vgl. de Monogamia c. 9. „Sed illi etiam non repudiantes adulteria commiscent; nobis, etsi repudiemus, ne nubere quidem „licet.“

Et jam non contrarium Moysi docet, cujus praeceptum alicubi conservat, nondum dico confirmat. Aut si omnino negas, permitti divortium a Christo, quomodo tu nuptias dirimis, non conjungens marem et foeminam, nec alibi conjunctos ad sacramentum baptismatis et Eucharistiae admittens, nisi inter se conjuraverint adversus fructum nuptiarum ut adversus ipsum creatorem? Certe quid facit apud te maritus, si uxor ejus commiserit adulterium? Habebitne illam? Sed nec tuum apostolum sinere conjungi prostitutae membra Christi. Habet itaque et Christum assertorem justitia divortii. Jam hinc confirmatur ab illo Moyses ex eodem titulo prohibens divortium, quo et Christus, *si inventum fuerit in muliere negotium impudicum.* Nam et in Evangelio Matthaei: *Qui dimiserit*, inquit, *uxorem suam praeter causam adulterii, facit eam adulterari:* aeque adulter censetur et ille, qui dimissam a viro duxerit. Caeterum praeter ex causa adulterii, nec creator disjungit, quod ipse scilicet conjunxit, eodem alibi Moyse constituente, eum qui ex compressione matrimonium fecerat, non posse dimittere uxorem in omne tempus. Quod si ex violentia coactum matrimonium stabit, quanto magis ex convenientia voluntarium.? *)

Vielleicht könnten einige der hier angezogenen Worte einer Mißdeutung noch unterliegen, wenn wir nicht die früher angeführte Stelle des Hermas besäßen, den Ter-

---

*) Q. Septimii Flori Tertulliani Presbyt. carthag. Opera omnia juxta correct. Pamelii, de la Cerda etc Venet 1701 gr. 4. I vol p. 304.

tullian kannte, und bald nur zu geringer Strenge beschuldigte, und wenn wir nicht andrerseits noch so viele andere Stellen des Tertullian selber hätten, wo er, lange noch vor seinen montanistischen Verirrungen, über die Unauflöslichkeit der Ehe sich auf die unzweideutigste Weise ausspricht. *) Nehmen wir aber die Worte, wie sie liegen, ohne ihnen in der Deutung eine Gewalt anzuthun, zu der uns nichts auffodert noch berechtigt, so sagt hier offenbar Tertullian nichts anderes, als: Christus steht keineswegs mit Moses in solchem Widerspruch, wie Marcion behauptet; denn er verbietet die Trennung nicht unbedingt, sondern nur (um mich des jetzt gewöhnlichen Ausdrucks zu bedienen) die Trennung vom Bande (si ideo quis dimittat uxorem suam, ut aliam ducat). Sonst gestattet er die Trennung in demselben Falle, in welchem Moses sie gestattet, und zwar aus einem Grunde, den er im Moses geschöpft hatte, der nur um ihres Herzens Härtigkeit willen den Juden den Scheidebrief vorschrieb.

Demnach gehört diese Stelle unter die entscheidendsten Belege dafür, daß zu Ende des zweiten und Anfang des dritten Jahrhunderts das **Divortium** bey den Christen nur die Aufhebung der ehlichen Gemeinschaft (Trennung von Tisch und Bett) bedeutete und daß diese Trennung nur im Falle der Moechatio statt fand, die Trennung vom Bande aber untersagt war. Am deutlichsten jedoch tritt die Ansicht des Tertullian, so wie die Ansicht und Gewohnheit seiner Zeit, da hervor, wo er, bereits zu den Montanisten übergetreten, gegen die Katholiken gerade aus dem Umstande, daß sie nach der

*) Vgl. darüber Pamelii Paradoxa Tertull. Nro. 25.

Trennung der Gatten bey Lebzeiten beider keine Wiederverehlichung gestatteten, seine Gründe hernimmt, um die Verbote seines vermeintlichen Paraclets gegen die zweite Ehe überhaupt, auch nach dem Tode des ersten Gatten, zu verfechten, nnd den Gegnern, wie er meint, fühlbar zu machen, daß sie durch die entgegengesetzte Lehre in einer Inconsequenz und im Widerspruch mit der Lehre Christi befangen seyen. Dieß ist namentlich der Fall in seinem Buche de Monogamia.

Er sucht darin zu beweisen, daß sein Paraclet in Ansehung der Ehe durchaus nichts neues und nichts übertrieben strenges lehre. Aus den Schriften der Apostel selbst, sagt er, gehe hervor, daß die Ehe keineswegs an und für sich, sondern nur relativ (nach dem Ausspruch: Melius est nubere, quam uri) gut und daher von ihnen nur aus menschlicher Klugheit, aber durchaus nicht aus göttlicher Eingebung gestattet worden sey. Der Paraclet, von dem Christus selbst gesagt hätte, daß ihm noch vieles vorbehalten bleibe, wozu die Apostel noch nicht reif seyen, hätte darum die Ehe sogar völlig untersagen können, ohne daß man deßhalb seine Lehre verwerfen und seine Sendung mißkennen dürfte. Doch ohne auf den Paraclet sich weiter zu berufen, übernimmt er es, das Gesetz der Monogamie oder, wie er sich ausdrückt, der Matrimonii individuitas aus den heiligen Schriften selber nachzuweisen.

Evolvamus, sagt er, communia instrumenta scripturarum pristinarum und verspricht damit, in seiner Beweisführung sich auf die auch von den Gegnern nicht bestrittenen, ihnen also mit ihm gemeinschaftlichen, Autoritäten zu beschränken. Aus diesen führt er aber seinen Beweis folgendermaßen. Ursprünglich habe Gott nur ein Menschenpaar geschaffen, und Adam sey Monogamus gewesen. Bey der Wiederherstellung der Schöpfung zur Zeit der Sündfluth seyen in der Arche nicht bloß die Menschen, sondern auch die Thiere nur paarweise gewesen. Monogamie sey also das Gesetz des Anfangs. Christus aber, als er erklärt: ab initio non fuit sic, habe ohne Zweifel uns zum ursprünglichen Zustande zurückführen wollen. „Sine dubio ad initium revocat matrimonii in-„dividuitatem. Ideoque, quos Deus ab initio conjunxit „in unam carnem duos, hodie homo non separabit.“ Wolle doch Christus, Gott, der das α und ω sich nenne, weil alle Dinge von ihm ausgehen und zu ihm zurückkehren, wolle er doch alles zu seinem Anfange zurückführen. Et adeo in Christo omnia revocantur ad initium, ut et fides reversa sit a circumcisione ad integritatem carnis illius, sicut ab initio fuit, et libertas ciborum et sanguinis solius abstinentia, sicut ab initio fuit: et matrimonii individuitas, sicut ab initio fuit: et repudii cohibitio, quod ab initio non fuit: et postremo totus homo in Paradisum revocatur, ubi ab initio fuit. Auf wen also der Christ blicke, auf Adam, Noa, oder Christus, überall trete ihm das Gesetz der Monogamie entgegen. Auch Christus stehe nur in einer Ehe, in einer geistigen Monogamie mit der Kirche. Nennten sich die Christen Abrahams Kinder, so seyen sie es doch nur in dem Glauben, den Abraham vor der Beschneidung als Monogamus mepfangen. Joseph, Moses, Aaron seyen Monogami gewesen, und aus den Vorschriften des alten Testaments ergebe sich für die Zeiten der Vollendung das Gesetz der Monogamie; noch deutlicher aber endlich aus den Schriften des neuen Testaments. Hier wird die Monogamie des Zacharias und die Enthaltsamkeit des Johannes hervorgehoben. Dann fährt Tertullian fort:

Christum virgo enixa est, semel ut uterque titulus sanctitatis in nuptura post partum, Christi censu dispungeretur per matrem, et virginem et univiram. Weiter führt er an, daß Petrus Monogamus, die übrigen Apostel aber Spadones oder Continentes gewesen seyen, daß Christus die Kinder gelobt, die keuschen Tauben angerühmt, der Samaritanerin aber den Gatten abgesprochen habe, ut adulterum ostendat numerosum maritum, daß endlich Christus bey seiner Verklärnng aus so vielen Heiligen nur den Moses und den Elias, alterum spadonem, alterum monogamum, habe bey sich haben wollen. Sed, meint er, hae argumentationes potius existimentur de conjecturis coactae, si non et sententiae adstiterint, quas Dominus emisit in repudii retractu, quod permissum aliquando jam prohibet, in primis quia ab initio non fuit sic, sicut matrimonii numerus; tum quia, quos *Deus conjunxit homo non separabit*, scilicet ne contra Dominum faceret. Solus enim ille separabit, qui conjunxit, separabit autem, non per duritiam repudii, sed per debitum mortis.

Dieser Satz bildet die Grundlage, auf welcher dann das ganze Raisonnement fortgebaut, die Quelle, aus der alles Folgende abgeleitet wird. Dazu war aber nur ein Satz geschickt, der auf beiden Seiten ausgemacht, und sohin über allen Widerspruch erhaben war. Er stellt ihn auch als einen solchen hin, und folgert gleich: Igitur, si, quos Deus conjunxit, homo non separabit repudio, aeque consentaneum est, ut, quos Deus separavit morte, homo non conjungat matrimonio, proinde contra Dei voluntatem juncturus separationem, atque si separasset conjunctionem. Hoc autem ad Dei voluntatem non destruendam et initii formam restruendam. Um nun diese seine Ansicht von dem Geiste und Zwecke des christlichen Ehgesetzes deutlicher zu machen, stellt er das alte Gesetz dem Gebote Christi gegenüber und sagt: Caeterum et alia ratio conspirat, imo non alia, sed quae initii formam imposuit, et voluntatem Dei movit ad prohibitionem repudii: quoniam, *qui dimiserit uxorem suam, praeterquam ex causa adulterii, facit eam adulterari. Et qui dimissam a viro duxerit, adulterat utique;* nam et nubere *legitime* potest repudiata, et si quid tale commiserit sine matrimonii nomine, non capit elogium adulterii, quia adulterium *in matrimonio* crimen est. Deus aliter censuit, citra quam homines, ut in totum, *sive per nuptias*, *sive vulgo*, alterius viri admissio adulterium pronuntietur a Deo. Videamus enim, quid sit matrimonium apud Deum, et ita cognoscemus quid sit aeque adulterium. Matrimonium est, cum Deus jungit duos in unam carnem, aut junctos deprehendens in eadem carne, conjunctionem signavit. Adulterium est, cum quoquo modo, disjunctis duobus, alia caro, imo aliena, miscetur, de qua dici non potest: *Hoc est caro ex carne mea, et hoc os ex ossibus meis.* Semel enim hoc factum et pronuntiatum, sicut ab initio, ita et nunc in aliam carnem non potest convenire. Itaque sine causa dices, *Deum vivo marito nolle repudiatam alii viro jungi*, quasi mortuo velit: quando si mortuo non tenetur, proinde nec vivo, tam repudio matrimonium dirimente, quam morte, non tenebitur ei, cui, per quod tenebatur, abreptum est, adeo non interest, vivo an mortuo viro nu bat...... Ideoque abstulit repudium, quod ab initio non fuit, ut, quod ab initio fuit, muniat duorum in unam carnem perseverantiam, ne necessitas vel occasio tertiae concarnationis irrumpat, soli causae permittens repudium, si forte praevenerit cui praecavetur. Adeo autem repudium a primordio non fuit, ut apud Romanos post annum sexcentesimum urb. cond. id genus duritiae commissum non denotetur. Sed illi etiam non repudiantes adulteria commiscent, nobis, etsi repudiemus, ne nubere quidem licet. Nun aber erstkommt das Entscheidendste: Video jam hinc, fährt er fort, ad Apostolum provocari. Ad cujus sensum facilius perspiciendum, tanto instantius praeculcandum est, mulierem magis defuncto marito teneri, quo minus alium virum admittat. Recogitemus enim, repudium aut discordia fieri aut discordiam facere: mortem vero ex lege, non ex hominis offensa evenire, idque omnium esse debitum etiam non maritorum. Igitur si repudiata que per discordiam, et iram, et odium et causas eorum, injuriam vel contumeliam, vel quamlibet querelam, et animo et corpore separata est, tenetur inimico, ne dicam marito: quanto magis illa, quae neque mariti vitio, sed dominicae legis eventu, a matrimonio, non separata, sed relicta ejus erit etiam defuncti, cui etiam defunto concordiam debet? . . . . . Ergo perseveret in ea (pace) cum illo necesse est, quem jam repudiare non poterit, ne sic quidem nuptura si repudiare potuisset.

Diese Stelle schien nicht aus ihrem Zusammenhang gerissen werden zu können, ohne sowohl an ihrem eigenthümlichen Interesse, als an ihrer beweisenden Kraft und Autorität zu verlieren. Um jedoch Citationen nicht unnöthig und ungebührlich zu häufen, mögen unter den Monumenten dieser Zeit die angeblichen Briefe des Papstes Evaristus übergangen [28]) und nur die sogenannten **Canones Apostolorum** noch angeführt werden, von welchen der 47te (od. 48te) ganz allgemein und ohne Ausnahme bestimmt, daß jeder Laie, der seine Frau von sich weise und eine andere heurathe, oder eine Geschiedene zur Frau nehme, von der Kirchengemeinschaft auszuschließen sey [29]).

§. 4.

Im dritten Jahrhundert sprechen sich Clemens von Alexandrien [30]), Cyprian [31]), Origenes, Lactantius [32]),

---

[28]) Es kommt darin eine Stelle vor, wo der Papst erklärt, ein Bischof könne eben so wenig von seiner Kirche getrennt werden, als eine Frau von ihrem Manne sich trennen und bey seinem Leben einen anderen heurathen dürfe.

[29]) *Εἴ τις λαικὸς τὴν ἑαυτοῦ γυναῖκα ἐκβάλλων ἑτέραν λάβῃ, ἢ παρ᾽ ἄλλου ἀπολελυμένην, ἀφοριζέσθω.* Die Stelle erinnert an die oben angeführte des Tertullian: **Dico enim illum (Xstum) conditionaliter fecisse divortii prohibitionem, si ideo quis dimittat uxorem, ut aliam ducat.** Die Aufzeichnung der apostolischen **Canones** fällt (nach **Beveregius Codex canonum ecclesiae primitivae vindicatus et illustratus. Lond. 1678 4. Amstelod. 1697. 4.**) zwischen das 2te und 3te Jahrhundert. Vgl. über diesen Kanon insbesondere und dessen Bedeutung v. Drey: Neue Untersuchungen über die Constitutionen und Kanones der Apostel. Tübingen 1832. S. 251. a. E. fg.

[30]) Clemens schrieb zwischen 195 und 202 n. Ch. Siehe **Mosheim Dissertatio ad hist. eccl. I. p. 35.** Die hieher gehörigen Stellen sind folgende:

1) **Stromatum Lib. II. cap. 23. Ed. Potter. Venet. 1757. Tom. I. p. 506.** *ὅτι δὲ γαμεῖν ἡ Γραφὴ συμβουλεύει οὐδὲ ἀφί-*

Theophilus[33]) und Minutius Felix[34]) ganz im Sinne

σασθαί ποτὲ τῆς συζυγίας ἐπιτρέπει, ἄντικρυς νομοθετεῖ. Οὐκ ἀπολύσεις γυναῖκα, πλὴν εἰ μὴ ἐπὶ λόγῳ πορνείας· μοιχείαν δὲ ἡγεῖται τὸ ἐπιγῆμαι ζῶντος θατέρου τῶν κεχωρισμένων.... Ὁ δὲ ἀπολελυμένην λαμβάνων γυναῖκα, μοιχᾶται, φησίν· ἐὰν γάρ τις ἀπολύσῃ γυναῖκα, μοιχᾶται αὐτήν, τοῦτ᾽ ἔστιν, ἀναγκάζει μοιχευθῆναι· οὐ μόνον δὲ ὁ ἀπολύσας, αἴτιος γίνεται τούτου, ἀλλὰ καὶ ὁ παραδεξάμενος αὐτὴν· ἀφορμὴν παρέχων τοῦ ἁμαρτῆσαι τῇ γυναικί· εἰ γὰρ μὴ δέχοιτο, ἀνακάμψει πρὸς τὸν ἄνδρα. Vgl. c. 6. Lib. III eod., wo er den Satz anführt, daß der Mensch nicht trennen soll, was Gott verbunden hat und dann, von den Spadones redend, sagt: οὐκ ἴσασιν, ὅτι μετὰ τὴν τοῦ ἀποςασίου ῥῆσιν, πυθομένων τινῶν, ὅτι ἐὰν οὕτως ᾖ ἡ αἰτία τῆς γυναικός, οὐ συμφέρει τῷ ἀνθρώπῳ γαμῆσαι· τότε ὁ Κύριος ἔφη, Ὁ πάντες τὸν λόγον τοῦτον χωροῦσιν, ἀλλ᾽ οἷς δέδοται· τοῦτο γὰρ οἱ πυνθανόμενοι, μαθεῖν ἐβουλήθησαν, εἰ συγχωρεῖ, καταγνωσθείσης ἐπὶ πορνείᾳ γυναικὸς, καὶ ἐκβληθείσης, ἑτέραν γῆμαι. Die ihn so fragten, meint Clemens, verwies Jesus mit diesen Worten zur Enthaltsamkeit. Vgl. Jäger Untersuchung der Frage, ob die Ehescheidung nach den Lehren der Schrift und der Kirche ältester Geschichte erlaubt sey. S. 107. und Lumperi cit. vol. IV. p. 416.

2) Stromat. Lib. III. §. 12. Ed. Venet. 1757 p. 548: ἀλλ᾽ ὁ αὐτὸς ἀνὴρ καὶ Κύριος, παλαιὰ καινίζων, οὐ πολυγαμίαν ἔτι συγχωρεῖ· τότε γὰρ ἀπῄτει ὁ Θεός, ὅτε αὐξάνεσθαι καὶ πληθύνειν ἐχρῆν· μονογαμίαν δὲ εἰσάγει, διὰ παιδοποιΐαν καὶ τὴν τοῦ οἴκου κηδεμονίαν, εἰς ἣν βοηθὸς ἐδόθη ἡ γυνή· καὶ εἴ τινι ὁ Ἀπόστολος δι᾽ ἀκρασίαν καὶ πύρωσιν κατὰ συγγνώμην δευτέρου μεταδίδωσι γάμου· ἐπεὶ καὶ οὗτος οὐχ ἁμαρτάνει μὲν κατὰ Διαθήκην· οὐ γὰρ κεκώλυται πρὸς τοῦ Νόμου· οὐ πληροῖ δὲ τῆς κατὰ τὸ Εὐαγγέλιον πολιτείας τὴν κατ᾽ ἐπίτασιν τελειότητα· δόξαν δὲ αὐτῷ οὐράνιαν περιποιεῖ μείνας ἐφ᾽ ἑαυτοῦ, καὶ τὴν διαλυθεῖσαν θανάτῳ συζυγίαν ἄχραντον φυλάσσων, καὶ τῇ οἰκονομίᾳ πειθόμενος εὐαρέστως, καθ᾽ ἣν ἀπερίσπαστος τῆς τοῦ Κυρίου γέγονε λειτουργείας.*)

31) Cypriani lib. de bono pudicitiae. Pudicitiae fratres antiqua praecepta sunt. Quare antiqua dico? Quia cum ipsis hominibus instituta sunt. Nam ideo vir suus foeminae est, ut praeter

---

*) Die Uebersetzung der Stellen im Anhang C.

ihrer Vorgänger aus. Clemens im 2. Buche seiner Stro-

---

eundem alterum nesciat; et ideo viro addita est mulier, ut subjecto, quod fuerat proprium, nihil requirat alienum. Sic et duo, inquit, (genes. 2.) erunt in carne una, ut in unum redeat, quod unum fuerat, ne separatio sine reditu ocsasionem praestet alterius. Inde et Apostolus: Caput mulieris pronuntiavit virum ut conjunctione duorum pudicitiam probaret. Nam ut alterius caput membris aptum non potest esse, ita et alieno capiti membra non sua. Caput enim suis convenit membris et membra capiti suo...... Hanc sententiam, Christus quando dimitti non nisi ob adulterium dixit, interrogatus, tantum honorem pudicitiae dedit...... Adulter enim non habet excusationem, aut habere potuit, quia ducere licebat uxorem. Sed sicut matronis jura praescripta snnt, quae ita sunt nexae, ut divelli inde non possint......

Ejusd. Testimoniorum lib. III. Ed. Venet. 1728. p. 562. Cyprianus Quirino filio salutem. Pro fide ac devotione, quam domino tuo exhibes, fil. carsse, petisti ut ad instruendum te excerperem de scripturis sanctis quaedam capitula ad religiosam sectae nostrae disciplinam pertinentia, lectionis divinae succinctam diligentiam quaerens, ut animus Deo deditus non longis aut multis librorum voluminibus fatigetur, sed eruditus breviario praeceptorum coelestium habeat ad fovendam memoriam salubre et grande compendium. Et quia tibi plenum dilectionis obsequium debeo, feci quod petisti, ut laborarem semel, ne tu semper laborares. Quanum potuit itaque mediocritas nostra complecti, collecta sunt a me quaedam praecepta dominica et mysteria divina, quae esse facilia et utilia legentibus possint, dum in breviarium pauca digesta et velociter perleguntur et frequenter iterantur. Opto te, f. carsse, semper bene valere. Nun folgen die capita u. zw. cap. 90. Uxorem a viro non recedere, aut si recesserit, innuptam manere. In Epistola Pauli ad Corinthios prima: Iis autem, quae nupserunt praecipio, non ego, sed Dominus, uxorem a viro non separari; si autem recesserit, manere innuptam, aut reconciliari viro et virum uxorem non dimittere.

[32]) Divin. Institut. lib. 6. c. 53. (Lut. Paris. 1748. Tom. I. tp. 500 sq.) Nondum omnia castitatis officia executus sum; quam Deus non solum intra privatos parietes, sed etiam praescripto lectuli terminat; ut, cum quis habeat uxorem, neque servam, neque liberam habere insuper velit, sed matrimonio fidem servet. Non

mata (c. 23) sagt ausdrücklich, daß der Mann sein Weib

---

enim, sicut juris publici ratio est, sola mulier adultera est, quae habet alium; maritus autem, etiam si plures habeat, a crimine adulterii solutus est. Sed divina lex ita duos in matrimonium, quod est in corpus unum conjungit, ut adulter habeatur, quisquis compagem corporis in diversa distraxerit....... Servanda igitur fides ab utroque alteri est; imo exemplo continentiae docenda uxor, ut se caste gerat...... Cavendum igitur, ne occasionem vitiis nostra intemperantia demus: sed assuescant invicem mores duorum et jugum paribus animis ferant. Nos ipsos in altero cogitemus. Nam fere in hoc justitiae summa consistit, ut non facias alteri, quidque ipse ab altero pati nolis. Haec sunt, quae ad continentiam praecipiuntur a Deo. Sed tamen ne quis divina praecepta circumscribere se putet posse, adduntur illa, ut omnis calumnia et occasio fraudis removeatur, adulterum esse, qui a marito dimissam duxerit, et eum, qui praeter crimen adulterii uxorem dimiserit, ut alteram ducat; dissociari enim corpus et distrahi Deus noluit. Nur absichtliche Spitzfindigkeit könnte, nach der Ansicht dieser Stelle in ihrem Gesammtzusammenhang, behaupten, die Worte eum qui praeter crimen adulterii uxorem dimiserit, ut alteram ducat, seyen so zu verstehen, als ob der, welcher seine Frau wegen Ehbruchs fortgeschickt habe, ohne selbst adulter zu werden, eine Andere heurathen könnte. Dagegen sprechen nicht bloß die Aeußerungen aller übrigen Väter, sondern auch die gerade in dieser Stelle so entschieden vindicirte Gleichheit in der Beurtheilung und Behandlung der beiden Gatten, und hienach eben auch der Umstand, daß der, welcher eine dimissa heurathete, ein adulter wurde; denn nur wegen Ehbruchs durfte oder sollte eine Frau dimittirt werden. Wenn nun durch den Ehbruch die Ehe aufgelöst worden wäre, so hätte der kein adulter seyn können, der die dimissa heurathete. Vgl. Zenger cit. Vgl. auch Ejusd. Lactant. Epit. div. instit. c. 8: Deus praecepit non dimitti uxorem, nisi crimine adulterii devictam: et nunquam conjugalis foederis, nisi ruperit, dissolvatur. Die Biblioth. Max. hat nisi quod perfidia ruperit: die florentiner Ausgabe von 1518 aber **etsi** perfidia ruperit.

[33]) Theophyli ad Autolycum lib. III. c. 12. ἡ δὲ εὐαγγέλιον φωνὴ ἐπιτατικώτερον διδάσκει περὶ ἁγνείας λέγουσα· πᾶς ὁ ἰδὼν γυναῖκα ἀλλοτρίαν πρὸς τὸ ἐπιθυμῆσαι αὐτῆς, ἤδη ἐμοίχευσεν αὐτὴν ἐν τῇ καρδίᾳ αὐτοῦ· καὶ ὁ γαμῶν, φησὶν, ἀπο-

nicht entlassen dürfe, außer im Falle des Ehbruchs, und daß eine ehliche Verbindung mit einem der beiden Getrennten, beim Leben des Anderen, nichts anderes sey, als ein Ehbruch. Dem Zeugnisse des Origenes ergieng es wie jenem des Tertullian, es wurde verdreht und mißdeutet. Origenes aber spricht ganz einfach [35]). „Unter

λελυμένην ἀπὸ ἀνδρὸς, μοιχεύει· καὶ ὃς ἀπολύει γυναῖκα παρέκτος λόγου πορνείας, ποιεῖ αὐτὴν μοιχευθῆναι. eod. c. 15. Μακρὰν δὲ ἀπείη Χριστιανοῖς ἐνθυμηθῆναί τι τοιοῦτο πρᾶξαι, παρ᾽ οἷς σωφροσύνη πάρεστιν, ἐγκράτεια ἀσκεῖται, μονογαμία τηρεῖται. Einige lesen μόνον ἡ γαμία und Andere μόνον ὁ γάμος. Vide Cotelerius in Patrib. apost. Tom. I. ad Hermae Pastor. l. II. p. 64. Ed. Paris. et p. 91. Ed. Antwerp. Cotelerius hat μονογαμία restituirt. *)

[34]) Minut. Felix in Octavio: At nos pudorem non facie, sed mente praestamus. Unius matrimonii vinculo libenter inhaeremus. Cupiditatem procreandi aut unam sumimus aut nullam.

[35]) Origen. Commentar. in Matth. opp. Tom. XIV. p. 23. διὰ τὴν λέξιν καὶ ταῦτα λεκτέον ὅτι τινὲς τῶν νόμων ἐγράφησαν, οὐχ ὡς διαφέροντες ἀλλ᾽ ὡς συμπεριφερόμενοι τῇ ἀσθενείᾳ τῶν νομοθετουμένων· Τοιοῦτον γάρ τι δηλοῦται ἐν τῷ. Μωσῆς πρὸς τὴν σκληροκαρδίαν ὑμῶν ἐπέτρεψεν ἀπολῦσαι τὰς γυναῖκας ὑμῶν. τὸ δὲ προηγούμενον καὶ διαφέρον νόμου τοῦ διὰ τὴν σκληροκαρδίαν γεγραμμένου δηλοῦται ἐν τῷ· ἀπ᾽ ἀρχῆς δὲ οὐ γέγονεν οὕτως· καὶ ἐν τῇ καινῇ δὲ διαθήκῃ ἐστί τίνα νενομοθετημένα ἀνάλογον τῷ· ὅτι Μωσῆς πρὸς τὴν σκληροκαρδίαν ὑμῶν ἐπέτρεψεν ὑμῖν ἀπολῦσαι τὰς γυναῖκας ὑμῶν· οἷον εἰ γὰρ πρὸς τὴν σκληροκαρδίαν ὑμῶν γεγράπται διὰ τὴν ἀσθένειαν τό· διὰ δὲ τῆς πορνείας ἕκαστος τὴν ἑαυτοῦ γυναῖκα ἐχέτω, καὶ ἑκάστη τὸν ἴδιον ἄνδρα ἐχέτω, καὶ τό· τῇ γυναικὶ ὁ ἀνὴρ τὴν ὀφειλὴν ἀποδιδότω, ὁμοίως δὲ καὶ ἡ γυνὴ τῷ ἀνδρί· ἐπιφέρεται ἄρ᾽ οὖν αὐτοῖς· τοῦτο δὲ λέγω κατὰ συγγνώμην οὐ κατ᾽ ἐπιταγήν. ἀλλὰ καὶ τό· γυνὴ δέδεται ἐφ᾽ ὅσον χρόνον ὁ ἀνὴρ αὐτῆς ζῇ· ἐὰν δὲ κοιμηθῇ ἀνὴρ αὐτῆς, ἐλευθέρα ἐστὶν, ᾧ θέλει γαμηθῆναι, μόνον ἐν κυρίῳ, πρὸς τὴν σκληροκαρδίαν ἢ ἀσθένειαν ἡμῖν παρὰ Παύλῳ εἰρῆται τοῖς μὴ βουλομένοις ζηλοῦν

*) Anhang D.

den Gesetzen, sagt er, sind einige nicht als besonders vortrefflich gegeben, sondern vielmehr bloß der Schwäche der dem Gesetze Unterworfenen angepaßt.“ Dergleichen zeigt sich in den Worten: „Moses hat euch um eures Herzens „Härtigkeit willen gestattet, eure Weiber zu entlassen.“ Das Bezeichnende und Unterscheidende des um der Herzens-Härtigkeit willen gegebenen Gesetzes zeigt sich in den Worten: Vom Anfang an war es aber nicht so. „Aber auch „in dem neuen Gesetz ist manches bestimmt ähnlich jenem: „Moses hat euch um eures Herzens Härtigkeit willen ge„stattet, eure Weiber zu entlassen.“ Denn gleich wie um ihrer Hartherzigkeit willen, ist der Schwäche wegen dieses geschrieben: „Der Unzucht wegen habe jeder sein eige„nes Weib, und jedes Weib habe seinen eigenen Mann;“ und dieses: „Dem Weibe leiste der Mann die Schuldigkeit, „desgleichen aber auch dem Manne das Weib.“ Dem wird dann beigesetzt: „Dieß jedoch sage ich aus Nachsicht, nicht aus Befehl.“ Aber auch dieses: „Das Weib ist hingege„ben auf die Zeit, da ihr Mann lebt; wenn aber ihr „Mann zur Ruhe gegangen ist, ist sie frey, wem sie „will, sich zu vermählen, aber nur im Herrn,“ wird uns von Paulus um der Hartherzigkeit oder um der Schwäche willen gesagt, in so fern wir nicht den höheren

---

τὰ χαρίσματα τὰ μείζονα, καὶ μακαριωτέροις γενέσθαι. ἤδη δὲ παρὰ γεγραμμένα καὶ τινες τῶν ἡγουμένων τῆς ἐκκλησίας ἐπέτρεψάν τινα, ὥστε ζῶντος τοῦ ἀνδρὸς, γαμεῖσθαι γυναῖκα, παρὰ τὸ γεγραμμένον μὲν ποιοῦντες ἐν ᾧ λέλεκται· γυνὴ δὲ ἐφ᾽ ὅσον χρόνον ζῇ ὁ ἀνὴρ αὐτῆς δέδεται, καὶ τό· ἄρα οὖν μοιχαλὶς χρηματίσει ἡ γυνὴ γενομένη ἀνδρὶ ἑτέρῳ ζῶντος τοῦ ἀνδρὸς, οὐ μὴν πάντη ἀλόγως, εἰκὸς γὰρ τὴν συμπεριφορὰν ταύτην συγκρίσει χειρόνων ἐπιτρεπέσθαι παρὰ τὰ ἀπ᾽ ἀρχῆς νενομοθετημένα καὶ γεγραμμένα.

Gnaden nachstreben und glückseliger werden wollen. Aber gegen die Schrift sogar haben einige Kirchenvorsteher einem gewissen Weibe (τινα γυναῖκα), da doch ihr Mann noch lebte, zu heurathen gestattet, gegen die Schrift handelnd, wo es heißt: „Das Weib ist gebunden auf so lange, als ihr Mann lebt" und dieß: „Also wird als Ehbrecherin die Frau gelten, die eines „Anderen wird bey Lebzeiten ihres Mannes;" nicht durchaus ohne Grund, aber gewiß; denn es scheint besser (εἰκὸς γὰρ), jene Verbindung in Rücksicht schlimmerer Dinge gegen das vom Anfang an gegebene Gesetz und die Schrift zu dulden."

Die Bedeutung dieser Stelle wird eigentlich nur im Zusammenhang mit einigen anderen desselben Verfassers, die wir hier gleichfalls anführen wollen, völlig klar. Doch müssen wir vorläufig bemerken, daß darin das Thema, welches auszuführen Origenes sich vorgenommen hat, nicht verwechselt werden darf mit demjenigen, was als eigentliches Zeugniß über die Rechtsansicht und Uebung seiner Zeit erscheint. Er will klar machen, daß manche, in den Vorschriften der christlichen Lehre und in den kirchlichen Satzungen scheinbar vorkommende, Widersprüche nicht als Inconsequenzen des Gesetzgebers, sondern nur als vorübergehende Accomodirungen zu der Schwäche und Verblendung der Menschen zu betrachten sind, mithin als Ausnahmen, die die Regel nicht aufheben, die aber auch als solche nicht zu verwerfen sind, weil sie zum Zwecke haben, einsweilen ein größeres Uebel, das durch rücksichtslose Strenge etwa herbeigeführt werden könnte, zu vermeiden. Als einer solchen erwähnt er auch des Falles, wo einige Kirchenvorsteher einer gewissen Frau selbst bey Lebzeiten ihres Mannes sich wieder zu verehlichen erlaubt hatten, und meint, es könnte wegen der obwaltenden Rücksichten wohl gebilligt werden, obgleich es gegen die Schrift und gegen das Gesetz des Anfangs sey. Auf des Origenes persönliche Ansicht von dem individuellen Falle kommt es natürlich nicht an; die Erklärung, daß derselbe im Widerspruche mit der Schrift stehe, ist aber als Zeugniß über die Ansicht seiner Zeit von dem, was seyn sollte, und von dem Sinne der in der Schrift vorkommenden Verbote durchaus bestimmt und keiner den Zweifel begünstigenden Deutung fähig.

Weiter oben (No. 16 eod.) hatte übrigens Origenes bereits die Antwort Christi an die Pharisäer erläutert und dabey hervorgehoben, wie Christus nicht gesagt habe, daß man die Ehe lösen könne, noch auch daß man sie nicht lösen könne, sondern nur, daß beide Gatten ein Fleisch seyen, und daß der Mensch nicht trennen solle, was Gott vereinigt habe. Wie aber nur denjenigen, die Gott ergeben sind, vorbehalten sey, mit ihm ein Geist zu werden, so gelten die Worte: „Also sind sie nicht zwey, sondern ein Fleisch," von denen, welche Gott verbunden habe. Weil Gott der Urheber ihrer Verbindung sey (περὶ οὗ ἁρμόζεται ἀνδρὶ γυνή), so wohne ihnen die Gnade bey, und so fühlten und thäten die von Gott Verbundenen jenes: „Ihr Männer liebet eure Weiber, wie „Christus seine Kirche liebte." Der Erlöser habe nun befohlen, daß der Mensch nicht trenne, was Gott verbunden hat (ὃ μὲν οὖν σωτὴρ ἐνετείλατο, ἵν᾽, ὅπερ ὁ θεὸς συνέζευξεν, ἄνθρωπος μὴ χωρίζῃ): es wolle aber der Mensch trennen, was Gott verbunden habe, wenn er, vom Glauben abweichend 2c. diejenigen scheide, die vorher von Gott verbunden worden. Nach der oben angeführten Stelle aber (No. 24 eod.) faßt er den Einwurf auf, den etwa ein Jude ihm machen könnte, daß Christus die Scheidung eben so erlaubt hätte, wie Moses, weil πορνεία auch nichts anderes sey als ἄσχημον πρᾶγμα, und zeigt den Unterschied, indem auf den Ehbruch nach Mosis Gesetz nicht die Scheidung, sondern die Steinigung gesetzt gewesen sey, während nach Christus die Scheidung in keinem anderen Fall, als eben in dem des Ehbruchs erlaubt sey. Dieses führt ihn dann auf die weitere Untersuchung, ob man denn die Frau in gar keinem anderen Falle entlassen dürfe, als in dem des Ehbruchs. Er geht die im alten römischen Rechte anerkannten Scheidungsursachen durch, und gesteht, daß das Dilemma, mit einer Frau, die Giftmischerey treibe, die Kinder ermordet, oder sonst Mord begangen, oder etwa das Haus geplündert habe, zu leben, oder dem Gebote des Erlösers entgegenzuhandeln, ihn in große Verlegenheit setze. Der Herr habe aber nicht gesagt, es solle niemand sein Weib außer wegen Ehbruchs verstoßen; er sage, wer außer dem Falle des Ehbruchs sein Weib verstoße, mache sie zur Ehbrecherin. Das sey richtig; da jede Frau, wenn sie bey Lebzeiten ihres Mannes eines Anderen werde, eine Ehbrecherin heiße, so veranlasse der seine Frau zum Ehbruche, der ihr durch die Verstoßung Gelegenheit gebe, sich wieder zu verheurathen, wodurch er eben bewirke, daß sie eine Ehbrecherin werde (δηλονότι παρὰ τοῦτο ποιεῖ ταυτὴν μοιχευθῆναι). Ob jedoch eine Giftmischerin oder eine Mörderin zu entlassen, Entschuldigung verdiene oder nicht, möge ein jeder untersuchen (τὴν δὲ ἁλοῦσαν φαρμακίδα, ἢ φόνον δρασάσαν [ἀπολύσας], ἀπολογίαν ἔχει, ἢ μή; καὶ σὺ ζητήσαις ἄν). Uebrigens könne man auch auf andere Weise durch zu große Nachsicht, durch Vernachläßigung und dergl. die Frau zum Ehbruch veranlassen, und der sey vielleicht strafbarer, der die Frau, während sie bey ihm sey, zum Ehbruch veranlasse, als der, welcher sie, ohne Ehbruch, wegen Giftmischerey, Mordes oder eines anderen Verbrechens verstoße. Wie indessen ein Weib eine Ehbrecherin sey, wenn sie gleich mit einem Manne vermählt zu seyn scheine, während der erste noch lebe; so auch sey der Mann, der eine Verstoßene zu heurathen scheine; er heurathe nicht, nach dem Ausspruche des Erlösers, sondern breche nur die Ehe mit ihr. [36])

Je offenbarer in diesen Stellen das Bestreben des Origenes ist, die Eingebungen des gemeinen Menschenverstandes und sein eigenes Dafürhalten mit den göttlichen Geboten auszugleichen, und je mühseliger er sich in der letzten Stelle nach dieser Richtung bewegt, desto kostbarer und entscheidender ist sein Zeugniß in Ansehung dessen, was er für geltendes Recht ansah und erkannte. Darüber, daß geschiedene Gatten, so lange nicht der eine von beiden gestorben ist, nicht wieder heurathen dürfen, ist er völlig entschieden; [37]) er erkennt wiederholt und

---

[36]) ὥσπερ δὲ μοιχαλίς ἐστι γυνὴ, κἂν δοκῇ γαμεῖσθαι ἀνδρὶ, ἔτι ζῶντος τοῦ προτέρου· οὕτως καὶ ἀνὴρ δοκῶν γαμεῖν ἀπολελυμένην, οὐ γαμεῖ, κατὰ τὴν τοῦ σωτῆρος ἀπόφασιν, ὅσον μοιχεύει.

[37]) Daß immer nur von der Verstoßung der Frau und deren Wiederverehlichung, und nicht vom Manne die Rede ist, hat meines Erachtens drey Gründe: 1) daß die Erörterung über den Schrifttext durch die Wortfassung desselben von selbst in diese Schranke gewiesen war; 2) daß nach der Sitte jener Zeit, die gegen die Weiber ohnehin, bey denen wenigstens, die noch Sitte bewahrten, weit strenger war, als gegen die Männer, unter den Christen der Fall nur sehr selten vorkommen mochte, daß eine Frau freiwillig von ihrem Manne gieng; 3) daß unter den Christen der ersten Zeit die Männer nicht bloß die Häupter, sondern auch die Vorbilder der Weiber waren, welche die

ausdrücklich an, daß eine solche Verbindung keine Ehe, sondern ein Ehbruch sey. Ob aber die Trennung durchaus nur im Falle des Ehbruchs eintreten dürfe, darüber ist er bedenklich, und wagt nicht, zu entscheiden. Seine Meinung jedoch neigt sich mehr dahin, die Frage zu bejahen, weil Christus die Scheidung nicht eigentlich allgemein verboten, sondern bloß gesagt habe, wer sich scheide von einer Frau, die nicht die Ehe gebrochen habe, der mache sie die Ehe brechen, was jeder Andere auch, bey stehender Ehe, und auf eine viel unverantwortlichere Weise verschulden könne.

Mit eben der Neigung zum Entschuldigen und der Vorliebe für gelindere Ansichten äußert er sich denn auch über den oben angeführten Fall, wo einige Kirchenvorsteher einer Frau bey Lebzeiten ihres Mannes die Wiederverehlichung gestattet hatten. [38]) Wie aber aus dem

---

Zucht ihres ganzen Hauses mit strenger Sorgfalt bewahrten, so daß es auf ihrer Seite rücksichtlich der Bewahrung der Enthaltsamkeit weniger der Einschärfung bedürfen mochte, als in Ansehung der einmal gefallenen Frau. Daß diese Vermuthungen nicht ungegründet sind, beweist der Umstand, daß in der Folge, als nach der Bekehrung der Kaiser eine Masse unsittlicher Menschen in die Kirche sich drängte, und die beiden letzteren der eben angeführten Voraussetzungen wegfielen, auch die Controverse auf diese Punkte sich wendete, und sowohl die Ungleichheit in der Beurtheilung und Behandlung der Frauen und Männer, als auch das anmaaßliche Recht dieser letzteren, nach der Verstoßung ihrer Frauen wieder zu heurathen, bekämpft wurden.

[38]) Daß auch in der Folge, als das Ehrecht weit mehr entwickelt und bestimmter ausgebildet war, einzelne Bischöfe, im Widerspruch mit den bestehenden Satzungen, ähnliches oder noch schlimmeres sich zu Schulden kommen ließen, als hier Origenes anführt, beweist folgende Stelle von Papst Stephan V. bey Ivo Cart. c. 59 Pars. VIII Decret: „Numquidne duabus sponsis nubere barbaricam gentem instruis? Numquidne sacramentum Ecclesiae exponentem Apo-

Vorfalle mit Carvilius Ruga allgemein der Schluß gezogen wird, daß bis zu seiner Zeit in Rom keine Scheidung vorgekommen war, so scheint diese Anführung des Origenes zu beweisen, daß ähnliches, was er als gegen die Schrift und das Gesetz streitend ausdrücklich anerkannt, in der Kirche, so weit wenigstens seine Kenntniß reichte, noch nicht vorgekommen war: und so ist diese Stelle des Origenes, weit entfernt, die Behauptung von der Auflösbarkeit der Ehe in den ersten Zeiten der Kirche zu begünstigen, vielmehr einer der entscheidendsten Belege für die Fortsetzung der entgegengesetzten Tradition bis zur Zeit des Origenes. Daß Origenes im Laufe der Erörterung sagt, derjenige, welcher seine Frau von sich stoße, gebe ihr Gelegenheit, sich wieder zu verheurathen (und dadurch, wie er beifügt, eine Ehbrecherin zu werden), kann, nach den Context, in dem es vorkommt, in Ansehung des in der Kirche damals geltenden Gesetzes eben so wenig eine vernünftige Bedenklichkeit erregen, als jemand einst deßwegen, weil bey uns Leute im Duelle umkommen, daran zweifeln dürfte, daß die Duelle verboten seyen. Bemerkt doch auch Tertullian, dessen Zeugnisse über die Lehre und Observanz seiner Zeit in diesem Punkte gewiß unzweideutig sind, daß einige Christinnen, denen durch Scheidung oder den Tod ihrer Männer Gelegenheit geworden war, Enthaltsamkeit zu pflegen, nicht bloß diese Gelegenheit, zu einem so großen Gute zu gelangen, nicht benützten, sondern sogar die Vorschrift,

---

stolum non legisti I Cor. 16? An forsitan tui codices falso *tres in carne una* asserunt? Desine jam tali tabescere ignavia, et disce paternis obedire regulis, ne inveniaris statutos a patribus terminos transgredi.

wenigstens im Herrn (d. h. wie Tertullian die Vorschrift deutete, einen Christen) zu heurathen, verschmähten und mit Ungläubigen sich vermählten. [39])

Solche einzelne Beispiele können uns so wenig stören in der Anschauung des damaligen gesetzlichen Zustandes in der Kirche, als die Erscheinungen selbst das gesammte christliche Leben der damaligen Zeit störten. Daß die Kirche dagegen nicht sogleich mit allgemeinen legislativen und dogmatischen Entscheidungen auftrat, darf uns sowohl nach den Verhältnissen der Zeit, als nach dem eigenthümlichen Geist und Wesen der Kirche nicht wundern.

„Die Kirche, sagt Möhler [40]), betrachtet sich als eine unmittelbare göttliche Kraft, als ein Leben in und durch den heiligen Geist, und nie gieng sie zur schärferen äußeren Darstellung ihres inneren Lebens über,

---

[39]) Tertull. ad Uxorem lib. 2 Proxime tibi, dilectissima in domino, conserva, quid foeminae sanctae, matrimonio quacunque sorte adempto, sectandum sit, ut potui, prosecutus sum. Nunc ad secunda consilia convertamur respectu humanae infirmitatis, quarumdam exemplis admonentibus, quae divortio, vel mariti excessu oblata continentiae occasione, non modo abjecerunt opportunitatem tanti boni, sed ne in nubendo quidem rursum disciplinae meminisse voluerunt, ut in domino potissimum nuberent...... Eo accedit, quod Apostolus de viduis quidem et nuptis, ut ita permaneant, suadet...... De nubendo vero in Domino cum dicit, Tantum in Domino, jam non suadet, sed exerte jubet...... Igitur cum quaedam istis diebus nuptias suas de ecclesia tolleret, i. e. gentili conjungeretur etc. Tertullian spricht übrigens freilich von Fällen, wo Frauen ohne Zustimmung der Kirchenvorsteher sich vermählten, Origenes aber von einem, wo die Kirchenvorsteher selbst der Frau die Erlaubniß dazu gegeben hatten, was ganz verschieden ist.

[40]) Die Einheit in der Kirche, oder das Prinzip des Katholicismus dargestellt im Geiste der Kirchenväter der drey ersten Jahrhunderte. Tübingen 1825 S. 149.

gleichsam befürchtend, daß es hier im irdischen und zeitlichen profanirt werde, nie wollte sie es in strenger Begriffsform aussprechen, als wenn sie gezwungen wurde, als wenn Entstellungen sich entwickelten, ein falsches unchristliches Leben in Lehrform sich geltend machen wollte; sie wies auch dann immer dergleichen Lehrformen zuerst nur ab, ohne sich selbst positiv auszusprechen, bis sie es schlechthin nicht mehr vermeiden konnte. Die Kirchengeschichte vom zweiten bis ins sechste Jahrhundert spricht dieß in Betreff der Lehre von Jesus Christus auf's Bestimmteste aus. Die Speculation des einzelnen Gläubigen aber ist das Abbild der Kirche, wenn sie sich gedrungen sah, ihre Symbole immer bestimmter zu geben. Man kann diese Symbole der Kirche als die Gesammt- und Urspeculation der Gläubigen betrachten, als die unmittelbare Darstellung ihres inneren Gesammtglaubens."

§. 5.

Im vierten Jahrhunderte fangen übrigens bereits andere Quellen zu fließen an, als die Zeugnisse bloßer Privatautoritäten; Concilien-Schlüsse, und zwar eben solche, welche von der abnehmenden Lauterkeit des Wandels und dem nachlassenden Eifer in der Disciplin unter den Christen Zeugniß geben. Unter diesen Schlüssen werden freilich die von Elvira oder Eliberis (angeblich v. J. 305) von Bellarmin u. A. in Ansehung ihrer Echtheit angefochten. [41]) Uns aber mögen sie immerhin, wenig-

---

[41]) Bellarmin de imag. lib. II c. 9 cf. Molkenbuhr Dissert. de Concil. et canonib. Trullan. Eliberit. Ancyran., Neocaesariens., Gangrens., Laodiceu. et de canonib. quorund. Pattr. poenitentialb. c. 2.

stens ihres unstreitig hohen Alters wegen, gelten, zumal sie, so wenig wie die Schlüsse von Arles v. J. 314, die gleichfalls hieher gehören, etwas enthalten, was zu einer Bestreitung unserer bisherigen Darstellung berechtigen könnte.

In den Schlüssen von Elvira (can. 8 et 9) wird festgesetzt, daß eine Frau, die ihren Mann wegen Ehbruchs verlasse, und einen anderen heurathe, von der Kirchengemeinschaft auszuschließen sey. Zur Communion wieder zugelassen könne sie nur dann werden, wenn der erste Mann, den sie verlassen, gestorben sey, oder drohende Todesgefahr eintrete. Diejenige aber, die ohne Ursache ihren Mann verlasse, und einen anderen heurathe, solle auch auf dem Todbette das Abendmahl nicht erhalten [42]). In Ansehung der Männer verordnet das Concilium von Arles (c. 10): De his, qui conjuges suas in adulterio deprehendunt, *et iidem sunt adolescentes fideles et prohibentur nubere*, placuit, ut, in quantum possit, consilium eis detur, ne viventibus uxoribus suis, licet adulteris, alias accipiant. In diesem Kanon muß das, was als historisches Zeugniß gebraucht werden kann, vor jeder andereu Erör-

---

[42]) Can. 8 Eliberit. Item foeminae, quae nulla praecedente causa reliquerint viros suos, et se copulaverint alteris, nec in fine accipiant communionem c. 9 eod. Item fidelis foemina, quae adulterum maritum reliquerit, fidelem et alterum ducit, prohibeatur, ne ducat; si autem duxerit, non prius accipiat communionem, nisi, quem reliquerit prius, de saeculo exierit, nisi forte necessitas infirmitatis dare compulerit. Hardouin. Coll. Conc. I. P. 251 cf. can. Nicarn. XIII. Ueber can. 10 Eliberit. vgl. Trombelli de sacramento matrimonii. Tom. I Pg. 296 und bey Aguirre Conc. hisp. T. II Pg. 155 die Auslegung des Albaspinaeus.

terung seines Inhalts ausgeschieden werden. Ein solches Zeugniß liegt in den Worten *et prohibentur nubere*. Es ist von Männern die Rede, deren Frauen die Ehe gebrochen haben, und es wird von ihnen gesagt, es sey ihnen verboten, wieder zu heurathen. Eine ausdrücklichere Bestättigung dessen, was wir bisher von der Unauflöslichkeit der Ehe, auch im Falle des Ehbruchs, auf Seite der Männer, wie der Weiber, gesagt hatten, ließe sich nicht wünschen. Auf der anderen Seite geht aus der Faßung des Kanons hervor, daß es nicht bloß im allgemeinen bereits schwerer geworden war, die Disciplin in ihrer ganzen Strenge durchzuführen, sondern daß insbesondere die Ansicht sich geltend zu machen begann, daß die Männer wenigstens, deren Frauen die Ehe gebrochen hätten, zu neuen Verbindungen zu schreiten das Recht hätten. Daher fassen die Väter die beiden Gegensätze, das bestehende Verbot einerseits, die Jugend (und darum Unbändigkeit) der beleidigten Männer andererseits, als die Motive ihrer Entscheidung zusammen, und heben rücksichtlich der Ermahnungen, die an dieselben zu richten seyen, den Umstand besonders hervor, daß sie darum, weil ihre Frauen die Ehe gebrochen hätten, der allgemeinen Regel nicht enthoben seyen, sondern bey Lebzeiten ihrer Weiber, wenn gleich dieselben Ehbrecherinen seyen, dennoch ehlos bleiben sollten. Diese Folgerungen, die wir aus der Fassung des Kanon 10. von Arles ziehen, werden durch die Geschichte der folgenden Periode bestättigt, wo, wie wir sehen werden, eben die Ansicht, daß die Männer, die von ihren Frauen verlassen worden, sich wieder zu verheurathen das Recht hätten, zuerst der bisherigen Tradition gegenüber sich geltend machte, und zum Siege der Römischen Scheidungsgesetze über die christliche

Lehre in der griechischen Kirche den Grund legte. So bildet der Kanon 10. von Arles gleichsam den Uebergang von der Strenge der ersten Periode, voll Eifers und frommer Unterwerfung, zu dem traurigen Verfall der folgenden Periode und den vielfachen Mißbräuchen, die im Gefolge desselben in der griechischen Kirche sich gleichsam typisch ausgebildet haben. Aber er ist für die Erhärtung der katholischen Tradition nur um so kostbarer, weil er die ersten Anfänge einer Verirrung bezeichnet, die nach der Hand als die echte und ursprüngliche Lehre der Kirche dargestellt wurde. Da jener Kanon übrigens ausdrücklich nur der jungen Männer wegen seine Bestimmung giebt, so folgt daraus nothwendig, entweder, daß bey den älteren Männern eine ähnliche Vorsorge nicht nothwendig war, weil sie von selber sich in den Schranken der Disciplin erhielten, oder daß gegen sie nicht mit derselben Nachsicht und bloß im Wege der Ermahnungen und des Rathes, sondern mit den gewöhnlichen Straf- und Bußmitteln im Falle einer Uebertretung vorgeschritten wurde. Abgesehen aber von dieser zweiten Schlußfolge, die sich aus der Fassung des Kanons nothwendig ergiebt, hatten auf jeden Fall diejenigen, welche die Lehre der Unauflöslichkeit bestritten, Unrecht, wenn sie aus der Milde und Schonung, womit der Kanon sich ausdrückt, und aus der Abwesenheit einer Strafbestimmung in demselben auf die Erlaubtheit der Scheidung und Wiederverehlichung in jenen ersten Zeiten der Kirche schließen zu dürfen glaubten. Mit scheinbar ähnlicher Schonung drückt sich ja auch über die offenbare und gewiß in der Kirche nie erlaubte Unzucht der heilige Basilius aus, wo er sagt: Ἐὰν ᾖ δυνατὸν, τοὺς κατὰ πορνείαν συναπτομένους χωρίζεσθαι, τοῦτο κράτιστον [43]); und was die Strafe anbelangt, so konnte doch auf keinen Fall die wiederholte Verehlichung nach eingetretener Scheidung gelinder behandelt werden, als die, welche nach dem Tode des anderen Gatten erfolgte, und daß diese damals allgemein einer Ahndung unterlag, ist bekannt, und wird später noch besonders nachgewiesen werden [44]).

Es kann also keinem Zweifel unterliegen, daß in dieser ersten Periode die Scheidung nur wegen Ehbruchs, oder des dem Ehbruch gleich geachteten Abfalls vom Glauben [45]) gestattet wurde, die Wiederverehlichung aber auf keinen Fall anders, als nach dem Tode des ersten Gatten erlaubt war.

Wir haben uns bey diesem Punkte etwas länger verweilt, weil wir unsere Ueberzeugung über eine so vielfach bestrittene Thatsache nicht aussprechen konnten, ohne sie mit ihren Gründen zu belegen.

Die übrigen Concilien, welche in diesen Zeitraum fallen, enthalten nichts, was auf unsere Frage sich bezöge. Die Aeußerungen einiger Kirchenväter, die noch hieher gehören dürften, werden zweckmäßiger in der folgenden Periode zusammengestellt werden. Daß wir auf eine Widerlegung der Gegner unserer Ansicht im Einzelnen nicht eingegangen sind, rechtfertigt sich wohl von selbst, da sonst aus dieser Erörterung allein ein eigenes Buch erwachsen wäre.

---

43) Voellii et H. Justelli biblioth. jur. can. Tom. II. p. 587. „Wenn es möglich ist, die um der Unzucht willen Verbundenen zu trennen, so ist es das Beste.“

44) Vortrefflich hat den fraglichen Kanon von Arles Zenger erörtert in seinem Versuche rc. S. 210.

45) Cf. Bingham Origines s. antiquitt. eccles. ex ling. angl. in lat. vert. H. Grischov vol. IX lib. XXII c. 5 §. 1 et 2.

II. Kapitel.

Hindernisse, welche dem Eintritt einer Ehe vernichtend entgegenstanden.

§. 1.

Deren Grund überhaupt.

Die mit einer noch lebenden Person einmal gültig eingegangene Ehe machte, wie wir aus der bisherigen Erörterung ersehen haben, jede weitere Ehe unmöglich. Sie war für die Christen ein trennendes Ehhinderniß; denn jede folgende Geschlechtsverbindung wurde bey ihnen, so lange der frühere Gatte lebte, nur als Ehbruch, nie aber als Ehe betrachtet. Bey den Juden und Heiden, und insbesondere nach den römischen Gesetzen, war es nicht also. Letztere namentlich sahen in der Ehe nichts als die natürliche Geschlechtsverbindung, und wo diese nach der Absicht des Mannes von bestimmten bürgerlichen Wirkungen begleitet war, da erkannten sie Ehe *). Jene

*) Die höheren religiösen Beziehungen, die ursprünglich in der Sitte des Volkes daran sich knüpften, und in den rechtlichen Bestimmungen durchschimmerten, verlohren auch hier ihre Bedeutung und Wirksamkeit in demselben Maaße, als sie überhaupt in der Grundlage des ganzen öffentlichen Lebens verschwanden, und der Sinn für sie in allen Ständen erstarb, so daß ein wirksames Organ zu ihrer Vertretung allenthalben ermangelte.

bürgerlichen Wirkungen, Rechte und Verbindlichkeiten aber, sind ihrer Natur nach etwas, das sich geben und wieder nehmen läßt, das die Gesetze ertheilen und verweigern können. Es hatte also keine Schwierigkeit, daß ein Gatte den Rechten entsagte, oder die Verbindlichkeiten aufkündete, die für ihn die bisherige Verbindung, als Ehe, mit sich brachte, und daß er dieselben Rechte dann wieder auf eine andere Person übertrug, und gegen diese neue Verbindlichkeiten eingieng. So wurden Ehen, scheinbar ganz der Natur der Sache gemäß, ohne Schwierigkeit gelöst und wieder angeknüpft, und alle Gesetze wider Ehscheidungen vermochten nichts dagegen, weil Gesetze, die der einmal anerkannten Natur der Dinge widerstreiten und der gesetzgeberische Wille, dem das echte Prinzip nicht inwohnt, stets ohnmächtig bleiben. Dabey stund es natürlich in der Macht des Gesetzgebers, der Verbindung zweier Personen, je nachdem sie seinen Absichten entsprach oder nicht, die Wirkungen zuzugestehen oder zu versagen, an welchen man die Ehe zu erkennen pflegte. Sobald er sie verweigerte, so war in der That keine Ehe da, es blieb nur die natürliche Geschlechtsverbindung übrig, und die höheren Gesetze der Natur, die in der Sitte nur vermöge einer dunkeln und schwankenden Anerkennung ihrer eigentlichen Bedeutung sich geltend machen konnten, übten auf die Gesetzgebung in dieser Beziehung keinen Einfluß.

Den Christen erschien die Ehe in ganz anderem Lichte. Die Geschlechtsgemeinschaft, die der Ehe zum Grunde liegt, war, an und für sich betrachtet, in ihren Augen eine Verunreinigung und als solche sündhaft [46]). So

---

[46]) Am vollständigsten ist dieses ausgeführt in des heiligen Augustinus Buch de nuptiis et concupiscentia. Hieher gehören aber

wie die Scheu vor dieser Verunreinigung aus religiösen Vorstellungen entsprang, so konnte sie auch nur durch religiöse Gründe gehoben werden, und nur eine höhere, tief erfaßte Weihe der Ehe konnte die davon unzertrennliche Entweihung der Individuen, die sie eingingen, aufheben und heilen. Diese Weihe erhielt die Ehe durch den Glauben, daß in ihr die Liebe Christi zu seiner Kirche lebendig und wirksam sich darstelle, daß durch sie diese Liebe Christi, von den Gatten auf die Kinder ausströmend, das Menschengeschlecht in seiner Wurzel heile und heilige [47]), wodurch die Ehe eines der ersten Glieder in der Kette der großen Vermittlung und eines

---

alle Stellen in den Vätern und in den Kanonen der Kirche, welche von der Enthaltsamkeit in der Ehe selbst sprechen, und den Gläubigen, unmittelbar nach der Verrichtung der Werke des Fleisches, den Zutritt zum Gottesdienst und zur Kirche untersagen vgl. Hermas lib. I visio 1 v. 2 c. 2 et 3, v. 3 c. 8 Lib. II Mand. 4 c. 1 et 11. Tertullian. de pudicitia c. 1. Id. ad uxorem lib. I inf. c. 4. Id. de monogamia c. 14. Origenes in c. 4. Caus. XXXII qu. 2. Clemens Alexandr. Strom. l. 3 p. 448 lib. 6 p. 664 sq. ad verb. Apost. I Cor. IX. 5. et expositio sermonis Abrahami Genes. XX. 12. Cyprianus de bono patientiae. Hieronymi Epistola ad Gerontiam. Clement. Rom. Epist. in Hardouin Collect. Concil. I 40. sq. Theodoretus Hist. lib. 4 c. 12. Venantius Fortunatus lib. 1 carm. 15. Ambros. d. Abraham. c. 7. Concil. Eliberit. c. 14. Sieh Bingham antiqq. cit. Lib. XVI c. 11. §. 1. Wir machen übrigens mit diesen Citationen keineswegs auf Vollständigkeit Anspruch; denn ähnlicher Stellen, die das Lob der Keuschheit und Reinheit im Gegensatze der Befleckung durch die Werke des Fleisches enthalten, wäre eine Unzahl zu nennen.

[47]) Paulus ad Ephes. V. 23 bis 32. Clemens Alexandr. Strom. lib. III. §. 12 cit. p. 551. Ignatius ad Polycarp. v. Coteler. St. Patr. opp. II 41. Dieses verkannten die Manichäer und alle Häretiker, welche in Beziehung auf den Fall und den Ursprung des Bösen von der Lehre der Kirche abwichen.

der größten Sakramente des neuen Bundes wurde. So wie man überhaupt die Ehe nur als ein legitimes Verhältniß denken, legitim aber in keiner Gesellschaft dasjenige seyn kann, was den moralischen Gesetzen widerstreitet, so konnten auch die Christen, die so wenig außer der Religion, als wider dieselbe eine Moral kannten, einerseits keine Verbindung als Ehe anerkennen, denn diejenige, welcher dieser Stempel der höheren Weihe aufgedrückt war [48]); andererseits konnten sie aber keiner Geschlechtsverbindung, in welcher echt christlicher Sinn und christliche Absicht in Ansehung der Kirche sich manifestirte, die Achtung und Rücksicht versagen, die ihr als solcher gebührte, ihre bürgerlichen und weltlichen Folgen oder Wirkungen mochten übrigens seyn, welche sie wollten. Dieß hatte zur Folge, daß die weltlichen Gesetze, welche bisher größtentheils nur nach politischen Rücksichten Eheverbote aussprachen, für die Christen unter einander, außer in so weit sie die Vermögensverhältnisse berührten, beinahe alle Wirksamkeit verloren; denn die Christin, die nach jenen weltlichen Gesetzen eines Christen bloße Concubine war oder auch nur seyn konnte, stand doch vor den Augen der Kirche mit ihm in jener heiligen, unantastbaren Verbindung, die allein Ehe genannt zu werden verdient und war daher seine wirkliche Gattin [49]).

---

[48]) Vgl. Hieronymi Epist. ad Ephes. c. 5 c. 2 C. XXXI qu. 2.

[49]) Nur daß man wegen der Zweideutigkeit, die äußerlich solchen Verbindungen anklebte, dieselben doch in der Regel ungerne sah cf. Selvaggio antiq. christ. Instit. V. 37. VI p. 147. Vide Bingham cit. Lib. XI. c. V. §. 11 vol. IV. p. 233. sq. Lib. XVI c. XI. §. 5. vol. VII. p. 430. Trombellius Tractatus de S. Matr. T. I c. 5. §. 6, 10. p. 204. sq. §. 17. p. 208 eod.

Dagegen war nicht bloß jede zweite und dritte Verbindung bey Lebzeiten des anderen Gatten, welche die Gesetze nach ihren bürgerlichen Wirkungen Ehe nannten, in den Augen der Christen bloßer Ehbruch und verbrecherische Hurerey, sondern die Vorstellung der Christen von der hohen Weihe und Heiligkeit der Ehe einerseits, und von der aus der Geschlechtsgemeinschaft an und für sich entspringenden Verunreinigung andererseits, hatte auch die Folge, daß sie äußerst ängstlich und schwierig waren, in Beziehung auf die Umstände, unter welchen diese Verbindung mit dem Vertrauen auf die Gnadenwirkungen, deren sie so sehr bedürfe, und als würdige Darstellung des Geheimnisses, das sie bildlich im Leben realisiren sollte, eingegangen werden könne. Denn jede Verbindung, die nicht die erfoderlichen Vorbedingungen in sich vereinigte, um mit würdiger Reinheit jenes große Geheimniß der Verbindung Christi mit seiner Kirche darstellen zu können, konnte auch der Gnaden nicht theilhaftig werden und dieselben nicht verbreiten, die daraus zum Heile der Menschen hervorgehen sollten. Sobald aber diese Gnade nicht die der Concupiscenz sonst anklebende Mackel der Sünde aufhob und heilte, so war eben die Verbindung nur Sünde und keine Ehe [50]). Alle Um-

---

[50]) Vor Christo stand die Ehe bloß unter dem Gesetze der Natur, und in diesem hatten also auch die Ehhindernisse ihren Grund. Wo die Verbindung dem Naturgesetze nicht gemäß, sondern widernatürlich erschien, da erkannten die Alten keine Ehe. Die christliche Ehe steht unter dem Gesetze der Gnade, das durch Christi Erlösungstod an die Stelle des Gesetzes der Natur getreten ist, dasselbe in sich aufgehoben hat. Die Ehhindernisse unter den Christen haben daher ihren unmittelbaren Grund in eben dem Gesetze der Gnade. Wo die Verbindung der Erlangung der Gnade hinderlich, ja ihr wohl gar zu widerstreben scheint, da erkennen die Christen keine Ehe.

stände also, deren Daseyn oder Abwesenheit in die Verbindung in dieser Hinsicht einen Fehler bringen und der Gnadenwirkung hemmend entgegentreten konnten, hinderten die Ehe, so wie eine Todsünde die Gnade im Genuße des Abendmals zum Verderben verkehrt; und aus den Ansichten, die sich nach und nach in Betreff solcher, die Ehe vereitelnder, Umstände ausbildeten, entwickelte sich eine umfassende Gesetzgebung, die zwar an die römischen und jüdischen Gesetze anknüpfte, aber, von ganz anderen Grundsätzen ausgehend, zu keiner Zeit als an dieselben gebunden erscheint.

§. 2.

Hinderniß aus unzureichendem Alter.

Die Ehhindernisse, welche die Natur der Sache ohnehin angiebt, und in Ansehung deren die römischen und jüdischen Gesetze nur den Ausspruch der Vernunft und des Naturgesetzes bekräftigten, als da sind zu große Jugend, Mangel der Einwilligung, Unfähigkeit zur Erfüllung der ehlichen Pflichten, Verwandtschaft oder Schwägerschaft u. dgl., wurden demnach von den Christen um so mehr anerkannt und sorgfältig beachtet, als ja der höhere Grad von Würde und Reinheit, den sie für ihre Ehen begehrten, jene ersten Bedingungen und Erfodernisse ohnehin in sich schloß. Aber so wie sie diesen vielfältig eine größere Entwickelung gaben, so auch floßen aus eben der religiösen Ansicht von der Ehe einerseits, und der Vorzüglichkeit des ehlosen Standes andererseits, noch andere Ehhindernisse, durch Verschiedenheit der Religion, durch Gelübde der Keuschheit u. s. w., die dem römischen und jüdischen Rechte völlig fremd gewesen waren.

In Ansehung des zur Ehe erfoderlichen Alters aber hielt man sich einfach an den Grundsatz des Civilrechts, daß man vor eingetretener Pubertät nicht heurathen könne. Eine gesetzliche Präsumtion setzte die Pubertät voraus, bey Jünglingen nach vollendetem vierzehnten, bey Mädchen nach vollendetem zwölften Jahre. Vor diesem Zeitpunkte unterlag sie, bey Jünglingen, dem Beweise [51]). Eine Stelle von dem heiligen Basilius in der Collatio regularum c. 66. §. 2 mag hier, nicht bloß für seine Zeit, sondern auch für die vorhergehende, als Zeugniß darüber dienen, daß die Kirche in diesem Punkte dem allgemeinen Gebrauche zu folgen pflegte. Firma tamen, heißt es hier, tunc erit professio virginitatis, ex quo adulta jam esse coeperit, et ea, quae solet nuptiis apta deputari [52]).

---

[51]) Cf. J. H. **Böhmer** J. E. P. L. IV. Tit. 2 §. 27 fr. 4. D. (23, 2) vgl. mit fr. 14 eod. pr. Jnst. (1, 22) C. 4. (6, 22) l. ult. C. (5, 60). Die Juden richteten sich nach den Zeichen der Pubertät. Tertull. de virginib. veland. Die jüdische Gesetzgebung kann natürlich nur in Ansehung ihres moralischen Einflusses auf die Satzungen der Christen in Betracht kommen, während die römischen nach ihrer Einwirkung auf dieselben durch die nach ihnen normirten Verhältnisse des bürgerlichen Lebens zu beachten sind. Das mosaische Gesetz bestimmte nichts über das heurathsfähige Alter. Nach **Selden** (Uxor. hebr. L. 2 c. 3) und **Buxtorf** (Synag. Jud. c. 3 et tract. de sponsal. et divort. Ebraeor. p. 1 No. 11) war in den Schriften der Rabiner für Jünglinge das vollendete 13te, für Mädchen das vollendete 12te Jahr als der Zeitpunkt angegeben, vor welchem keine Ehe gestattet wurde.

[52]) Diese Stelle scheint aus einem verlornen Werke des **Basilius** entnommen. Sieh **Gibert** tradition de l'Eglise sur le sacrement de mariage I p. 323 in f. sq.

§. 3.

Hinderniß aus Mangel der Freiheit.

Unter den Römern galt der Grundsatz: Nuptiae consistere non possunt, nisi consentiant omnes: id est, qui coeunt, quorumque in potestate sunt [53]). Unfreie konnten also eben so wenig ohne Einwilligung ihrer Herrn, wie Kinder ohne Einwilligung des Vaters, in dessen Gewalt sie standen, eine ehliche Verbindung schließen. Die Verbindungen der Sklaven waren ohnehin als Ehen nicht geachtet, weil sie keinen häuslichen und Familienstand für Frau und Kinder begründeten, und das Wort Contubernium, womit sie bezeichnet wurden, drückt nur zu deutlich aus, was sie in den Augen der Herrn und im gesellschaftlichen Verbande überhaupt galten. Eine Aenderung der hierüber bestehenden Ansichten und rechtlichen Grundsätze konnte also nur in Folge einer großen, umfassenden Umbildung aller Social-Verhältnisse nach den christlichen Grundsätzen eintreten, und diese war anderen Zeiten und Ereignissen vorbehalten, deren Wirkungen in dieser Beziehung selbst die, welche diese Ereignisse erlebten, wohl schwerlich ahnten.

Es war also sehr natürlich, daß die Kirche Ehen der Sklaven nicht anerkannte, wenn sie von den Herrn dieser Sklaven nicht genehmigt wurden, und zwar schon deßwegen, weil die Sklaven, die in keiner Weise über ihre Person zu bestimmen vermochten, und sohin auch die kirchliche Vorschrift der beständigen Cohabitation [54]) nicht anders als durch die Einwilligung ihrer Herrn zu erfüllen

---

[53]) ff. 2 (23, 2) de ritu nuptiarum.

[54]) I. Cor. VII. 2—5. Dionys. Alex. c. 3.

im Stande waren, sich nicht nach einem Gesetze verpflichten und verbinden konnten, das zu erfüllen außerdem gänzlich nicht in ihrer Macht und Willkühr stand. So war die Zustimmung des Herrn die unerläßliche Bedingung zur Gültigkeit der Ehe eines Sklaven, und viel that die Kirche schon dadurch, daß sie den Bestand wenigstens einer solchen einmal gültig eingegangenen Verbindung sicherte, indem sie sie in moralischer Achtung der Ehe der Freien gleichstellte [55]). Zwischen Freien und Sklaven aber konnte damals kein anderes Verhältniß als das des Concubinats bestehen, und wenn auch die Kirche dieses Verhältniß durch das Gebot der Treue, wie wir weiter unten zeigen werden, heiligte und der anerkannten und erklärten Ehe dann gleich achtete, so hatte doch die Sklavin oder der Sklave, wo nicht besondere Erklärungen und Versicherungen eingetreten waren, stets, in der Beziehung, die Vermuthung gegen sich; so daß die Unfreiheit, selbst in der Kirche und vom religiösen Gesichtspunkte aus, ein trennendes Ehhinderniß bildete, das nur durch eine freiwillige und ausdrückliche Unterwerfung des freien Theiles unter die Folgen, die eine solche Verbindung für ihn herbeiführte, oder durch die Erhebung

[55]) **Basilius ad Amphilochium can. 40.** *Ἡ παρὰ γνώμην τοῦ δεσπότου ἀνδρὶ ἑαυτὴν ἐκδοῦσα, ἐπόρνευσεν· ἡ δὲ μετὰ ταῦτα πεπαῤῥησιασμένῳ γάμῳ χρησαμένη, ἐγήματο. ὥστε ἐκεῖνο μὲν πορνεία, τοῦτο δὲ γάμος. αἱ γὰρ συνθῆκαι τῶν ὑπεξουσίων οὐδὲν ἔχουσι βέβαιον.* Can. 42 eod. *Οἱ ἄνευ τῶν κρατούντων γάμοι πορνείαι εἰσίν. οὔτε οὖν πατέρος ζῶντος οὔτε δεσπότου οἱ συνίοντες ἀνεύθυνοί εἰσὶν, ἕως ἂν ἐπινεύσωσιν οἱ κύριοι τὴν συνοίκησιν. τότε γὰρ λαμβάνει τὸ τοῦ γάμου βέβαιον.* Basilius gehört zwar schon der folgenden Periode an, aber er steht der gegenwärtigen noch so nahe, daß seine Zeugnisse eben doch nur beurkunden, was in dieser bereits sich gebildet hatte.

*) Anhang E.

und Gleichstellung des unfreien Theiles beseitigt werden konnte [56]).

§. 4.

Hinderniß aus Mangel der elterlichen Einwilligung.

Nicht geringer, als die Gewalt des Herrn über seine Sklaven, war die Potestas des Hausvaters über seine Kinder. Kinder unter väterlicher Gewalt wurden daher, wie schon bemerkt, in Hinsicht auf die Verehlichung nach denselben Grundsätzen beurtheilt, wie die Sklaven. Ohnehin war bey den Römern, wo die Frau von der Concubine durch nichts als durch die Dignitas sich unterschied, die Ehe ohne die äußere Erscheinung des ehlichen Haus- und Familienstandes und somit die Verehlichung eines filius familias ohne die Zustimmung des Vaters, von dem die Begründung dieses Haus- und Familienstandes abhieng, nicht denkbar. Bey den Töchtern war es aber überdieß so einstimmige Ansicht der alten Völker, daß ihre Verehlichung lediglich Sache ihrer Eltern und Verwandten sey und sie darin keinen Willen haben dürften [57]), daß

---

[56]) So mußte das Verhältniß bleiben, so lange die Sklaverey bestand. Daher viel später noch in diesem Sinne die Entscheidungen Papst Leo's, des Großen, in dem Briefe an Rusticus von Narbonne c. 11, 12 C. XXXII qu. 2.

[57]) Ambrosius lib. I de Abraham c. 13. C. XXXII q. 2. Ueber die entsprechende Ansicht und Sitte der Juden vgl. Seldeni uxor hebraica, Michaelis mosaisches Recht II Thl. §. 83—87. Dd. Em. Gonzalez Tellez Comm. in lib. IV Decretal. de desponsatione impub. Cap. 1. Lugd. 1715 p. 65. Brower de jure connubiorum c. 6 Pg. 43. Dann J. G. Hennig über die Rechte und Befugnisse der Eltern bey der Verheurathung ihrer Kinder. Wittenberg und Zerbst 1797 8° §. 18 S. 80 ffg.

die Kirche kaum in diesen Zeiten reinen Eifers, hoher Lauterkeit und inniger Frömmigkeit eine Veranlassung gehabt haben mag, über diesen Gegenstand irgend eine Bestimmung zu geben. In ihrem Geiste lag es auch weit mehr, die Gewalt der Eltern in der Beziehung, als die Freiheit der Kinder zu begünstigen, zumal da der Einfluß der Hirten wohl größtentheils die Härten und üblen Folgen beseitigte, die sonst daraus hätten entstehen können [58]). So wurde denn unbedenklich, den geltenden weltlichen Gesetzen und der herkömmlichen Ansicht und Sitte gemäß, den Eltern in Ansehung der Verehlichung ihrer Kinder die unbeschränkteste Gewalt eingeräumt [59]),

---

[58]) I Timoth. V. 14. Constit. Apostol. Lib. IV c. 11: Parentes tempore ad conjugium maturo filios matrimonio jungant, ne in ipso flore aetate fervescente his moribus evadant, ut sese dedant meretricibus..... ratio in die judicii a Dmo. Deo reposcetur. Epist. I Clement. Rom. ad Jacob. fratr. in Hardonin I p. 40 D. — p. 41. Daß in den sog. Apostol. constt. viel Wahres und Echtes aus der ältesten Disciplin sich erhalten habe, ist anerkannt, und darunter glaube ich unbedenklich jene Stelle rechnen zu dürfen. Was den angeblichen Brief des Clem. Rom. betrifft, so ist bekannt, wie hoch er in jener frühen Zeit in der Kirche geachtet wurde. Sieh P. Gottfr. Lumper histor. theolog. critica de vita, script. et doctr. SS. Patr. vol. I p. 45. Vgl. unten Note 172 Clem. Alexand. homil. III.

[59]) Die oben Note 55 angeführte Stelle des Basilius ad Amphiloch. c. 22 u. 42, dann c. 38 eod.: *Αἱ κόραι παρὰ γνώμην τοῦ πατέρος ἀκολουθήσασαι πορνεύουσι. διαλλαγόντων δὲ τῶν γονέων δοκεῖ θεραπείαν λαμβάνειν τὸ πρᾶγμα. οὐκ εὐθὺς δὲ εἰς τὴν κοινωνίαν ἀποκάθισταν, ἀλλ᾽ ἐπιτιμηθήσονται τρία ἔτη* *). Vgl. mit I. Cor. VII. 36 — 38. Tertullian. ad uxor. lib. II c. 9. Pseudo Evarist. in c. 1 c. XXX qu. 5 u. Hardouin Concil. T. I p. 75 §. 2. (Sieh über diese letztere Stelle Berardus Gratiani canones integri ab apocryphis discreti II c. 3 Pg. 41. Venet. 1783) J. H. Böhmer J. E. Prot. L. IV T. 2 §. 2. G. L. Böhmer de necessario parentum consensu in nuptiis liberorum Hal. Magd. 1740. Gibert

---

*) Anhang F.

und es kann darüber, daß der Mangel der elterlichen Einwilligung auch in den Augen der Kirche ein trennendes Ehhinderniß bildete, um so weniger Zweifel erhoben werden, da, bey dem damaligen Umfang der väterlichen Gewalt, ohnehin, so lange diese Gewalt ungeschmälert dauerte, die Ehe wider des Pater familias Wille gar nicht bestehen konnte [60]).

§. 5.

Hinderniß aus Mangel der eigenen Einwilligung wegen Furcht oder Zwang.

Nicht minder wurde aber auch alles, was die gerechte Freiheit der zu Verbindenden aufhob, gleichfalls als ein vernichtendes Ehhinderniß anerkannt, und zwar nicht bloß deßwegen, weil ein Vertrag oder ein bindendes Versprechen ohne Einwilligung nicht denkbar ist, sondern vorzüglich auch aus dem Grunde, weil, ohne die entsprechende Gesinnung, die Einwirkung der die Ehe heiligenden Gnade nicht möglich ist, und das Band der Liebe nur auf die Freiheit sich gründen kann. Wo also die Einwilligung zur Ehe nur durch Gewalt oder Furcht erzwungen, oder durch Täuschung und Betrug entlockt worden war, da war es auch den Christen nicht möglich, eine Ehe zu erkennen. Wenn man auch die Kraft und Unauflöslichkeit des Ehbandes nicht so fast aus der gegenseitigen Verbindlichkeit der Gatten gegen einander,

---

Corp. jur. can. III. Tract. de Sacram. p. 89, 132. Am besten und gründlichsten ist wohl sicher der Gegenstand behandelt in Gibert's Traité historique du pouvoir des pères sur le mariage de leurs enfants, was wir uns leider nicht verschaffen konnten.

[60]) Vgl. Zimmern cit. §. 147.

als vielmehr aus der Pflicht beider gegen Gott, und aus dem unerläßlichen Gehorsam gegen seine Gebote ableitet, wie es bey den ersten Christen der Fall war, und wie es die Kirche von jeher gethan hat; so ist doch offenbar auch diese Pflicht nicht gedenkbar, wo es an der Einwilligung gebrach, weil das Gebot eben nur für einen solchen gegeben ist, der die Ehe gewollt hat [61]). Die Kirche hatte deßhalb keine Veranlassung, über diesen Gegenstand eine besondere Gesetzgebung sich zu bilden. Die weltlichen Gesetze waren vollkommen genügend [62]) und erst in der Folgezeit, als eine Flut von unreinen Elementen in die Kirche sich eindrängte, und damit auch Reinheit der Sitten, erhabene Gesinnung und unverbrüchlicher Gehorsam gegen Gesetze und Vorsteher aufgehört hatten, die unterscheidenden Abzeichen der Christen zu seyn, konnte sich die Kirche in dem Falle sehen, in ihren Bußordnungen gegen Vergehen solcher Art Vorsicht zu treffen. Basilius bemerkt deßhalb in dem schon angeführten Briefe an Amphilochius (c. 30), für die, welche Mädchen gewaltsam

---

[61]) Vgl. J. H. Böhmer J. E. P. L. IV T. 1. §. 54.

[62]) Julianus ff. 11. de sponsal. (23, 1) Ulpian. ff. 4 eod. cf. ff. 6, 12. eod. Gajus ff. 8. eod. Paulus. ff. 13. eod. Idem. ff. 2. de ritu nuptiarum (23, 2) Ulpian. ff. 30. d. div. R. J. (50, 17) Sever. l. 2. C. de inutil. Stip. (8, 39) Libera matrimonia esse antiquitus placuit. Gordianus l. 8. Cod. de nupt. (5, 4) Dioclet. et Maxim. l. 12. Cod. eod. l. 14 eod. Das Concilium von Ancyra begnügt sich damit, in seinem c. 11 zu verordnen, daß verlobte Jungfrauen, wenn sie nachher (nach ihrer Verlobung) von Anderen geraubt würden, denjenigen, die sie raubten, abgenommen, und denen zurückgegeben werden sollten, mit welchen sie verlobt waren, selbst wenn sie von dem Entführer Gewalt erlitten hätten. Hardouin Concil. T. I p. 275 sq. Vgl. J. H. Böhmer Lib. IV. Tit. 1 §. 107 sq. 116 sq. Zimmern cit. §. 151.

entführten, habe man keinen alten Kanon, und er habe nur seine eigene Meinung dahin ausgesprochen, daß sie drey Jahre lang von den Gebeten ausgeschlossen werden sollten. Was aber nicht durch Gewalt geschehe, unterliege gar keiner Strafe, sobald weder Schändung noch Diebstahl vorausgegangen sey *). Eine Wittwe aber sey ihr eigener Herr, und bey ihr stehe es, (einem Manne) zu folgen. Deßhalb habe die Kirche um diese Händel sich nicht zu bekümmern [63]).

Der 66te unter den sog. apostolischen Kanones enthält zwar Bestimmungen gegen die gewaltsamen Entführungen; allein es ist nach jener Aeußerung des Basilius und aus ohnehin bekannten Gründen, wenigstens für die Geschichte dieser Periode, kein allzugroßer Werth auf denselben zu legen [64]).

---

*) D. h. heimlicher Beischlaf nach Belsamon in dessen Erläuterung ds. Kan. (Sieh Bevereg. II. 89. Stuprum fit in virgine, furtivus concubitus cum ea, quae non est virgo.)

63) *Περὶ τῶν ἁρπαζόντων κανόνα μὲν παλαιὸν οὐκ ἔχομεν, ἰδίαν δὲ γνώμην ἐποιησάμεθα, τρία ἔτη καὶ αὐτοὺς καὶ τοὺς συναρπάζοντας αὐτοῖς ἔξω τῶν εὐχῶν γίνεσθαι. Ὅτι δὲ μὴ βιαίως γινόμενον ἀνεύθυνόν ἐστι, ὅτ' οὖν μὴ φθορὰ ᾖ, μηδὲ κλοπὴ ἡγουμένη τοῦ πράγματος. αὐτεξουσία δὲ ἡ χήρα, καὶ ἐπ' αὐτῇ τὸ ἀκολουθῆσαι. ὥστε τῶν χρημάτων ἡμῖν οὐ φροντιστέον.* Basil. ad Amphiloch. c. 30.

64) *Εἴ τις παρθένον ἀμνήστευτον βιασάμενος ἔχει, ἀφοριζέσθω· μὴ ἐξεῖναι δὴ αὐτῷ ἑτέραν λαμβάνειν, ἀλλ' ἐκείνην, ἣν ᾑρετίσατο, κἂν πενιχρὰ τυγχάνῃ* **). Can. apost. 66. Hardouin Concil. T. I p. 25. Vide Guil. Beveregii de can. apost. judicium in Cotelerii St. Patr. opp. Amsteld. 1724. T. I p. 43. sqq. Von diesem Can. 66 sagt de Marca de Concord. l. 3. c. 2, daß er ganz vorzüglich romanis auribus ingratus sey.

**) Anhang G.

§. 6.

Hinderniß aus Mangel der eigenen Einwilligung wegen Irrthums, Betrugs oder eines bloß bedingten Consenses.

Was im Allgemeinen über die Umstände bemerkt worden, welche die freie Einwilligung aufheben, gilt natürlich auch insbesondere von dem Irrthum in Ansehung der Person, und von den Bedingungen, unter welchen eine Ehe eingegangen werden kann, worüber erst in der Folge eine umständliche kirchliche Gesetzgebung sich ausbildete, als die Kirche in solchen Dingen nicht mehr an die Gesetzgebung des Staates sich anlehnen konnte, sondern vielmehr diesem in allen Theilen durch ihre Anordnungen eine Grundlage zu bilden genöthigt war.

§. 7.

Hinderniß aus körperlicher Unfähigkeit.

Aus demselben Grunde, wie über die eben angegebenen Hindernisse, findet sich auch in den Gesetzen der Kirche aus dieser Zeit, und noch viel später, keine Bestimmung über den Irrthum in Ansehung der Fähigkeit des einen Gatten zur ehlichen Beiwohnung. Aus ff. 60 Dig. D. D. i. V. et U. (24, 1), von Hermogenian, sehen wir, daß in diesem Falle das Gewöhnliche war, daß man dem Unfähigen das Repudium sandte [65]. Die Kirche, die so sorgfältig darauf sah, daß ihre Angehörigen nicht in Fälle geriethen, wo sie auf eine gefährliche

---

[65]) Ein Verbot der Ehe bestand, nach bürgerlichem Rechte, bloß in Ansehung der kastrirten Spadones fr. 39. §. 1. de J. D. (23, 3) cf. ff. 128 D. V. S. (50, 16).

Weise den Versuchungen ihrer Lüste ausgesetzt blieben, hat wohl schwerlich dieser Gewohnheit widerstrebt. Die Strenge, womit sie sonst über der Einhaltung des Gesetzes der Unauflöslichkeit wachte, sicherte sie ohnehin dabey gegen jeden Mißbrauch, und bey der Einrichtung ihrer damaligen Disciplin und der Gesinnung, welche allenthalben die Gemeinden durchdrang, war an Betrug, sohin auch an Vorschriften zu dessen Abwendung sicherlich nicht zu denken *).

§. 8.

Hinderniß in Folge eines früher abgelegten feierlichen Gelübdes der Keuschheit.

Wenn in solchen Fällen die Kirche die Schwäche des Fleisches derjenigen, die einmal zur Ehe sich entschlossen hatten, gewiß nicht unberücksichtigt ließ, so war sie dagegen um so strenger in Ansehung derer, welche dem besonderen Dienste des Herrn sich geweiht, und zu dem Ende zur Ehlosigkeit sich bestimmt und verpflichtet hatten.

Von jeher glaubten die Christen, nach der Lehre des Apostels Paulus [66]), einer höheren Vollkommenheit im ehlosen Stande, wenigstens leichter als in der Ehe, nachstreben zu können, und die Ehrfurcht, die sie, nicht minder als die alten Völker, für die Jungfrauschaft hegten, verbunden mit dem lebhaftesten Abscheu vor körper-

*) Wir haben oben schon gesehen, wie die Christen in den Fällen, wo ihnen die Trennung der Ehe erlaubt war, überhaupt des römischen Repudiums sich zu bedienen pflegten.

66) Hoc autem dico secundum indulgentiam, non secundum imperium; volo enim vos esse sicut meipsum I. Cor. VII. 6, 7, 8. cf. Apocalyps. XIV. 1 — 3.

licher Befleckung, ließ sie wohl auch an sich auf diesen ehlosen Stand einen höheren Werth legen [67]. — Viele gelobten daher die Enthaltsamkeit, in der Hoffnung, zu einer innigeren Verbindung mit Gott dadurch sich zu erschwingen, wie Justin und Athenagoras in ihren Apologien berichten [68]. Wenn hienach die Ehe, fast möchte ich sagen, aus Nachsicht nur geduldet, und um der Schwäche des Fleisches willen bloß empfohlen wurde *); so mußte wohl diejenigen, die durch besondere Gelübde einer höheren Vollkommenheit nachzustreben, aus Liebe zu Gott, wie Clemens von Alexandrien sagte, nach der höheren Gnosis zu trachten, sich anheischig gemacht hatten [69], nothwendig der Tadel der Kirche treffen, wenn sie statt dessen nachher, aus Liebe zu einem vergänglichen Wesen, zum

[67]) Ignatius ad Polycarpum: *εἴ τις δύναται ἐν ἁγνείᾳ μένειν, εἰς τιμὴν τῆς σαρκὸς τοῦ Κυρίου, ἐν ἀκαυχησίᾳ μενέτω***). Vgl. die beiden Briefe des Clemens Romanus, welche Wetstein 1752 herausgegeben, und in actis Eruditor. Lips. vertheidigt hat.

[68]) St. Justini Apologia I. No. 15. Athenagoras in legat. §. 32. Den zu solchem Ende gefaßten Vorsatz definirt Clemens Alexand. (Lib. II. Stromat. §. 1. Edit. Venet. 1757 p. 511) als *σώματος ὑπεροψία κατὰ τὴν πρὸς Θεὸν ὁμολογίαν*, sohin als ein wahres Gelübde cf. Strom. lib. III §. 7 p. 538. eod.

*) Wer das Wesen der Ehe recht betrachtet, der erblickt in ihr ohnehin, wie in der um des Himmelreichs willen ergriffenen Ehlosigkeit, nur ein Mittel, zur christlichen Vollendung, zur lebhaften Erfüllung von der göttlichen Liebe zu gelangen, und erkennt dann, daß beide Wege sind zu einem Ziele, nur daß der Verehlichte mittelbar bloß erstrebt und erlangt, wonach der Unverehlichte, der um des Himmelreiches willen die Enthaltsamkeit erwählte, unmittelbar trachtet. Sieh meine Schrift „von der Ehe und der Stellung der kath. Kirche ꝛc.“ S. 32 Note *).

[69]) Clement. Alexand. Strom. lib. VII. §. 12. Edit. Venet. 1757. p. 574. sq.

** Anhang H.

Fleisch und seiner Lust, die Freuden des Ehstandes sich erwählten. „Wer die Lebensregel, die er sich, zu grö„ßerer Ehre, erwählt hat, überschreitet, sagt Clemens „von Alexandrien [70]), dem entschwindet nachher die Hoff„nung.“ Und wem dieser Ausspruch zu streng dünken möchte, der bedenke nur, daß der Mensch nie still stehen kann, sondern immer nach irgend einer Richtung hin sich entwickeln muß, und er wird wohl zugeben, daß der, welcher, mit Ueberwindung einer früher entschieden und mit Aufopferung zu Gott ergriffenen Richtung, nachher die Richtung zur Welt wieder einschlägt, schwerlich in einer heilsamen Entwicklung begriffen seyn kann.

Gegen diejenigen, die auf solche Weise dem höheren Vorsatze, den sie früher gefaßt hatten, untreu wurden, sprach sich dann die verdiente Mißbilligung der Kirche in einer Buße aus, die über sie, eben so, wie über die

---

[70]) Strom. Lib. III §. 12. Venet. 1757. p. 546: *εἰ δὲ ὑπερβὰς ὃν εἵλετο κανόνα, εἰς μείζονα δόξαν, ἔπειτα ἀποπέσῃ πρὸς τὴν ἐλπίδα.* cf. Thomassini vet. et nov. Eccles. discipl. P. I Lib. III c. 42 §. 2 *ἥ πρόθεσίς τε,* sagt dann Clemens weiter, *τοῦ τε ἑαυτὸν εὐνουχίσαντος, τοῦ τε αὖ γάμῳ διὰ παιδοποιΐαν συζεύξαντος, ἀνένδοτος πρὸς τὸ ἧττον διαμένειν ὀφείλει* und *ὁ κατὰ πρόθεσιν εὐνουχίας ὁμολογήσας μὴ γῆμαι, ἄγαμος διαμενέτω.* §. 15. eod. *) Cyprianus in Epist. LXII. al. IV ad Pomponium sagt: Si ex fide se Christo dicaverunt, pudice et caste sine ulla fabula perseverent; ita fortes et stabiles praemium virginitatis exspectent. Si autem perseverare nolunt, melius est nubant, quam in ignem delictis suis cadant. Die Vergleichung dieser Stellen scheint zu beweisen, daß schon früh eine professio virginitatis *(ὁμολογία μὴ γῆμαι)* statt fand, welcher ein Vorsatz, *πρόθεσις,* votum simplex, mit einer Prüfung vorhergieng. Wer in dieser nicht ausharrte, mochte heurathen, wer jene abgelegt hatte, mußte verharren. Vgl. Thomassin. cit. P. I. Lib. III c. 42 §. 9 et 11 und unten Note 77).

---

*) Anhang I.

Wittwen verhängt wurde, welche, den erhabenen Stand der Entsagung und Aufopferung für die Kirche, wozu sie berufen waren, verschmähend, in eine zweite Ehe sich begaben [71]).

Von der Zeit der Apostel her war aber zur Pflege der Kranken, zum Unterrichte der weiblichen Täuflinge, und anderen gottseligen und heiligen Handlungen, in jeder Gemeinde eine gewisse Anzahl Wittwen bestimmt und geweiht worden, welche man Wittwen κατ᾽ ἐξόχην, oder auch Diaconissen nannte, und dem geistlichen Stande im weitern Sinne beizählte [72]).

Nach des Apostels Paulus Vorschrift sollten dazu nur bejahrte Personen erkoren werden, die vor den Versuchungen des Fleisches gesichert wären. „Denn die, „welche nach der Uebernahme eines solchen Dienstes heu„rathet, trifft das Urtheil der Verdammung." [73]) Doch scheinen schon früh auch Jungfrauen unter diese Wittwen

---

[71]) Dieß bezeugt Basilius vom Gebrauche der alten Kirche in can. XVIII ad Amphiloch. cf. Concil. Ancyran. c. XIX. Hardouin Concil. I. 278.

[72]) Paul. ad Timoth. I. c. .V 9. Clem. Alexand. Paedagog. III. c. 12. Tertullian. ad uxor. I. 7. Id. de praescriptione haereticorum 3. Id. de Monogamia 11. Origen. Homil. 6 in Esaiam. Homil. 17 in Lucam. Hom. 32 in Joannem. Cf. Cotelerius Constit. apost. III. c. 1 p. 277. Casp. Ziegler de diaconis et diaconissis veteris Ecclesiae lib. Comment. Viteb. 1678. 4. Im Laufe des sechsten Jahrhunderts wurde die Einweihung solcher Diaconissen durch eigene Kanones allenthalben untersagt.

[73]) I. Timoth. v. 11 et 12. Cum enim luxuriatae fuerint in Christo, nubere volunt, habentes damnationem, quia primam fidem irritam fecerunt.

aufgenommen worden zu seyn [74]), selbst ehe sie reifere Jahre erlangt hatten [75]), woferne sie feierlich Ehlosigkeit und Enthaltsamkeit gelobten [76]).

Aus ihnen bildeten sich schon frühzeitig, zum Theile wohl zur größeren Versicherung der Beobachtung ihres Gelübdes, klosterartige Vereine, Parthenonen genannt, in deren einen Antonius seine Schwester gab, als er sich in die Einsamkeit zurückzog [77]).

Auf diese Weise scheinen zuerst die feierlichen Gelübde, als völlige Weihe zum Dienste Gottes, üblich geworden zu seyn [78]). Daher auch die ersten Satzungen in

---

[74]) Ignatius ad Smyrn. Ἀσπάζομαι...... καὶ τὰς παρθένους τὰς λεγομένας χήρας, vgl. indessen Clem. Alex. Strom. lib. VII. §. 12. p. 875. ὁ γὰρ ἐπιθυμήσας καὶ κατασχὼν ἑαυτοῦ, καθάπερ ἡ χήρα διὰ σωφρόσυνης αὖθις παρθένος *).

[75]) Tertullian de virginib. veland. c. 9. Plane scio alicubi virginem in viduatu ab annis nondum viginti collocatam etc. Cf. eund. ad uxor. lib. I. et de pudicitia 116. Cyprianus Epist. 52. Floret Ecclesia tot virginibus coronata et castitas ac pudicitia tenorem gloriae suae servat.

[76]) Sieh oben Note 70 die Vergleichung der Stellen des Clemens und Cyprian u. vgl. Thomassin. a. a. O. §. 6 u. Moshemii de rebus Christianorum ante Constantinum magnum commentaria. Helmst. 1753. Pg. 311. Note *) u. die hier folgende Note 77.

[77]) Athanasius in vita Antonii τὴν δὲ ἀδελφὴν παραθέμενος γνωρίμοις καὶ πιστοῖς παρθένοις δοὺς δὲ αὐτὴν εἰς παρθενῶνα ἀνατρέψεσθαι **). Sieh can. 44. Eccles. african. in Hard. Concil. I. 385.

[78]) Welche dann zur Bildung einer besonderen Klasse von virgines ecclesiasticae Veranlassung gaben. Bingham lib. VII. c. 4. vol. III. p. 96. sq. Thomassin. l. c. §. 3. Sehr schön entwickelt Thomas Aquin. in Summ. theolog. 2ae 2a part. T. II. qu. 88. art. VII. den Unterschied zwischen votum solenne und votum simplex. Votum,

---

*) Anhang K.

**) Anhang L.

der Beziehung nur von gottgeweihten Jungfrauen reden und sie ganz im Sinne des Apostels behandeln.

Cyprian nannte bereits die fleischlichen Verbindungen derselben Ehbrüche, die sie an Christus begiengen [79]). Nach dieser Ansicht verordnete auch das Conci-

---

sagt er, est promissio Deo facta: unde solennitas voti attenditur secundum aliquod spirituale, quod ad Deum pertinet, id est, secundum aliquam spiritualem benedictionem vel consecrationem, quae ex institutione Apostolorum adhibetur in professione certae regulae, secundo gradu post sacri ordinis susceptionem: ut dicit Dionys. 2o cap. Eccles. hierarch. Et hujus ratio est, quia solennitates non consueverunt adhiberi, nisi quando aliquis totalis mancipatur alicui rei. Non enim solennitas nuptialis adhibetur, nisi in celebratione matrimonii quando uterque conjugum sui corporis potestatem alteri tradit. Et similiter voti solennitas adhibetur, quando aliquis per susceptionem sacri ordinis divino ministerio applicatur. Et in professione certae regulae, quando per abrenuntiationem saeculi et propriae voluntatis aliquis statum perfectionis assumit.

Ad primum ergo dicendum, quod hujusmodi solennitas pertinet non solum ad homines, sed ad Deum, in quantum habet aliquam spiritualem consecrationem seu benedictionem, cujus Deus est auctor etsi homo sit minister...... Et ideo votum solenne habet fortiorem obligationem apud Deum, quam votum simplex; et gravius peccat qui illud transgreditur.....

Ad tertium dicendum, quod vota ex hoc quod fiunt in publico possunt habere quandam solennitatem humanam; non autem solennitatem spiritualem et divinam, sicut habent vota praemissa etiam si coram paucis fiant. Unde aliud est, votum esse publicum, et aliud esse solenne.

[79]) Cyprian. Epist. 11. Lib. I. ad Pomponium: Quid Christus et Dominus noster, cum virginem *sibi dicatam et sanctitati suae destinatam* jacere cum altero cernit, quam indignatur et irascitur et quas poenas ejusmodi conjunctionibus comminatur, cujus ut gladium spiritualem et venturum judicii diem unusquisque fratrum possit evadere, omni consilio providere et elaborare debemus. Si autem de eis aliqua corrupta fuerit deprehensa, agat

lium zu Eliberis, daß Jungfrauen, die sich Gott geweiht haben, wenn sie das Versprechen der Jungfrauschaft aufgegeben, und der Wohllust sich überlassen haben und nicht erkennen, was sie verloren haben, auch auf dem Todbette nicht die Communion empfangen sollen. Wenn aber Jungfrauen, einmal bloß verführt oder durch den Fall ihres schwachen Leibes befleckt, ihre ganze Lebenszeit hindurch Buße üben und sich des Beischlafs enthalten, so sollen sie, da sie nur gefallen zu seyn scheinen, auf dem Todbette die Communion empfangen [80]).

Verbindungen, die nicht bloß Ehbrüche genannt, sondern auch als solche bestraft wurden, und für die nicht eher Vergebung zu erlangen war, als wenn man sie

---

poenitentiam plenam, quae hoc crimen admisit, *non mariti, sed Christi adultera:* et ideo aestimato justo tempore postea exomologesi facta, ad Ecclesiam redeat. Cf. Hieronym. c. 4, 5. 9. Dist. 27. Optatus Milevit. contra Donatist. c. 4. Augustin. in Psalm. 83.

[80]) Hardouin Concil. I. 251. c. 13. Virgines *quae se Deo dicaverint*, si pactum perdiderint virginitatis, atque eidem libidini servierint, non intelligentes quid amiserint: placuit nec in fine eis dandam esse communionem. Quod si semel persuasae, aut infirmi corporis lapsu vitiatae, omni tempore vitae suae hujusmodi foeminae egerint poenitentiam, ut abstineant se a coitu: eo quod lapsae potius videantur, placuit eas in fine communionem accipere debere. Das Concilium von Ancyra spricht bloß von dem einfachen Gelübde der Jungfrauschaft, indem es die, welche die pollicita virginitas gebrochen haben, der Strafe der Bigamie unterwirft. So erklärt es auch Balsamon bey Voell. II. 563. Wo dagegen die strenge Bestimmung des Anathems für die Gefallenen vorkommt, da ist immer nur von Deo dicatis virginibus die Rede. Die Darstellung Göschels a. a. O. S. 49 bedarf hier einer Berichtigung und namentlich hat er mit Unrecht die Kan. 14 u. 72 des Conciliums von Eliberis, wo bloß von gefallenen Jungfrauen und Wittwen die Rede ist, auf die Gott geweihten Jungfrauen und Wittwen bezogen.

aufgegeben hatte, konnten nie gültige Ehen in den Augen der Kirche seyn.

Es hatte sich also schon der Unterschied zwischen votum simplex und votum solenne entwickelt. Da indessen nicht überall die Jungfrauen, die sich Gott geweiht hatten, in geschlossenen Häusern beisammen wohnten, viele im Gegentheile für sich, bey ihren Eltern oder Verwandten, zu leben fortfuhren, und solche sich von den anderen, welche, ohne in viduatu zu stehen, bloß ein ascetisches Leben erwählt hatten, kaum äußerlich unterschieden [81]; so mochte es hie und da wohl leicht geschehen, daß man, auch die Begriffe nicht gehörig unterscheidend, beide Arten mit einander verwechselte, gegen diese die Strenge anwendete, die nur gegen jene eintreten sollte, jenen eine Nachsicht vergönnte, welche die Satzungen der Kirche und die Aussprüche der Väter nur diesen vermeinten. Eine festere Gestalt nahm der kirchliche Gebrauch und die Gesetzgebung erst in der folgenden Periode an, wo auch Männer ihre Gelübde denen der Jungfrauen nachbildeten und der Religiosen-Stand sich auf diese Weise förmlich entwickelte.

§. 9.

Hinderniß aus der priesterlichen Weihe.

Aus derselben Quelle, wie jene Gelübde der Jungfrauen und die sich darauf beziehenden Satzungen, ent-

---

[81]) De Dominis de republ. eccl. Lib. II. c. XI. CXXV. Albaspinaeus not. in concil. Illiberit. c. 13. Vales. not. in Sozom. lib. VIII. c. XXIII. cf. Bingham orig. eccles. Lib. VII. c. 4. vol. III. p. 96. sq. Thomassin. discipl. loc. cit. §. VI—XII.

sprangen auch die Grundsätze und Ansichten, von welchen die Kirche in Betreff der Bischöfe, der Priester und der Diener des Altars ausgieng.

Paulus hatte gelehrt, die Eheleute sollten sich des Gebetes wegen zu Zeiten enthalten [82]). Daraus folgte von selbst, wenn es auch nicht besonders angeordnet gewesen wäre, daß um so mehr die Priester zur Zeit, da sie das Opfer darbrächten und den Gottesdienst verrichteten, sich enthalten müßten. Schon für die durchgehends verheuratheten Priester des alten Testaments hatte diese Vorschrift bestanden [83]) und selbst der heidnische Opferdienst brachte diese Verpflichtung mit sich [84]). Die Christen, die überhaupt in diesem Punkte einer höheren Reinheit und Vollkommenheit nachstrebten, forderten nicht bloß dasselbe von ihren Priestern, sondern sie verlangten überhaupt, bey dem hohen Werthe, den sie auf Ehlosigkeit und Enthaltsamkeit legten, daß die Lenker und Vorbilder der Gemeinden auch in diesem Punkte, gleich wie die Apostel, den Gläubigen mit ihrem Beispiele vorleuchteten [85]); und die Priester, deren ausschließender Beruf

[82]) I. Cor. VII. 5. Daher mußten, nach der Disciplin der alten Kirche, die Eheleute, drey Tage vor dem Empfang der Eucharistie, zu dieser heiligen Feier sich durch Enthaltung von der ehlichen Beiwohnung vorbereiten und auch nach dem Empfang noch einen Tag sich enthalten. Vgl. Thomassin a. a. O. P. I. lib. II. c. 83. §. 10.

[83]) Levitic. XXII. 4. cf. XV. 16. I. Reg. XXI. Exod. XIX. 15.

[84]) Nullus accedat ad aras, cui hesterna tulit gaudia Venus. Tibull. Vgl. die Werke des Grafen de Maistre II. Bd. S. 37—108.

[85]) Euseb. Caesar. Demonstrat. evangl. l. 9. c. 9. Doctoribus ac praedicatoribus verbi divini maxime in praesentia, ut melioribus studiis vacent liberius, sejunctus a re uxoria victus adamatur: velut iis qui divina et incorporea sobole propaganda oc-

und Lebensbestimmung es war, unabläßig für die Gemeinde zu bethen und das Opfer zu feiern, unterlagen also nothwendig dem Gebote beständiger Enthaltsamkeit [86]).

Der Cölibat war daher für die Priester ein Gesetz das aus der Natur der Sache sich von selber mit unverkennbarer Nothwendigkeit entwickelte [87]). Ihm unterlagen

---

cupati teneantur: et non unius neque duorum liberorum, sed acervatim innumerabilis multitudinis educationem sanctamque disciplinam ac reliquae instituendae vitae curam susceperint Cf. Thomassin. P. I. Lib. II. c. 61. No. V. Der nemliche Eusebius cap. 9. lib. I. eod. Verumtamen eos, qui sacrati sunt, atque in Dei ministerio cultuque occupati, continere seipsos a commercio uxoris decet: qui autem non ad tantum assumpti sint sacerdotii munus, iis idem dicat, quod utique honorabile sit conjugium et torus immaculatus. Cf. Bibliotheca PP. cit. Tom. 2. p. 22. col. 2 auch Cyprianus Epistol. 62. Edit. Rigault. p. 99. Ueber die Ehlosigkeit der Apostel, sieh unt. and. Klitsche Geschichte des Cölibats. Augsburg 1830. S. 29 u. ffg.

[86]) Origenes in homil. 23. No. 3. Certum est quia impeditur sacrificium indesinens iis qui conjugalibus necessitatibus serviunt. Unde videtur mihi, quod illius est solum offerre sacrificium indesinens qui indesinenti et perpetuae se devoverit castitati. Ueber die Ansicht des Clemens von Alexandrien in Betreff des Cölibats sieh Lumper. histor. theolog. critica de vit., script. atque doctrina SS. Patr. P. IV. art. XV. §. II. p. 401. Als eine bekannte Sache giebt Hieronymus in der Apologie gegen Jovinian an: Immo Episcopi et Presbyteri et Diaconi et universus chorus sacerdotalis et leviticus se noverunt hostias offerre non posse, si operi serviant conjugali. Vgl. Thomassin. l. c. p. 281. No. XVI.

[87]) Hieronymus advers. Jovinian. lib. 1. Si laicus et quicunque fidelis orare non potest, nisi careat officio conjugali, sacerdoti, cui semper pro populo offerenda sunt sacrificia, semper orandum est, si semper orandum est, ergo semper carendum matrimonio. Idem in Epist. ad Ephesios c. 1: Si laicis imperatur, ut propter orationem abstineant se ab uxorum coitu, quid de Episcopo sentiendum est, qui quotidie pro suis populique peccatis illibatas Deo oblaturus est victimas? Nisi audisset Abimelec, ab

die drey höheren Grade der Weihe, wodurch man zur unmittelbaren Theilnahme am Dienste des Altars gelangte [88]), in der Art, daß schon in der Uebernahme des Diakonats an und für sich ein feierliches Gelübde der Keuschheit lag [89]). Aber in den minderen Graden war die Ehe unverwehrt, selbst der Diakon konnte, wenn er beim Empfang der Weihe sich gleich darüber aussprach, durch Vorbehalt vom Bischofe das Recht zu heurathen

---

heri et nudius tertius vacasse ab opere conjugali, David et pueris ejus nequaquam panes propositionis concessisset. Tantum interest inter panes propositionis et corpus Christi, quantum inter umbram et corpora. Epiphanius nennt dieses Gesetz der Enthaltsamkeit für die Priester, *διὰ τῶν ἀπὸ μονογαμίας ἐγκρατευσαμένων καὶ τῶν ἐν παρθενίᾳ διατελούντων*, ein Gesetz der Apostel in Haeres 48. No. 9. Vgl. can. Apostol. 25. *τῶν εἰς κλῆρον προσελθόντων ἀγάμων κελεύομεν βουλομένοις γαμεῖν, ἀναγνώστας καὶ ψάλτας μόνους* Hardouin Concil. I. 16. *)

[88]) Concil. Carthag. III. c. 2. (Hardouin Concil. I. 951): Cum in praeterito concilio de continentiae et castitatis moderamine tractaretur, gradus isti tres conscriptione quadam castitati per consecrationes adnexi sunt. Episcopos, Presbyteros et Diaconos ita placuit, ut condecet sacrosanctos antistites, et Dei sacerdotes, nec non et Levitas, vel qui sacramentis divinis inserviunt, continentes esse in omnibus, quo possint simpliciter, quod a Deo postulant, impetrare, ut *quod Apostoli docuerunt et ipsa servavit antiquitas*, nos quoque custodiamus. Cf. can. Apost. 25. Hard. I. 16.

[89]) Concil. Ancyran. c. 9. (Hard. I. 275) *Διάκονοι, ὅσοι καθίστανται, παρ' αὐτὴν τὴν κατάστασιν εἰ ἐμαρτύραντο καὶ ἔφασαν χρῆναι γαμῆσαι, μὴ δυνάμενοι οὕτως μένειν· οὗτοι μετὰ ταῦτα γαμήσαντες, ἔστωσαν ἐν τῇ ὑπηρεσίᾳ διὰ τὸ ἐπιτραπῆναι αὐτοὺς ὑπὸ τοῦ ἐπισκόπου· τοῦτο δὲ εἴ τινες σιωπήσαντες, καὶ καταδεξάμενοι, ἐν τῇ χειροτονίᾳ μένειν οὕτως, μετὰ ταῦτα ἦλθον ἐπὶ γάμον, πεπαῦσθαι αὐτοὺς τῆς διακονίας* **).

---

*) Anhang M.

**) Anhang N.

erhalten, und auf diese Weise, so wie überhaupt durch den Mangel an tauglichen Subjekten, ergab es sich häufig, daß man verheurathete Männer zur priesterlichen Würde und selbst auf die bischöflichen Sitze erheben mußte [89a]).

Diesen wurde aber dann auferlegt, von ihren Frauen sich fortan zu enthalten [89b]), so zwar, daß in Ansehung der Bischöfe Hieronymus in seiner Schrift gegen Jovinian (lib. I. No. 34) unbedenklich sagen konnte: Certe confiteris, non posse esse Episcopum qui in Episcopatu filios faciat: alioquin si deprehensus fuerit, non quasi vir tenebitur, sed quasi adulter damnabitur [90]).

[89a]) Hieronym. contr. Jovinian. lib. I. Eliguntur mariti in sacerdotium, non nego, quia non sunt tanti virgines, quanti necessarii sunt. I Tim. III. 2, 12. Tit. I. 6. cf. I Tim. V. 9.

[89b]) Euseb. Caesar. demonstrat. evang. l. c. Illis qui sacrati sunt atque in Dei ministerio cultuque occupati continere deinceps seipsos convenit a commercio uxoris. Concil. Illiberit. c. 33: Placuit in totum prohiberi episcopis, presbyteris et diaconibus, vel omnibus clericis (subdiaconibus) in ministerio positis, abstinere se a conjugibus suis et non generare filios, quicunque vero fecerit, ab honore clericatus exterminetur. Concil. Carthag. II. c. 2. Omnibus placet, ut Episcopi, presbyteri et diaconi vel qui sacramenta contrectant, pudicitiae custodes, etiam ab uxoribus sese abstineant. Thomassin. P. I. lib. 2. c. 60. No. 12.

[90]) Der Einwurf, welchen dagegen Tillemont u. And. nach ihm aus Gregors v. Nazianz oratio I. geschöpft hatten, ist durch Stilting in einer eigenen Dissertation (de tempore natali St. Gregorii Nazianzeni act. Sanctor. T. III. mens. Septb. No. 2.) in solcher Weise widerlegt, daß weiter kein Gewicht mehr darauf gelegt werden kann. Ein Hauptgrund dagegen ist, daß Epiphanius und Hieronymus, welche sich so entschieden und unbedingt über den Gegenstand aussprechen, selbst Zeitgenossen des Gregor waren. Vgl. Trombelli Tractatus de sacramentis T. III. p. 96. No. XX, XXI, XXIV. Thomassin. Vet. et nov. Eccl. discipl. P. I. lib. 2. c. 60. No. 11. Auch Clemens von

Wo der Genuß der schon bestehenden, früher geschlossenen Ehe wie ein Ehbruch verdammt wurde, da konnte offenbar von gültiger Eingehung einer Ehe, erst nach dem Empfang der Weihe, keine Rede seyn, und es ist also, in Ansehung der Bischöfe wenigstens, unbezweifelbar, daß von der frühesten Zeit an das Ehhinderniß aus der Weihe ganz in derselben Weise, wie noch heut zu Tag in der katholischen Kirche, bestand.

Aber in Ansehung der Priester war die frühere kirchliche Einrichtung, welche beinahe alle Last der gottesdienstlichen Verrichtungen bloß auf den Bischof wälzte, vielleicht Veranlassung, daß man nicht allenthalben mit gleicher Strenge auf die gänzliche Entsagung und völlige Aufhebung der früheren Ehe drang [91]), und es mag in Folge dieser nemlichen Einrichtung auch die Verehlichung eines Priesters nicht, wie die eines Bischofs, mit solchem Abscheu angesehen worden seyn, daß man sie durchaus nicht hätte bestehen lassen. Wenigstens sprechen sich die Kanones darüber nicht weiter aus, als daß sie die Absetzung des sich ehlichenden Priesters anordnen, ohne zu

---

Alexandrien bezeugt an mehreren Stellen, daß die Bischöfe ihre Weiber nicht wie Gattinnen, sondern wie Schwestern behandelten z. B. Stromat. Lib. III. §. 6.

[91]) Ambrosius offic. lib. I. ult.: Inoffensum autem exhibendum et immaculatum ministerium nec ullo conjugali coitu violandum cognoscitis, qui integro corpore incorrupto pudore, alieni etiam ab ipso consortio conjugali, sacri ministerii gratiam accepistis. Quod eo non *praeteriit*, quia in plerisque abditioribus locis, cum ministerium gererent, vel etiam sacerdotium, filios susceperunt: et id tanquam *usu veteri* defendunt, quando per intervalla dierum sacrificium deferebatur. Et tamen castificabatur etiam populus triduum, ut ad sacrificium purus accederet.

bemerken, ob dessen Ehe selbst dann noch weiter ein Gegenstand kirchlicher Ahndung seyn, und auf deren Trennung bestanden werden soll [92]). Wahrscheinlicher ist das letztere, weil der in der Bestimmung, die er dem Priester auferlegte, mit der Ehe völlig unverträgliche character indelebilis der Weihe dem Bestande jener noch weit wirksamer entgegenzustehen schien, als die Ablegung eines bloßen Keuschheitsgelübdes.

Aus dem Gesagten ist übrigens auf jeden Fall klar, daß die Verehlichung den Priestern und Diakonen stets untersagt war, und daß das Cölibatgesetz auch gegen die minderen Grade, vom Bischof abwärts, in dem Maaße strenger gehandhabt werden mußte, als das Bedürfniß der Kirche deren regelmäßige Beiziehung zum Gottesdienste d. h. zur Feier des Opfers und der Mysterien nothwendiger machte.

§. 10.

Hinderniß aus vorhergegangenen Verbrechen des Ehbruchs oder Gattenmordes.

So wie die Kirche die Geschlechtsverbindungen derjenigen, die durch feierliche Gelübde auf Lebenszeit zur Enthaltsamkeit und dem ausschließenden Dienste Gottes sich verpflichtet hatten, als Ehen nicht anerkennen konnte, weil sie, statt der heiligen Weihe des Sakraments, nur die Sünde des gebrochenen Gelübdes und der sträflichen Untreue gegen den übernommenen höheren Beruf darin erblickte; eben so lag es ganz in ihrem Geiste, daß sie

---

[92]) Concil. Neocaesar. c. 1. *Πρεσβύτερος ἐὰν γήμῃ τῆς τάξεως αὐτὸν μετατίθεσθαι* Hard. I. 282. Justelli Biblioth. I. 39. Cf. Thomassin. loc. cit.

auch jene Verbindungen als Ehen nicht achtete, welche, statt unter dem Auspicien der göttlichen Gnade vollzogen zu seyn, nur als die Fortsetzung oder Vollendung eines schweren Verbrechens sich darstellten, und also auch nur als Verbrechen von ihr verabscheut werden konnten. Dieß war der Fall bey Verbindungen, die zwischen zwey Personen geschlossen wurden, welche vorher Ehbruch mit einander getrieben hatten. Allein die weltliche Gesetzgebung hatte bereits für diesen Fall die Unzulässigkeit der Ehe ausgesprochen, wie wir aus ff. 11 et 13. Dig. ad legem Juliam de adulteriis (48, 5) [93]) entnehmen können, und es war daher kein Grund vorhanden, daß die Kirche, die immer nur dem unmittelbaren Bedürfnisse in ihrer Gesetzgebung gefolgt ist, hierüber besondere Vorschriften aufstellte. Hätte sie denn geduldet, was selbst unter den Heiden nicht geduldet wurde? In allen Dingen hieß sie ja ihre Gläubigen den bestehenden Gesetzen folgen, so lange diese nicht mit Lehren und Geboten Christi in Widerspruch traten. Wie viel mehr denn in den Fällen, wo, so wie hier, beide übereinkamen! — Wir haben deßhalb aus der ganzen Zeit, wo die römischen Gesetze bey Kraft waren, kein Gesetz der Kirche über das sog. Impedimentum criminis [94]). Die Aeußerung von Augustin

---

[93]) Vgl. ff. 29. §. 1. ff. 33 et 34. §. 1. D. eod. Lex 9. Cod. eod. Tit. (9, 9) ff. 1. §. 2 de adm. et per. tutor. (26, 7) ff. 37. §. 1 de minor. (4, 4) ff. 26 de R. N. (23, 2) ff. 34. §. 1 (48, 5).

[94]) Es scheint zwar der Kanon 72. von Eliberis die Ehe der Ehbrecherin mit ihrem Mitschuldigen wohl gar zu begünstigen, indem er bestimmt: si qua vidua fuerit moechata et eundem postea habuerit maritum post quinquennii tempus, acta legitima poenitentia, placuit eam reconciliari: si alium duxerit relicto illo nec in fine dandam ei esse communionem. Allein die Worte si relicto illo etc.

in seinem Buche **de nuptiis et concupiscentia (lib. I. c. 10)** bey Gratian **c. 2. C. XXXI. qu. 1.**, die dagegen zu sprechen scheint, werden wir weiter unten erörtern; die späteren Kanones aber, die im Dekrete Gratians angeführt sind, sprechen denselben Satz in seiner ganzen Allgemeinheit, wie ihn die römische Gesetzgebung aufstellte, unter Berufung auf die alten Satzungen der Kirche aus.

§. 11.

Hinderniß aus Mangel der Glaubenseinheit.

Die religiöse Ansicht der Christen von der Ehe, wie sie bisher sich dargestellt, paßte in ihrem ganzen Umfange nur auf die Verbindungen der Christen unter sich, nicht aber auf Vermählungen mit Ungläubigen. Geben solche Schriftsteller, welche in der Ehe nur das Naturverhältniß erblicken, zu, daß Gemeinschaft des Glaubens, wenigstens im Wesentlichen zu einer wirklichen, vollkommenen Ehe erforderlich sey, so muß dieß um so mehr nach der kirchlichen Lehre behauptet werden [95].

---

beweisen, daß hier von dem Falle die Rede ist, wo eine Wittwe, als solche, sich mit einem Manne in ein unerlaubtes, unzüchtiges Verhältniß eingelassen, nicht aber von dem Falle, wo sie einen Mann, mit dem sie vor ihrer Wittwenschaft Ehbruch getrieben, nach der Hand geheurathet hatte.

[95]) Sieh z. B. Hasse, Güterrecht der Ehgatten nach Röm. R., Einleitung §. 3. S. 6: „Selbst der Glaube, auf dem unsere Hoff„nungen vom künftigen Leben beruhen, muß im Wesentlichen gemeinsam „seyn. Eines dieser Dinge (die er nach einander als Erfordernisse „angegeben) ausgeschlossen und es ist keine Ehe im vollsten Sinne des „Worts.“

Man bezog auch die Stellen aus Pauli Briefen an die Korinther, wo er vorschreibt, daß man im Herrn sich vermähle, und wo er die Gläubigen ermahnt, nicht ein Joch mit den Ungläubigen zu schleppen und der Gemeinschaft mit ihnen sich zu enthalten [96], auf solche Verbindungen, und Tertullian und Cyprian stützten sich darauf, um nachdrücklich von denselben abzumahnen [97]. Tertullian nennt sogar solche Ehen stupra und will diejenigen, die sie eingegangen, von aller Gemeinschaft ausgeschlossen wissen [98]. Cyprian nennt sie Prostitutionen der Glieder Christi [99] und zählt sie unter die schweren Verbrechen, durch welche sich die Christen die harte Verfolgung unter Decius zugezogen hätten.

---

[96]) I Cor. VII. 39. II Cor. VI. 14. sqq. Damit brachte man in Verbindung die Stelle Deuteron. VII. 3: non accipies uxorem filio tuo a filiabus alienigenarum.

[97]) Vgl. oben Note 39. die Stelle aus Tertullians lib. II. ad uxorem, wo er ausführlich gegen die zweite Ehe spricht. (Sieh Aguirre Concil. hispan. II. 182.) In demselben Buche sagt Tertullian, eine Wittwe könne heurathen, tantum in Domino, in nomine Domini, quod est indubitate Christiano. Id. de monogamia cap. 7: Nuptura in Domino debet nubere h. e. non ethnico, sed fratri, quia vetus lex adimit conjugium allophylarum. Cyprian in lib. III ad Quirin. c. 62. „Matrimonium cum infidelibus non jungendum, quod scriptum est: nolite jugum ducere cum infidelibus.“

[98]) Tertull. cit. Haec cum ita sint, fideles gentilium matrimonia subeuntes, stupri reos esse constat et arcendos ab omni communicatione fraternitatis, ex literis apostoli dicentis, cum ejusmodi nec cibum quidem sumendum. Id. de Corona milit. c. 13. §. 3. Coronant nuptiae sponsos: ideo non nubimus ethnicis, ne nos ad idolatriam usque deducant, a qua apud illos nuptiae incipiunt. Id. contra Marcion. l. 5. c. 7.

[99]) Cyprian. Epostola de lapsis. Jungere cum infidelibus vincula matrimonii et prostituere gentibus membra Christi.

Alle Verordnungen und Vorschriften der Kirchenväter über die Absonderung von den Ungläubigen und Vermeidung der Gemeinschaft mit ihnen bezogen sich nothwendig auch auf die ehlichen Verbindungen. Allein das Verhältniß, worin die Christen in jenen ersten Zeiten, gegenüber der heidnischen Welt, sich befanden, macht es dennoch leicht begreiflich, wie, trotz aller Abmahnungen, solche Ehen immerhin vorkamen und häufig sogar vorkommen mußten *). Auch stand noch obendarein denen, die sich dazu hinreißen ließen, zur Seite, was Paulus an einem anderen Orte gesagt hatte [100]), daß nemlich die Frau eines ungläubigen Mannes sich von demselben nicht trennen solle; denn ein Verhältniß, das der Apostel zu trennen untersagte, schien doch kein so unerlaubtes zu seyn, daß man es durchaus nicht anknüpfen dürfe [101]).

Es lag darin eine Unterscheidung, die man sich freilich damals eben so wenig klar dachte, als man es heut zu Tag, wo sie sich doch beinahe noch mehr aufdringt, gethan hat, durch deren Beachtung aber so mancher scheinbare Widerspruch und so mancher Zweifel sich löst: die Unterscheidung nemlich zwischen der Ehe und dem Ehstande.

---

*) Merkwürdig ist es jedoch, daß kein Beispiel aus der ersten Zeit vorgebracht werden kann, wo ein christlicher Mann ein heidnisches Weib geheurathet hätte; weßhalb auch vielleicht die kirchlichen Verfügungen von diesen keine Meldung thun. Göschel Versuch einer historischen Darstellung der kirchlich-christlichen Ehegesetze S. 37.

[100]) I Cor. VII. 13.

[101]) Tertullian ad uxorem sucht diesen Einwurf zu beseitigen. Vgl. Joh. Chrysostom. Homil. XXVI in genesin Tom. I. Edit. Paris 1614. p. 155. B. C.

Der Ehstand, oder das äußere Verhältniß, worin die Gatten zu einander stehen, ist noch keineswegs die Ehe selbst: wir sehen ja gar zu oft gerade das Gegentheil von jener innigen Vereinigung der Gemüther, die die Ehe ausmacht, aus demselben hervorgehen! Der Ehstand ist nur der äußere Zustand, worin man die Ehe zu realisiren strebt, und in welchem die wirklich realisirte Ehe sich manifestirt. Der Ehstand ist daher nur da legitim, moralisch und ehrbar, ist es aber auch da wohl stets, wo die Ehe wirklich erzielbar und realisirbar ist, und dieß kann allerdings, in der ganzen Tiefe und Bedeutung des Wortes, nur durch Christen und in Christo geschehen. Aber es stand in dieser Beziehung denjenigen, die sich mit Ungläubigen vermählten, außer dem schon angeführten, auch jener andere Ausspruch Pauli noch zur Seite, daß der ungläubige Mann geheiligt werde durch das gläubige Weib, und das ungläubige Weib durch den gläubigen Mann, wesbalb ihre Kinder nicht unrein, sondern heilig seyen [102]). Deßhalb mochte Vielen der Stand der Ehe, auch mit Ungläubigen, nicht unbedingt verwerflich, oft sogar verdienstlich erscheinen [103]). Bekannte Beispiele zeigen, daß sie häufig zum Beßten der Kirche ausschlugen und darum wurden sie auch weder allgemein, noch alluzstrenge untersagt.

Das Concilium zu Eliberis verbietet sie in Kanon 15. und untersagt auf gleiche Weise im Kan. 16. die Verbindungen mit Häretikern, Juden und Schismatikern [104])

---

[102]) I Cor. VII. 14.

[103]) Augustin. de Conjug. adulter. I. c. 21. Edit. Maurin. VI. col. 400, 402. No. 31.

[104]) Sieh über die Lesart Aguirre Concil. hispan. II. 187.

bey Strafe fünfjähriger Excommunication für die Eltern, welche ihre Kinder in solche Ehen gäben. Nur über diejenigen, welche ihre Töchter an Priester der Götzen vermählten, verhängt es die ewige Excommunication, theils weil die Priester der Götter natürlich als besonders unrein und durch ihren Dienst befleckt angesehen wurden, theils weil offenbar die Gefahr der Verführung und des Abfalls der hingegebenen Christin hier größer als die Hoffnung zur Bekehrung des Götzenpriesters war.

Das Concilium von Arles bestimmt für die Christinen, die sich mit Heiden vermählen würden, nur eine kurze Strafe [105]). So konnnte Augustin von seiner Zeit versichern, daß man die Ehe mit Ungläubigen nicht für Sünde halte [106]).

§. 12.

Hinderniß aus zu naher Verwandtschaft oder Schwägerschaft.

Wenn die Kirche, in Berücksichtigung der Verhältnisse und im Vertrauen auf die unabläßig wirkende Gnade des Herrn, solche Verbindungen nicht unbedingt verdammte; so sah sie dagegen sicher um so mehr darauf, daß keine Verbindungen unter den Gläubigen stattfänden, die, an sich unrein und dem ausdrücklichen Willen des Herrn widerstrebend, keiner heilenden Gnade für empfänglich oder zugänglich gehalten werden konnten. Solche waren die Ehen unter nahen Verwandten, welche der Herr im Gesetze Mosis ein Gräuel genannt, und gegen

---

[105]) Concil. Arelat. c. 11. Hardouin. Concil. Coll. I. 252, 265.

[106]) Augustin. de fide et operib. c. 19.

welche sich die Stimme der Natur auch im römischen Gesetze auf ähnliche Weise ausgesprochen hatte. Die Natur strebt überall, die Berührungen und Verbindungen unter den lebenden Wesen zu erweitern und die Bande der Liebe, die sie einen, zu vervielfältigen; denn auch sie trachtet nach Harmonie und Einheit, — deren Grund nur in der Liebe zu suchen ist. In je mehreren Wesen sie daher das Prinzip dieser Liebe begründen kann, desto mehr naht auch sie sich ihrem Ziele. Alles Abschließen eines Wesens in seiner Liebe auf sich selbst, jedes starre Verharren und Abnutzen der Lebensthätigkeit in einem Kreise von Verbindungen, den die Natur bereits gebildet hat, ist der Natur entgegen, eine Verletzung ihres Gesetzes; ein Zurückziehen aber hinter die Linie, ein Zurückgreifen in den Kreis von Menschen, den sie mit dem Bande gemeinschaftlicher Liebe umschlungen hat, ist ein Frevel wider sie. Sie verlangt und strebt, die Verbindungen auszudehnen; wer dagegen, Bande auf Bande häufend, sie einzuengen, wohl gar auf einen kleineren Kreis zurückzuführen trachtet, der tritt in offenen Kampf mit der Natur und frevelt an ihrem Gebot. Die Natur spricht ihren Wunsch, ihr Begehren in eines jeden Menschen Brust, der noch unverdorben und für ihre Stimme empfänglich ist, deutlich genug aus und alle Völker, die nicht zu völliger Verwilderung und Blindheit herabgesunken, haben das Bewußtseyn davon [107].

---

[107]) Bey allen Völkern beinahe kommen Ehverbote wegen Blutsverwandtschaft vor, wenn auch, in Folge der Trübung der Traditionen und des Verkommens der ursprünglichen Reinheit der Gesinnung, mit den wunderlichsten Widersprüchen und Anomalien. Wo sie nicht vorkommen, da sind Begriffe und Vorstellungen in einen Gegensatz übergesprungen, der selber wieder zur Bestätigung des ursprünglichen

Das Gesetz der Ehe, durch welche das Band der Familien geknüpft wird, ist darin gegeben. Erweitert und vervielfältigt, nicht beschränkt und beengt sollen diese Bande werden. Ein unnöthiges Anhäufen derselben zwischen Personen, die ohnehin in natürlicher Liebe sich schon nahe genug stehen, ist Hemmung der Natur; ein Zurückgreifen aber in der Stufenfolge der sich ausbreitenden Geschlechter ist ein Frevel wider das Gesetz des Lebens, gegen welchen das natürliche Gefühl sich empört. Darauf scheint die Vorstellung von der Blutschande zu beruhen [108]), die

---

Gesetzes dient; denn es zeigt sich da nicht Unwissenheit, sondern nur sündhafte Verkehrtheit. So in Aegypten, jener terra maledictionis, wurden Ehen mit Mutter und Schwester für besonders ehrbar und heilsam gehalten, und beide konnten in unverwehrter Liebe zum Bruder und Sohne sich anfeinden und bekämpfen. Den Aegyptern gleich thaten's die Babylonier, denen die Perser, Parther und Mauren folgten. Die Griechen verabscheuten die Ehe mit der Mutter und dem Vater, und zwischen rechten Geschwistern, aber die Ehe der Uterini war in Sparta, die der Germani in Athen erlaubt. Von den Meinungen ihrer Philosophen kann keine Rede seyn. Hier stehen, gegen Archelaus, Diogenes, Chrysippos und Zeno, als Vertheidiger des Eheverbotes Platon, Aristoteles und Xenophon. Vgl. Brower de jure connubiorum L. II. c. 10. No. 2. Ed. II. p. 499. sqq.

[108]) Hiemit gedenke ich keineswegs, den anderen Hypothesen, die über den Grund des Eheverbots unter nahen Verwandten aufgestellt worden sind, ihren Werth abzusprechen. Doch muß ich dabey gestehen, daß mich die Ansicht Michaelis am wenigsten befriedigt, der in den Vorschriften Mosis nichts als gesetzgeberische Klugheit und menschliche Berechnung erblickt. Unter dem Gesichtspunkte höchstens, den Flatt (Beiträge zu einer Theorie der verbotenen Grade der Verwandtschaft und der Ehe in Süßkind's Magazin für christl. Dogmatik und Moral 1806. 13. St. S. 171) dabey aufgefaßt hat, unter dem Gesichtspunkte nemlich von der nothwendigen Zerstörung des inneren Schamgefühles, wenn dieses in der Familie nicht gehegt und heilig gehalten würde, kann diese Ansicht eine Würdigung finden. Wenn übrigens Ammon

unter den alten Völkern kaum eines so vollständig und rein aufgefaßt oder bewahrt hatte, wie die Römer. Ihre Gesetzgebung über die verbotenen Ehen unter zu nahen Verwandten stimmte beinahe durchgängig mit derjenigen überein, welche Gott den Juden durch Moses hatte vor-

---

und Nitzsch die Unverträglichkeit der durch Instinkt und Pflicht erzwungenen Verwandtenliebe mit der freien Geschlechtsliebe und die Unvereinbarkeit der uneigennützigen Verwandtenliebe mit der eigennützigen Geschlechtsliebe für das Fundament des Incests erklärt haben, so will ich die Richtigkeit der Beobachtung nicht bestreiten, kann mich aber bey dieser Erklärung einer Erscheinung durch die andere, zumal ihr Contrast ein Produkt erst des vergleichenden Verstandes ist, durchaus nicht befriedigt finden. Indem Flatt den Grund des Abscheus vor dem Incest in der Schamhaftigkeit und in der Wichtigkeit der Erhaltung dieses Gefühles sucht, muß ich ihm wohl allerdings beipflichten, aber er gründet damit doch die Sache größtentheils nur auf menschliche Reflexion und sie liegt offenbar tiefer. Die den Kindern und nahen Verwandten allzu nahe liegende Erinnerung und Vorstellung von der nichts weniger als erhebenden Art und Weise ihres Ursprungs (Flatt a. a. O. S. 163 u. 172) möchte ich eben nicht als einen Grund gelten lassen, da sie durch das Begehren nach eben dem Akte, dessen Vorstellung hier abschrecken sollte, aufgehoben werden müßte. Läßt sich auch der natürliche Widerwillen nicht läugnen, so wird sich doch schwerlich Jemand dieses Grundes dabey bewußt seyn, sondern es zeigt derselbe wohl überhaupt nur, daß eben die Natur diesen Weg nicht gehen will. Sieh übrigens Michaelis Abhandlung von den Ehgesetzen Mosis, welche die Heurathen in der nahen Verwandtschaft untersagen II. Auflg. Götting. 1768. Kap. 5. 6. Id. Mosaisches Recht §. 103 — 108. Hofacker a. a. O. §. 52 — 61. Schlegel Kritische und system. Darstellung der verbotenen Grade der Verwandtschaft und Schwägerschaft bey Heurathen. Hannov. 1802. 6ter Absch. Reinhard System der christl. Moral III. Aufl. Bd. 3. §. 312. Ammon Neues Lehrbuch der christl. Moral §. 241. Nitzsch neuer Versuch über die Ungültigkeit des Mosaischen Gesetzes und den Rechtsgrund der Ehverbote 1800. Nach der im Texte gegebenen Darstellung fällt auch der scheinbare Widerspruch, der sonst in der fortschreitenden Erweiterung des Ehhindernisses seit Adam liegt, hinweg.

zeichnen lassen [109]), ja sie war hie und da sogar noch strenger.

Das römische Recht verbot die Ehe in gerader Linie in's Unendliche, nicht nur bey natürlicher, sondern auch bey künstlicher Verwandtschaft, unter allen, die in diesem Sinne parentum liberorumve locum inter se obtinent [110]), selbst nach Auflösung dieses Bandes; ferner unter denen, die als Affines in diesem Verhältnisse gestanden waren. Letzteres Verbot wurde sogar auf den Fall ausgedehnt, wo nur ein Verlöbniß stattgefunden hatte [111]), so wie auf die Frau und Mutter des Adoptiv-Vaters, und zwar auch hier auf immer [112]). In der Seitenlinie war die Ehe unzulässig unter den auch nur halbbürtigen Geschwistern, so wie mit und unter denen, welche durch Arrogation oder Adoption Geschwister geworden waren, so lange sie im nemlichen Familiennexus blieben [113]). Die römische Sitte gieng aber noch weiter [114])

---

[109]) Mosaicarum et romanarum legum Collatio ex bibl. P. Pithoei cujus notae et emendationes adjectae sunt. Basil. 1585. Tit. 6. de incestis.

[110]) Dirksen Beiträge zur Kunde des R. Rs. Lpz. 1825. S. 249.

[111]) ff. 14 in f. Dig. de R. N. (23, 3) ff. 12. §. 1. eod. ff. 6. §. 1. ff. 8. de gradib. etc. §. 9. J. de nuptiis (1, 10) c. 66. Elib. de his qui privignas suas ducunt.

[112]) ff. 23 in f. D. de adopt. (1, 7) ff. 14. pr. §. 1, 4 (23, 3).

[113]) Cajus I. 60, 61. §. 2. J. cit. ff. 17. pr. §. 1. D. cit. Glück Commentar B. 23. S. 443—447.

[114]) Fr. Florens de nuptiis consobrinorum prohibitis aut permissis. Aur. 1636. J. Gothofred de nuptiis consobrinor. hinter der histor. ecclesiast. Philostorgii. Genev. 1643. p. 7—36 u. in opp. min. ed. Trotz p. 609—26. B. H. Reinold Varia c. 20—22. Ed. Otto de nupt. consobr. in Ej. Diss. No. 2. p. 79. sqq. Brower de jure connubior. L. 2. c. 9. No. 6. sagt ganz richtig, das

und mißbilligte anfangs die Ehe unter Blutsverwandten bis zum vierten Grad [115]). Indessen sollen noch vor Ende der Republik die Ehen der Geschwisterkinder aus Veranlassung eines einzelnen Falles durch ausdrücklichen Volksschluß erlaubt worden seyn [116]); vorgekommen sind sie auf jeden Fall seit jener Zeit [117]). Dagegen ist im dritten Grad und überhaupt mit denen, die in der Seitenlinie den locum parentum einnehmen, die Ehe unerlaubt geblieben, bis Claudius, um die Agrippine heurathen zu können, die Ehe mit des Bruders Tochter für gültig erklären ließ [118]), wobey es, eben so wie bey Gestattung

---

römische Civilrecht habe in Ansehung der Ehhindernisse aus Verwandtschaft nicht auf die Nähe des Grades, sondern bloß auf das Jus sanguinis et ex eo profluentem naturalem pudorem gesehen (ff. 14. §. 2. de R. N.); daher verbiete es zuweilen die Ehen zwischen Solchen, die im 4ten Grade stünden (§. 3. J. de Nupt. ff. 17. §. 2. ff. 39. D. R. N.) und selbst zwischen Solchen, bey welchen gar kein Grad der Verwandtschaft vorkomme (ff. 14., 15. D. cit.) und dieß stimme ganz mit der mosaischen Ansicht zusammen (Levit. 18.) d. h. die ganze Gesetzgebung beruhte nicht auf einem durchgreifenden civilistischen Princip, sondern war lediglich durch die sittliche Meinung des Volkes bestimmt, daher es nicht auf die Grade, sondern auf das persönliche Verhältniß zweier Individuen, wie es die Volksansicht würdigte, ankam.

[115]) Ulp. V. 6. Tacit. Annal. XII. 6. Zimmern (§. 150. S. 550) dessen Darstellung hier geradezu nur wiedergegeben ist.

[116]) Plutarch. Quaest. Rom. c. 6. Glück a. a. O. S. 317. Not. 68. Dirksen Civilist. Abhandl. B. I. S. 310.

[117]) Liv. XLII. 34. Otto Diss. c. 2. §. 4.

[118]) Tacit. Annal. XII. 5 — 7. Suet. Claud. c. 26. Gaj. I. §. 2. Schol. Juv. ad Sat. II. v. 29. Zach. Huber de matrim. Claud. et Agrippin. in Diss. P. 2. p. 169 — 193.

der Geschwisterkinder-Ehe, in dieser Periode verblieb [119]), im Gegensatze mit dem durch kaiserliche Constitutionen noch ausdrücklich (wahrscheinlich gegen den Versuch analoger Ausdehnung des Claudischen Gesetzes) bestätigten Verbote der Ehe mit der Schwester Tochter oder Enkelin. Auch blieb es unerlaubt, eine Tante oder Großtante, die solches auch nur durch künstliche Agnation geworden waren, zu heurathen, so lange das Agnationsband bestand [120]).

Was die Schwägerschaft betrifft, so hat in der ungleichen Seitenlinie bey den Römern nie ein Ehhinderniß bestanden, und in der gleichen mag die Ehe etwa in der ältesten Zeit für unschicklich gehalten worden seyn [121]); aber ihre Zulässigkeit zur Zeit der Republik und nachher kann kaum bezweifelt werden [122]).

Das mosaische Gesetz dagegen untersagte ausdrücklich die Ehe mit des Vaterbruders, des Oheims, Weibe [123]), mit des Bruders Frau [124]) und, der Analogie gemäß, auch mit der Frau Schwester [125]). Unter Verwandten aber untersagte es, trotz dem respectus parentelae, die

---

[119]) Pithoeus ad Coll. Tit. 6. Cujac. Obss. XIII. 16. Noodt Observ. II. 5. u. A.

[120]) Zimmern a. a. O. S. 553. fg.

[121]) Dion. Halic. IV. 79.

[122]) Zimmern a. a. O. S. 554. Indessen l. 17. Cod. de nupt. sagt: Ex affinibus privigna, noverca, socru, nuru, caeterisque quae antiquo jure prohibentur, a quibus cunctos volumus abstinere. Wer wird unter diesen caeteris quae antiquo jure prohibentur verstanden?

[123]) Levit. XVIII. 14.

[124]) v. 16. eod.

[125]) v. 18. eod. Auf den Streit, der bekanntlich über den Sinn dieser Stelle obwaltet, können wir hier nicht eingehen.

Ehe mit der Mutter Bruder so wenig, als die mit des Vaters Bruder [126]). Im übrigen stimmte es mit dem römischen Rechte, wie es durch die neueren Gesetze sich gebildet hatte, vollkommen überein [127]), nur daß es das civilrechtliche Institut der Arrogatio und die daraus entspringende künstliche Verwandtschaft nicht kannte.

Die Christen verbanden natürlich beide Gesetze mit einander; denn es war nicht denkbar, daß sie erlaubten, was die Heiden selbst für unzulässig hielten, und noch weniger konnten sie Verbindungen für zulässig erkennen, die der Herr selbst ausdrücklich als ein Gräuel verdammt hatte, wodurch die Canaaniten sich befleckt und das Land verunreinigt hätten [128]).

Daher verdammten die Versammlungen von Eliberis, von Ancyra und Neocäsarea die Ehen mit der Frau Schwester und mit des Mannes Bruder und verwarfen sie als ungültig [129]).

---

[126]) Levit. XVIII. 12, 13.

[127]) Levit. XVIII. 7—11.

[128]) Levit. XVIII. 24—30.

[129]) Concil. Illiberit. c. 61. Si quis post obitum uxoris suae sororem ejus duxerit, placuit quinquennio a communione abstineri, nisi forte dari pacem velocior necessitas coegerit. Hardouin Concil. I. 256. Concil. Ancyr. c. 24. *Μνηστευσάμενός τις κόρην, προσεφθάρη τῇ ἀδελφῇ αὐτῆς, ὡς καὶ ἐπιφορέσαι αὐτήν. ἔγημε δὲ τὴν μνηστὴν μετὰ ταῦτα· ἡ δὲ φθαρεῖσα ἀπήγξατο. οἱ συνειδότες ἐκελεύσθησαν ἐν δεκαετίᾳ δεχθῆναι εἰς τοὺς συνεστῶτας, κατὰ τοὺς ὡρισμένους βαθμούς.* Concil. Neocaesar. c. 2. *Γυνὴ ἐὰν γήμηται δύο ἀδελφοῖς ἐξωθείσθω μέχρι θανάτου. πλὴν ἐν θανάτῳ δια τὴν φιλανθρωπίαν, εἰποῦσα, ὡς ὑγιάνασα λύσει τὸν γάμον, ἕξει τὴν μετάνοιαν. Ἐὰν δὲ τελευτήσῃ ἡ γυνὴ ἐν τοιούτῳ γάμῳ οὖσα, ἤτοι ὁ ἀνὴρ, δύσχερὴς τῷ μείναντι ἡ μετάνοια* *). Die größere Strenge, welche hier gegen

---

*) Anhang O.

So bewährte auch hier die Kirche, indem sie, wenn auch nur in einem Punkte, aus Religions-Gründen über die geltende bürgerliche Ehe-Gesetzgebung hinausgieng, das, was wir oben, am Schlusse des ersten Paragraphs dieses Kapitels, bemerkten, daß sie nemlich auch da, wo sie an die römische und jüdische Gesetzgebung anknüpfte, dennoch, von ganz anderen Grundsätzen ausgehend, an keine von beiden sich je als gebunden betrachtete. Wie sie in der Folge noch weiter davon abwich, erklärt sich bey unbefangener Würdigung ihres Geistes und Strebens gar leicht und einfach. Denn es beruht theils auf der erhöhten Bedeutung und daraus folgenden Erweiterung und Vervielfältigung der verwandtschaftlichen Beziehungen, theils auf der erhöhten Würde und Weihe der Ehe, in der die materielle, sinnliche Liebe stets sich läutern und vergeistigen, nie aber ein schon bestehendes, reines und von sinnlichen Motiven freies, auf höhere Pflichten gegründetes Liebesband sich materialisiren und versinnlichen sollte. Auf das Prinzip geistiger Verbrüderung und Liebe gegründet, ertheilte die Kirche allen schon bestehenden Beziehungen der Verwandtschaft und Freundschaft eine weit erhabnere und zugleich umfassendere Bedeutung und Kraft, sie rückte alle Menschen einander näher, und, so wie das Streben der Natur nach Einheit und Harmonie in dem Familienverhältniß und in der natürlichen Neigung der zunächst an der Quelle oder dem Stamme stehenden Verwandten seinen ersten Stütz-

---

die Verbindung mit des Bruders Weibe geübt worden zu seyn scheint, möchte etwa daher rühren, weil diese unter diejenigen gehörte, welche im Kap. 20 des III. B. Mos. wiederholt mit besonderen Strafen bedroht wurden.

punkt fand, eben so war es auch natürlich, daß die Kirche auf ihren eigenthümlichen Wegen gleichfalls die Verwandtschaften und Familienverhältnisse zu erweitern und zu vervielfältigen trachtete [130]). Wo auch sinnliche und irdische Motive die Liebe der Menschen bestimmten, da sollte doch auf dieser irdischen Basis, namentlich in der Ehe, ein freies, geistiges Liebesverhältniß sich entwickeln. Wo nun aber ein solches schon bestand, da noch erst etwas sinnliches mit unterzumengen, das war ein offenbarer Rückschritt und schien der Kirche ein Frevel, eine Hemmung der göttlichen Absichten [131]).

---

[130]) Sed et alios consanguinitatis gradus lex vetus permisit, immo quodammodo praecepit: ut scilicet de cognatione sua unusquisque uxorem acciperet, ne successionum confusio esset: quia tunc temporis cultus divinus per successionem carnis propagabatur. Sed postmodum in lege nova, quae est lex spiritus et amoris, plures gradus consanguinitatis sunt prohibiti, quia jam per spiritualem gratiam, non per carnis originem, cultus Dei derivatur et multiplicatur: unde oportet, ut homines etiam magis a carnalibus retrahantur, spiritualibus vacantes, et ut amor amplius diffundatur. Thomas Aquin. Summ. qu. LIV. art. 4.

[131]) Vgl. Augustin. de Civitate Dei XV. c. 16. u. c. un. c. XXXV. qu. 1. So hatte das kirchliche Ehhinderniß in seiner größeren Ausdehnung denselben Grund, wie das natürliche in seiner geringeren. Der Unterschied kam nur daher, daß die Kirche die Bande und die Pflichten der Liebe und der besonderen Zuneigung vervielfältigte und über einen größeren Kreis verbreitete. So wie aber ein Zurücktreten hinter den Kreis, den die Natur bereits gebildet hatte, frevelhaft schien und eine solche frevelhafte Verbindung nach dem Gesetze der Natur als Ehe nicht gelten konnte, eben so schien ein Zurücktreten hinter den Kreis, den Religion und Kirche um die Familie gezogen hatten, nicht minder sündhaft und es konnte eine solche sündhafte Verbindung nach dem Gesetze der Gnade als Ehe eben so wenig bestehen.

Die Entwicklung und Fortbildung dieser Beziehungen war ein Werk der Zeit und die Kirche gieng darin natürlich so weit, als es Umstände und Verhältnisse nur immer gestatten mogten. So lange der Geist und die Gesinnung ihrer Angehörigen es gestatteten, dehnte sie die Grenzen aus, so weit sie nur konnte. Als dagegen die fortschreitende Erkaltung des Eifers keine Hoffnung des Gedeihens auf diesem Weg mehr gewährte, sondern vielmehr die Veranlassungen zu leichterer Uebertretung der Gesetze, so viel wie möglich, aus dem Wege zu räumen gebot, da gieng die Kirche auch wieder zurück und mußte abstehen von manchem, was ihr früher zu erstreben die heiligste Pflicht gewesen [132]).

Mit diesen Bemerkungen möchte es scheinen, als ob wir dem Entwicklungsgange der Geschichte vorgegriffen hätten; allein es ist für unsere Darstellung von hoher Wichtigkeit, in dieser ersten Periode überall die Keime und die Grundlagen dessen, was später sich ergeben hat, nachzuweisen, und da es hier darauf ankam, das Prinzip zu entwickeln, von welchem die Kirche in dieser Periode, wie in den folgenden, sich leiten ließ, so mußte die Erörterung dem langsamen Gange der historischen Darstel-

---

[132]) Sed postmodum circa haec ultima tempora restrictum est (impedimentum cognationis) usque ad quartum gradum: quia ultra inutile et periculosum erat, gradus consanguinitatis prohibere. Inutile quidem, quia ad remotiores consanguineos quasi nullum foedus majoris amicitiae quam ad extraneos habebatur, charitate in multorum cordibus frigescente. Periculosum autem erat gradus consanguinitatis prohibere, quia concupiscentia et negligentia praevalente, numerosam consanguineorum multitudinem homines non satis observabant. Et sic laqueus damnationis multis injiciebatur ex remotiorum graduum prohibitione. Thom Aquin. loc. cit.

lung mit einem Blicke voraneilen, weil nur mit der Möglichkeit der Rückschritte in der späteren Zeit das Prinzip auch in dieser Zeit, unabhängig von seinen Entwicklungen, sich nachweisen liess.

Das ist das Eigenthümliche organischer Bewegung in jeder Gesetzgebung und Rechtsbildung, daß Ausdehnungen und Einschränkungen der gesetzlichen Bestimmungen aus einem und demselben Grundsatze sich rechtfertigen.

Nach welchen Normen die Kirche bey den späteren Entwicklungen verfuhr, werden wir seiner Zeit zeigen.

Was das Ehhinderniß der geistlichen Verwandtschaft insbesondere anbelangt, dessen Ursprung man gewöhnlich in der folgenden Periode erst sucht, so ist zu bemerken, daß die Vorstellung, aus der es entsprang, nemlich die Vorstellung von einer Wiedergebärung durch den Glauben in der Taufe und Firmung und einer daraus entspringenden, der Verwandtschaft gleichkommenden Verbindung, zwischen dem Taufenden wenigstens und dem Täufling, in der Lehre Jesu und der Apostel gegründet [133]), dieser Periode bereits eigen war [134]) und auch, nach Tertullian [135]), die Sitte der Pathen, susceptores, sponsores, bereits bestand. Diese Pathen dienten demjenigen, der zur Taufe und Firmung zugelassen wurde, als Führer und als Bürgen zugleich, gegenüber der Gemeinde. Sie führten den Täufling zum Orte, wo getauft wurde, stellten ihn dem taufenden Bischof vor, empfiengen

[133]) Joann. III. 5. Nisi quis renatus fuerit ex aqua et spiritu Sancto non potest introire in regnum Dei. Tit. III. 5. I Cor IV. 15. Gal. IV. 19. I Thessal. II. 11. I Tim. I. 2, 18.

[134]) Origenes ad Rom. XVI. 21.

[135]) De Corona III. id. de baptism. in f.

ihn dann beym Austritte aus dem Wasser und führten ihn zurück an den Ort, wo die versammelten Brüder seiner harrten, um ihn in die Gemeinde aufzunehmen. Bey dieser Gelegenheit mußten die Pathen nicht nur von des Täuflings vorhergehendem Wandel und seiner Würdigkeit zur Taufe Zeugniß geben und als Bürgen sich stellen, sondern sie mußten auch damit das Versprechen verbinden, daß sie sich alle Mühe geben würden, damit der Getaufte vom Glauben nicht wieder abfiele und mit den Werken des Satan sich nicht neuerdings beflecke.

Da Unterricht, Taufe und Firmung immer mit einander verbunden waren, so hatte man auch zu diesen drey Handlungen wohl immer, oder doch größtentheils, nur einen Pathen und so begründete sich zwischen dem Pathen und dem Neophyten allerdings ein so enges Verhältniß, daß, in Betracht der eben angeführten Ansicht von der Wiedergebärung durch Taufe und Firmung, die diesem Verhältniß noch eine tiefere Bedeutung beimischte, schon jetzt der Grund sehr nahe lag, worauf in der folgenden Periode das gesetzliche Ehverbot zwischen beiden gebaut wurde.

Allein man taufte jetzt noch durch Immersion und nur Erwachsene wurden in der Regel zur Taufe gelassen. Daher gebot schon der Anstand und die Natur der Sache, was später noch ausdrücklich angeordnet wurde [136]), daß Männer nur von Männern, Weiber nur von Weibern zur Taufe geführt wurden. Selbst dann, als die Kindertaufe häufiger und sogar die Regel geworden war, wurde dieß wohl durch Sitte und Herkommen noch lange

---

[136]) Concil. Carthag. IV. c. 12.

aufrecht gehalten; und so erklärt es sich von selbst, wie in dieser Periode und überhaupt so lange Zeit hindurch, über das Ehhinderniß der geistlichen Verwandtschaft nichts vorkommt, weil alle Veranlassung zur Aufstellung einer solchen Vorschrift fehlte [137]). Pflegekinder übrigens scheint man gerne mit eigenen Kindern vermählt zu haben [138]).

---

[137]) c. 100. Dist. IV. de Consecr. c. 1, 8. c. XXX. qu. 1. sind bekanntlich unecht.

[138]) Constit. Apost. Lib. IV. c. 1.

III. Kapitel.

Eingehungsarten der Ehe, Verlöbnisse und aufschiebende Hindernisse.

§. 1.

Consensus facit nuptias war der durchgreifende Grundsatz der Römer. Dieser Consens lag in der Absicht zweier zum gemeinschaftlichen Leben sich vereinigenden Personen, mit dieser Vereinigung eine Familie zu begründen [139]). Alles, was bey der Gelegenheit vorkam, von Verträgen zur Feststellung der künftigen Vermögensverhältnisse [140]), so wie von religiösen Feierlichkeiten zur Sicherung des häuslichen Glücks der Vermählten [141]), war, in Beziehung auf den Bestand der Ehe und ihre Folgen in Ansehung der Rechte des Familienstandes, nur wichtig als Beweis der der Verbindung zum Grunde liegenden ehlichen Ab-

---

[139]) Vereinigung mit der Absicht, einander gegenseitig pater et mater familias, maritus et uxor zu seyn, liberorum quaerendorum causa; denn pater war nur quem justae nuptiae demonstrant. Vgl. über die Bedeutung dieser verschiedenen Worte Zimmern a. a. O. §. 132 u. 145.

[140]) Zimmern §. 140.

[141]) Brisson opp. min. instr. A. D. Treckel. Lugd. Bat. 1749. p. 288. de ritu nuptiarum.

sicht. Ermangelten auch diese Umstände alle, so konnte doch darum noch der Verbindung der ehliche Character nicht geradezu abgesprochen werden, sondern es kam eben nur auf anderweitige Nachweisung von maritalis honor et affectio auf Seite des Mannes gegen seine Hausgenossin an [142]); denn natürlich war es die Absicht des Mannes, die über die Begründung einer Familie, deren Haupt und Stütze er seyn sollte, entschied. War diese Absicht von vorn herein, durch jene Verträge, Ceremonien oder sonst, bekannt [143]), so rechnete man den Anfang der Ehe vom Moment der Uebergabe der Braut an den Mann d. h. von ihrer deductio in domum mariti [144]); sonst aber von dem Augenblicke an, wo maritalis honor et affectio nachgewiesen werden konnten [145]).

Unter den Christen modificirte sich dieses Verhältniß durch die von allen Standesverschiedenheiten unabhängigen Grundsätze ihrer Moral und durch ihre religiöse Ansicht von der Ehe nur dahin, daß sie, was das Gesetz der Treue und die Unauflöslichkeit des Bandes anbelangt, auch solche Verbindungen als Ehen betrachteten und achteten, die nach dem Gesetze der Römer nur unvollkommene Verbindungen oder bloße Concubinate waren oder seyn konnten [146]).

---

142) Vgl. oben Note 10. Zimmern §. 145.

143) Bey der Gemeinschaft mit einer freien und ehrbaren Person von gutem Stande wurde immer die Ehe präsumirt ff. 24. de ritu nupt. (23, 2). Brower de jure connubior. I. c. 27. No. 21.

144) Zimmern §. 145.

145) Vgl. die bereits angeführte Note 10 oben.

146) Vgl. die mehrerwähnte Note 10 u. Kap. II. §. 1 oben, dann Bingham cit. Lib. XXI. c. 4. in f. vol. IX. p. 330. Brower cit. Lib. I. c. 27. No. 28. c. 4. Diss. 34. c. 5, 6. eod. c. 5. c. XXXII.

Es war natürlich, daß man bey Eingehung solcher Verbindungen, die man ja vorzüglich im Herrn geschlossen haben wollte [147]), den Bischof zu Rathe zog und nach seiner Anweisung sich beschied [148]); denn, fand er die Verbindung den Vorschriften der Religion und der Kirche zuwider, der Gnade des Herrn unwürdig, so konnte sie von der Kirche als legitim nicht betrachtet werden, mithin als Ehe auf keinen Fall gelten. Entschied auch die kirchliche Anerkennung nicht über die bürgerlichen Wirkungen der Verbindung, so konnte ja doch das Vorhandenseyn aller erdenklichen bürgerlichen Bedingungen nicht machen, daß ein Verhältniß, das an sich sündhaft war, den Christen als gerecht und legitim, mithin als wirkliche Ehe erschien. Sie nannten es eben doch nur fornicatio, stuprum oder adulterium. War deßhalb die Verbindung eines Mannes mit einem Weibe auch nicht in Ansehung der bürgerlichen Wirkungen als ein justum matrimonium erklärt oder als solches zu betrachten, so mußte doch, gegenüber der Kirche, die Absicht der beiden Theile, nach dem Gesetze des Herrn mit einander zu leben, gemeinschaftlich nach seiner Gnade zu streben und als Mann und Frau sich nach den Geboten der Kirche und den Re-

---

qu. 2. Concil. Tolet. *aō* 388. c. 13. Is qui non habet uxorem, sed pro uxore concubinam habet, a communione non repellatur, tantum ut unius mulieris, aut uxoris aut concubinae, ut ei placuerit, conjunctione sit contentus.

[147]) Nubat, tantum in Domino.

[148]) Ignatius ad Polycarp. V. *πρέπει δὲ τοῖς γαμοῦσι καὶ ταὶς γαμουμέναις μετὰ γνώμης τοῦ ἐπισκόπου τὴν ἕνωσιν ποιεῖσθαι, ἵνα ὁ γάμος ᾖ κατὰ κύριον, καὶ μὴ κατ᾽ ἐπιθυμίαν. πάντα εἰς τιμὴν θεοῦ γινέσθω.* SS. P. P. opp. Ed. Coteler. vol. II. p. 92. *)

---

*) Anhang P.

geln des christlichen Lebens zu achten, ausgesprochen und bekannt seyn; sonst konnte man sie kaum anders, denn als unsaubere, sündhafte Unzucht betrachten, die nicht geduldet werden durfte. Sie hatten jedenfalls, wie Tertullian bemerkt, in dieser Beziehung die Vermuthung wider sich [149]).

Daß gewöhnlich bey der Eingehung der Ehe kirchliche Feierlichkeiten an die Stelle der sonst üblichen heidnischen Gebräuche traten, sehen wir aus Tertullians bekannter Aeußerung im zweiten Buche an seine Frau: felix matrimonium, quod Ecclesia conciliat, confirmat oblatio, obsignat benedictio [150]). Sie wurden aber sicher, eben so wenig wie die Ceremonien der Heiden, als etwas Wesentliches, zum Daseyn und Bestand der Ehe Nothwendiges betrachtet. Waren sie doch, wie bekannt, bey den Ehen der Wittwen sogar völlig untersagt [151])! Wurde

---

[149]) Ideo penes nos occultae quoque conjunctiones, id est, non prius apud Ecclesiam professae juxta moechiam et fornicationem judicari periclitantur: nec inde consertae obtentu matrimonii crimen eludant. Const. Apost. lib. 8. fidelis, qui habet concubinam, si servam, desinat et legitime ducat uxorem; si liberam, eam in uxorem legitimam accipiat; si nolit, rejiciatur. Vgl. unten Kap. IV. §. 2. *)

[150]) Cf. Ejusd. de Monogamia cap. 11. Et conjungent vos (Episcopus, Presbyteri, Diaconi,) in Ecclesia virgine, unius Christi unica sponsa. Ayrer de jure connub. ap. vet. germ. Sect. II. §. 4. Vgl. Tertull. de praescript. c. 40: (Diabolus), qui ipsas quoque res sacramentorum divinorum in idolorum mysteriis aemulatur. Fingit et ipse quosdam, celebrat et panis oblationem..... Quidquid et summum pontificem in nuptiis statuit.

[151]) Concil. Neocaesar. c. 7. *Πρεσβύτερον εἰς γάμους διγαμούντων μὴ ἑστιᾶσθαι· ἐπεὶ μετάνοιαν αἰτοῦντος τοῦ διγάμου, τίς ἔσθαι ὁ πρεσβύτερος, ὁ διὰ τῆς ἑστιάσεως συγκατατιθέ-*

daher die Ehe auch nur in Absicht auf die bürgerlichen Wirkungen öffentlich erklärt, so war dieß auch für die kirchliche Anerkennung derselben genügend; denn beym Christen lag in dieser Erklärung nothwendig zugleich die Versicherung und Verpflichtung, daß er nach dem Gebote des Herrn mit seinem Gatten leben und demselben unverbrüchliche Treue bewahren wolle. Das Gegentheil hätte müssen ausdrücklich erklärt werden, wenn es gedacht werden sollte, und dann wäre damit der Austritt aus der Kirche verbunden gewesen [152]). Es ist daher sehr natürlich, daß die Quellen in dieser Periode über die Eingehungsarten der Ehe, die angeführten Stellen ausgenommen, gänzlich schweigen, weil in dieser Beziehung durch das Christenthum wirklich nichts neues eingeführt wurde [153]). Nur die Bedeutung hätte, im Falle das

μενος τοῖς γάμοις *); Vgl. indessen Bingham Lib. XXII. c. 4. §. 1. Nicht bloß aber bey den Ehen der Wittwen mogte die Anwesenheit eines Priesters untersagt seyn: bey den Ehen Solcher, die früher Keuschheit gelobt hatten, fand sicher die Dazwischenkunft eines Priesters noch weniger statt, und es bedurfte wohl in der Beziehung gar keines Verbots. Bey den Ehen mit Ungläubigen ist sie aber nicht einmal denkbar, und dennoch haben wir gesehen, daß man diese keineswegs allgemein als ungültig betrachtete. Es sind also kirchliche Feierlichkeiten gewiß nicht als etwas Wesentliches betrachtet worden.

[152]) Vgl. Leonis Constit. 89. Die bürgerliche Oeffentlichkeit reichte demnach auch der Kirche hin, in so ferne das öffentliche Bekenntniß des eingegangenen Verhältnisses ohnehin genügte, um die religiöse Verpflichtung und deren Anerkennung zu begründen. Wo dagegen die bürgerliche Oeffentlichkeit fehlte, war es für die Kirche und das Gewissen genügend, wenn nur die kirchliche vorhanden war. Die Ermanglung der bloßen bürgerlichen Oeffentlichkeit entzog der Verbindung nichts von ihrem religiösen Character und kirchlichen Bestand.

[153]) κατοικοῦντες δὲ πόλεις Ἑλληνίδας δὲ καὶ βαρβάρους, ὡς ἕκαστος ἐκληρώθη, καὶ ἐν τοῖς ἐγχωρίοις ἔθεσιν ακολου-

*) Anhang Q.

Christenthum wäre anerkannt oder nur geduldet worden, die kirchliche Einsegnung, von welcher Tertullian spricht, allenfalls in bürgerlicher Beziehung auch haben können, daß daraus im Zweifel maritalis honor et affectio, wo sonst ein justum matrimonium hätte stattfinden können, gefolgert worden wäre.

§. 2.

Bey den Verabredungen zur künftigen Ehe oder dem Verlöbniß (Sponsalia), worin sich die künftigen Gatten gegenseitig die Ehe versprechen, waren unter den Römern gewisse Feierlichkeiten, bürgerliche und religiöse, zwar eben so wie bey der wirklichen Eingehung der Ehe üblich, aber auch keineswegs nothwendig. Der bloße Consens reichte natürlich hier eben so, wie zur Ehe selbst hin [154]). Eine eigentliche Verbindlichkeit entsprang aus den Sponsalien nach römischem Rechte, außer etwa in Ansehung pecuniärer Verhältniße, nicht [155]); nur traf den, welcher, vor Aufhebung eines Verlöbnisses, ein zweites eingieng, nach dem Edicte des Prätors, die Strafe der Infamie. Die Christen legten auf die Treue des gegebenen Wortes überhaupt einen hohen Werth [156]); die hohe Weihe, welche die Ehe unter ihnen erhalten hatte, reflectirte aber überdieß ihren religiösen Character auch auf das Ver-

θοῦντες ἐν τῇ ἐσθῆτι καὶ διαίτῃ καὶ τῷ λοιπῷ βίῳ . . . . . . γαμοῦσι ὡς πάντες· τεκνογονοῦσιν, ἀλλ᾽ οὐ ῥίπτουσι τὰ γεννώμενα *). Anonym. vir. Apost. Epistola ad Diognetum. Galland. Bib. PP. I. 332 c.

[154]) ff. 4. pr. 5, 7, 18. de Sponsal. (23, 1).

[155]) Zimmern §. 146. S. 534. a. E. fg.

[156]) Sage: Ja, ja, nein, nein. Matth. V. 37.

*) Anhang R.

löbniß und die Umstände, unter welchen dieses, wie es scheint, gewöhnlich eingegangen wurde, bestärkten nothwendig noch die Idee von einer Art religiöser Verbindlichkeit zur Erfüllung derselben. Schon Ignatius empfahl, daß man über beabsichtigte Ehen den Bischof zu Rathe ziehe, um sich zu versichern, daß die Verbindung eine dem Herrn wohlgefällige sey [157]). Nach Tertullian scheint es, daß es gebräuchlich geworden war, den Bischof und die Priesterschaft deshalb zu befragen, zu welchem Ende die Mädchen sich an die Diaconissen wendeten [158]). Im Uebrigen folgte man natürlich der hergebrachten Sitte, sofern sie den religiösen Grundsätzen nicht widerstrebte. Gewöhnlich wurden bey den Sponsalien die Dotalverträge geschlossen, Ringe, Geschenke und der bräutliche Kuß unter Feierlichkeiten gewechselt, wozu auch die Beiziehung einer gewissen Anzahl von Zeugen gehörte [159]). Soferne nun diese Feierlichkeiten mit dem Beifalle des Bischofs und der Geistlichkeit, wohl auch in Gegenwart derselben vorgenommen wurden, verband sich damit natürlich unter den Christen um so leichter die Idee einer religiösen Verpflichtung zur Treue.

Daher belegte das Concilium von Eliberis diejenigen, welche die Treue der Verlöbnisse brächen, mit einer Kir-

---

[157]) Vgl. oben Note 148.

[158]) Daher der Ausdruck petere maritum. Hildebrand de nupt. veter. Christian. Helmstad. 1659. Tertullian. de Monogamia c. 11. Ut igitur in Deo nubas secundum et apostolum (si tamen vel hoc curas) qualis es id matrimonium postulans, quod eis, a quibus postulas, non licet habere, ab Episcopo Monogamo, a Presbyteris et Diaconis ejusdem sacramenti, a viduis, quarum sectam in te recusasti?

[159]) Selvaggio Lib. III. c. 15. §. 2. Bingham Lib. XXII. c. 3. §. 1—8.

chenstrafe [160]), und das Concilium von Ancyra verordnete, daß ein geraubtes Mädchen, wenn es bereits verlobt gewesen sey, auf jeden Fall seinem Bräutigam zurückgegeben werde, selbst wenn es Gewalt erlitten haben sollte [161]).

Diese feierlichen Sponsalien, die ohnehin auf die bürgerlichen Vortheile und Wirkungen der verabredeten Ehe hauptsächlich berechnet waren, dienten eben darum als Beweis des ehlichen Consenses, im bestimmten Sinne des bürgerlichen Rechtes, auch dann, wenn die Ehe selbst nachher ganz unfeierlich vollzogen wurde. In so ferne standen die Feierlichkeiten der Sponsalien mit denen bey der wirklichen Eingehung der Ehe, als Erkennungsmittel der ehlichen Absicht bey einer vorhandenen Verbindung, vollkommen auf einer Linie. Das einfache Versprechen der Ehe gieng durch die Vollziehung der Verbindung in wirkliche Ehe über, und es mochte jenes oder diese mit Feierlichkeiten begangen worden seyn, welche die Absicht der Verbundenen außer Zweifel setzten, so war die Wirkung doch immer dieselbe. In so ferne nun die Gewiß-

160) Can. Illiberit 54: Si qui parentes fidem fregerint sponsaliorum, triennii tempore abstineantur. Si tamen iidem sponsus vel sponsa in gravi crimine fuerint deprehensi, excusati erunt parentes: Si in iisdem fuerit vitium et polluerint se, superior sententia servetur. Hardouin Concil. I. 256. Cf. Syricii Ep. ad Himerium Tarraconensem c. 4. De conjugali autem violatione requisisti, si desponsatam alii puellam alter in matrimonium possit accipere? Hoc ne fiat, modis omnibus inhibemus, quia illa benedictio, quam nupturae sacerdos imponit, apud fideles cujusdam sacrilegii instar est, si ulla transgressione violetur (c. 50. c XXVIII. qu. 2).

161) *Τὰς μνηστευθείσας κόρας, καὶ μετὰ ταῦτα ὑπ᾽ ἄλλων ἁρπαγείσας, ἔδοξεν ἀποδίδοσθαι τοῖς προμνηστευσαμένοις, εἰ καὶ βίαν ὑπ᾽ αὐτῶν πάθοιεν.* Concil. Ancyr. c. 11. *)

*) Anhang S.

heit des ehlichen Consenses auch das einzige war, was die Kirche begehrte, so galt auch ihr beides gleich viel, und damit war die in der Folge eingetretene Verwechselung beider, die ganze Gesetzgebung über Sponsalia de praesenti et de futuro nnd der gesetzliche Ausspruch, daß diese durch Vollziehung der ehlichen Beiwohnung unmittelbar in wirkliche Ehe sich verwandeln, bereits ganz nahe gelegt. Die nähere Erörterung hievon gehört der späteren Zeit an; aber in so weit hier schon der Grund dazu gelegt war, mußte auch hier schon darauf aufmerksam gemacht werden.

§. 3.

Die Wirkung der Sponsalien war nach römischem Recht auf zwey oder drey Jahre beschränkt [162]). Ob die Kirche in Ansehung der Verpflichtung zur Treue eine ähnliche Zeitbeschränkung anerkannt habe, ist nicht auszumitteln, aber wahrscheinlich ist es nicht. Diese Frage von der Verbindlichkeit der Sponsalien führt uns übrigens auf die Betrachtung der sogenannten aufschiebenden Ehhindernisse. Ein solches waren offenbar früher mit einer anderen Person eingegangene Sponsalien für jede folgende Ehe unter den Christen in weit höherem Grade, als nach den römischen Gesetzen. Ungültig konnten sie dieselbe nicht machen: das Concilium von Eliberis belegt diejenigen, welche die Treue der Verlöbnisse brächen, nur mit dreijähriger Excommunication. Aber die christliche Disciplin führte noch andere Ehhindernisse der Art ein, indem sie einerseits verschiedene Forderungen in Beziehung auf die würdige Eingehung der Ehe an die Gläubigen

[162]) Zimmern S. 535. a. E. Bingham cit. L. XXII. c. 3. §. 9.

stellte, andererseits aber für die einmal geschlossenen Verbindungen eine solche Achtung, ich mögte sagen, heilige Scheu, hegte, daß sie deren Trennung nur dann anordnen zu dürfen glaubte, wenn die derselben entgegenstehenden Gründe das innere Verhältniß der Verbundenen selbst zu einander afficirten und zur Sünde stempelten, so daß sie das Verhältniß als ein unvermeidlich sündhaftes in ihrem Schooße nicht dulden konnte. Respondebo . . . . ., sagt Tertullian, dominum magis ratum habere matrimonium non contrahi, quam omnino disjungi [163]). Wie gewissenhaft, wie ängstlich man in der Beziehung war, haben wir schon beim Gelübde der Keuschheit gesehen, auf welches doch ein so hoher Werth gelegt wurde (Sieh oben S. 63 fg.). Verbindungen, die einem solchen Gelübde zuwider geschlossen wurden, mißrieth und untersagte sicher der Bischof, wofern er darum befragt wurde. Daß er gefragt zu werden pflegte, haben wir schon bemerkt, und wie sehr sein Ausspruch, und der der geistlichen Vorsteher überhaupt, geachtet wurde, zeigt der Ausdruck petere maritum, der dabey üblich war [164]). Aber die dem Gelübde zuwider und gegen den Ausspruch des Bischofs und der geistlichen Vorsteher eingegangenen Ehen wurden dennoch nicht getrennt. Weit entfernt, ihre Aufhebung zur Pflicht zu machen, betrachtete man vielmehr ihr Bestehen als nothwendig, es sey denn, daß sie aus beiderseitiger Uebereinkunft um der Enthaltsamkeit willen aufgegeben wurden [165]). Aber nicht bloß in diesen, auch in vielen anderen Fällen mochten Abmahnungen, ja förmliche, mit

---

[163]) Tertull. ad uxorem lib. 2. c. 2.

[164]) Hildebrand cit. Note 158. oben.

[165]) Gaudentius de Dogmatibus et Ritibus veteris Ecclesiae.

Strafandrohungen verbundene Verbote vorkommen. Namentlich mag dieß bey Verbindungen mit Ungläubigen oder Ketzern, dann bey solchen Verbindungen, die von den weltlichen Gesetzen in ein schiefes Licht gestellt waren, und deßhalb von der Kirche, wie schon bemerkt, nie gerne gesehen wurden, endlich in Ansehung des einzigen aufschiebenden Ehhindernisses, das die Römer kannten, der Vermählung nemlich einer Wittwe vor Ablauf des Trauerjahrs [166]), gar oft der Fall gewesen seyn. Eben so muß dieses Verbot, als aufschiebendes Ehhinderniß, nach den Aussprüchen der Kirchenväter, allgemein angenommen werden in den Zeiten und an den Tagen, wo den bereits Verheuratheten sogar auferlegt war, sich des ehlichen Umgangs zu enthalten. Wir haben im vorhergehenden Kapitel schon die Stelle angeführt, worin Paulus den Ehleuten zu gewissen Zeiten die Enthaltsamkeit empfiehlt, um dem Gebete obzuliegen. Diese Ermahnung des Apostels wurde sehr natürlich unter den Kirchenvätern bald zu einem Disciplinargesetze der Kirche und die Zeiten, wo man es zu beobachten habe, wurden bestimmt [167]).

---

[166]) ff. 10. Dig. d. his qui not. infam. (3, 2) ff. 11. §. 1. eod.

[167]) Ambrosius ad I Cor. VII. Et dies festi et dies processionis ab usu conjugii his temporibus cessare debere monstrant. Id. Serm. do Advent. Dom. Nullus omnino uxori suae temporibus jejuniorum conjungatur. Augustin Serm. de Temp. 2. Quoties cunque aut dies natalis Domini aut reliquae festivitates adveniunt, sicut frequenter admonui, ante plures dies non solum ab infelici concubinarum consortio, sed etiam a propriis uxoribus abstinete. Autor quaestion. v. et n. T. Christiano cum uxore sua aliquando convenire licet, aliquando non licet: propter processionis enim dies et jejuniorum aliquando non licet convenire, quia a licitis etiam abstinendum est ad tempus, ut facilius impetrari possit, quod postulatur.

Zu solchen Zeiten nun, wo der Genuß der bereits bestehenden Ehe untersagt war, wurde es sicher nicht gestattet, noch konnte es für anständig erachtet werden, eine neue Ehe einzugehen.

Ueberhaupt erachtete man es unziemlich für den Christen, sich mit einer gewissen Hast in den Ehstand gleichsam zu stürzen [168]. Aber die Hintansetzung solcher Rücksichten schadete dem Bestand und der Gültigkeit der Ehe auf keine Weise, sobald nur sonst kein Grund vorhanden war, der sie verwerflich machte.

---

[168]) Hildebrand cit. Mora sponsalibus et nuptiis interposita.

IV. Kapitel.

Disciplin in Ansehung der Ehe, Scheidung und zweite Ehe.

§. 1.

Die Sorgfalt der Kirche dehnte sich indessen über das ganze ehliche Verhältniß aus. Vor allem sorgten die Väter dafür, daß diejenigen, bey welchen zu befürchten stand, daß sie den Lüsten des Fleisches nicht zu widerstehen vermögten, durch die Ehe von Ausschweifungen abgehalten würden. Sie veranlaßten daher, daß bey Jünglingen und Jungfrauen der Keim unordentlicher Lust durch frühzeitige Verheurathung erstickt werde, und empfahlen dieselbe Aufmerksamkeit selbst in Ansehung älterer Leute, die einer ähnlichen Vorsorge bedürftig seyn mogten [169]). Sie folgten hierin offenbar der Weisung

[169]) Vgl. oben Note 58. Clem. R. Ep. ad Jacob. VII, VIII. in Coteler. SS. Patr. opp. T. I. 613. ej. Homil. III. 67. p. 655. eod. Homil. V. 35. p. 669. eod. Wenn hier unächte Schriften des Clemens R. als Autoritäten angeführt werden, so geschieht es 1) wegen ihres unbestreitbar hohen Alters (Lumper P. VII. p. 308); 2) weil Cotelerius u. And. weit entfernt sind, ihnen zur Kenntniß der Sitten und Verhältnisse der frühesten Zeit einen bedeutenden Werth abzusprechen; 3) weil das tertullianische felix matrimonium quod Ecclesia

des heiligen Paulus. Daß der Ehstand aber auch die Früchte bringe, die man damit erzielen wollte, daß die Ehe eine Quelle der Segnungen des Friedens, der Liebe und der Heiligkeit sey, darauf wendeten die Väter ganz vorzüglich ihr Augenmerk. Nach dem Beispiele der Apostel ließen sie sich angelegen seyn, überall die Weiber zur Ehrfurcht und Unterwürfigkeit gegen ihre Männer, die Männer zur Liebe gegen ihre Weiber, beide Gatten zur Reinheit des Wandels, zur Keuschheit und Mäßigkeit und zur gewissenhaften Treue zu ermahnen.

Die Weiber seyen unterthan ihren Männern, gleich wie Sara dem Abraham gehorchte, den sie ihren Herrn nannte; die Männer sollen ihnen beiwohnen mit Vernunft, und sie ehren als den schwächern Theil und als Miterben der Gnade des Lebens. Jeder liebe sein Weib, gleich wie sich selbst; die Frau aber fürchte ihren Mann [170]). So lehrten die Apostel Petrus und Paulus. „Entzieht „euch nicht einander, es sey denn aus beiderseitiger Ein„willigung auf eine Zeit lang, um dem Gebete obzulie„gen: dann aber kehrt wieder zu einander zurück, daß

---

conciliat und eine Stelle des Hieronymus (Ep. ad Nepotianum) zur Annahme berechtigen, daß das, was die Clementinischen Schriften angeben, wirklich in der Kirche Sitte war. Die Stelle ist folgende: Praedicator continentiae nuptias ne conciliet. Qui Apostolum legit dicentem: Superest, ut qui habent uxores sint quasi non habeant; cur virginem cogit ut nubat? Qui de monogamia sacerdos est quare viduam hortatur ut sit digama? Des Umstandes will ich 4) nicht erwähnen, daß von Ignatius eine ähnliche Stelle vorkommt, indem gerade diese Stelle unter diejenigen gehört, aus welchen man schließt, das die Clementine und die Ignatianische Διδαχή von derselben Hand interpolirt seyen. Usserii Diss. de Ignatii martyr. Epist. in Coteler. opp. SS. Patr. T. II. p. 199. sq.

170) I Petr. III. 1, 5—8. I Cor. VII. 45. Galat. V. 33.

„der Satan euch nicht versuche um eurer Unenthaltsam„keit willen," lehrt Paulus ferner, und „eure Ehe sey „ehrbar und euer Bett unbefleckt; denn die Unzüchtigen „und die Ehbrecher wird Gott richten" [171]). In diesem Sinne sprechen denn auch die Schriften der Kirchenväter und die Monumente dieser Zeit. „Die Männer sollen „ihre Weiber lieben, sagt Ignatius [172]), und eingedenk „seyn, daß bey der Schöpfung einem Manne eine Frau, „und nicht einem mehrere gegeben wurden. Die Weiber „sollen ihre Männer ehren wie ihr eigenes Fleisch, auch „nicht beym Namen sie zu nennen sich erlauben: sie sollen „aber keusch seyn; ihre Männer allein als diejenigen „betrachten, mit welchen sie nach dem Willen Gottes „verbunden sind." Und dem Polycarpus trägt er angelegentlich auf, den Weibern zu empfehlen, daß sie mit ihren Männern zufrieden seyen, im Geiste, wie im Fleische, und die Männer zu ermahnen, daß sie ihre Weiber lieben, wie Christus seine Kirche [173]). Das Nemliche verordnen an verschiedenen Stellen die sog. apostolischen Constitutionen [174]). Dieselben Ermahnungen endlich finden sich im ersten Brief von Clemens dem Römer an die Corinther [175]). Wie keusch die Christen der ersten Zeit in der Ehe lebten, wie weit sie entfernt waren, sie als ein erlaubtes Mittel nur zur Befriedigung der Wohllust zu betrachten, darüber haben wir in den Apologieen des

---

[171]) I Cor. VII. 5. Hebr. XIII. 4.

[172]) Ignatii Epist. ad Antiochen. IX. Coteler. II. 106.

[173]) Ignat. ad Polycarp. V. Coteler. II. p. 41.

[174]) Const. apostol. Lib. I c. 8, 10. Lib. VI. c. 6, 9, 14, 29.

[175]) S. Clem. ad Corinth. Ep. I. XXI. Coteler. I. p. 161.

Athenagoras und des Justin die herrlichsten Zeugnisse [176]. Clemens von Alexandrien und Origenes geben über denselben Gegenstand weitläufige Lehren und dringende Ermahnungen [177]. Es wurde z. B. die ehliche Beiwohnung zur Zeit der Reinigung der Frau, oder während sie gesegneten Leibes war, als unerlaubt betrachtet, zu gewissen Zeiten war, wie oben wiederholt worden [178], des Gebetes und der höheren geistigen Sammlung wegen, dann aber namentlich in der ersten Nacht nach Eingehung der Ehe, den Gatten die Enthaltsamkeit empfohlen [179]. Ueberhaupt aber war die Ansicht von dem Verhältnisse zwischen Mann und Frau so zart, dieses Verhältniß war mit einer so heiligen Ehrfurcht umgeben, und es wurde eine so hohe religiöse Bedeutung darein gelegt, daß man es dem

---

176) Athenagor. Legatio 33. ed. Maurin. p. 310. Justin. Apolog. I. 29. ed. Maurin. p. 61.

177) Clemens Alex. Paedagog. II. c. 10. Venet. Potter. 1757. I. p. 220. Ejusd. Strom. II. §. 11. p. 543. III. §. 12. p. 546. Origen. Homil. III. in Genes. No. 6. p. 69. edit. Maurin. Homil. V. in Genes. p. 75. No. 4. eod. Cf. Clem. Rom. recognita IX. Coteler. I. p. 580.

178) Cf. Origen. Commentar. in Matth. T. XIV. No. 2. p. 617. sq. T. III. ed. Maurin. Dionys. Alex. c. 3. in Beverege Pandectae can. II. 6. Clem. Alex. Strom. lib. 3. §. 12. p. 546. Tertullian. ad uxorem I. c. 5. II. c. 6. Thomassin. cit. P. I. Lib. II. c. 83. §. 10. Venet. 1766. p. 332.

179) Aus Macrobius Sat. Lib. II. c. 15. sehen wir, daß die Römer diese Sitte kannten, nam primus nuptiarum dies, sagt er, verecundiae datur. Sie wurde also natürlich um so mehr von den Christen beachtet. Deßhalb kann wohl schon als für diese Periode geltend angeführt werden, was die vorhandenen Zeugnisse von der nächstfolgenden Zeit aussagen, namentlich die Aussprüche des 4ten Concils von Carthago v. J. 398. c. 13. vgl. Constit. apostol. Lib. VI. c. 28. in f.

Manne zur Sünde, ja zum Verbrechen rechnete, mit der Frau, wenn sie Ehbruch trieb, die Ehe fortzusetzen [180]. Einmal durfte und sollte er sich mit ihr versöhnen, wenn sie sich bußfertig zeigte; wurde sie aber rückfällig, so sollte er auf immer allen Verkehr mit ihr abbrechen.

§. 2.

Dieß war aber auch der einzige Grund, den die Christen als zur Aufhebung der ehlichen Gemeinschaft berechtigend anerkannten, und sie dehnten ihn nur aus auf den Abfall vom Glauben, den sie ein geistiges Adulterium nannten [181]. Diese Scheidung war aber keine Auflösung der Ehe; der Christ glaubte nicht, in Folge derselben wieder heurathen zu dürfen. Nur der Tod konnte das Band, das in christlicher Absicht auf Lebenszeit geknüpft worden, wieder lösen. Die Aussprüche der kirchlichen Autoritäten über diesen Punkt haben wir im zweiten Kapitel bereits vorgetragen [182]. Mochte also immer capitis deminutio oder sonst eintretende Standesungleichheit nach römischem Gesetz die Ehe in ihren rechtlichen Wirkungen, in ihrer civilrechtlichen Manifestation aufheben, und das ehliche Verhältniß der gesetzlichen Garantieen berauben; die beiden christlichen Ehtheile betrachteten sich dennoch als gebunden. Mußte selbst das ehliche Leben aufhören, so bestand doch das ehliche Band, das im Gewissen und im Gemüthe begründet, von äußeren Zufällen nicht ab-

---

[180] Justini Apolog. II. ed. Maurin. p. 88. No. 2. Hermae pastor. Mand. IX. c. 4. Euseb. Caesar. IV. c. 17. Concil. Neocaesar. c. 8. Concil. Illiberit. c. 65. Constit. app. Lib. 6. c. 14.

[181] Oben Note 18.

[182] Vgl. auch Clemens v. Alexandr. Strom. lib. 3. §. 12. p. 546.

hängig seyn konnte. Die äußere Freiheit, nach Willkühr zu handeln, existirte nicht für sie; denn im Gewissen waren sie nicht frey, sondern durch das Gesetz der Kirche, als den Ausdruck des göttlichen Willens, gebunden. Daß bey ihnen eine Aufhebung der Ehe durch Adoption, wegen eintretender Verwandtschaft [183]), nicht vorkam, wird wohl mit Recht vorausgesetzt. Daß übrigens frühzeitig ein Bestreben sich regte, das Scheidungsrecht, wenigstens nach Analogie der alten römischen Scheidungsgesetze und Gebräuche in Ansehung der sog. strengen Ehe, nemlich wegen Ehbruches nicht bloß, sondern auch wegen Abtreibung der Leibesfrucht, Vernachlässigung des Hauswesens und Völlerey [184]) zu erweitern, und warum dieses Bestreben bald Erfolg haben mogte, sehen wir zum Theil aus den im Zweiten Kapitel angeführten Stellen des Origenes. Wenn übrigens nach dem Gebote oder der Erlaubniß der Kirche Scheidung erfolgte, so geschah es nach der bey den Römern üblichen Form des Repudiums, wie das von Justin erzählte Beispiel zeigt. Da bereits unter den Römern den Frauen die Scheidungsfreiheit erworben war [185]), so wurde begreiflich unter den Christen, bey denen für beide Theile ein gleiches Gesetz galt, hierin keine Beschränkung eingeführt. Das divortium bona gratia aber konnte bey ihnen nicht vorkommen, es sey denn, um in der Enthaltsamkeit einer höheren Heiligung nachzustreben. Zu dem Ende aber trennten sich die Christen nicht, sondern sie lebten wie Bruder und Schwester mit

[183]) Zimmern cit. §. 153.

[184]) Wächter cit. S. 67. Zimmern cit §. 154, 155.

[185]) Wächter a. a. O. S. 202. ffg.

einander [186]) und religiöse Orden, in welchen sie ihr Heilswerk mit größerem Erfolge hätten fortzusetzen hoffen können, gab es noch nicht.

§. 3.

Im Gegensatze nun freilich solcher Beispiele, die nicht selten vorkamen, mogten diejenigen eben in keinem sehr günstigen Lichte erscheinen, welche mit einmaliger Verheurathung nicht zufrieden, die, durch den Tod ihres ersten Gatten ihnen dargebotene Gelegenheit und Auffoderung zur Enthaltsamkeit, wie Tertullian sagt, verschmähend, durch Eingehung einer zweiten Ehe allerdings einen gar geringen geistlichen Beruf und eine besonders große Schwäche des Fleisches zu erkennen gaben. Alle Zeugnisse der alten Kirche sprechen ihre Mißbilligung solcher Ehen aus, und zwar mit immer steigender Strenge.

Hermas begnügt sich damit, denen, die sich mit der ersten Ehe zufrieden stellten, die größere Ehre zu Gemüth zu führen, die sie damit bey Gott erwerben würden [187]). Athenagoras aber nennt die zweite Ehe nur einen ehrbaren Ehbruch (εὐπρεπὴς μοιχεία) [188]) und Irenäus sagt von der Samaritanerin, sie habe, bey einem Manne nicht bleibend, in mehreren Ehen Unzucht getrieben [189]). Clemens von Alexandrien definirt sogar die Ehe nur als die erste rechtmäßige Verbindung eines

---

[186]) Hermae pastor. Lib. I. visio II. Nota 9. p. 76. Edit. Coteler. Cf. Tertull. ad uxor. I. c. 5.

[187]) Mandat. 4. cap. 4.

[188]) Legatio §. 33.

[189]) Irenaeus lib. V. c. 17.

Mannes mit einem Weibe zum Zwecke der Kindererzeugung [190]). Eben so streng drückt sich Origenes aus [191]), und wie Tertullian, selbst ehe er ein Schüler des Montanus geworden, über den Punkt dachte, ist aus dem Bisherigen ohnehin bekannt. Aber von solcher Uebertreibung, wie die des Tertullian war, hielten sich Clemens, Origenes u. And. fern, und die Kirche, so sehr sie die zweite Ehe im allgemeinen mißbilligte, erklärte dieselbe doch ausdrücklich für erlaubt [192]). Eine Kirchenbuße zog sie aber für die, welche sie schloßen, nach sich und kein Priester durfte bey der Vermählung erscheinen [193]).

---

190) Strom. lib. II. §. 23. lib. III. §. 11, 12. p. 205, 544, 548.

191) Homil. XVII. in Lucam. Paris 1740. T. III. p. 953.

192) Concil. Nicaen. c. 8. Vgl. Clement. Alex. Strom. l. III §. 1. p. 511. §. 12. p. 548. Origen. Homil. VI. in Genesin No. 3. p. 77. cit. Id. Homil. XIX. in Jerem. No. 4. p. 267. Theodoret. haeret. fab. lib. III. c. 3. Euseb. Caesar. lib. V. c. 19. Epiphan. haeres. XLVIII. §. 9. LIX. §. 4. Constit. app. Lib. III. c. 2. Bingham. cit. Lib. 16. c. 11. §. 7. Vol. VII. p. 437.

193) Concil. Neocaesar. c. 3, 7. Concil. Laodicen. c. 1. Apost. can. XVI, XVII.

V. Kapitel.

Lehren der Häretiker von der Ehe.

Nicht bloß Tertullian und sein Lehrer Montan übertrieben aber und entstellten die Lehre der Kirche von der Ehe auf eine Weise, daß die Kirche ihre Behauptungen verdammen mußte [194]), sondern auch die anderen Häresien dieser Periode äußerten sich in der Lehre und in den Grundsätzen von der Ehe. Es ist deshalb unbegreiflich, wie je der wesentlich religiöse Character der Ehe unter Christen geläugnet werden konnte. „Die christlichen Sitten, sagt Möhler (a. a. O. S. 162), sind als die Darstellung und Entfaltung des inneren heiligen Prinzips im Leben zu betrachten; welche sie aber seyen oder in welcher bestimmten Handlungsweise sich die geheiligte Gesinnung ausspreche, wurde von den Aposteln den Gemeinden gleichfalls überliefert und von diesen sofort weiter gegeben. Derselbe Kampf aber, den die Kirche für die Bewahrung des reinen Glaubens zu bestehen hatte, wiederholte sich hier für die Aufrechthaltung der christlichen Sitte, und auf gleiche Weise, wie dort in der Lehre, mußte auch hier durch sie erst im Leben festgehalten werden, was Christenthum sey. Wie man, um

---

[194]) Concil. Gangrens. c. 1 et 14.

„den Inhalt des Glaubens zu bestimmen, eine des Chri-„sten unwürdige Freiheit herbeigerufen hatte, so war es „auch hier der Fall. Daß die heilige Schrift auch wie-„der ihren Buchstaben und ihre Worte hergeben mußte, „kann man der Analogie nach voraussetzen und die Ge-„schichte bestätigt es“ (Vgl. S. 164. u. S. 171. fg. §. 45. eod.).

Alle Häresiarchen dieser Periode schlugen in Ansehung der Ehe den doppelten Weg ein, daß sie selbe entweder, als unter dem neuen Gesetze unerlaubt und mit der evangelischen Reinheit und Heiligkeit unverträglich verdammten, oder im Gegentheile Gemeinschaft der Weiber und allgemeine, öffentliche Unzucht lehrten. Weil aber die Extreme sich immer berühren, so führte eben die allzugroße Strenge der ersteren auch zu nichts weiter, als daß sie, ihren Lehren und Grundsätzen zum Trotz, dasselbe in der Wirklichkeit übten, was die anderen geradezu als ihre Ueberzeugung bekannt, und alles löste sich in gemeinsamer Verkehrtheit und Unordnung auf [195]).

Den Weg der Strenge betraten zuerst Saturninus und Martian [196]), dann vorzüglich Tatian mit seinen Enkratiten, welche die Ehe für ein Werk des bösen Prinzips, um nichts besser denn Hurerey und Unzucht, erklärten und daher die Verheuratheten der Verdammung preisgaben und zu ihrer Gesellschaft nicht zuließen [197]).

---

[195]) Augustin. de haeres. c. 3.

[196]) Iren. haeres. I. c. 22. Epiphan. haeres. XXIII. §. 2. Theodoret. haeret. fab. lib. I. c. 3.

[197]) Iren. cit. l. I. c. 30. Euseb. cit. lib. IV. c. 29. Epiphan. cit. XLVIII. §. 1. Theodoret. cit. I. c. 20. Augustin. de haeres. c. 40.

Dieselbe Lehre predigten, aus bloßer Uebertreibung, die sog. Apostolischen oder Apotaktiten, welche in die Enthaltsamkeit und in die Gemeinschaft der Güter das Wesentliche des apostolischen Lebens legten [198]) Die Manichäer erklärten das Werk der Kinderzeugung für Sünde [199]), und den Severianern war das Weib ein Werk des Satan, womit man keine Gemeinschaft haben dürfe [200]), um nicht Satans Werke zu erfüllen. Die Hierakiten endlich, und die Eustathianer erblickten in der Ehlosigkeit und Enthaltsamkeit die einzige Hoffnung, durch das Evangelium zum Heile zu gelangen. Jene nahmen unter sich nur Solche auf, welche feierlich die Keuschheit gelobt hatten, diese veranlaßten die Weiber, von ihren Männern zu gehen, die Männer, ihre Weiber, die Knechte, ihre Herrn zu verlassen, um in der Einsamkeit und Enthaltsamkeit zu leben, und verschmähten hochmüthig alle Gemeinschaft mit denen, welche von ihren Thorheiten sich fern hielten [201]). Das Nemliche thaten die Abeloniten.

An diese Irrthümer schloß sich zunächst die Lehre der Montanisten und der Novatianer an, welche die erste Ehe zwar für erlaubt hielten, in Ansehung der zweiten aber nicht bey der bloßen Mißbilligung stehen bleiben, sondern selbe förmlich verdammten und die digamos gänzlich von der Gemeinschaft ausschlossen, wenn sie nicht ihrer Ehe entsagten [202]).

---

198) Augustin. l. cit.

199) August. eod cap. 41.

200) Epiphan. cit. XLII. §. 11.

201) Epiph. LXVII. §. 1. Augustin. cit. c. 47. Socrates lib. II. c. 43. Concil. Gangrens. praefat, can. 1, 3, 9, 14, 15, 16.

202) Theodoret. cit. lib. III. c. 2. Euseb. cit. lib. V. C. XIX.

Das entgegengesetzte Extrem ergriff aber zuerst der Magier Simon, der seine Schüler jedes Gesetz verschmähen lehrte, weil das Heil nicht durch die Werke der Menschen, sondern nur durch die Gnade bewirkt werden könne. Unter diesem Vorwande glaubten seine Schüler, wie er, jeder Lust in wilder Ungebundenheit fröhnen zu können [203]. Aus dem Grundsatze, daß man die Lüste des Fleisches tödten müsse, folgerten die Nicolaiten ihrerseits die nemliche Regel, erklärten deßhalb die Unzucht für verdienstlich und führten Gemeinschaft der Weiber unter sich ein [204]. Auf dieselbe Weise schändeten sich die Adamiten, die Karpokratianer und die Gnostiker; der Kainiten, Sethiten u. A. gar nicht zu erwähnen [205].

Alle diese nannten sich Christen und es ist daher nicht zu verwundern, wenn Manche, sonst auch Wohlmeinende und Vernünftige, unter den Heiden seltsame Vorstellungen von den Christen und ihrer Lehre hegten.

Tertull. de Monogamia c. 1. Epiphan. haeres. XLVIII. §. 9. LIX. §. 4. Concil. Nicaen. c. 8.

[203]) Theodoret. cit. lib. I. c. 1. Tom. 3. p. 192. sq. Epiphan. haeres. I. Simon. al. XXI. §. II. Iren. cit. l. I. c. 20. Augustin. cit. c. 1. Damascen. de haeres. p. 576. Praedestinat. (Jac. Sirmond.) lib. I. c. 1.

[204]) Clem. Alex. Strom. II. p. 490. sq. III. p. 522. sq. Augustin. cit. c. 5.

[205]) Bingham. Lib. XXII. c. 1. §. 2 — 5.

II. Abtheilung.

Periode von Constantin bis zu Karl dem Großen 323—800 nach Christo.

Einleitung.

Bisher hatte die Kirche, von innen heraus, durch die Kraft ihres moralischen Princips, an die Oberfläche sich drängend, um ihre gesellschaftliche Existenz gekämpft: nun, in der äußeren Erscheinung anerkannt, galt es ihr einen neuen Kampf, um von außen zurück nach innen ihre Grundsätze geltend zu machen und den Staat und die Gesellschaft, die sich ihr ergeben, in allen Beziehungen zu durchdringen, mit ihrem Leben zu erfüllen und christlich umzubilden.

Die ganze Periode, von Constantin bis auf Karl den Großen, ist hingegangen auf diesen Kampf, und als die Römer ermatteten am großen Werk und abließen davon, wurden die Germanen herbeigerufen, um es dort wieder aufzunehmen, wo jene es gelassen hatten. Da aber überhaupt das Geschlechtsverhältniß der Punkt ist, wo das Christenthum von jeher sich am schwersten praktische Anerkennung und Geltung verschaffen konnte, so war natürlich auch in Ansehung der Ehe jener Kampf am schwierigsten, und alles andere mogte die Kirche überwinden und mußte es, ehe es ihr gelingen konnte, hier, an ihrer Wurzel, die Gesellschaft zu ergreifen und das Siegel des Christenthums ihr aufzudrücken. Durch die Masse unvorbereiteter, längst bis in das Mark hinein verderbter Menschen, welche die Kaiser nach sich in die Kirche zogen, zeigte sich deren Bekehrung ohnehin in ihren nächsten Wirkungen, für die Disciplin insbesondere, nichts weniger als vortheilhaft; die vielfachen Häresien und Spaltungen, wodurch diese Periode sich auszeichnet, beweisen es [206]); und diese Häresien und Spaltungen, wodurch im Orient alle Aufmerksamkeit bloß auf die Lehre gelenkt und die Kirche, dem Parteienkampfe preisgegeben, der Gewalt dienstbar gemacht wurde, wirkten ihrerseits wieder höchst verderblich auf die Disciplin.

Daß in den rohen Anfängen kirchlicher Zucht bey den eingebrochenen Germanen ohnehin nur die Keime künftiger Ordnung gesucht werden können, versteht sich von selbst.

Und so zeigt sich uns in dem Schauspiele des Kampfes, den die Kirche nun mit dem Weltgeiste um die äußeren Elemente der sittlichen nnd materiellen Ordnung bestehen mußte, beinahe nichts als Trübung und ein scheinbares Untergehen des kirchlichen Lebens, das bis dahin so rein und harmonisch sich entwickelt hatte. Daher insbesondere auch in Ansehung der Ehe jetzt Erscheinungen hervortreten, die das in der vorigen Periode Nachgewiesene oft kaum ahnen ließ.

---

[206]) Sieh insbesondere Möhler Athanasius S. 191.

I. Abschnitt.

Das Römer-Reich.

I. Kapitel.

Einführung der Ehscheidung.

§. 1.

Im römischen Reiche kam durch die eben berührten Umstände die kirchliche Gesetzgebung im Allgemeinen gegen die weltliche in dieser Periode in ein ganz eigenthümliches Verhältniß. Die großen Folgen, welche Constantin's Bekehrung für die äußere Befestigung und rasche Ausdehnung der Kirche gehabt, lenkten nun alles Interesse auf diese Seite und erregten bald die allgemeine Meinung, als ob fortan, wenn nicht alles, doch das Meiste von den Kaisern abhienge, ihre Mitwirkung und Thätigkeit der Kirche geradezu das Wichtigste wäre. Daher schien in allen Glaubensstreitigkeiten die Meinung der Kaiser für jede Partey das Entscheidendste zu seyn, weil jede sich dadurch zu siegen oder zu erliegen sicher wähnte. Was man vermittels der Kaiser nicht zu bewirken im Stande war, das hoffte beinahe niemand, auf andere Weise noch durchzusetzen, und so fügte es sich von selbst, daß in allen Dingen, in Sachen des Glaubens und der äußeren Ordnung, die Kaiser ihr Machtwort ertönen lassen mußten [207]. Diese thaten es um so lieber, als die bey Constantin nicht zu verkennende Absicht, dem Staate im Christenthum eine neue religiöse Grundlage zu geben, und dasselbe als ein politisches Regenerationsmittel zu benützen, in der Fortsetzung des von ihm begonnenen Werkes ihnen eine wirkliche Regentenpflicht aus solchen Einmischungen zu machen schien, wobey zugleich die Fortsetzung der alten Traditionen imperatorischer Gewalt gewiß auch ganz nahe lag. Erwägt man dazu das Gepräge von knechtischer Kriecherey und überfahrender Gewalt, welches die Sitten des Volkes und die Gebräuche des Hofes seit Jahrhunderten empfangen hatten, und das das Christenthum nicht so rasch zu verwischen vermogte, so erklärt sich das Uebrige von selbst.

Nun erkannten allerdings die Kaiser die Gesetze der Kirche an [208], und erklärten, daß sie dieselben als Norm für ihre eigenen betrachteten und nichts dulden wollten, was die heiligen Kanones untersagten [209]. Allein, wenn

[207]) Plank Geschichte der christlich kirchlichen Gesellschafts-Verfassung I. S. 269. §. 10. Man gedenke hier der vielen Stellen in den Kanonen-Sammlungen, worin den Bischöfen und der Geistlichkeit verboten wird, nach Konstantinopel zu gehen, und mit Umgehung der kirchlichen Autoritäten die Kaiser in Religions-, Kirchen- und eigenen Angelegenheiten mit ihren Gesuchen zu bestürmen.

[208]) l. 45. Cod. de Episcop. (1, 3) Nov. Just. 6. c. 1. §. 8. Nov. 131. c. 1. cf. Nicolai Patriarch. Epistol. Synhod. Leunclav. Jus Gr. Rom. I. 277.

[209]) l. 45. Cod. cit. (1, 3) Nov. 83. c. 1. cf. l. 12. Cod. de SS. Eccles. (1, 2) cit. in Joann. Antiochen. Nomocanon. p. 604. „Quod sacri canones prohibent, id etiam per nostras abolemus leges.“

man den Gang der Dinge verfolgt, so kann man diese Erklärung höchstens auf die dogmatischen Sätze beziehen. Und auch da schoben die Kaiser nur zu oft ihre eigene Ansicht den kanonischen Entscheidungen unter. In Ansehung des Kirchenregiments aber steht dieser Erklärung geradezu die Bestimmung des cap. 1. der Novelle 131. Justinians entgegen, welches gar nicht anders verstanden werden kann, als daß die Kanones, so gut wie die weltlichen Gesetze, der Abänderung durch kaiserliche Gesetze und Privilegien unterliegen [210]). Trotz den Kanones legten sich ja die Kaiser nicht bloß die Befugniß bey, neue Metropoliten aufzustellen, die Bischöfe zu versetzen, die Rangverhältnisse der kirchlichen Beamten zu bestimmen und zu verändern [211]), so gut als sie Glaubensstreitigkeiten entschieden und nach ihrer Entscheidung anders denkende Bischöfe und Patriarchen absetzten und verbannten [212]); sondern sie trugen auch kein Bedenken, auf den Gottesdienst selbst ihre Verfügungen auszudehnen und darin bey Strafe Vorschriften über Punkte zu geben, wo die Kirche selbst immer freie Verschiedenheit des Ritus gestattet hat [213]). Die Menge von Verordnungen über kirchliche Gegenstände, die in den Codices von Theodo-

---

[210]) Biener Geschichte der Novellen Justinians S. 162.

[211]) Nov. Alex. Comn. in Leunclav. J. Gr. R. I. 143, 460. Balsamon. ad. can. 38. Concil. Trull. Bevereg. Synodicon. I. 201. Wie das Verhältniß gesetzlich sich gestaltet hatte, darüber der Fall des Leo von Amasea. Biener a. a. O. §. 212.

[212]) Ein Beispiel für Viele Justinians Edikt de incorruptibilitate corporis Christi und die Verbannung des tugendhaften Patriarchen Eutychius, der diesem Dekrete widersprach.

[213]) Justinians Novelle 137. c. 7. Vorschrift, daß in der Messe mit lauter Stimme consecrirt werde.

und Justinian enthalten sind, geben von der Ausdehnung Zeugniß, in welcher die Kaiser diese Gewalt, die sie sich angemaßt, ausübten [213a]). Die Sprache der kirchlichen Urkunden und Schriftsteller verkündet auch bald in der folgenden Periode, was als unmittelbare Wirkung davon der That nach sich in dieser Periode bereits gebildet hatte. Sie stellen überall die kaiserlichen Gesetze oben an, erklären die unbedingte Befolgung des kaiserlichen Willens als die erste und heiligste Pflicht der Kirchenvorsteher, und verweisen in allem auf den Kaiser als das Haupt der Kirche und den Vollzieher der Kanones [214]).

Es mag übrigens genügen, zu bemerken, daß ein regelmäßiger Gang der Gesetzgebung, vom Kaiser abwärts, in Sachen der Kirche sich bildete, so daß die Patriarchen, namentlich der von Konstantinopel, die Gesetze vom Kaiser erhielten, und dann ihren Suffraganen mittheilten [215]), oder auch wohl der Praefectus praetorio manchmal das Organ

---

[213a]) Vgl. Karl Fried. Eichhorn Grundsätze des Kirchenrechts ꝛc. I. S. 50. Note 24. S. 57. ffg.

[214]) Auf einer Synode zu Konstantinopel im J. 809 (808 ?) wurde überdieß erklärt, die göttlichen Gesetze vermögten nichts gegen die Könige und die Bischöfe könnten daher in allen Fällen kaiserlicher Verordnungen dispensiren. Cf. Joann. Xiphilin. Patriarch. ad quendam metropolitam. Leunclav. J. Gr. R. I. 266. Theodor. Balsamon. Respons. eod. p. 381. No. 36, 393. No. 62. *Mandatum quod dari solet metropolitano et archiepiscopo cum ordinatur*. Leuncl. cit. p. 428. Demetr. Chomatian. eod. p. 317. Vgl. aus den Basiliken eod. p. 178. Ueber das Dispensationsrecht der Kaiser in Ehsachen insbesondere Photius Nomocan. ap. Voell. II. 1090. Beispiele eod. 1079, 1091. und, wo es sogar im Widerspruch mit dem Patriarchen geübt wurde, 1083. Vgl. Plank a. a. O. S. 259. und 271. ffg.

[215]) Nov. 3. init. Nov. 5. in f. cf. Nov. 6. et Nov. 67. Biener Gesch. der Nov. S. 31.

des kaiserlichen Willens gegen die kirchlichen Behörden wurde [216]).

Die Kirche wurde in die Verwaltung des Reiches verwickelt und in die Hierarchie des Beamtenwesens verflochten; dafür aber auch die Aufrechthaltung der kirchlichen Zucht den weltlichen Behörden mit übertragen [217]). Kein Wunder, daß unter solchen Verhältnissen die Frage, welches Gesetz im Falle der Collision, ob das kirchliche oder das weltliche, dem anderen vorgehen müsse, durchaus zum Vortheile des weltlichen Gesetzes entschieden wurde, so daß zur Zeit Balsamons [218]) Mehrere sogar behaupteten, es sey durch die Basiliken, als das neuere Gesetz, sämmtlichen älteren Concilienschlüssen, wo sie nicht einstimmten, derogirt worden. Balsamon selbst zwar und Matth. Blastares behaupteten das Gegentheil; aber die erstere Meinung erscheint allenthalben und namentlich in der Praxis so überwiegend, daß deren Widerspruch dagegen kaum beachtet werden kann [219]).

---

216) Nov. 130 und 145. Die Ueberschrift der Collectio 87 Capitulorum (bey Biener Gesch. der Nov. S. 585.) drückt auf eine merkwürdige Weise das damalige Verhältniß der kirchlichen Gesetze zu den weltlichen aus. Vgl. Plank a. a. O. S. 265. fg. Hienach ist Göschel am angeführten Orte S. 55. zu berichtigen.

217) Nov. 5, 7. cf. Nov. 6, 79, 42. Biener a. a. O. S. 32.

218) Comment. ad Phot. Voell. bibl. II. 817. Die Anmaßung der Kaiser, die kirchlichen Verordnungen zu bestätigen, führte ohnehin zu der Ansicht, als ob das Nichtbestätigte auch keine Gültigkeit haben könne. Plank a. a. O. S. 264.

219) Leunclav. I. 213, 326. Voell. II. 854, 838, 841, 847. 1118. cf. 461. Bevereg. Pand. II. 150. Dabey behauptet Blastares den Vorzug der kirchlichen Gesetze vor den weltlichen vorzüglich nur aus dem Grunde, weil sie, außer ihrer inneren bindenden Kraft, noch insbesondere die allgemeine Sanction der Kaiser für sich hätten. Genau

Es ist natürlich, daß dieses im Allgemeinen so nachtheilige Verhältniß im Ehewesen auffallender und mit umfassenderen Folgen hervortrat, als irgendwo anders.

§. 2.

Im Anfange konnte ohnehin niemand daran denken, das strenge Lebensgesetz der christlichen Gemeinden sogleich dem großen Haufen, der rohen, unvorbereiteten und entsittlichten Masse des Volkes, aufzubürden. Die römischen Ehegesetze bestanden also fort und es blieb gesetzlich erlaubt, nicht bloß durch wechselseitige Uebereinkunft, bona gratia, die Ehe zu trennen [220]), sondern auch im schlimmsten Falle, durch einige Opfer am Vermögen, eines unbequemen Mannes oder einer widerwärtigen Frau sich zu entledigen und die Freiheit zu neuen Verbindungen sich zu erwerben [221]).

Zwar wendeten die Kirchenlehrer alles an, um dem Volke begreiflich zu machen, daß es nicht nach diesen heidnischen Gesetzen, sondern vielmehr nach den höheren Vor-

---

genommen steht also für den selbstständigen Vorzug der kirchlichen Satzungen Balsamon ganz allein. Photius und die Ekloge des Leo berühren die Frage der Collision nicht. Die Abhandlung zu Gunsten der Meinung des Balsamon in Asseman. bibl. jur. orient. L. II. c. 32. p. 604. stand mir nicht zu Gebot. Daß übrigens insbesondere in Hinsicht der Ehe, im Punkte der Unauflöslichkeit und der Scheidung, der Vorzug des weltlichen Gesetzes gänzlich unwidersprochen war, sieht man aus Balsamons eigenem Commentar zu c. 9. Basil. ad Amphilochium, wo er selbst sagt, daß die frühere kirchliche Gesetzgebung in dieser Hinsicht durch Justinian gänzlich geändert worden sey.

220) Zimmern a. a. O. §. 155. Wächter a. a. O. S. 234. Hasse a. a. O. S. 165.

221) Hasse, Wächter, Zimmern a. a. O. Vgl. Zimmern §. 154 und 168.

schriften der christlichen Disciplin sein Leben einrichten solle, und man kann sich kaum wärmer und kräftiger aussprechen, als Gregor von Nazianz, Ambrosius, Chrysostomuß, Hieronymus in diesem Punkte es gethan haben; auch belegte wohl die Kirche diejenigen mit Strafen, welche die weltlichen Gesetze den ihrigen vorzogen [222]); allein unter den damaligen Verhältnissen konnten diese einseitigen Anstrengungen der sich selbst überlassenen Kirche der hinreißenden Gewalt des schlechten Beispieles nicht lange steuern und nicht verhindern, daß bald die Neigung der Menge zu lockeren Observanzen, verbunden mit eingewurzelten Vorurtheilen des Volkes zugleich auf verkehrte Ansichten von Recht und Billigkeit, und auf die Sanction der Gesetze gestützt, das Uebergewicht behauptete [223]).

Die wenigen, schwankenden Versuche der Kaiser, zu größerer Strenge einzulenken, blieben dabey ohne allen Erfolg. Constantin wollte zuerst die Ehscheidung auf einige gesetzlich bezeichnete Fälle beschränken, und in jedem Falle dem schuldigen Theile nach der Trennung die weitere Verehlichung unmöglich machen [224]). Julian hob aber diese Bestimmungen zu Gunsten der alten heidnischen Gewohnheit wieder auf [225]), und auch was sechzig Jahre

---

[222]) J. H. Böhmer J. E. P. L. IV. T. 19. §. 18. Plank a. a. O. I. Thl. III. Periode. II. Abthl. K. 3—5. Batz theolog. Zeitschr. IV. Thl. S. 369.

[223]) Selbst J. H. Böhmer J. E. P. III. 4. §. 11. gesteht, nach Selden de uxore hebraica III. c. 28., daß um diese Zeit erst die Scheidungen häufiger wurden.

[224]) L. I. Cod. Theod. de repud. (3, 17). Wächter cit. S. 101 237. Vgl. S. 240. Note.

[225]) Wächter cit. S. 213.

später, Honorius und Constantius im Sinne Constantin's verfügten [226]), hatte keinen Bestand [227].)

Als selbst Justinian die Scheidung durch wechselseitige Uebereinkunft auf die Fälle des Eintritts in ein Kloster und der Ablegung eines feierlichen Gelübdes der Keuschheit beschränkte, scheiterte sein Gesetz beinah' an der Zügellosigkeit des Volkes, und Justin mußte dasselbe, wie er wenigstens vorgab [228]), wegen der täglichen Klagen über Nachstellungen und Giftmischereien unter den Ehleuten wieder aufheben [229]).

So behauptete sich nicht bloß die heidnische Gewohnheit der Ehscheidung, sondern wurde auch unter den Christen herrschend. Basilius ist übrigens der erste, welcher von dem Siege des weltlichen Sinnes über die alte christliche Strenge in der Kirche in dieser Hinsicht Zeugniß giebt [230]), so wie er auch zuerst die Spuren der vorhin angedeuteten inneren Verirrung und verkehrten Ansicht nachweist, in welcher wohl mit ein Hauptgrund dieser Ausartung zu suchen ist. „Wenn ein Mann, sagt er „in Epist. 199 und in c. 21. Epist. II. ad Amphiloch.

---

[226]) l. 2. Cod. Theod. de repud. (3, 17). Zimmern cit. S. 626. §. 171.

[227]) Nov. 7. de repud. T. 17. in append. C. Theod. ed. Ritter cf. L. 8. C. de repud. (5, 17).

[228]) Berardus J. C. III. 196. col. 1. und Baronius über den Character des Justin annal. ad a. 566. No. 11.

[229]) Nov. 140. Diese Stelle wurde jedoch nicht praktisch.

[230]) Epist. 199 u. c. 9. ad Amphiloch. Wie häufig Scheidungen und Wiederverheurathung der Geschiedenen vorgekommen seyn mögen, beweisen die vielfachen Verbote gegen die Ordination Solcher, welche repudiatas geheurathet hatten und der sog. internuptarum mariti. Vgl. Giberti C. J. C. III. p. 38. sq.

„(opp. Ed. Maurin. T. I. p. 292.) bey seinem Weibe „wohnt, und gleichwohl sich mit dem Ehgenusse nicht „begnügt, sondern in Hurerey verfällt, so wird er mit „der Strafe der Hurerey bestraft, jedoch so, daß ihm die „Bußzeit verlängert wird. Wir haben aber kein „Kirchengesetz, welches denjenigen, der sich mit „einer ledigen Weibsperson auf solche Weise „versündigt hat, des Ehbruches schuldig er„klärt, und dieß deßwegen, weil zwar eine Ehbrecherin „(adultera), wie die Schrift sagt, unrein und befleckt „ist, wenn sie zu ihrem Manne zurückkehrt, und ferner, „weil derjenige, welcher eine Ehbrecherin bey sich behält, un„sinnig und gottlos ist: der Mann aber, wenn er in Un„zucht lebt (qui fornicatus est, nicht, qui adulteravit), „nicht das Recht verliert, seinem Weibe beizuwohnen. „Daher soll zwar das Weib den Mann, wenn er vom „unzüchtigen Wandel zu ihr zurückkehrt, wieder anneh„men [231]), der Mann aber soll sein verunreinigtes Weib „aus dem Hause verstoßen. Der Gruud hievon ist „zwar nicht leicht einzusehen, aber die Ge„wohnheit hat es einmal so mit sich gebracht." An einer anderen Stelle (de Virginitate Opp. T. III. c. 9. p. 626. Ed. Maur.) sagt Basilius: „Nach dem Aus„spruche des Herrn gilt den Männern wie den Weibern „der Satz, daß man, außer dem Falle des Ehbruchs, „die Ehe nicht aufheben dürfe. Aber nicht so verhält „sich die Gewohnheit, sondern wir sehen, daß gegen die

---

[231]) Daß diese Ansicht erst eine später gebildete, der römischen Volkssitte entlehnte oder vielmehr durch die Unsittlichkeit der Römer aufgedrungene war, zeigt die oben angeführte Stelle aus Justin's zweiter Apologie.

„Weiber allzugroße Strenge geübt wird, obgleich aller„dings der Apostel sagt: „Wer sich an eine Hure hängt, „wird ein Leib mit ihr," und Jeremias: „Wenn ein „Weib einen anderen Mann nimmt, wird sie nicht mehr „zu ihrem vorigen Manne zurückkehren, sondern unrein „und befleckt seyn," und ferner: „Wer eine Ehbrecherin „bey sich behält, ist unsinnig und gottlos." Die Ge„wohnheit aber gebietet den Weibern, auch ihre ehebre„cherischen und unzüchtigen Männer zu behalten. Daher „ich nicht weiß, ob (dieser Gewohnheit gemäß) die, wel„che einem entlassenen Manne beiwohnt, eine Ehbrecherin „genannt werden kann. Die Schuld ist ja auf Seite „des Weibes, welches den Mann verlassen hat. Warum „hat sie die Ehe getrennt? Wollte sie von ihm keine „Schläge ertragen? Es wäre doch besser gewesen diese „zu leiden, als die Ehe zu trennen. Hat sie Verlust an „ihrem Vermögen erlitten? Auch dieß ist kein annehm„barer Grund zur Scheidung. Wenn er aber in Unzucht „lebt, so ist ein solches Verfahren nicht in der kirchlichen „Sitte gegründet; da selbst von dem ungläubigen Mann „die Frau sich nicht trennen, sondern das Aeußerste ab„warten soll wegen der Ungewißheit des Ausgangs. Denn „was weißt du, Weib, ob du nicht doch deinen Mann „noch retten wirst? Daher ist wohl die, welche ihren „Mann verließ, eine Ehbrecherin, wenn sie sich zu einem „anderen Manne begiebt; der Mann aber hat auf Nach„sicht Anspruch und die ihm beiwohnt, wird deßhalb „nicht verdammt. Doch der Mann, der seine Frau ver„läßt, und mit einer anderen lebt, ist auch ein Ehbre„cher, weil er sie zur Ehbrecherin gemacht hat; und die „ihm beiwohnt, ist gleichfalls eine Ehbrecherin, weil sie „sich einem fremden Manne beigesellt hat. Warum also

„stellst du der Entlassenen nach? Warum läßt du ihr „nicht Zeit, daß sie das verbessere, um dessen willen sie „verstoßen wurde, und ihm, daß er aus Erbarmen gegen „die Reumüthige sein eigenes Glied wieder zu sich neh„me; sondern greifst der Besserung vor, indem du bey „Lebzeiten des Mannes die Entlassene zur Ehe nimmst? „Laß doch, sie gebessert zum Manne zurückkehren, ihn „die Gebesserte wieder zu sich nehmen; oder sie soll im„merhin, weder Wittwe noch Frau heißend, um der „Scheidungsursache willen, die sie dem Manne gegeben, „büßen. Du aber, der du sie rücksichtslos zur Ehe „nimmst, ehe sie den Fehler eingesehen, um dessen willen „sie entlassen wurde, machst sie unvernünftigerweise nur „zur Sünde kühner, und während du bey Lebzeiten des „Mannes stets mit einer fremden Frau im Ehbruche „lebst, bestärkst du sie nur unvernünftigerweise in der „Verletzung ehlicher Bündnisse.“

Diese, in vielfacher Hinsicht wichtige Stelle, die nicht anders als ihrem vollen Umfange nach gegeben werden durfte, enthüllt, wie gesagt, außer den bisher schon angegebenen, noch eine Haupt-Ursache der so auffallenden Abweichung von der alten Disciplin, die uns hier beschäftigt. Es war nemlich nicht bloß das kirchliche Leben geschwächt, die Widerstandskraft der Kirche gelähmt, und die überwiegende Autorität der weltlichen Gesetze, die aus dem Heidenthum fortbestanden, eine Quelle des Verderbens und ein Schild der Zügellosigkeit, sondern es gesellte sich dazu noch eine ganz eigenthümliche Ansicht des Volkes über die Verpflichtungen der Ehfrauen und der, in seinem Sprachgebrauch begründete, einseitige Begriff vom Ehbruch, wodurch eine verkehrte Deutung der Schrift und ein Mißverstehen der Gebote des Erlösers veranlaßt und allgemein verbreitet wurde. Man hatte nie, im römischen Sprachgebrauche, das Wort adulterium und adulterare anders, als auf die untreue Ehfrau und deren Mitschuldigen angewendet, die Untreue des Ehmannes nie anders, als wie gemeine Unzucht, fornicatio, bezeichnet und im Verhältnisse zur Frau nie sonderlich in Betracht gezogen. Durch eine ganz eigenthümliche Ansicht, die zwar allen vorchristlichen Völkern gemein war, hier aber insbesondere in der alten römischen Sitte sich gründete [232], achtete man in der Ehe die Frau weit geringer als den Mann und hielt sie für weit strenger verpflichtet, als ihn. Nur von der Frau verstand man daher, was Christus und der Apostel vom Ehbruch und vom Verbot der Wiederverehlichung gesagt hatten, und durch eine Art von Anastrophe des Schrifttextes bürdete man geradezu der Frau, die sich nicht hätte scheiden sollen, die Schuld der nachher vom Manne etwa eingegangenen neuen Verbindung auf, gleichwie in der Schrift Christus den Ehbruch der Frau dem Manne, der sich aus irgend einem anderen Grunde von ihr getrennt, zugeschrieben hatte [233]. So glaubte man vollkommen im Rechte zu seyn und, im Gegensatze der früheren Zügellosigkeit, wohl auch noch recht viel zu thun, da man nur dem Manne, in Fällen, wo die Frau ihn verlassen oder die Ehe gebrochen hatte,

---

[232]) Wächter a. a. O. S. 101.

[233]) Diese Ansicht spricht sich ganz naiv aus in der Pseudo-Ambrosianischen Stelle ad Epist. ad Corinth. c. VII., und sie ist in der griechischen Kirche stehend geworden. Sieh Simeonis magistri Epitome Voell. II. 738. c. 5. und in Blastares Syntagma alphabetic. (Bevereg. Pand. II.) die dort angeführte merkwürdige Stelle aus Gregor von Nazianz.

zu weiteren Verbindungen Nachsicht gönnte, ihr aber jeden Vorwand zur Trennung entzog und jede Verantwortung, die daraus entstand, als Ehbruch aufbürdete.

Die Väter bekämpften zwar diesen doppelten Irrthum; sie bestanden mit Nachdruck darauf, daß auch die Untreue des Mannes, nicht minder wie die der Frau, als Ehbruch zu betrachten sey [234]), und hoben mit Schärfe die Unbilligkeit und Härte eines solchen Verfahrens gegen die Frau hervor [235]): aber ihre Bemühungen in der ersteren Hinsicht vermogten nicht, den herkömmlichen Sprachgebrauch und die damit zusammenhängende allgemeine Ansicht des Volkes zu ändern, und in der letzteren Hinsicht hatten ihre Ermahnungen keinen anderen Erfolg, als daß man, um billig zu seyn, zuletzt auch den Weibern dieselbe Nachsicht angedeihen ließ, wie den Männern.

Erwägt man nun, daß das strengere Ehgesetz, wie es in der vorigen Periode nachgewiesen worden, bloß auf der Tradition beruhend und nur in den Schlüssen einiger Partikular-Concilien des Occidents ausgesprochen, auf den großen Concilien, die in diese Periode fallen, und von der bürgerlichen Gesetzgebung als Richtschnur angenommen wurden, (wohl aus den in der Einleitung und im Eingange dieses Paragraphs angegebenen Gründen) nirgend ausdrücklich erneuert und bekräftigt wurde; so erklärt sich der Gang, den die Dinge genommen, noch um

---

234) Tertullian. de monogamia c. 9. Lactant. Div. instit. Lib. VI. c. 23. Festus de verb. significat. lib. 1. Augustin. Serm. 51. opp. ed. Paris. V. 294. Id. de bono conjugali c. 4. VI. 321.

235) Gregor. Nazianz. orat. 31. Ambros. de Abraham. I. c. 4. Chrysostom. de libello repudii in I Corinth. c. VII. T. IV. ed. Paris 1614. p. 558. C. inf. et D.

so leichter. Auf diese Weise trug selbst, wie Augustinus bemerkt, die Reinheit und Strenge der christlichen Sitten der früheren Zeit mit zur Beförderung der nunmehrigen Ausartung bey; denn, sagt Augustinus in cap. 19. de fide et operibus, quoniam malorum Christianorum mores, qui fuerunt antea pessimi, habuisse non videntur hoc malum, ut alienas uxores ducerent viri, aut alienis viris foeminae nuberent, inde fortasse apud quasdam Ecclesias negligentia ista subrepsit, ut in catechismis Competentium nec quaererentur nec percuterentur haec vitia: atque inde factum est, ut inciperentur et defendi; quae tamen in baptizatis rara sunt adhuc, si ea nos negligendo non densa faciamus. Talem quippe in quibusdam negligentiam, in aliis imperitiam, in aliis ignorantiam probabiliter Dominus somni nomine significasse intellegitur, ubi ait: Cum autem dormirent homines, venit inimicus et superseminavit zizania.

Basilius hat also ganz recht, wenn er zur Erklärung eines Verhältnisses, wofür er außerdem keinen vernünftigen Grund angeben zu können bemerkt, einerseits auf die Gewohnheit, andererseits auf das Schweigen der Kanones, die der unter den Römern hergebrachten Ansicht keine berichtigende Norm entgegensetzten, sich beruft.

Bedeutend ist aber die angezogene Stelle auch dadurch, daß sie zeigt, wie in der Kirche selbst damals noch das Scheidungsrecht und die Freiheit der Wiederverehlichung keineswegs in dem Umfange, wie die weltlichen Gesetze sie sanctionirten und wie sie in den späteren Verordnungen Justinians erscheinen, anerkannt, sondern lediglich auf den Fall beschränkt wurden, wenn die Frau die Ehe brach, oder widerrechtlich vom Manne sich entfernte.

II. Kapitel.

Auflösung des Ehe=Bandes.

§. 1.

Betrachten wir nun die eigentlichen Erkenntniß=Quellen des kirchlichen Rechtes in dieser Periode näher, so fällt es auch sogleich auf, daß in den für die Kirche bestimmten Sammlungen der weltlichen Gesetze, so wie in den aus den einschlägigen Gesetzen des Staates und der Kirche gebildeten gemischten Sammlungen (Nomokanones genannt) bis auf Photius die weltlichen Gesetze über die Ehscheidung nirgend vorkommen.

Die Sammlung der 87 Kapitel von Joannes Scholastikus (Biener a. a. O. S. 167), von allen für die Kirche besonders veranstalteten Sammlungen die älteste, aus den nächsten zehn Jahren nach Justinians Tode, enthält außer den Bestimmungen der Novelle 123. c. 38 über die Trennung der Ehe oder der Sponsalien durch den Eintritt in ein Kloster, nichts über die Unauflöslichkeit der Ehe und über die Scheidung [236]). Eben so wenig findet sich darüber etwas in der Sammlung der fünf=

236) c. 81. Biener im Anhang S. 596.

undzwanzig Kapitel [237]), mit Ausnahme dessen, was sich auf die Ehe der Bischöfe und Kleriker bezieht.

Da beide Sammlungen die Zusammenstellung derjenigen Novellen zum Zwecke hatten, welche mit den Kanones übereinstimmten oder dieselben bestätigten [238]) so scheint im Verschweigen der Novellen 22 und 117 absichtlich das Urtheil ihrer Unverträglichkeit mit den Kanones sich auszusprechen. Auch in der Collectio constitutionum ecclesiasticarum oder den sog. Paratiteln [239]), kommt, obgleich von der Ehe an mehreren Orten die Rede ist [240]), doch von jenen Scheidungsgesetzen nichts vor.

Der Nomokanon aber, der bisher dem Joannes Scholastikus zugeschrieben wurde [241]), enthält im Titel 41, der den Ehbruch und die Scheidung behandelt, von den weltlichen Gesetzen nur die Bestimmungen des cap. 14 der Novelle 22 und c. 12 der Novelle 134, über die Ehen der Soldatenweiber, deren Männer 10 Jahre abwesend sind, ohne Nachricht von sich zu geben, und über die Bestrafung der mit derselben Person rückfälligen Ehbrecher, von den kirchlichen Satzungen führt er nur das an, was ohnehin schon in der kanonischen Sammlung des Joannes Scholastikus steht.

---

[237]) Aus der Zeit nach Justinian aber vor Heraklius. Biener S. 596 u. fg.

[238]) Sieh die Ueberschriften bey Biener cit. S. 596 fg.

[239]) Verfaßt um d. J. 641. Biener cit. S. 185. Voell. II. p. 1217 — 1361.

[240]) Lib. I. T. 3. c. 5, 53, 19 u. 41. c. 52 u. 54. eod. Lib. I T. 4. c. 16, 28. eod. T. 9. c. 6.

[241]) Bald nach Justinians Tod verfaßt. Biener a. a. O. S. 200. Voell. II. p. 603 — 672.

Diese, zu Justinians Zeit verfaßt [242]), enthält in ihren Titeln 41 und 42 unter veränderten Numern die Kanones 31 (dort 16), 36 (21), 48 (33), 77 (62), 21 (5), 37 (42), 46 (31) des Basilius, die hier zum erstenmale erscheinen, und aus den Canones apostolorum, den für unsere Frage wichtigen c. 48, womit nur als adminiculirend der c. 11 von Ancyra, vgl. mit c. 22 (6) des Basilius zusammenzustellen sind [243]). Diese verschiedenen hier zusammengetragenen Stücke bestätigen, in ihrer Zusammenstellung, ganz das, was wir aus der oben bereits angeführten Stelle aus den Briefen des Basilius entnommen hatten, daß nemlich die orientalische Kirche der herrschenden Volksansicht in so ferne sich fügte, daß sie der Frau zwar in keinem Falle, selbst wenn der Mann ihr untreu geworden, das Recht der Scheidung zugestand, dem Manne aber aus eben diesem Grunde, wenn er aus Schuld und Veranlassung der Frau, die ihn mit Unrecht verlassen oder die Ehe gebrochen hatte, eine neue Verbindung eingieng, Nachsicht angedeihen ließ. [244]).

---

[242]) Walter Lehrbuch des Kirchenrechts IV. Aufl. S. 144.

[243]) Voell. II. P. 583 sqq.

[244]) Von den Kanones des Basilius sind, außer den oben schon erörterten c. 9 u. 21, wovon ersterer in der Sammlung des Joannes Scholastikus fehlt, besonders zu bemerken c. 48 (33) u. 77 (62), welche, mit dem in des Joann. Scholastikus Sammlung gleichfalls nicht vorkommenden c. 35. verglichen, die zu jener Zeit anerkannte Disciplin klar zu erkennen geben. Der Kanon 48 sagt vom Weibe, diejenige, welche von ihrem Manne entlassen worden, müsse ehlos bleiben (*Ἡ ἐγκαταληφθεῖσα παρὰ τοῦ ἀνδρὸς κατὰ τὴν ἐμὴν γνώμην μένειν ὀφείλει.* Voell. II. 583. Bevereg. II. 105.); denn, wenn der Herr sage, daß der, welcher sein Wei, außer um des Ehbruches willen, entlasse, dasselbe zur Ehebrecherin mache, so schließe er sie eben dadurch, daß er sie eine Ehbrecherin nenne, von jeder Verbindung mit einem

Die Autorität der diese Bestimmung enthaltenden Kanones wurde später noch bekräftigt durch den c. 2 der Trullanischen Synode, welche in ihrem c. 87 die Bestimmungen der Basilischen Kanones erneuerte, mit den Schlüssen der africanische Kirche aber auch den c. 17 von Milevi (c. 102 et 105 des cod. eccl. afric.) aufnahm, der eine für diese Frage höchst wichtige Verfügung enthält, worin das ursprüngliche Prinzip der kirchlichen Disciplin weit folgerichtiger festgehalten ist [245].

Allein es scheint sich damals ergeben zu haben, was auch durch die Erfahrungen der neueren Zeit in den protestantischen Ländern sich bewährt hat, daß nemlich, sobald Scheidung mit dem Rechte der Wiederverehlichung auch nur in einem Falle gestattet wird, die Ausdehnung dieser Erlaubniß auf andere Fälle zu verhindern und überhaupt dann eine Grenze einzuhalten kaum noch möglich ist. Es muß wohl schon zu des Basilius Zeit der

---

Anderen aus. Wie könnte nemlich der Mann als Urheber des Ehbruchs schuldig, die Frau aber, die wegen ihrer früheren Verbindung mit einem anderen Manne vom Herrn eine Ehbrecherin genannt worden, von der Schuld frey seyn? Der Kanon 77. aber sagt vom Manne (Voell. cit. Bevereg. II. 128.), derjenige, welcher sein gesetzlich geheurathetes Weib entlasse und eine Andere nehme, werde nach des Herrn Ausspruch als ein Ehbrecher verurtheilt und von den Vätern sey bestimmt, daß Solche ein Jahr in Thränen büßen sollten (προσκλαίειν, defleant) etc. Nun blieb nur der Fall übrig, der schon in den Kanones 9 u. 21 berührt worden ist, wo nemlich die Frau den Mann verließ, und der Verlassene sich wieder mit einer Anderen verband. Für diesen Fall bestimmt dann der Kanon 35. (Bevereg. II. 94.), man müsse darauf sehen, aus welchem Grunde er verlassen worden sey, und wenn die Frau ohne Grund sich geschieden habe, so verdiene er allerdings Nachsicht, sie aber Strafe.

[245]) Bevereg. I. 639.

Fall, den Origenes in seinem Commentar zu Matth. T. XIV. No. 23. als eine einzelne Erscheinung berührte, daß nemlich die von ihren Männern entlassenen Frauen sich eben so wieder verheuratheten, wie die von ihren Weibern ungerechterweise verlassenen Männer, ziemlich häufig vorgekommen seyn. Basilius hätte sonst in der oben angeführten Stelle (Note 230) nicht so weitläufig dagegen geeifert. Auch die Anfangsworte des c. 48: Ἡ ἐγκαταληφθεῖσα παρὰ τοῦ ἀνδρὸς, κατὰ τὴν ἐμὴν γνώμην, μένειν ὀφείλει scheinen darauf zu deuten; denn hier, wo Basilius einen durch alle früheren Traditionszeugnisse unterstützten Satz ausspricht, konnte ihm nicht beifallen, sich auf seine Privatmeinung oder Ueberzeugung zu berufen, wenn dieser nicht eine widersprechende Praxis oder die Meinungen Anderer, die das Gegentheil behaupteten, gegenüber standen. Daß dieses ziemlich allgemein der Fall gewesen sey, ließe sich aus einer Stelle seines Zeitgenossen Epiphanius (Haeres. 59.) abnehmen, wofern wir zugeben wollten, daß diejenigen, die sich auf ihn als einen Zeugen für die Auflöslichkeit der Ehe berufen, die rechte Lesart haben. Denn nach dieser Lesart sagt Epiphanius geradezu, die Kirche stoße diejenigen nicht aus, welche mit einer (verstorbenen?) Frau nicht zufrieden, wenn sie sich wegen Unzucht (*πορνεία*), Ehbruch (*μοιχεία*), oder eines anderen Vergehens (*κακὴ αἰτία*) geschieden haben, eine andere nehmen, so wie sie auch die Frauen nicht ausstoße, die in solchen Fällen andere Männer nähmen; sondern aus Rücksicht auf die menschliche Schwäche glaube sie, dieselben dulden zu müssen. Auch Augustin unterscheidet in der oben angeführten Stelle (de fide et operibus c. 19) nicht zwischen denen, qui alienas uxores ducerent und denen quae alienis viris nuberent und eines scheint demnach so gut vorgekommen zu seyn, wie das andere, ob er gleich das Uebel überhaupt noch ein seltenes nennt, was in seiner Umgebung allerdings der Fall gewesen seyn mag, weil überhaupt in der occidentalischen Kirche die Disciplin weit strenger sich erhielt, als in der orientalischen. An einer anderen Stelle [246]) bezeichnet er diesen Gebrauch, daß die geschiedenen Weiber wieder heuratheten, ausdrücklich als den herrschenden. „Sed quis nesciat quam sint rarissimae, quae ita pudice vivant cum viris, ut etiamsi ab eis dimittantur, alios non requirant? Incomparabiliter quippe numerus est amplior foeminarum, quae, cum pudice adhaereant maritis, tamen si dimissae fuerint a maritis, non differunt nubere.“

Endlich läßt sich aus der bekannten Aeußerung desselben Vaters in den quaestiones ex utroque testamento (qu. 115. opp. T. III. p. 466. 13.) abnehmen, wohin es mit der Heiligkeit der Ehen auf dem angegebenen Wege gekommen war. Quantum autem possit timor legis, sagt er hier, hinc avertimus. Ante Juliani edictum mulieres viros suos dimittere nequibant. Accepta autem potestate, coeperunt facere quod prius facere non poterant. Coeperunt enim quotidie viros suos dimittere.

Die Männer also entließen die Frauen, die Frauen verließen die Männer, und Weiber wie Männer, die auf solche Weise verstoßen oder verlassen worden, säumten nicht, sogleich wieder neue Bande zu knüpfen. Man kann gewiß nicht sagen, daß dieß in Gemäßheit der kirch-

---

[246]) De conjug. adulter. II. XVII. opp. Ed. Paris 1586. T. VI. Col. 415. No. 18.

lichen Satzungen und mit dem Beifalle der Kirche geschah und es ist darum immer verkehrt, aus der schlechten Praxis dieser Zeit Beweise gegen die Tradition von der Unauflöslichkeit der Ehe hernehmen zu wollen.

Einen neuen Beleg über den Zustand der Disciplin in diesem Punkte giebt aus der nemlichen Zeit Asterius von Amasea in folgender Stelle seiner Homilien [247]), wo er den Männern besonders zuruft: ὃ συνέζευξεν ὁ θεὸς, ἄνθρωπος μὴ χωριζέτω, ἐλέχθη μὲν ταῦτα τοῖς φαρισαίοις τότε, ἀκούσατε δὲ νῦν οἱ τούτων κάπηλοι, καὶ τὰς γυναῖκας ὡς ἱμάτια εὐσχόλως μετενδυόμενοι· οἱ τὰς παστάδας πολλάκις καὶ ῥαδιώς πηγνύντες, ὡς πανηγύρεως ἐργαστήρια· οἱ τὰς εὐπορίας γαμοῦντες, καὶ τὰς γυναῖκας ἐμπορευόμενοι· οἱ μικρὸν παροξυνόμενοι καὶ εὐθὺς τὸ βιβλίον τῆς διαιρέσεως γράφοντες· οἱ πολλὰς χήρας, ἐν τῷ ζῆν ἔτι καταλιμπάνοντες· πείσθητε, ὅτι γάμος θανάτῳ μόνῳ καὶ μοιχείᾳ διακόπτεται.

Nur aus der Betrachtung dieses in hohem Grade zerrütteten Zustandes lassen sich eigentlich die Scheidungsgesetze der Kaiser, und namentlich Justinians, so wie deren endliche Annahme durch die Kirche erklären, da gewiß nicht anzunehmen ist, daß Justinian, im offenbaren Widerspruch mit den Kanones, die Scheidungsfreiheit willkürlich erweitert hätte, sondern weit natürlicher und einfacher die Voraussetzung sich darbietet, daß er ihr Schranken zu setzen, und durch Zurückführung auf bestimmte Fälle dem überhandnehmenden Verderben zu steuern beabsichtigt habe.

---

[247]) homil. V. Combf. bibl. patr. auct. nov. Paris 1648. T. dupl. p. 82. Anhang Q.

Daß endlich noch die Trullanische Synode, wie schon bemerkt worden, neben dem Kanon 48 der Apostel und dem Kanon 105 von Carthago, die sie aufnahm, auch die Kanones 9, 21 und 35 des Basilius in ihrem Kanon 87 erneuerte, während Photius der erste war, der in seiner Zusammenstellung kirchlicher und weltlicher Gesetze die Justinianischen Bestimmungen als ein für die Kirche geltendes Recht aufnahm, das scheint zu beweisen, daß die Kirche dann, und erst dann an diese Bestimmungen sich hielt, als es ihr allgemein unmöglich geworden war, die ursprünglichen kanonischen Bestimmungen der eingerissenen Verderbniß mit einigem Erfolge entgegenzuhalten und die strengere Disciplin der alten Zeit zu behaupten.

Der eben genannte 48te apostolische Kanon, dessen wir bereits bey der Kanonen-Sammlung des Joannes Scholastikus gedachten, hätte eigentlich in der vorigen Periode schon angeführt werden sollen, da die Zeit der Aufzeichnung dieser Kanones zwischen das zweite und dritte Jahrhundert fällt; weil aber die allgemeinere Autorität derselben erst durch ihre Aufnahme von Seite der Trullanischen Synode begründet wurde, so schienen sie auch hier erst als ein gewichtiges Zeugniß benützt werden zu können. Obgleich nun jener Kanon 48 durch seine allgemeine Fassung, da er bloß von den Männern spricht, die ihre Frauen entlassen und von denen, die entlassene Frauen heurathen, der spitzfindigen Auslegung Raum giebt, welche zuerst durch des Basilius Zugeständniß einen Schein von Recht gewann; so ist er doch, im Gegensatze der Justinian'schen Bestimmungen, als ein Zeugniß aus der früheren Zeit gegen die Ausartung der späteren hier, im Contert der von der griechischen Kirche feierlich anerkannten Normen, von großer Bedeutung. *Εἴ τις λαικὸς τὴν ἑαυτοῦ γυναῖκα ἐκβαλὼν, ἢ ἑτερὰν ἀνάλάβοι, ἢ παρὰ ἄλλου ἀπολελυμένην, ἀφοριζέσθω* [248]), sagt der Kanon, und es ist kaum zu glauben, daß dabey ein anderer Fall gemeint gewesen sey, als wo den Christen ohnehin die Scheidung erlaubt war, oder daß der Fall, wo die Frau den Mann willkürlich entlassen hatte, aus einem anderen Grunde mit Stillschweigen übergangen sey, als weil er damals unter den Christen nicht vorkam.

Der Kanon 102 aber oder 105 von Carthago (Kan. 17 von Milevi), der mit jenem apostolischen Kanon zugleich von der Trullanischen Synode aufgenommen wurde, drückt sich nach dem Bedürfnisse der späteren Zeit, in der er verfaßt wurde, weit bestimmter aus, indem er festsetzt: Placuit ut ex evangelica et apostolica disciplina, neque qui ab uxore relictus est, neque quae a marito dimissa est, alii conjungantur, sed vel sic maneant, vel sibi reconcilientur: quod si neglexerint, ad poenitentiam cogantur, qua in re imperialem legem edi,petendum est[249]).

Indessen, wie die Trullanische Synode selbst, trotz der Aufnahme dieses Kanons, dennoch in ihrem Kanon 87 an die dem Basilius schon durch die entgegengesetzte Gewohnheit seiner Zeit abgedrungene Entscheidung sich hielt, so behauptete sich auch gegen den Trullanischen Beschluß die einmal herrschend gewordene Ausartung; und wenn die Väter zu Carthago im Jahre 419 die Nothwendigkeit erkannten, daß ihre Bestimmung und die evangelische und apostolische Disciplin durch ein kaiserliches Gesetz unterstützt würde, so begreift sich, daß im

[248]) Bevereg. Pand. I. 32. Anhang R.

[249]) Bevereg. Pand. I. 639.

Jahre 692 die Trullanische Bestimmung, im Gegensatze des kaiserlichen Gesetzes, nichts gegen den allgemeinen und alten Gebrauch zu wirken vermogte.

Die Ehen wurden also beiderseits geschieden, Mann und Frau machten sich nach der Scheidung kein Bedenken, zu neuer Heurath zu schreiten, und man mußte noch froh seyn, daß Justinians Gesetz, verbunden vielleicht mit dem aus der früheren Zeit bewahrten Abscheu gegen mehrmals wiederholte Verehlichungen überhaupt [250]), dem Verderben wenigstens einige Schranken setzte, die sich denn auch in der griechischen Kirche erhalten haben bis auf die neueste Zeit.

Die Fälle, auf welche Justinian zuletzt [251]) das Recht und die Erlaubniß der Scheidung beschränkte, waren 1) Ehbruch der Frau und, von Seite des Mannes, Verurtheilung wegen adulterium oder sonst eine besonders ärgerliche und für die Frau kränkende Verletzung der ehlichen Treue, wenn er nemlich im eigenen Hause mit Anderen unerlaubten Umgang pflog oder in derselben Stadt auffallende, scandalöse Verbindungen unterhielt. Eben so 2) ein besonders anstößiges Benehmen der Frau

---

250) Merkwürdig genug haben die Griechen, während sie einerseits das Gesetz der Unauflöslichkeit preisgaben, doch auf der anderen Seite den entschiedensten Widerwillen gegen wiederholte Verehlichung bewahrt, so daß ihnen die dritte Ehe schon äußerst mißfällig, die vierte aber ein Gräuel und gar keine Ehe mehr war.

251) Die vielfachen Schwankungen der Gesetzgebung der Kaiser, die wir schon oben berührten und wovon Zimmern und Wächter umständlich Rechenschaft geben, übergehen wir hier, weil für die Kirche diese Gesetze alle nur eine Bedeutung hatten, daß sie nemlich ihre Disciplin untergraben halfen. Uebrigens beweisen sie, wie schwierig die Lage der Dinge in diesem Punkte geworden war.

in Beziehung auf den Umgang mit Männern, wenn sie mit ihnen badete, oder heimliche Zusammenkünfte hatte, ohne Wissen und wider Willen ihres Mannes außer dem Hause, es sey denn bey ihren Eltern, übernachtete oder die Schauspiele besuchte. 3) Hochverrätherische Plane, die der Mann ohne Wissen der Frau hegte oder die einer von beiden auch nur verheimlicht, und dem anderen verschwiegen hatte, 4) Anschläge des einen Gatten auf das Leben des anderen oder Verschweigen derselben. 5) Endlich tiefe Kränkung der Frau und Gefahr für ihre Ehre und Tugend, wenn nemlich der Mann sie fälschlich des Ehbruchs anklagte oder selber sie an Andere verkuppeln wollte [252]).

Außerdem bestand aber auch das **divortium bona gratia**, wenn der Mann impotent oder die Frau unfruchtbar war oder einer von beiden Gatten in Gefangenschaft gerieth und innerhalb fünf Jahren über dessen Leben keine Gewißheit hergestellt werden konnte [253]). Aus beiderseitiger Verabredung konnte aber die Ehe nur noch um des Eintritts in ein Kloster oder der Ablegung eines feierlichen Gelübdes willen getrennt werden [254]). Trotz dem Widerrufe Justin's haben sich doch die Verordnungen Justinians in dieser Hinsicht behauptet [255]). Endlich wurde die Ehe gleich wie durch den Tod, so auch durch

---

[252]) Nov. 117. c. 8 et 9.

[253]) Nov. 22. c. 6. Nov. 117. c. 12.

[254]) Nov. 22. c. 5. Nov. 117. c. 12. Nov. 123. c. 40.

[255]) Im Allgemeinen gelangte ohnehin die Gesetzgebung der Nachfolger Justinians bis auf Basilius Macedo zu keinem bleibenden Ansehen. Biener Gesch. der Nov. S. 123. Diese Novelle Justins gieng aber nicht in die Basiliken über.

Capitis deminatio maxima getrennt [259]). Gesetzwidrige Scheidungen aber wurden nach Justinians letzten Bestimmungen über diesen Gegenstand bei beiden Theilen mit dem Verluste des Vermögens und der Einsperrung in ein Kloster bestraft [260]). Die beständigen Schwankungen und Steigerungen der Strafen in Justinians eigener Gesetzgebung [261]) zeigen, wie schwer es seyn mogte, der eingerissenen Gewohnheit der Ehscheidungen auch nur einige Schranken zu setzen. In den Fällen, wo die Scheidung erlaubt war, trafen dennoch den Gatten, der die Trennung veranlaßt hatte, je nach den Umständen verschiedene Strafen an der dos und der donatio propter nuptias [262]). Diese Bestimmungen giengen sämmtlich auch in die Basiliken über und sind dieselben, welche Photius in den Titeln 13 u. 14 seines Syntagma aufführt [263]). Die Bestimmung indessen, daß der Mann, der gesetzwidrig sich schied, eben so wie die Frau in ein Kloster gesperrt werde, scheint, vor den Basiliken wenigstens, nicht ganz praktisch geworden zu seyn, da Photius in der Hinsicht nur die älteren Strafen, des Verlustes der dos und eines dem Drittheile derselben entsprechenden Theiles des eigenen Vermögens, wesentlich anführt, und nur beiläufig bemerkt, daß man eigentlich vom Manne das Nemliche sagen könnte, wie von der Frau, da die Nov. 127 Gleichheit der Strafen für beide vorschreibe. In c. 4. Tit. 7. lib. 28. der

---

259) ff. 1. de divort. (24,2) Nov. 22. c. 9. Zimmern cit. §. 153.

260) Nov. 134. c. 11. vgl. Nov. 127. C. 4.

261) Vgl. L. 11. pr. §. 1, 2 Cod. de repud (5.17) Nov. 22. c. 15. pr. §. 1, 2, 15, 16, 18. Nov. 117. c. 8, 9, 13 Wächter S. 253.

262) Wächter S. 254 — 256.

263) Voell. II. 1094. sqq.

Basiliken sind aber die Bestimmungen der Nov. 134 in dieser Hinsicht erneuert [264]).

---

[264]) Balsamon ad c. 4. Tit. 13. Phot. Syntagm. Voell. II. 1097. Fabrot. Basilicon T. IV. Pg. 323. Die, außer den bisher erörterten, oben aus der kan. Sammlung des Joan. Scholastikus angeführten Stellen sind zwar für die Frage, die uns hier beschäftigt, von untergeordneter Bedeutung, geben aber doch zu verschiedenen nicht unwichtigen Zusammenstellungen Anlaß. Der Kanon 37 (42) des Basilius erklärt, daß die Verbindung mit eines Anderen Frau nie als Ehe zu betrachten sey und der Kanon 46 (31), daß diejenige, die sich aus Unwissenheit mit einem verheuratheten Manne verbunden habe, der von seiner Frau nur zeitlich entlassen worden, als eine formicatrix betrachtet werden müsse, und am besten thue, wenn sie ehlos bleibe. In Beziehung auf beide Kanones muß bemerkt werden, daß sowohl die durch Ehbruch getrennte als die willkürlich und gesetzwidrig aufgehobene Ehe wieder fortgesetzt werden konnte und dann als nie aufgehoben angesehen wurde, wenn der durch Ehbruch gekränkte Mann seiner Frau innerhalb zwei Jahren Verzeihung angedeihen ließ oder die gesetzwidrig Getrennten, ehe sie in's Kloster gesperrt wurden, sich zur Wiedervereinigung verstanden (Nov. 134. c. 3. Basil. c. 4. T. 7. lib. 28. Balsam. ad c. 48. Basilii Bevereg. II. 108). Daher waren beide Kanones, die nach des Basilius bekannter Ansicht ganz anders gewürdigt werden müßten, nach Justinians Gesetzgebung immer noch auf die Fälle unerlaubter Trennung und auf die zwischen dem Augenblick der Trennung und der Wiedervereinigung eingetretenen Verbindungen anwendbar. Der Kanon 37 war aber außerdem noch auf diejenigen anwendbar, welche Weiber heuratheten, deren Männer auf der Reise oder im Kriege abwesend waren und nachher zurückkehrten. Von diesen Weibern sprechen die Kanones 31 u. 36. a. a. O. Sie werden von Basilius als Ehbrecherinen erklärt, die letzteren jedoch, die Weiber der im Felde abwesenden Krieger nemlich, nachsichtiger behandelt als die ersteren. Der heimkehrende Mann einer solchen Frau konnte dieselbe, wenn er wollte, wieder zu sich nehmen, wenn er aber auch das nicht wollte, wurde doch auf jeden Fall die Ehe als nichtig gelöst. (Balsam. ad c. 93 Concil. trull. Bevereg. I. 268). Diese Bestimmungen wurden durch den Kanon 93 der trullanischen Synode erneuert. Diesen Kanon 93 führt auch Photius in seinem Syntagma (c 3. Tit. 13.) nebst den Kanones 31, 36 und 46 des Basilius an, letzteren wohl in Ansehung der Männer,

§. 2.

Recht der Wiederverehlichung in Folge der Scheidung nach den weltlichen Gesetzen.

Merkwürdig ist für die Nachweisung der oben angegebenen Entwicklung der Scheidungsgewohnheit, vom Schlimmen zum Schlimmeren, und der für die Kirche daraus entstandenen zunehmenden Schwierigkeit in der Behauptung ihrer Grundsätze, der Gang, den die kaiserliche Gesetzgebung in Beziehung auf die nach der Scheidung eintretende Wiederverehlichung genommen hat. Constantin bestimmte zuerst l. 1. C. Th. de repud. (3,17) daß, in Ermanglung der von ihm bestimmten gesetzlichen

---

deren Weiber in Gefangenschaft geriethen und die sich verheuratheten, ohne von deren Leben nähere Nachricht abzuwarten. Daß übrigens durch fünfjährige Gefangenschaft, wenn über das Leben des Gefangenen keine Gewißheit hergestellt werden konnte, die Ehe nach dem weltlichen Rechte (Nov. 22.) als bona gratia getrennt angesehen wurde, ist oben schon bemerkt worden. Im Uebrigen stimmten die weltlichen Gesetze mit den Kanones überein und der Frau eines im Felde abwesenden Soldaten wurde nach der Nov. 117 nicht eher zu heurathen gestattet, als nachdem sie über den Tod ihres Mannes durch eidliche Aussage seines Vorgesetzten sich völlige Gewißheit verschafft und dann noch ein Jahr seine Rückkehr erwartet oder seinen Verlust betrauert hatte. Alles dieses wurde durch die Basiliken bestättigt (Schol. ad. Phot. T. 13. c. 3. Voell. II. 1094 etc. c. 93. Concil. trull. Bevereg. I. 268 sq.) Der Kan. 22 des Basilius endlich und der Kan. 11 von Ancyra können auf unseren Gegenstand in so ferne bezogen werden, als sie in Ansehung der Sponsalien sogar bestimmen, daß die entführte und geraubte Braut, selbst wenn sie vergewaltigt worden wäre, ihrem Bräutigam zurückgegeben werden soll, was seinen Grund wesentlich darin zu haben scheint, daß allmälig die Sponsalien, sobald sie unter religiösen Feierlichkeiten geschlossen waren, wie es in der Regel zu geschehen pflegte, der wirklichen Ehe in Ansehung ihres Bestandes und der Kraft der Verbindlichkeit gleichgeachtet wurden.

Scheidungsursachen [265]), die sich scheidende Frau in insulam deportirt werden solle, der sich scheidende Mann aber nicht wieder heurathen dürfe [266]). Außerdem scheint jedoch das Recht der Wiederverehlichung keinem Bedenken unterlegen zu seyn.

Umfaßender war die Verfügung, wodurch Honorius und Constantius in l. 2. C. Th. de repud. (3,17) das Constantin'sche Gesetz, das Julian abgeschafft hatte, wieder erneuerten. Der ohne Ursache sich scheidende Mann sollte nie wieder heurathen dürfen, die sich ohne Grund scheidende Frau auf immer in insolam deportirt werden. Die verstoßene Frau dagegen durfte nach einem Jahr, der verlassene Mann sogleich wieder heurathen. Fiel eine Scheidung aus geringfügigen Ursachen (ob morum vitia, mediocres culpas) vor, so durfte die sich scheidende Frau gleichfalls nie sich wieder verehlichen und jede Verbindung, die sie eingieng, wurde als ein Stuprum betrachtet, weßhalb namentlich auch der Mann sie anklagen, ein judicium morum über sie verhängen, konnte [267]). Der

---

[265]) Diese Ursachen waren, außer der wechselseitigen Uebereinkunft, welche ohnehin bis auf Justinian herab die Ehe löste, a) wenn der Mann homicida, medicamentarius (Giftmischer) oder sepulcrorum, violator war; eben so b) wenn die Frau adultera, medicamentaria oder conciliatrix (Kupplerin) war.

[266]) Ob die Ehe, die ein Solcher etwa troz des Verbotes geschlossen hätte, gültig wäre oder nicht, ist im Gesetze nicht ausgedrückt. Da indessen, mit Ausnahme des Trauerjahres, die sog. impedimenta impedientia den Römern völlig unbekannt waren und die Achtung des Sakraments diesen Begriff erst in der Kirche entwickelt hat, so glaube ich allerdings, daß dieses Verbot die Nichtigkeit jeder folgenden Ehe beabsichtigte, ohne daß es auch nur einer ausdrücklichen Erwähnung in der Hinsicht bedurfte. Sieh jedoch Wächter a. a. O. S. 237.

[267]) Vgl. Wächter a. a. O. S. 24.

in solchem Falle sich scheidende Mann konnte selbst erst nach zwei Jahren wieder eine neue Ehe gültig eingehen. Bei Scheidungen aus gesetzlichen Gründen konnte zwar der unschuldige Mann sogleich wieder heurathen, die Frau aber mußte, wenn gleich sie der unschuldige Theil war, doch fünf Jahre warten, ehe sie zu einer neuen Verbindung schreiten konnte. Der schuldige Theil scheint in solchem Falle behandelt worden zu seyn, wie wenn er willkürlich sich geschieden hätte. Da hiebey jedoch die Scheidungsursachen vervielfältigt wurden [268]; so konnte es nicht fehlen, daß diese scheinbare Strenge als durchaus illusorisch sich erweisen und die Gewohnheit der Scheidungen und wiederholten Verehlichungen immer mehr überhand nehmen mußte. Auf jeden Fall waren jene Bestimmungen nur ein ohnmächtiger und vorübergehender Versuch der Strenge und die Gesetzgebung mußte bald, hier wie allenthalben, der herrschenden Richtung der Zeit zum Organ werden. So beschränkte denn Theodos II, nachdem er eine Zeit lang vollends der alten Zügellosigkeit freie Bahn vergönnt hatte [269], in l. 8. Cod. de repud. (5, 17.) das Verbot der Wiederverehlichung bloß auf die Frau, im Falle gesetzwidriger Scheidung und auch da nur auf den Zeitraum von fünf Jahren [270]. Vielleicht wurde

[268]) Die graves causae, seu crimina (nach Analogie des alten Rechtes, das Julian wieder hergestellt hatte), um deren willen man sich einseitig scheiden konnte, waren natürlich nicht blos Ehbruch, Abtreiben der Leibesfrucht und Vernachläßigung des Hauswesens, wie in Roms ältester Zeit (Wächter a. a. O. S. 66.); sondern die Benennung umfaßte jetzt sicher schon die später aus des Theodosius und Justinian Verordnungen ersichtlichen Vergehen und wohl noch mehrere.

[269]) in Nov. 1. de repud. Tit. 17 in app. Cod. Theod. Vgl. Wächter a. a. O. S. 217.

[270]) Die gesetzlichen Gründe strafloser Scheidung waren nach dieser letzteren Verordnung A) zu Gunsten der Frau, wenn der Mann 1)

dasselbe beobachtet, wenn bei gesetzlicher Scheidung die Frau der schuldige Theil war: im entgegengesetzten Falle aber war ihr ausdrücklich gestattet, nach einem Jahr sich wieder zu verheurathen. Der Mann konnte in jedem Falle sich sogleich wieder verheurathen. Dabei blieb es auch anfänglich in Justinians l. 11 u. 12. Cod. de repud. (5, 17) und in der Novelle 22, welche bloß den von Theodos bereits gebilligten Scheidungsursachen noch neue hinzufügte [271]. Die Vermögensnachtheile, die überhaupt mit wiederholter Verehlichung verknüpft wurden, sind für uns von geringem Belang. Erst in der Novelle 117 lenkte Justinian zu größerer Strenge wieder ein, da er nicht

---

Ehbrecher, 2) Mörder, 3) Giftmischer, 4) Staatsverräther 5) Betrüger 6) Gräberschänder 7) Tempelräuber 8) Straßenräuber 9) Beherberger von Straßenräubern 10) Viehdieb 11) Menschenräuber war; 12) wenn er unter den Augen der Frau Zusammenkünfte mit lüderlichen Dirnen hatte 13) wenn er ihr mit Gift oder Dolch nach dem Leben trachtete 14) wenn er sie mit Schlägen mißhandelte:

B) Zu Gunsten des Mannes, wenn die Frau 1) Ehbrecherin 2) Mörderin 3) Giftmischerin 4) Gräberschänderin 5) Tempelräuberin 6) Beherbergerin von Straßenräubern 7) Menschenräuberin war; 8) wenn sie dem Manne nach dem Leben gestrebt hatte 9) wenn sie mit Anderen ohne Wissen und Willen des Mannes Zusammenkünfte hatte, 10) wenn sie bei Staatsverrath Mitwisserin war 11) wenn sie an einem Verbrechen der Fälschung Antheil genommen hatte, 12) wenn sie Hand an den Mann gelegt, 13) wenn sie wider seinen Willen das Theater oder andere öffentliche Plätze besucht hatte. Valentinian erneuerte gegen die oben angeführte Nov. 1. de repud. die Bestimmungen des Constantius und Honorius (Wächter a. a. O. S. 222). Es scheint aber von keiner Wirkung, wenigstens für den Orient, gewesen zu seyn, da Justinian nur die Theodosischen Verordnungen im Codex aufnahm.

[271]) Die schon in der l. 11. Cod. de repud. angegebenen Fälle 1) wenn die Frau sich ihr Kind abtreibt 2) wenn sie sich libidinis causa mit Männern badet 3) wenn sie während der Ehe mit einem anderen Manne eine neue Verbindung verabredet.

bloß die auf die Scheidung gesetzten Vermögensstrafen erhöhte, sondern auch die Scheidung ex communi consensu auf die Fälle des Eintritts in ein Kloster und der Ablegung eines feierlichen Keuschheitsgelübdes beschränkte, und die Frau, die ohne gesetzlichen Grund sich schiede, zur Einsperrung in ein Kloster verurtheilte [272]). Die Novelle 127 bestimmte dann, daß die Strafen des Mannes überhaupt gleich seyn sollten denen der Frau und die Novelle 134 sprach im Kap. 11 endlich ausdrücklich aus, daß auch der Mann, der sich gesetzwidrig geschieden, gleichfalls in ein Kloster gesperrt werden sollte, so daß beiden Theilen die Wiederverehlichung in solchem Falle unmöglich gewesen wäre. Der Strafe sollten die Gatten nur dadurch entgehen können, daß sie die Ehe fortzusetzen sich entschloßen. Dieselbe Novelle erhöhte auch die Strafen des Ehbruchs und bestimmte insbesondere, daß die ehebrecherische Frau mit Ruthen gehauen und in ein Kloster gesperrt werden sollte, aus welchem nur ihr Mann sie befreien konnte, wenn er innerhalb zwei Jahren, sie wieder zu nehmen sich entschloß.

---

[272]) Die gesetzlichen Scheidungsgründe, die Justinian bestehen ließ, sind im vorhergehenden Paragraph angegeben.

III. Kapitel.

Die übrigen vernichtenden Ehhindernisse, außer dem imped. ligaminis.

§. 1.

Hinderniß aus unzureichendem Alter.

In Ansehung des zu einer gültigen Ehe erforderlichen Alters blieb man bei dem in der vorigen Periode schon bezeichneten Termine stehen, wonach die Jünglinge nach vollendetem vierzehnten, die Mädchen nach vollendetem zwölften Jahre gesetzlich als zur Ehe tauglich angesehen wurden. Die gesetzliche Vermuthung blieb aber nicht bloß eine positive, wonach man mit dem bezeichneten Alter die Heurathsfähigkeit als wirklich existirend annahm, sondern sie galt auch als eine negative, nachdem Justinian auch bei Jünglingen den Beweis der Pubertät aus physischen Zeichen nicht mehr angehen ließ [273]), so daß vor dem gesetzlichen Zeitpunkt niemand mehr zur Ehe zugelaßen, die Pubertät sohin in jedem Falle als nicht vorhanden angenommen wurde. Dieß scheint so allgemein und unbedingt anerkannt worden zu seyn, daß ein Widerspruch dagegen

[273]) §. 1. Inst. T. 22. L. I. cf. pr. Inst. T. 10. L. I. l. 3. Cod. quando tutores esse desinant (5,60) l. 24. Cod. de nuptiis (5,4).

nirgends erhoben und an die Möglichkeit eines anderen Verfahrens gar nicht gedacht wurde. Die in der vorigen Periode schon angeführten Worte des Basilius [274]) geben zu verstehen, daß die Kirche sich lediglich nach der herrschenden Sitte in dieser Hinsicht richtete. Dasselbe drückt der Kanon 16 des Codex africanus aus in den Worten: Lectores, cum ad annos pubertatis pervenerint, cogantur, aut uxores ducere aut continentiam profiteri und in den Scholien zu Photii Nomocanon Tit. XIII. c. 2. (Voell. II. 1086.) wird die gesetzlich bestimmte Pubertätszeit als diejenige bezeichnet, wo den Christen die ehliche Einsegnung ertheilt zu werden pflege: *οὔπω δὲ ὁ τακτὸς ἐπέστη καιρὸς καθ' ὃν ἡ τοῖς χριστιανοῖς ὀφειλομένη εὐλογία εἴωθε γίνεσθαι.* Da hier von dem herkömmlichen Gebrauche die Rede ist, so scheint wohl diese Stelle, als Zeugniß von dem, wie es die Kirche zu halten pflegte, auch für die frühere Zeit gebraucht werden zu können.

§. 2.

Hinderniß aus Mangel der Freiheit.

Das unbedingte Recht, das der Herr über den Sklaven hatte und dem die fortgeschrittene Civilisation der letzteren Zeiten nur einige Schranken gesetzt hatte, die mehr von der überhandnehmenden Barbarei dieser Zeiten und ihrer Civilisation Zeugniß geben, denn als wirkliche Milderung des Verhältnisses zwischen dem Sklaven und seinem Besitzer gelten können [275]), gründete sich nicht bloß

---

[274]) Collatio regularum c. 66. §. 2.

[275]) Dem Herrn war durch l. 11. §. 2. cf. §. 1. eod. D. ad leg. Corn. de Sicar (48,8) verboten, den Sklaven zu Thierkämpfen zu

in römischer Verfaßung und römischer Sitte, sondern im allgemeinen Gebrauche aller Völker und dem sogenannten jus gentium. Der Sieg des Christenthums über die römischen Götter und der Kirche über die alten Institutionen der weltbeherrschenden Stadt war darum noch lange nicht hinreichend, um auf dieses Grundverhältniß der gesellschaftlichen Verfaßung des Alterthums die Einwirkung der Religion des Erlösers anders, als höchstens in ganz mittelbaren und entfernten Folgen zu erstrecken. Es blieb also hier nothwendig, und blieb noch lange bei dem, was in der vorigen Periode schon bemerkt worden, und die beiden Stellen des Basilius, die damals bereits angeführt worden, sprechen die Anerkennung dieses Verhältnisses in einer Weise aus, die deutlich zeigt, daß der Gedanke an eine Bekämpfung desselben noch lange nicht, auch nur als ferne Ahnung, sich regen mogte. *Ἡ παρὰ γνώμην τοῦ δεσπότου ἀνδρὶ ἑαυτὴν ἐκδοῦσα*, sagt Basilius (c. 40), *ἐπόρνευσε, ἡ δὲ μετὰ ταῦτα πεπαῤῥησιασμένῳ γάμῳ χρησαμένη ἐγήματο. ὥστε ἐκεῖνο μὲν πορνεία, τοῦτο δὲ γάμος*; dann *Οἱ ἄνευ τῶν κρατόυντων γάμοι πορνεῖαι εἰσιν· οὔτε οὖν πατέρος ζῶντος, οὔτε δεσπότου, οἱ συνίοντες ανεύθυνοι ἐίσιν ἑώς ἂν ἐπινεύσωσιν οἱ κύριοι τὴν συνοίκησιν. τότε γαρ λαμβάνει τὸ τοῦ γάμου βέβαιον* (c. 42.)[273]. Die Achtung, die sich aber

---

verkaufen, er durfte den Sklaven oder die Sklavin nicht ohne Grund einem leno oder einer lenista überlassen. (Spart. Hadr. c. 18.) und sie nicht sine causa tödten. (Gaj. I. 53. §. 2. I. od. l. 1. §. 2. D. de his qui sui. Solcher Verbote bedurfte kaum die ältere, bessere Zeit.

[273]) cf. Joann. Antioch. Coll. can. T. 42. c. 25, 27 (Voell. II. 286). Simeon. magistr. Epist. Basil. II. Nro. 22., 24. (Voell. II. 740.) Can. Trull. in Bevereg. Pand. can. Nomocan. Joann. Schol. T. 42. (Voell. II.) Photii Syntagma T. 13. c. 19.

in denselben Stellen für die einmal legitim eingegangene Ehe des Sklaven oder der Sklavin ausspricht und dieselbe geradezu auf eine Linie mit der des Haussohnes stellt, zeigt auch zur Genüge, wie eben so den Verbindungen Freigeborner mit Sklaven in den Augen der Kirche nichts entgegenstand als die drückenden, schrecklichen Folgen, namentlich in Ansehung der Kinder, denen sich kaum jemand wissentlich und freiwillig auf immer unterwerfen konnte [274]). Wenn darum gleich die Kirche vielfach den Concubinat der Ehe an die Seite setzte und völlig gleichachtete, so mußte immer auch da nur für ein vorübergehendes Verhältniß und gegen eine auf die Dauer gerichtete Absicht die Vermuthung streiten, und diese Absicht hätte recht bestimmt und ausdrücklich erklärt werden müssen, wenn die Kirche eine ihrer Sanction würdige Verbindung darin zu erkennen im Stande seyn sollte. Sey es also, daß von förmlicher oder unförmlicher Ehe die Rede war, so bildete der Stand der Unfreiheit im Verhältniß zu Freien ein trennendes Ehhinderniß in der Art, daß wer unwißend in eine solche Verbindung sich eingelassen hatte, nicht als verbunden geachtet wurde und selbst wer wissentlich sie einging, immer die Vermuthung für sich hatte, daß er nur zu vorübergehender Lust sie geschlossen habe, wofern er nicht ausdrücklich das Gegentheil erklärte *). In Ansehung der übrigen Hindernisse, welche die weltlichen Gesetze, besonders seit Constantin, aus der

---

274) Die mit einer Sklavin erzeugten Kinder waren Sklaven und die freie Frau, die sich mit einem Sklaven eingelassen, wurde nebst ihren Kindern Eigenthum seines Herrn, wenn sie durch besondere Uebereinkunft nicht ausdrücklich sich die Freiheit salvirte.

*) Constit. apostol. lib. 8. Fidelis qui habet concubinam; si servam, desinat et legitime ducat uxorem etc.

Verschiedenheit der Stände schöpften, half der Concubinat und die Art wie derselbe in der Kirche behandelt wurde [275]), zu einer Ausgleichung.

§. 3.

Hinderniß aus Mangel der elterlichen Einwilligung.

Wenn gleich die ausgedehnte Gewalt des Vaters über die Kinder bey den Römern einen ganz speciellen Grund hatte und in der alten religiösen Verfaßung des Volkes ursprünglich wurzelte [276]), so war sie doch so tief in den Sitten gegründet (l. S. D. de his qui sui I. 6.) und in den politischen und rechtlichen Verband, dem gegenüber

---

[275]) Zimmern §. 149. Chardon histoire des sacrements VI. 379. Bingham orig. eccl. Lib. XI. c. 5. §. 11. vol. IV. p. 233. sq.

[276]) Von dem Kinde, das in väterlicher Gewalt stand, sagte man, es sey in den sacris des Vaters oder es verbleibe in denselben (L. 3. Cod. de bon. matern. (6,60) l. 12. C. de collat (6,20). Vgl. Duaren in Comment. Solut. matrim. c. de nupt. in princip. Pinel p. 2. rubr. l. 1. Nro. 4. de bon. matern. Brissonius verb. sacra.) Die potestas des Vaters beruhte in der Hinsicht auf einem und demselben Grunde, wie die des magistratus, mit der sie darum wohl öfters verglichen wurde; (Patres liberis impositos quasi domesticos magistratus. Seneca de benef. L. III. c. 11. Princeps familiae Ulp. IV. 1. Patria Majestas. Val. Max. VII. 7. §. 5. Liv. l. 3. Decad. 3.); denn der ganze Staats- und Socialverband der Römer, das Ehrecht, das Familienrecht und das Bürgerrecht, ruhte auf religiöser Grundlage und hatte, wie oben schon einmal erwähnt, im Nexus der Sacra sein Lebensprincip. Vgl. Note 6. Ueber die irrige Ansicht, welche die patria potestas auf ein Eigenthumsrecht des Vaters an den Kindern gründen wollte, sieh Zimmern a. a. O. §. 179. Dieser Irrthum findet übrigens seine Lösung in der Einsicht, daß alle Rechtsgarantie in Rom ursprünglich eine religiöse war, weßhalb die dem Ursprunge nach verschiedensten Rechte in äußerer, formeller Hinsicht, wenn sie Gegenstand des öffentlichen Einsehens wurden, einer ganz gleichen Behandlung unterlagen und der bürgerliche mit dem religiösen Charakter der Rechtshand-

die Kirche noch zu ohnmächtig war, so innig verflochten, daß auch hier von ferne nicht der Gedanke auftauchen konnte, dem geltenden Rechte und der herrschenden Sitte kämpfend und reformirend entgegenzutreten, sondern alle Gegenwirkung, wo je welche eintrat, sich auf Vermittlung und Ausgleichung in einzelnen Fällen nothwendig beschränken mußte. Die althergebrachte Ansicht von der väterlichen Gewalt behauptete so gut und noch weit mehr ihr Recht, wie der Sprachgebrauch und die Meinung des Volkes in Beziehung auf Ehbruch und Scheidung sich geltend machten. Ihr gegenüber die christliche Idee von der persönlichen Freiheit und dem in der christlichen Ehe liegenden Character eigenthümlicher, für sich bestehender Weihe und Heiligkeit hervorzukehren, dazu wäre ein ganz anderer, weit mehr entschiedener und vollständigerer Sieg der mores christianorum über die mores romanos erforderlich gewesen, als in dieser Periode und von Seite der griechischen Kirche zu erzielen möglich war. Constantin, der dem Vater das Recht, sein Kind zu tödten, entzog, konnte doch dem Aussetzen, dem Verpfänden der Kinder, selbst dem Veräußern der Neugeborenen nur indirekt entgegenwirken. Solches kam sogar unter Valentinian III noch vor und Justinian selbst ließ es bey den Verordnungen Constantin's bewenden [277]. Wie seltsam wäre da die An-

tungen sich völlig vermischte. Wie aber ohne Gemeinschaft der Sacra kein Connubium, so ohne Einwilligung des Vaters, der den Sohn oder die Tochter in Sacris hatte, keine Ehe mit diesem, kein Eintritt in die Sacra des Hausvaters, kein Austritt aus denselben. Dieß setzte sich in den mores fest und bestimmte für alle Folgezeit die Rechtsidee des Volkes über die Ehen der Hauskinder, die durch die sacra in einem so absoluten imperium des Vaters standen (Gaj. I. 55.), wie kein anderes Volk die väterliche Gewalt gekannt hat.

[277]) Zimmern a. a. O. §. 181. S. 666. Note 11. §. 183. S. 670. eod.

maßung erschienen, dem Rechte des Vaters, über die Ehe seines Kindes unbedingt zu entscheiden, widersprechen zu wollen!

Das in der vorigen Periode schon Angegebene zu ergänzen, ist zu bemerken, daß nicht bloß die Hauskinder überhaupt wider des Vaters Wille und ohne seine Zustimmung keine Ehe schließen konnten, sondern die Töchter sogar gesetzlich angehalten waren, den Mann zu nehmen, den der Vater ihnen bestimmte, wenn sie nicht nach dem Urtheile des Richters Gegründetes gegen denselben einzuwenden vermogten. Selbst wenn der Vater furiosus war, zweifelte man, ob die Ehe seiner Tochter ohne seine Einwilligung bestehen könne, und die Mädchen waren so wenig selbstständig, daß selbst dann, wenn sie sui juris waren (ja selbst bey Wittwen) die Verwandten befragt werden mußten und, im Falle diese nicht einig werden konnten, der Vorsteher der Provinz den Ausschlag geben mußte [278]. Die Freiheit gewann auch wahrlich nichts dabey, daß die Obrigkeit den elterlichen Consens ergänzen konnte, wenn dieser ohne Grund verweigert wurde [279]. Erst Justinian that einen Schritt für Entfeßlung dieser Verhältnisse in der Bestimmung seiner Novelle 115 Kap. 3, daß es einer über fünf und zwanzig Jahre alten Tochter, die die Eltern zu verheurathen versäumt haben, nicht als ingratitudo angerechnet werden solle, wenn sie ohne deren Consens sich verehliche. Dieß nähert sich der Ansicht, welche in der katholischen Kirche zuletzt die Oberhand behalten hat.

---

[278]) Zimmern a. a. O. §. 147. S. 538. Note 5, 6, 7. L. 25. Cod. de nupt. (5,4) l. 28. Cod. de episcop. audient. (1,4) l. 18. C. de nupt.

[279]) l. 19. D. R. N. 12. (23,2).

Basilius aber, und nach ihm die griechische Kirche, unterwirft sich noch ganz dem alten Recht und fügt sich unbedingt namentlich auch in die entschiedene Abhängigkeit des weiblichen Geschlechts, wie sie der Geist und das Verhältniß der vorchristlichen Zeit bey allen alten Völkern begründet hatte. Letzteres spricht Basilius aus im c. 22. bey Joannes Scholastikus (Collectio canonum T. 42. c. 6. Voell. II. 585.); und im zweiten seiner kanonischen Briefe (Epist. can. II. c. 42.), wo er abermals diejenige, welche ohne Einwilligung des Vaters einem Manne folgt, eine Hure nennt (*παρά γνώμην τοῦ πατρὸς ἡ ἀκολουθήσασα πόρνη κρίνεται*[280]), giebt er den aus dem römischen Rechte geschöpften Grund dafür an, weil nemlich die Handlungen derjenigen, die alieni juris seyen, durchaus aller Kraft und Gültigkeit entbehrten (*τὰ γαρ τῶν ὑπεζουσίων ἀβέβαια*). Dieß galt, wie auch der im vorigen §. schon angeführte c. 42. beweist, vom Haussohne so gut wie von der Tochter [281]).

§. 4.

Hinderniß aus Mangel der eigenen Einwilligung wegen Furcht oder Zwang.

Daß die Kirche, nicht minder wie die weltlichen Gesetze Freiheit der Einwilligung bey der Ehe als wesentlich

---

[280]) Cf. c. 38, 40 et 4, c. 24, 44. ejusd. Epist.

[281]) Cf. Simeonis magistr. Epist. ap. Voell. II. 739. Nro. 20, 740 Nro. 24. Joann. Scholast. Collect. can. T. 42. Voell. II. 586. c. 24, 27, Paratitla L. 7. T. 4. Nro. 16, 28. Voell II. Nomocanon. T. 42. Voell. II. 652. Photii Syntagma Tit. 13. c. 9. T. 9. Schol. Voell. II. 1112 et in append. Epistolar. Photii a Rich. Montacut. p. 391. sq. Alexius Constantinop. in sentent. synhodal ap. Leuncl. J. G. R. qu. 2.

betrachtete, haben wir, obgleich es der Erwähnung kaum bedurfte, in der vorigen Periode schon bemerkt. Von Seite der Kaiser wurde das Prinzip quod libera debeant esse matrimonia wiederholt ausgesprochen, unter anderen in der lex ult. Cod. §. ult. de sponsal. (5,1) von Leo und Anthemius, und sie untersagten eben deßhalb bey Nullität die Ehe zwischen einer Mündel und ihrem Vormund oder dessen Angehörigen, oder zwischen einem höheren Staatsbeamten und dessen Untergebenen in den Provinzen [282]. Auch verboten es Honorius und Theodosius in l. 5. Cod. si nupt. ex rescript. pet. (5,8), daß künftig beim Kaiser unter dem Vorwande, daß man mit der Braut schon einverstanden sey, die Erlaubniß zu Ehen erholt würde, die den Eltern, und häufig der Braut selbst in gleichem Grade, zuwider waren. Wer dennoch ein solches Reskript erschliche, solle zur Strafe alle jura matrimonii (wie es scheint, die bürgerlichen Rechte aus der Ehe) verliehren. In Ansehung der gewaltsamen Entführung aber scheint lange Zeit zwischen dem bürgerlichen und geistlichen Gesetze ein Widerspruch bestanden zu haben, der um so merkwürdiger ist, weil er erst von Constantins Zeit, also von der Zeit herrührt, wo die weltliche Gesetzgebung doch im Ganzen den Geist der Kirche in sich aufzunehmen bestimmt war. Es scheint, daß in Ermanglung alter Kanones über den Gegenstand, die man, wie wir in der vorigen Periode nach des Bassilius Kan. 30 an Amphilostus bemerkten, nicht hatte, die Kirche geradezu der von Basilius gutgeheißenen alten Volksgewohnheit sich anschloß, während die Kaiser mit dieser in scharfen Gegensatz treten zu müssen glaubten. Vor Constantin konnte die Ehe zwischen dem

---

282) Bingham cit. IX. §. 7. et 10. Zimmern a. a. O. §. 151.

Entführer und der Entführten bestehen, wenn letztere frei, außer der Gewalt des Entführers, darein willigte. Constantin aber setzte auf die Entführung die Todesstrafe und sprach so dem Entführer alle Ansprüche auf die Entführte ab ohne Rücksicht, ob diese ihm ihre Zustimmung geben würde oder nicht [283]). Constantius milderte zwar die Strafe [284]) und Gratian, Valens und Valentinian ließen sogar die praescriptio quinquennalis dagegen zu [285]); aber die Ehe wurde darum nicht anerkannt und Justinian erneuerte zuletzt die Bestimmungen Constantins in ihrer ganzen Schärfe. In die Zwischenzeit nun, zwischen jene mildernden Verordnungen des Constantius zuerst und dann der drei Kaiser, Gratian, Valens und Valentinian [286]), fallen die Kanones des Basilius, der, wie es scheint, auf die alte Volkssitte und den 67ten der apostolischen Kanones zum Theil seine Entscheidung baute, so daß er vielleicht nur in so ferne, als von der genaueren Bestimmung der Kirchenstrafe die Rede war, in der schon in der vorigen Periode angeführten Stelle sagen mogte, daß man einen alten Kanon über die Entführung nicht habe [287]).

[283]) l. 1. C. Th. de raptu virg. et vid. (9, 24) l. un. §. 1. l. eod. (9, 13) l. 1. C. Th. de raptu matr. sancti. mon. (9, 25.)

[284]) l. 2 C. Th. de rapt. virg. cit.

[285]) l. 3 C. Th. eod.

[286]) $\alpha\bar{o}$ 365 — 379.

[287]) Ueber das Alter der apostol. Kanon. vgl. Walter Lehrbuch des K. R. IV. Aufl. §. 62. Das Alter des einzelnen Kan. 67 ist hier schwer zu bestimmen. Sieh G. Beveregii Codex canon. Eccl. primitivae vindicatus et illustratus Lond. 1678. 4° Amstelod. 1697. 4°. Vielleicht auch, daß Basilus diesen Kanon nicht kannte, da sich nicht genau bestimmen läßt, wann die can. apost. in die Sammlungen des Orients aufgenommen wurden, wohl aber anzunehmen ist, daß es erst in dieser Periode geschah.

Jener can. apostol. 67 bestimmte, daß derjenige, der eines noch unverlobten Mädchens mit Gewalt sich bemächtigt habe, keine andere nachher heurathen dürfe, sondern die Entführte behalten müsse, wenn sie auch arm wäre; aber von der Kirche soll er ausgeschlossen werden (*ἀφοριζέσθω* [288]). Damit stimmt im allgemeinen der Kan. 25 des Basilius überein, indem er bestimmt, daß der Stuprator zwar gestraft werde, aber die Stuprata zur Frau behalten könne [289]). Dagegen scheint der Kan. 22 des nemlichen Vaters bestimmt, jenen can. apostol. 67 mit dem in der vorigen Periode angeführten Kan. 11 von Ancyra zu vereinigen und beide Bestimmungen mit des Basilius Aussprüchen in Ansehung der elterlichen und Verwandten-Gewalt über die Mädchen in Einklang zu setzen. Denn er verordnet; d i e j e n i g e n", w e l c h e v e r-

---

288) *Εἴ τις παρθένον ἀμνήστευτον βιασάμενος ἔχει, ἀφοριζέσθω· μὴ ἐξεῖναι δὴ αὐτῷ ἑτέραν λαμβάνειν, ἀλλ' ἐκείνην, ἣν ἠρετίσατο, κἂν πενιχρὰ τυγχάνῃ.* *)

ἀφορισμὸς (separatio, segregatio) nannte man in der alten Kirche die temporäre Excommunication, die als solche den Gegensatz zur beständigen, bis zum Tode andauernden oder auch gar nicht mehr zu hebenden bildete, wie in späterer Zeit die sog. excommunicatio minor im Verhältniß zur excommunicatio major. Sie hatte verschiedene Abstufungen, je nachdem der *ἀφορισθεὶς* entweder von der Eucharistie und vom Gebet der Gläubigen, oder auch von dem Gebet über die Katechumenen und Büßenden oder endlich gänzlich vom Eintritt in die Kirche ausgeschlossen war. Der Zeit nach gab es dann in diesen Stufen wieder verschiedene Grade, wie sich aus des Basilius Buß-Kanones am besten entnehmen läßt. Die höhere oder schwerere Excommunication hieß *παντελὴς ἀφορισμὸς, ἀνάθεμα.* Selvaggio Antiquitt. 'christ. Inst. ib. 4. c. 1 §. 4, 5,

389) *Τὴν διεφθαρμένην ὑφ' ἑαυτοῦ εἰς γυναῖκα κατέχων, τὸ μὲν ἐπὶ τῇ φθορᾷ ἐπιτίμιον ὑποστήσεται, τὴν δέ γυναῖκα ἔχειν συγχωρηθήσεται.* Vgl. c. 38 ejusd. Basil. *)

*) Anhang Lit. S.

**) Anhang Lit. T.

lobte Jungfrauen geraubt hätten, sollten nicht eher zur Buße gelaßen werden, als nachdem die Geraubte ihrem Bräutigam zurückgestellt worden sey, damit er entscheide, ob er sie noch nehmen wolle oder nicht (nach c. 11 ancyran). Wenn Einer aber eine Ledige entführt habe, so solle sie von ihm getrennt und denjenigen zur Verfügung gestellt werden, welche Gewalt über sie haben (nach des Basilius Ansicht von dieser Gewalt.) Wollen diese dann sie dem Raptor übergeben, so soll die Ehe statt finden; gezwungen aber sollen sie nicht werden. (Erläuterung des apostol. Kanons.) Im übrigen Theile dieses Kanons entwickelt dann Basilius gleichsam die Entscheidungsgründe zu Kanon 30, wonach der Raptor drey Jahre vom Gebet ausgeschloßen seyn soll, indem er sagt: derjenige, der mit Gewalt oder heimlicherweise eine Weibsperson geschwächt habe, müße die Strafe der fornicatio bestehen; die Strafe der fornicatores sey aber auf vier Jahre festgesetzt. Sie müßten im ersten Jahre von den Gebeten ausgeschloßen werden und an der Kirchthüre klagen. Im zweiten Jahre würden sie zur Anhörung der Vorträge aus der heiligen Schrift zugelassen. Im dritten Jahre würden sie unter die Poenitentes gestellt. Im vierten Jahre würden sie wieder in die Versammlung der Gläubigen (also zum gemeinschaftlichen Gebete) zugelassen, müßten sich aber des Genußes der Eucharistie enthalten. Im fünften Jahre endlich würde ihnen der Genuß dieses Gutes wieder vergönnt. [294])

---

[290]) *Τοὺς ἐξ ἁρπαγῆς ἔχοντας γυναῖκας, εἰ μὲν ἄλλοις προμεμνηστευμένας εἶεν ἀφῃρημένοι, οὐ πρότερον χρὴ παραδέχε-*

Diese Aussprüche, welche in der ganzen griechischen Kirche als Autoritäten anerkannt wurden, bilden nicht bloß durch die Milde der Strafbestimmungen, sondern insbesondere durch die ausdrückliche Zulassung der Ehe zwischen dem Entführer und der Entführten einen auffallenden Gegensatz gegen die durchaus scharfen und strengen Bestimmungen des weltlichen Gesetzes.

Später indessen scheint das Häufigwerden des Unfugs auch die Kirche zu größerer Strenge gezwungen zu haben, weßhalb das Concilium von Chalcedon (v. J. 451) in seinem Kan. 27 die Raptores und deren Gehülfen geradezu mit dem Anathema belegte. [291])

Daß der Fall sehr häufig vorgekommen seyn müße, läßt sich auch aus der oftmaligen Wiederholung der Justinian'schen Verordnungen schließen. Denn viermal kommt der Kaiser auf den Gegenstand zurück, in l. un. C. nemlich de raptu virg. et vid. (9, 13), in l. 54 C, de Episc. (1, 3) in Nov. 134 und in Nov. 150. Er belegt die Entführer und ihre Gehülfen mit der Todesstrafe, welche von dem Gatten, den Eltern oder Angehörigen der Entführten, wenn sie den Schuldigen auf der That betreten, eigenmächtig vollstreckt werden kann, und bedroht den Entführer überdieß mit der Confiscation seines ganzen Vermögens zu Gunsten der Entführten, ihrer Eltern und Verwandten oder des Klosters, in das sie gehörte. Der Entführten selbst ist untersagt, sich den Entführer zum Manne zu erbitten, bei Verlust ihrer Ansprüche auf dessen Vermögen. Die Eltern, die dem Entführer ihren Consens

---

σθαι, πρὶν ἢ ἀφέλεσθαι αὐτῶν, καὶ ἐπ' ἐξουσίᾳ τῶν ἐξ ἀρχῆς μεμνηστευμένων ποιῆσαι, εἴτε βούλοιντο λαβεῖν αὐτάς, εἴτε ἀποστῆναι . . . . . . *)

[291]) Hardonin collect. com. T. II. Col. 611 u. 12.

*) Anhang Lit. U.

ertheilen, sollen deportirt [292]), Sklaven, die dabei geholfen oder von der Sache gewußt haben, sollen verbrannt, solche aber, die das Verbrechen verrathen, sollen mit der Freiheit beschenkt werden. Aus diesen Bestimmungen ist von selbst klar, daß unter dem Begriff des Raptus auch der Fall begriffen war, wo die Entführung ohne alle Anwendung von Gewalt, selbst im Einverständniß mit der Entführten, verübt wurde.

Die Kirche scheint von diesen Gesetzen lange Zeit keine Notiz genommen und deren Beachtung lediglich dem weltlichen Arme überlassen zu haben; denn, während die Collectio canonum den c. 67 apostol., K. 11 von Ancyra und die Kan. 22, 25 und 30 des Basilius, die Epitome des Simeon Magister außerdem auch den Kan. 27 von Chalcedon enthält, kommt in dem Nomokanon des Joannes Scholastikus, der allerdings diese kirchlichen Bestimmungen citirt, von den Justinian'schen Gesetzen nichts vor, und das Concilium in Trullo noch begnügt sich damit, im Kan. 92 den Ausspruch des Conciliums von Chalcedon zu erneuern. Freilich, wenn Bieners Vermuthungen über das Alter der collectio constitutionum ecclesiasticarum oder der sogenannten Paratitlen gegründet sind [293]), so sprechen diese gegen die eben geäußerte Ansicht, da sie im dritten Titl des ersten Buches die Justinian'schen Bestimmungen angeben. [294])

Nach diesen hat dann Photius die nemlichen Bestim-

---

[292]) Vgl. dagegen c. 38 des Basilius.

[293]) Sieh Geschichte der Novellen Justinianus S. 185.

[294]) Bey Voell. II. u. f. Nro. V und 1264 Nro. 54.

mungen in seinem Syntagma Tit 9. K. 30, wo er auch die einschlägigen Stellen aus den Digesten angiebt. [295]) Uebrigens giebt derselbe Photius in Tit. 13 K. 8 des nemlichen Werkes auch den mit Justinians Gesetzen unvereinbaren Kan. 38 des Basilius, aber freilich unter Verweisung auf obigen Tit. 9. K. 30.

§. 5.

Hinderniß aus Mangel der Einwilligung wegen Irrthums, Betrugs oder eines bloß bedingten Consenses.

Die sorgfältige Ausbildung der Lehre vom Irrthum und von ermangelnden Bedingungen bei der Ehe gehört in viel spätere Zeit, hieng auch zum Theil von der deutlichen Entwicklung mancher Ansichten und Grundsätze ab, welche in dieser Periode noch keineswegs ins klare Bewußtseyn getreten waren. Unsere Quellen enthalten deßhalb noch nichts über diesen Gegenstand.

§. 6.

Hinderniß aus körperlicher Unfähigkeit.

Rücksichtlich der Impotenz kommt in unseren Quellen nichts vor, als die Bestimmungen Justinians, die bereits oben Kap. §. angeführt worden sind und wonach die Frau oder deren Angehörige dem impotenten Manne nach drey Jahren vom Tage der Vermählung an das Repudium senden und matrimonium disjungere, die Ehe aufheben konnten.

---

[295]) Voell. II. 1006.

§. 7.

Hinderniß in Folge eines früher abgelegten feierlichen Gelübdes der Keuschheit.

Jenen Unterschied in den Gelübden, der seit Gratian mit den Bezeichnungen votum simplex und votum solenne angegeben wird, haben wir, rücksichtlich ihrer verschiedenen Wirkungen auf die Ehe, in der vorigen Periode bereits wahrgenommen. In dieser Periode trat er deutlicher hervor, da alles, was im kirchlichen Leben bisher sich ergeben und entwickelt hatte, nun auch äußerlich in bestimmten Formen sich unterschied und befestigte. Das Verhältniß jener Wittwen, bei welchen der Ursprung der hier uns beschäftigenden Gelübde zu suchen ist, war nun ein durchaus geregeltes und durch den Namen „kanonische Wittwen" auch äußerlich bezeichnet. Sie wurden von der Kirche unterhalten, in den Kirchenbüchern eingezeichnet und eben deßwegen, weil sie im Kanon vorgemerkt waren, kanonisch genannt. [296]) Wenn schon in der vorigen Periode einzelne Jungfrauen jenen Wittwen sich anschloßen und unter gleichen Bedingungen gleiche Vorzüge mit ihnen genoßen, so geschah es nun noch viel häufiger. Solche Jungfrauen wurden auch kanonisch genannt [297])

---

[296]) Euseb. l. 6 c. 43. Sozomen l. 5. c. 3.

[297]) So berichtet Sokrates von Constantins Mutter Helena (l. 1 c. 13), sie habe τὰς παρθένους τὰς ἀναγεγραμμένας ἐν τῷ τῶν ἐκκλησιῶν κανόνι zu Tische geladen und selbst bewirthet und bedient. Die Constitutiones apostolicae (lib. VI. c. 18) geben schon in der Wahl der Diakonissen den Jungfrauen den Vorzug. Gregors von Nyssa Schwester, Makrina, war Jungfrau und Diakonisse. Ebenso Lampadia. Gregor. Nyss. vit. Macrinae T. II. p. 180. Chrysostomus wollte die Jungfrau Nikarete zur Diakonisse erheben. Sozom. lib. 8. 23.

und ihre Aufnahme geschah auf feierliche Weise durch die Auflegung des Flammeum oder heiligen Schleiers, den sie in der Kirche, in Gegenwart ihrer Genossinen, vor versammelter Gemeinde aus den Händen des Bischofs empfiengen. [298])

Zur Zeit des Chrysostomus scheint die Zahl dieser kanonischen Jungfrauen schon die der eigentlichen Wittwen bedeutend überwogen zu haben. [299])

Der Aufnahme gieng jedoch eine lange Prüfung und Vorbereitung vorher, ja von Kindheit auf wurden Mädchen von ihren Eltern, die sie häufig in frommem Eifer dem jungfräulichen Stande gleich im Voraus widmeten, zu dieser heiligen Bestimmung herangebildet. Solche übten sich schon im eigenen Hause im beschaulichen Leben und in der geistlichen Disciplin. [300]) Insbesondere nahmen sie oder erhielten von ihren Eltern eine unterscheidende, strengere Kleidung und bedeckten sich mit einem Schleier gewöhnlich vom Alter der Mannbarkeit, vom zwölften Jahre an, um auf solche Weise auch äußerlich ihren Vorsatz kund zu geben und alle Anträge der Liebe

---

[298]) Hieronym. ad Demetriad de servanda virginitate. Ambros. Exhortatio ad virgin. lapsam c. 5. Id. lib. de virginib. cf. concil. Carthag. ap. Ferrand., nach welchem auch ein Priester mit Erlaubniß des Bischofs die Jungfrauen weihen durfte. Daß dabey eine der Ordination ähnliche Ceremonie der Händeauflegung vorkam, ist wahrscheinlich Selvaggio cit. Lib. I. p. 2. c. 2. §. 3.

[299]) Chrysostom. T. 5. serm. 45.

[300]) Vorschriften für Solche sieh in Hieronym. ad Gaudent. de Pacatulae ordin., dann desselben gewiß auf viele Mädchen paßende Erzählung von der Asella ad Marcell. de laudib. Assellae cf. ejusd. ad Eustach. de custod. virg. Ep.

von sich abzuhalten. [301]) In diesem Zustande waren sie zunächst denjenigen, welche förmlich und feierlich dem Herrn sich geweiht hatten, zumal auch diese nicht immer in Klöstern vereinigt waren, sondern häufig einzeln im eigenen Hause bey ihren Eltern und Verwandten ihrem heiligen Vorsatze zu leben pflegten. Wo daher von dem Chor heiliger Jungfrauen, von den Schaaren derjenigen, die sich Gott geweiht hatten, die Rede war, wurden gewiß jene mit diesen darunter begriffen; denn auch von ihnen konnte und mußte man eigentlich sagen, daß sie ihr Leben Gott weihten, daß sie von der Jungfräulichkeit Profession machten, diese als ihren Stand erwählt hatten. Basilius macht in c. 38 ad Amphilochium rücksichtlich der Gesetzgebung über die Ehen solcher Jungfrauen eine historische Bemerkung, die nach dem Gesagten vollkommen klar ist, die aber auch nur hienach richtig aufgefaßt werden kann. Er sagt nemlich [302]): „In Betreff „der gefallenen Jungfrauen, welche Gott ein keusches Leben „gelobt, nachher aber, vom Fleische überwältigt, ihren „Vorsatz gebrochen haben, bestimmten unsere Väter, ge„linde und erbarmungsvoll gegen die Schwäche der Fal„lenden verfahrend, daß sie, gleichwie die digami, nach „einem Jahre in die christliche Gemeinschaft zugelassen „werden sollten. Mich dünkt aber, da nun mit Gottes „Gnade die Kirche bereits erstarkt ist und der Orden der „Jungfrauen nun sich vermehrt; so muß die Sache auf„gefaßt werden, wie sie der Vernunft sich darstellt, und „nach dem Sinne der Schrift, wie er durch Folgerung

---

[301]) Hieronym. ad Marcell. de laudib. Asellae, id. ad Gaudent de Pacatulae ord., id. ad Marcell. de aegrot. Blasillae.

[302]) Beveregii Pandect. can. T. II. p. 74.

„sich ergiebt. Denn die Wittwenschaft ist geringer als „die Jungfrauschaft, folglich ist auch das Vergehen der „Wittwen weit geringer als das der Jungfrauen. So „laßt uns nun sehen, was Paulus an Timotheus geschrie- „ben hat: „Hüthe dich vor jungen Wittwen. Denn wenn „„sie wider Christus üppig werden, dann wollen sie heu- „„rathen und sind gerichtet, weil sie ihr erstes Angelöbniß „„vernichtet haben." Wenn sohin die Wittwe dem streng- „sten Urtheile unterworfen ist, weil sie die Treue gegen „Christus gebrochen hat, was ist dann von der Jungfrau „zu halten, welche die Braut Christi, ein Gott geweihtes „Gefäß ist? Eine große Sünde ist es zwar, wenn eine „Magd, heimlichen Verbindungen sich ergebend, mit Un- „zucht das Haus erfüllt und durch ihr schlechtes Leben „gegen ihren Herrn Unrecht thut; aber weit ärger ist „es, wenn die Braut treubrüchig wird, und die Verbindung „mit dem Bräutigam schändend und entehrend, unerlaub- „ten Lüsten sich hingibt. Die Wittwe wird demnach wie „eine geschwächte Magd verurtheilt. Die Jungfrau aber „unterliegt der Verdammung der Ehebrecherin und wie „wir denjenigen, der einem fremden Weibe beiwohnt, „einen Ehebrecher nennen und zur Communion nicht eher „zulassen, als nachdem er von seiner Sünde abgelassen „hat, eben so müßen wir auch gegen denjenigen verfahren, „der eine Jungfrau hat. Nun müßen wir aber erklären, „daß wir eine Jungfrau diejenige nennen, die sich frei- „willig Gott geweiht, und der Ehe entsagt und ein ge- „heiligtes Leben vorgezogen hat. Das Versprechen neh- „men wir aber von der Zeit an, wo das Alter zum vollen „Gebrauche der Vernunft gelangt ist. Denn die Aeußer- „ungen der Kinder darf man nicht als fest und verbindend „ansehen, sondern diejenige, welche sechzehn oder siebzehn

„Jahre alt und ihrer Vernunft mächtig ist, die, lange „erforscht und geprüft, beharrlich geblieben ist und um „Aufnahme gebeten hat, die soll dann in das Verzeichniß „der heiligen Jungfrauen eingeschrieben und ihre Willens„erklärung soll bestätigt, deren Verletzung aber unerbitt„lich bestraft werden. Denn Viele werden von ihren El„tern und Brüdern oder anderen Verwandten diesem „Berufe gewidmet vor dem gehörigen Alter und ohne ei„genen Antrieb zur Ehlosigkeit, sondern aus weltlichen „Absichten von Seite jener, und diese soll man nicht „aufnehmen, bis deren eigene Gesinnung deutlich erforscht „worden."

In früherer Zeit war es selten gewesen, daß Jungfrauen, in die Zahl der Wittwen aufgenommen, diesen gleich, eine feierliche, unwiderrufliche Profession ablegten. Wir erinnern uns aus der vorigen Periode, daß Tertullian den Fall als einen außerordentlichen bezeichnete. Diejenigen, welche ohne solche feierliche Profession sich der Keuschheit weihten und auch äußerlich als Solche, die den Vorsatz beständiger Jungfrauschaft gefaßt hatten, sich zu erkennen gaben, wurden, wie wir auch schon in der vorigen Periode gesehen haben, gleich den digamis einer Buße unterworfen, wenn sie, dem erklärten Vorsatz ungetreu, sich verheuratheten. Jetzt aber war es, wie gesagt, häufig, daß dergleichen Jungfrauen nicht bloß für sich den Vorsatz faßten, sondern auch gleich in den Kanon der Wittwen als *παρθένοι χῆραι*, wie Ignatius sich ausdrückte, sich eintragen und eben zu dem Ende feierlich vom Bischofe ihren Vorsatz bestätigen ließen d. h. eigentliche Profeß ablegten. Da sie nun durch ihre große Anzahl bereits eine besondere Klasse bildeten, die im Gegensatze der Wittwen erschien, so nahmen natürlich auch eine eigene Sorgfalt und

Rücksicht in Anspruch und das war die natürliche Veranlassung, daß Basilius nun eigens darauf aufmerksam machen mußte, daß diese Jungfrauen nicht in der Art, wie früher die, so den Vorsatz der Ehlosigkeit gefaßt hatten, beurtheilt werden dürften, sondern nach demselben Gesetze wie die Wittwen, ja weit strenger noch, als diese behandelt werden müßten. Das entscheidende Moment bildete aber hier, wie früher, wenn, nach Tertullians Ausdruck, eine in viduatum aufnehmen ließ, die feierliche Profession: das ist in dem eben angeführten Kanon des Basilius zur Genüge hervorgehoben. Bestätigt ist es aber noch in dem folgenden Kanon 19, wo Basilius von den Männern sagt: *Ἀνδρῶν δὲ ὁμολογίαν οὐκ ἔγνωμεν πλὴν εἰ μή τινες ἑαυτοὺς τῷ τάγματι τῶν μοναζόντων ἐγκατηρίθμησαν· οἳ κατὰ τὸ σιωπώμενον δοκοῦσι παραδέχεσθαι τὴν ἀγαμίαν. πλὴν καὶ ἐπ' ἐκείνων, ἐκεῖνο ἡγοῦμαι προηγεῖσθαι προσήκειν, ἐρωτᾶσθαι αὐτοὺς καὶ λαμβάνεσθαι τὴν παρ' αὐτῶν ὁμολογίαν ἐναργῆ, ὥστε ἐπειδὰν μετατίθεντες πρὸς τὸν φιλόσαρκον καὶ ἡδονικὸν βίον, ὑπάγειν αὐτοὺς τῷ τῶν πορνευόντων ἐπιτιμίῳ.* *)

So bestimmte Basilius aus eigener Autorität über die Jungfrauen, die sich in die Zahl der kanonischen förmlich hatten einreihen lassen, das Nemliche, was früher schon das Concilium zu Eliberis über die virgines quae se Deo dicaverint verfügt hatte. [303])

[303]) Vergl. c. 60 ad Amphiloch. *Παρθένος ὁμολογήσασα καὶ ἐκπεσοῦσα τῆς ἐπαγγελίας, τὸν χρόνον τοῦ ἐπὶ τῆς μοιχείας ἁμαρτήματος ἐν τῇ οἰκονομίᾳ τῆς καθ' ἑαυτὴν ζωῆς πληρώσει. τὸ αὐτὸ καὶ ἐπὶ τῶν βίον μοναζόντων ἐπαγγελλομένων καὶ ἐκπιπτόντων.* **)

*) Anhang Lit. V.

**) Anhang Lit X.

Diese Jungfrauen lebten theils in Klöstern, theils außer denselben, [304]) waren, wie wir aus Basilius schon entnommen haben, seitdem sie eine eigene Klasse für sich bildeten, weit höher geachtet, als die Diaconissen und bestanden deßhalb auch fort, als man die letzteren allmälig überall abschaffte. [305]) Die jungfräulichen Gelübde konnten, ja sollten in der ersten Jugend abgelegt werden, zur Diaconisse durfte man keine Wittwe vor wenigstens vierzig Jahren befördern. [306]) Obgleich also das Verhältniß dieser Jungfrauen in dem der Diaconissen ursprünglich seine Wurzel und seine Quelle hat; [307]) so dürfen doch beide von nun an nicht mehr verwechselt werden. Für beide galt aber dasselbe Gesetz, daß sie nach abgelegter Profession nie mehr heurathen konnten, was auch das Concilium von Chalcedon noch bestätigt hat (im Jahre 451 K. 15, 16), indem es beide, wenn sie heuratheten, mit dem Anathem belegte. Wie übrigens Basilius in seinem Kan. 19 die Mönche denselben Vorschriften unterworfen hatte, wie die Jungfrauen, und auch von ihnen eine förmliche Profession verlangte, so begreift beide auch das Concilium von Chalcedon in dem Anathem seines Kan. 16.

Von nun an, war also das votum solenne, welches abgelegt wurde bei der Eintragung in den Kanon der Kirchenjungfrauen oder bei der Aufnahme in den Orden

---

[304]) So nach Justinians Zeit. Sieh Nov. 6. c. 6. Nov. 123. c. 43. Auf dieselbe Weise, wie die Männer theils als Einsiedler, theils als Mönche lebten.

[305]) Conc. Laodic. c. 11 Selvaggio II. p. 54.

[306]) Concil. Chalced. c. 15 (αō 451) Iustin. Nov. 6. c. 6. Nov. 123. c. 13. Vgl. übrigens Concil. Agathens. c. 19.

[307]) Vgl. Chrysostom. T. 5. Serm. 45.

der Mönche (ἐν τῷ τάγματι τῶν μοναζόντων) ein absolutes Hinderniß, welches durchaus keine gültige Ehe in der Folge mehr zuließ. Was in dieser Beziehung die morgenländische Kirche bestimmte. und beobachtete, das wurde auch im Abendlande gehandhabt, wie nicht bloß der früher schon angeführte Ausspruch des Conciliums von Eliberis, sondern auch die Satzungen des vierten und sechsten Conciliums von Carthago, Kan. 104 (c. 1 c. XXVII. qu. 1) und Kan. 44 und 126, dann die Verordnungen mehrerer Päpste beweisen. [308])

Jene Jungfrauen galten für eine hohe Zierde der Kirche [309]); sie wurden hoch geehrt und waren ein Gegenstand besonderer Pflege und Sorgfalt für die Bischöfe, [310]) die sich angelegen seyn ließen, so viel Mitglieder wie möglich diesem erhabenen Stande zu gewinnen. [311]) Bei

---

[308]) Leo der Große, Symmachus, Innocenz I. c. 3. c. XXVII. qu. 1. c. 10, c. 11, c. 14, c. 15, c. 18 eod. c. 19, c. 28, c. 38, c. 42 eod. c. 1. c. XX. qu. 1. c. 8. eod. Leon. M. Ep. ad Epp. african. Ballerin. opp. I. 668. Vgl. die Aussprüche des heiligen Cyprian c. 5. c. XXVII. qu. 1. u. c. 13. eod. dann die can. Tolet et Arausican. c. 27. u. c. 35. c. XXVII. qu. 1. Die Bestimmungen der c. 7 u. 8 c. XXVII. qu. 1. werden wir später zu erörtern Gelegenheit haben. Ueber das votum simplex sieh c. 9. c. XXVII. qu. 1. Die angeblichen Stellen aus des hl. Augustinus Buch de bono viduitatis in c. 41. c. XXVII. qu. 1. sind apokryph. Berardi Gratian. c. integr. ab apocryph. discreti III. p. 306. Vgl. Augustin. de bono conjugali c. 213 de bono Vid. c. 9.

[309]) Cyprian. de habitu virginum. Hieronym. de virgin. veland. Ambros. Exhort. ad virg. lapsam. Epiphan. expositio fid. cathol. c. 21. Chrysostom. quod canonicae cum viris cohabitare non debeant. Augustin. de vera Relig. c. 3. cf. Thomassin. cit. P. I. L. 3. c. 42. §. 13.

[310]) Thomassin. cit. §. 6. Selvaggio cit. L. 1. p. 2. c. 14. §. 4.

[311]) Z. B. Ambrosius L. de viduis, lib. 1. de virg. et l. 3.

diesem allgemeinen Eifer nach höherer christlicher Vollkommenheit geschah es, wie gesagt, häufig, daß Eltern schon von Kindheit an ihre Töchter diesem heiligen Stande weihten [312]); eben so häufig aber wohl auch, daß Töchter wider Willen der Eltern und trotz ihres Widerstrebens sich zu demselben bestimmten. Wie oft mogte der Vater schon längst seiner Tochter ein anderes Loos bereitet, einen Bräutigam ausersehen haben, wie manche Pläne der Mutter, wohlersonnene Berechnungen und Erwartungen einer ganzen Familie konnten durch solche Gelübde eines Mädchens zerstört werden! [313]) Je größere Schwierigkeiten dieses überwand, desto größer war sein Ruhm, desto höheres Lob hatte es zu gewärtigen. Wohl mogte es sich manchmal fügen, daß solche Gelübde gethan wurden, um sich der Zudringlichkeit eines widerwärtigen Bräutigams, absichtlicher Verwandten oder allzu gebietherischer Eltern ein für allemal zu entledigen. Der Befehl der Eltern, die Ansprüche des Bräutigams, alles mußte nun dem heiligen Vorsatze der sich Gott weihenden Jungfrau weichen. [314])

---

eod. Hoc non omnibus imperatur, sagt Ambrosius von diesem Gelübde, sed ab omnibus flagitatur.

[312]) Thomassin. cit. §§. 7, 8, 11.

[313]) Darauf spielt z. B. Hieronymus an in folgender Stelle ad Marcell. de laudib. Asellae: Tunicam fusciorem quam a matre impetrare non poterat, induta, pio negociationis auspicio, se repente Deo consecravit, ut intelligeret universa cognatio, non posse aliud ei extorqueri, quae jam saeculum damnasset in vestibus. Cf. Concil. Milevit. c. 26.

[314]) Optat. contr. Parmen. lib. 6. In mitrella indicium est voluntatis, non castitatis auxilium, ut res jam Deo devota; ne qui sponsabat, perseveret petere, aut ne raptor audeat violare. Ambros.

Die Mädchen pflegte man damals sehr frühzeitig, lange ehe sie zur Ehe fähig waren, zu verloben; [315]) die Verlöbniße wurden sehr feierlich begangen, priesterlich eingesegnet und durch diese Einsegnung mit einem Character von Heiligkeit und Unverletzlichkeit bekleidet, daß sie der wirklichen Ehe durchaus gleich geachtet wurden; [316]) denn auch bei der Ehe wurde der Grund der Unauflöslichkeit in der religiösen Weihe gesucht, die sich in der kirchlichen Feierlichkeit aussprach. Wenn nun in der Zwischenzeit, zwischen diesen Sponsalien und der wirklichen Vollziehung der Ehe, die Jungfrau den Entschluß faßte, in beständiger Keuschheit ihr Leben dem Herrn zu weihen, so wurden dadurch die Sponsalien vereitelt. Ein Frevel wäre es gewesen, auf deren Erfüllung zu bestehen, [317]) nachdem die Braut einen so viel erhabeneren Gatten, den Erlöser

---

Lib. 1. de virginib. Dotem negabant parentes? Sed habes divitem sponsum, cujus contenta thesauro, patriae successionis emolumentum non quaeras. Quanto dotalibus praestat compendiis casta paupertas! Et tamen, quam audistis aliquando propter studium integritatis legitimae factam successionis exortem? Contradicunt parentes, sed volunt vinci: indignantur frequenter, ut discas vincere. Abdicationem minantur, ut tentent, si potes damna saeculi non timere. Exerceris virgo, dum cogeris. Si vincis domum, vincis et saeculum.

[315]) Cf. supra de imped. aetatis.

[316]) Leunclav. J. G. R. I. pag. 216. III. 334 sq. 365 VI., VII. cf. 385. XLVI. 396 init. 409 Concil. Trull. c. 98. cum comment. Balsam. Dieselbe Ansicht hatten die deutschen Juristen, welche die öffentlich und feierlich geschlossenen Sponsalien gleich der Ehe für unauflöslich erklärten Brower de jure connubior. L. I. c. 25 No. 5. Sieh unten das Kap. v. d. Sponsalien.

[317]) Tertull. de virg. veland. O! Sacrilegae manus, quae dicatum Deo habitum detraher potuerunt.

selber, sich erkoren hatte. [318]) Mogten auch jene Sponsalien wie immer, durch arrha und Kuß, bekräftigt worden seyn, so war doch die Wirkung des Gelübdes dieselbe. Solchen durch arrha und Kuß und priesterlichen Segen bekräftigten Sponsalien pflegte aber nur die wirkliche Uebergabe der Braut noch an den Bräutigam, die deductio in domum mariti, zu folgen, mit welcher der wirkliche Ehestand eintrat. Bis zum Augenblicke dieser Uebergabe wurden die Verbundenen immer nur sponsus und sponsa genannt [319]); von da an hießen sie maritus und uxor [320]) und, so wie die deductio in Folge dieser Sponsalien statt fand, so wohnte, wie bereits bemerkt worden, die ganze Kraft und Heiligkeit der ehlichen Verbindung wesentlich schon in ihnen. Eben darum lag es aber auch ganz nahe, die wirklich vollzogene Ehe nicht minder um des von einem Gatten gefaßten Entschlußes zur Keuschheit willen aufzuheben, da sie aus anderen weit minder achtbaren Gründen gelöst zu werden pflegte. [321]) Daher die Gesetze Justinians, welche nicht bloß die Aufhebung der Verbindung zwischen zwei Sponsis durch einseitigen Eintritt in ein Kloster sanctionnirten, selbst wenn die Sponsalien durch arrha bekräftigt gewesen, [322]) sondern auch

---

[318]) Das Bild einer geistigen Ehe mit Christus tritt uns überall entgegen, wo von den Gott geweihten Jungfrauen die Rede ist. Sieh z. B. c. 41. cs. XXVII. qu. 1.

[319]) L. 1. Cod. de sponsal. l. 2. Cod. de repud. l. 6. Cod. de donat int. vir. et ux.

[320]) L. 3. Cod. de sponsal. l. 15 et 16 de donat. ant. nupt.

[321]) Joann. Cassian. Collat. patr. Coll. 21. c. 10.

[322]) L. 54. Cod. de Episcop. et Cler. (1, 3) Vgl. l. 22 Cod. de rapt. V. et V. (9, 13) Nov. 143: Nov. 150 u. Nov. 6. c. 6. Nov. 123. c. 43.

die bereits bestehende und vollzogene Ehe durch ein feierliches Keuschheitsgelübde und die Ergreifung einer Gott geweihten Lebensweise als bona gratia diremtum matrimonium betrachteten und eben so behandelten, als ob der von der Welt sich lossagende Gatte wirklich gestorben wäre. [323]) In der Aufhebung jener Sponsalien, die der Ehe gleich stunden und in der Folge ihr gänzlich und ausdrücklich gleichgestellt wurden [324]), erblicken wir die Grundlage dessen, was in den Gewohnheiten der katholischen Kirche rücksichtlich der Aufhebung des matrimonium ratum durch ein feierliches Gelübde sich erhalten hat; dem anderen Theile aber der Justinian'schen Bestimmungen, welche auf die bereits vollzogene Ehe denselben Grundsatz anwendeten, hat die abendländische Kirche, und besonders der päpstliche Stuhl stets auf das bestimmteste widersprochen. [325]) In der morgenländischen Kirche dagegen sind diese Justinian'schen Gesetze anerkannt worden und geblieben. Sie sind im Nomokanon Lit 24 aufgenommen. Die bisher angeführten kirchlichen Satzungen, die Kanones von Ancyra nemlich, von Chalcedon und die des Basilius stehen in der Collectio canonum des Joannes Scholastikus

---

[323]) L. 56 Cod. de Episcop. et Cler. (1, 3) Cap. 39, 40. Nov. 123 l. 3 Cod. de sponsal. l. 15 Cod. de donat. int. V. et U. l. 54 de Episcop. et Cler. c. 12 Nov. 117. C. 2 Nov. 21.

[324]) Balsamon. ad c. 98 Trullan.

[325]) C. 19. Caus. XXVII. qu. 2 Gregor. Mag. Epist. ad Urbicum lib. 9 Epist. 49. c. 2. l. 9 Epist. 44. Cf. Yvo. Pars 8 c. 129 Epitom. veter. jur. can. l. 29. Tit. 29. c. 2. Augustin Ep. 70 ad Bonifacium Ejusd. Ep. 45 ad Armentar. Ejusd. Ep. 199 ad Ecditiam. Id. de conjug. adulter. c. 3. Vgl. c. 22 c. XXVII. qu. 2 ex regul. Basil. c. 12. S. Chrysost. et Theophylact. in c. 7. Epist. ad Corinth. Ejusd. homil. 17 et 63 in Matth.

Tit 24 (Voell. II. 563) und in der Epitome des Simeon Magister,[326]) welche in der Justel'schen Ausgabe auch noch die späteren Kanones der Trullan'schen Synode enthält. Das Trullan'sche Concilium bestätigte im Kanon 40, 44 und 47 die bisherigen Bestimmungen, namentlich erneuerte der Kanon 44 in Beziehung auf die Mönche die Verfügung des Conciliums von Chalcedon.

Das Ganze der bisherigen kirchlichen und weltlichen Bestimmungen ist endlich zusammengefaßt in des Photius Syntagma Tit. 8 c. 14 Tit. 11 c. 5. Die Bestimmungen der Novelle 123 Justinians sind zuletzt auch noch übergegangen in die Basiliken.

§. 8.

Hinderniß aus der priesterlichen Weihe.

In der vorigen Periode haben wir gesehen, wie mit den Verrichtungen des Opfers vom Anfang an das Gesetz der Enthaltsamkeit verbunden war und wie daher aus der täglichen Verrichtung des Opfers das Gesetz einer beständigen Enthaltsamkeit oder des Cölibats von selber folget, wie daher denen, die in den höheren Weihen standen, die Eingehung einer Ehe stets verboten, den Bischöfen, und wohl auch den Priestern, sogar der Genuß und die Fortsetzung der vor ihrer Erhebung zur Weihe schon geschloßenen Ehe streng untersagt war. Wir haben damals einiges vorgreifend aus den Authoritäten dieser Periode entlehnen müssen, weil es mit dieser Frage, wie mit allen anderen Punkten kirchlicher Tradition, in Lehre und Disciplin, ergangen ist, daß sie nemlich erst dann zur Sprache kam und schriftlich erörtert wurde, als Abweichungen davon

---

[326]) Voell. II. 719 No. 15 et 16, 738 No. 2, 739 No. 8.

sich zeigten, die auf Geltung in der Kirche Anspruch machten. Troz dem nun, daß, wie wir aus unwidersprechlichen Zeugnißen ersehen, [327]) das Bedürfniß der Kirche es noch lange mit sich brachte, daß auch Verehlichte zu geistlichen Würden erhoben wurden, so scheint doch zur Zeit des Nicänischen Conciliums die Zahl der ehlosen Geistlichen schon die überwiegende gewesen zu seyn, indem nur dadurch die Bestimmung des Kanon 3 wegen der sogen. *συνεισάκτοι* od. subintroductae sich erklärt [328]). Denn nur bey Unverheuratheten konnte die Sitte, solche subintroductas zu sich zu nehmen, aufkommen, da den Verheuratheten, wie wir aus can. apost. 5 (6) ersehen, nicht gestattet war, ihre Frauen aus dem Hause zu entfernen. [329])

Jovinian aber, Vigilantius, Helvidius und einige andere Ketzer fiengen an, den Cölibat zu bestreiten, indem

---

[327]) Hieronym. I. contr. Jovinian. Eliguntur mariti in sacerdotium, non nego; quia non sunt tanti virgines quanti necessarii sunt sacerdotes. Epiph. Ep. ad Pamach. Episcopi, Presbyteri, Diaconi aut virgines eliguntur, aut vidui aut certe post sacerdotium in aeternum pudici. Id. Exposit. fid. cath. No. 21. Sacerdotium ex virginum ordine praecipue constat, aut si minus e virginibus, certe ex monachis, aut si minus monachorum ordine, ex his creari sacerdotes solent, qui a suis uxoribus se continent, aut secundum unas nuptias in viduitate versantur.

[328]) *Απηγόρευσε καθόλου ἡ μεγάλη σύνοδος, μήτε ἐπισκόπῳ, μήτε πρεσβυτέρῳ, μήτε διακνόνῳ, μήθ᾽ ὅλως τινὶ τῶν ἐν τῷ κλήρῳ, ἐξεῖναι συνείσακτον ἔχειν· πλὴν ἐι μὴ ἄρα μητέρα, ἢ ἀδελφὴν, ἢ θείαν ἢ ἃ μόνα πρόςωπα διαπέφευγε πᾶσαν ὑποψίαν. ὁ δὲ παρὰ ταῦτα ποιῶν κινδυνεύσει περὶ τὴν ἑαυτοῦ ἀξίαν.**)

[329]) Wer übrigens den can. apost. 5 (6) als ein Zeugniß gegen das Gesetz der Enthaltsamkeit betrachtet wissen wollte, der müßte alles, was wir in der vorigen Periode, über die absolute Pflicht der Bischöfe, sich ihrer Frauen zu enthalten, beigebracht haben, umstoßen, und dazu

*) Anhang Y.

sie dessen Verdienstlichkeit, somit auch dessen Nothwendigkeit bei den Bischöfen und Priestern in Abrede stellten. Hiegegen nun erhoben sich Epiphanius und Hieronymus, welche als eine bekannte Sache die Unverträglichkeit der priesterlichen Verrichtungen mit dem ehelichen Leben geltend machten und dabey auf das Beispiel des Orients, Aegyptens und der römischen Kirche sich beriefen. Sie bemerken ausdrücklich, daß alle, die in höheren Weihen standen, von dem Augenblicke an, wo sie dieselben empfangen hatten, falls sie als Ehmänner geweiht wurden, ihrer Frauen sich enthalten mußten. [330]) Was dagegen

---

wäre ein ziemlich starker Gegenbeweis nöthig. Der Kanon kann darum nicht anders gedeutet werden, als dahin, daß eben nicht unter dem Vorwande der gebotenen Enthaltsamkeit, die Frauen mit Härte aus dem Hause verstoßen werden sollen.

[330]) Epiphan. Exposit. fidei No. 21 cit. ex his creari sacerdotes solent qui a suis se uxoribus continent etc., Id. haeres. 48 No. 9. *διὰ τῶν ἀπὸ μονογαμίας ἐγκρατευσαμένων καὶ τῶν ἐν παρθενίᾳ διατελούντων.* Eod. 59 No. 4 *ἀλλὰ καὶ τὸν ἔτι βιοῦντα καὶ τεκνογονοῦντα, μιᾶς γυναικὸς ὄντα ἄνδρα, ὀυ δέχεται, ἀλλὰ ἀπὸ μιᾶς ἐγκρατευσάμενον, ἢ χηρεύσαντα Διάκονον τὲ καὶ Πρεσβύτερον, καὶ Ἐπίσκοπον, Ὑποδιάκονον, μάλιστα ὅπου ἀκριβεῖς κανόνες ὁι Ἐκκλησιαστικοί.* *) Cf. Ejusd. Expositio fidei No. 22. Hieronym. advers. Vigilantium: Quid facient Orientis Ecelesiae, quid Aegypti et sedis apostolicae? quae aut virgines clericos accipiuut, aut continentes, ut si uxores habuerint, mariti esse desinunt. Id. Apolog. pro lib. adv. Jovin. Episcopi, Presbyteri, Diaconi aut virgines eliguntur, aut vidui aut certe post sacerdotium in aeternum pudici. — Id advers. Jovinian. lib. 1 cit. certe confiteris non posse esse Episcopum qui in Episcopatu filios faciat, alioquin etc. Cf. Euseb. Caesar. Demonstratio evangel. l. 9. c. 9. Illis qui sacrati sunt (*τοῖς ἱερομένοις*) atque in Dei ministerio cultuque occupati deinceps se continere convenit. Chrysost. in Epist. 1 ad Timoth. hom. 10. hom. 2 de Patientia Job. *δεῖ γὰρ παντελεῖ ἁγνείᾳ ἐστέφθαι τὸν ἱερέα.* Isidor. Pelusiot. L. 3. Ep. 75.

*) Anhang Z.

Sokrates und nach ihm Sozomenos und Andere von den angeblichen Verhandlungen des Conciliums von Nicäa berichten, ist erdichtet, dient indessen durch die Art, wie es vorgebracht ist, wenigstens zu beweisen, daß nach alter Tradition kein Ordinirter sich verheurathen durfte [331]).

Das Verbot scheint in der Folge sogar auf die Lectoren und Kantoren, die durch can. apostol. 26 ausdrücklich ausgenommen waren, erstreckt worden zu seyn, da das Concilium von Chalcedon im Kan. 14 bemerkt, es werde denselben in einigen Provinzen zu heurathen gestattet [332]), was wohl zu erkennen giebt, daß dieselbe Freiheit ihnen bei weitem nicht überall zugestanden wurde.

---

[331]) Bellarmin. lib. 1 d. Celeric. c. 20 Baronius ad ann. 325 de concil. Nicaen. Muratori anecd. graec. p. 218. G. D. Berg, Ueber das Ehband im Anhg. S. 77. ffg. Klitsche, Gesch. des Cölibats S. 55 a. E. ffg. Keiner von denen, die es wissen könnten und müßten, weiß etwas von den angeblichen Verhandlungen und der Rede des Paphnutios, wovon Sokrates berichtet. Epiphanius und Hieronymus behaupten vielmehr gerade das Entgegengesetzte in einem Verhältnisse, wo sie, namentlich letzterer von Seite des Jovinian, sicherlich Widerspruch erfahren hätten, wenn etwas an dem, was Sokrates erzählt, gewesen wäre. Sokrates selbst verräth dabey deutlich seine Abneigung gegen den Cölibat und hat seine Geschichte von einem novatian'schen Priester Auxanon, der ihm auch noch andere Mährchen aufgebunden hat. Nach Sokrates soll übrigens Paphnutios bei dem Concil darauf angetragen haben, daß man es bey der alten Tradition belasse, wonach kein Priester nach der Ordination heurathen durfte. Es bestand also nach des Sokrates Zugeständniß eine alte Tradition, welche die Priesterehe untersagte.

[332]) *Ἐπειδὴ ἔν τισιν ἐπαρχίαις συγκεχώρηται τοῖς ἀναγνώσταις καὶ ψάλταις γαμειν.* etc. Can. apost. 26. *Τῶν ἐις κλῆρον προσελθόντων ἀγάμων, κελεύομεν βουλομένους γαμεῖν, ἀναγνώστας, καὶ ψάλτας μόνους.* Const. apost. c. 17. Lib. VI. Epiph. Expos. fid. cit. No. 21. Secundum hos gradus (Episcopi,

Uebrigens muß man, wie aus der bisherigen Darstellung ohnehin hervorgeht, unterscheiden zwischen dem Verbote zu heurathen und dem, in der bereits bestehenden Ehe fortzuleben. Letzteres, das bloß mit den Verrichtungen des Altaropfers zusammenhieng und daher, je nach Zeiten und Orten mehr oder minder ausgedehnt, mehr oder weniger streng gehandhabt werden mogte, jenachdem die Untergeordneten nach der gebräuchlichen Disciplin mehr oder minder zur Theilnahme am Altardienste zugezogen wurden, erstreckte sich nach des Epiphanius Angabe im Anfange dieser Periode bereits bis auf die Subdiakone, indeß Hieronymus in Ansehung desselben Verbots nur der Diakonen erwähnt. [333]) Den Grund desselben

---

Presbyteri, Diaconi et Subdiaconi.) Lectorum ordo ex omnibus ordinibus eligi potest h. e. e virginibus, monachis, continentibus, viduis et iis qui honestis matrimoniis illigantur. Immo, si necessitas fuerit, ex bigamis. Quippe lector non sacerdos est, sed tanquam divini verbi scriba.

[333]) Zur Ergänzung dessen, was über das Gebot der Enthaltsamkeit von der eigenen Frau in Ansehung der Bischöfe in der vorigen Periode schon beigebracht wurde, ist hier noch Folgendes zu bemerken. Chrysostomus, der in homilia 10 in I. Thimoth. anzunehmen scheint, daß Paulus den Bischöfen, die unius uxoris viri waren, nicht den Umgang mit dieser ihrer legitimen Frau untersagt habe (wie auch Hieronymus adv. Jovin. lib. 1 sagt: Quia rudis ex gentibus constituebatur Ecclesia, leviora nuper credentibus dat praecepta, ne territi ferre non possent), spricht doch an verschiedenen Stellen das Zeugniß unzweideutig aus, daß zu seiner Zeit dieser Umgang nicht erlaubt war, z. B. homil. in Paul. Epist. ad Titum, dann in homil. 2 de patientia Job. wo er gerade über die Worte des Apostels sagt: Unius uxoris virum non ea ratione, ut id in Ecclesia observetur: oportet omni prorsus castitate sacerdotem ornatum esse. Das nemliche erweiset aber besser noch die Thatsache, daß um das Jahr 400 unter des Chrysostomus Vorsitz der Bischof Antonius abgesetzt wurde unter anderen, weil er als Bischof mit seiner Frau Kinder

giebt Epiphanius, eben so wie Origenes, Hieronymus und die Uebrigen an, daß nemlich auf dieselbe Weise, wie die Laien zu Zeiten sich des Gebetes wegen enthalten sollen, die Priester, die immer bethen sollen, auch beständig zur Enthaltsamkeit verpflichtet seyen. Von demselben Grundsatze geht das dritte Concilium von Carthago in seinem Kanon 2 aus, der als einer der merkwürdigsten Be=

---

erzeugt habe. (Klitsche Gesch. des Cölibats S. 63.) Gregor von Nyssa trennte sich, als er Bischof geworden war, von seiner Frau Theosobia, welche Diakonisse wurde. Synesius, da er Bischof werden sollte wider seinen Willen, schrieb in seiner Epist. 105: Quare hoc omnibus praedico et testor, neque me ab uxore prorsus sejungi velle, neque adulteri instar cum ea clanculum consuescere. Alterum enim nequaquam pium est, alterum illicitum. So bekräftigen durch ihr Zeugniß Chrysostomus und Gregor von Nyssa für den Orient, Synesius für Aegypten, was Hieronymus in der früher angezogenen Stelle von der Disciplin dieser Kirchen, so wie der römischen sagte. Von letzterer werden wir sprechen. Die Worte des Synesius erinnern an die des Hieronymus: „Alioquin si deprehensus fuerit, non ut vir tenebitur sed ut adulter damnabitur. Wo übrigens Epiphanius (haeres 59, 4) von der Nichtbeobachtung der Kanones über den Cölibat und die Enthaltsamkeit spricht, gedenkt er doch nur der Priester, Diakonen und Subdiakonen, welche nach der Weihe noch in der früher geschlossenen Ehe Kinder zeugten. Eine Bestätigung, daß diese dennoch dem nemlichen Gebote der Enthaltsamkeit unterlagen, brauchen wir daraus nicht zu folgern, da er an derselben Note 330 schon angeführten Stelle ausdrücklich sagt: Quin eum insuper qui adhuc in matrimonio degit, ac liberis dat operam, tametsi unius uxoris vir, nequaquam tamen (Ecclesia) ad diaconi, presbyteri, episcopi aut hypodiaconi ordinem admittit, sed eum dumtaxat qui ab unius uxoris consuetudine sese continuerit aut ea sit orbatus. Eben so sagt Cyrillus von Jerusalem (catech. 12): Si quis apud Jesum bene fungitur sacerdotio abstinet a muliere. Die von den Widersachern des Cölibats angeführte Stelle aus des Athanasius Brief an den Drakontius (Ep. I. p. 268 No. 9.) beweist hiegegen nichts, da sie nichts anderes besagt, als daß nicht der Stand die Menschen vollkommen mache, indem sowohl Bischöfe, wie Mönche vorkommen, die sich das Gebot und die Pflicht der Enthaltsamkeit nicht angelegen seyn lassen.

lege für das bisher Gesagte hier wohl angeführt werden muß. Es heißt dort: Aurelius episcopus dixit: cum in praeterito concilio de continentiae et castitatis moderamine tractaretur, gradus isti tres conscriptione quadam castitati per consecrationes annexi sunt; episcopos inquam, presbyteros et diaconos ita placuit, ut condecet sacrosanctos antistites et Dei sacerdotes, nec non et levitas vel qui sacramentis divinis inserviunt, continentes esse in omnibus, quo possint simpliciter quod a Deo postulant impetrare, ut quod apostoli docuerunt et ipsa servavit antiquitas nos quoque custodiamus. Ab universis episcopis dictum est: omnibus placet, ut episcopi, presbyteri, diaconi vel qui sacramenta contrectant, pudicitiae custodes, etiam ab uxoribus se abstineant; ab omnibus dictum est, placet ut in omnibus ab omnibus continentia custodiatur qui altari deserviunt. [334])

Gegen so zahlreich gehäufte Beweise kann der Kan. 4 des Conciliums von Gangra (v. J. 355), welcher das Aanathem über diejenigen verhängt, die behaupteten, daß man an dem Opfer eines verheuratheten Priesters

---

[334]) Uebereinstimmend sagt Augstinus de adult. conjug. c. 20. Illos qui virilem excellentiam non putant nisi peccandi licentiam, quando terremus ne in adulterinis conjugiis haerendo pereant in aeternum, solemus eis proponere continentiam clericorum, qui plerumque ad eam sarcinam subeundum capiuntur inviti, eamque susceptam ad debitum finem, Deo adjuvante, perducunt. . . . Dicimus ergo eis: quid si et vos ad hoc subeundum populorum violentia caperemini: nonne susceptum caste custodiretis officium, repente conversi ad impetrandas vires a Domino de quibus antea non cogistatis.

nicht theilnehmen solle [335]) keinen vernünftigen Zweifel erregen, weil er gegen die Eustathianer gerichtet war, welche die Ehe überhaupt verabscheuten und als dermassen befleckend ansahen, daß sie sie namentlich bey ihren Priestern, selbst wenn sie als Laien geheurathet hatten und nachher in Enthaltsamkeit lebten, als eine Mackel betrachteten, um derentwillen dieselben die Sakramente nicht verwalten könnten. Baronius (ad ann. 361 Nro. 55) Bellamin (de cler. 21 ad secund.) und Andere meinen daher, die Worte *πρεσβυτέρου γεγαμηκότος* seyen von einem verheurathet gewesenen Priester zu verstehen. Gesetzt aber auch, daß diese Erklärung nicht anzunehmen wäre, so bewiese doch der Kanon nichts gegen das Bestehen des bisher nachgewiesenen Disciplinargesetzes; denn ein anderes ist eine Satzung der Kirche, welche durch die gesetzlichen Mittel und die legitimen Organe der kirchlichen Gewalt aufrecht zu halten und durchzuführen ist, und ein anderes die anmassende Strenge einer Sekte, welche aus einem irrigen und von der Kirche verworfenen Beweggrund ein Verfahren zur Pflicht macht, das in den kirchlichen Satzungen nicht begründet ist und wodurch, im Widerspruch mit allen Grundsätzen kirchlicher Ordnung, die Gläubigen zu Richtern über ihre Priester aufgestellt werden. [336]) Auch Gregor von Nazianz mißbilligte auf ähn-

---

[335]) *Εἴ τις διακρίνοιτο περὶ πρεσβυτέρου γεγαμηκότος, ὡς μὴ χρῆναι λειτουργήσαντος αὐτοῦ, προσφορᾶς μεταλαβεῖν, ἀνάθεμα ἔστω.*

[336]) Anders war es, als Gregor VII. die beweibten Priester in den Bann gethan hatte. Damals war das Meiden der Messe eines solchen Priesters auf Seite des Volkes nur Gehorsam und im Gegentheile das geflissentliche Verharren in der Communion mit ihm nur Widerspenstigkeit und Schisma.

liche Weise das Benehmen derjenigen, die sich den Geistlichen wählen wollten, der ihnen die Taufe spenden sollte, als ob es für die Wirksamkeit des Sakramentes auf die Beschaffenheit des Spenders ankäme, und dabei geht doch gerade aus seinen Worten hervor, wie Cölibat oder Enthaltsamkeit durchaus als wesentliche Eigenschaften eines ordentlichen Priesters betrachtet wurden. Ne dicas, sagt er, baptizet me Episcopus . . .aut si presbyter, saltem qui coelebs sit, qui continentiae laude atque angelica vivendi ratione floreat. (oratio 40) Das Concilium von Gangra bekämpft darum in seinem Kanon 4 nicht bloß den verkehrten Abscheu der Eustathianer gegen die Ehe, sondern auch den ebenso großen und gefährlichen Irrthum, als ob bei den Sakramenten der Spender selbst mitwirkend und nicht bloß Organ und Werkzeug der erlösenden Gnade wäre.

Daß übrigens das Gesetz der Enthaltsamkeit und des Cölibats von den Priestern und untergeordneten Klerikern (von den Bischöfen ist in der Hinsicht nie die Rede) nicht allgemein in seiner ganzen Strenge beobachtet worden sey, ließe sich aus dem Kanon 4 von Gangra, wofern man nicht die Uebersetzung des Baronius annimt, eben so, wie aus der angezogenen Stelle des H. Gregor von Nazianz, allerdings schließen. Allein dieß sagt auch schon Epiphanius, dasselbe sagt Ambrosius, das nemliche bemerkt Isidorus Pelusiota in derselben Zeit, während Alle doch dem Gesetze selbst, im Gegensatze solcher Erschlaffung und Nachläßigkeit, das bestimmteste Zeugniß geben. Die Stellen aus Epiphanius und Ambrosius sind bereits angeführt worden. Isidorus Pelusiota aber sagt (lib. 3 Ep. 75) Exhibite corpora vestra hostiam viventem. Non ad sacerdotes solos scribens, ut existimas, hoc mandabat, sed universae Ecclesiae. Unumquemque enim vestrum hac in parte Sacerdotem esse jussit. Quodsi castitas et pudicitia subditos sacerdotes ordinat, libido procul dubio et lascivia sacerdotibus dignitatem abrogat. *Atque hoc quidem leges et ecclesiastica instituta sanciunt:* verum haud admodum tamen istud fit. Quam autem ob causam non est meum commemorare. [337]) Man sieht auch aus dieser Stelle, wie castitas und pudicitia in der allgemeinen Meinung zwar vorzüglich den Geistlichen oblag, was den kirchlichen Satzungen von denselbelben auch forderten, wie aber leider diese Verordnungen nicht beobachtet wurden.

Für die richtige Auffaßung der bisher angeführten Autoritäten bürgt überdieß die Strenge, womit in derselben Zeit von Seite der Päpste und in der abendländischen Kirche überhaupt auf die Enthaltsamkeit der verheuratheten Geistlichen bis zum Subdiacon herab gedrungen wurde. Davon unten mehr. Daß aber im Oriente die Abweichung von dem Gesetz allmählig zur Regel wurde, das zeigt die

---

[337]) Cf. Leonis M. Ep. ad Episc. Thessalon c. 4. (c. 1 Dist. 32.) Sacerdotum enim tam excellens est electio, ut haec, quae in aliis ecclesiae membris non vocantur ad culpam, in illis tamen habeantur illicita;, nam cum extra clericorum ordinem constitutis nuptiarum societati et procreationi filiorum studere sit liberum arbitrium, ad exhibendum tamen perfectae continentiae puritatem nec subdiaconis quidem connubium carnale conceditur ut et qui habent, sint tanquam non habentes, et qui non habent permaneant singulares. Quod si in hoc ordine qui quartus a capite est dignum est custodiri, quanto magis in primo aut secundo vel tertio servandum est, ne aut levitico, aut presbyteriali honore aut episcopali excellentia quisquam idoneus aestimetur qui se a voluptate uxoria necdum fraenasse detegitur.

spätere, der bisherigen ganz entgegengesetzte Entwicklung der Gesetzgebung über diesen Gegenstand.

Es erklärt sich, wie schon bemerkt worden, daraus, daß im Orient die priesterlichen Verrichtungen mehr auf dem Bischofe ruhten und die Priester seltener daran theilnahmen. Es erhielt sich darum nur die Regel, daß der Bischof, Priester und Diakon nach erhaltener Weihe nicht mehr heurathen durften, was in der That keinen Sinn hat, wenn nicht die Weihe sie zur Enthaltsamkeit verpflichtet. — Dieses letztere wurde aber in Ansehung der schon bestehenden Ehe nur noch beym Bischof anerkannt. Zeugniß davon giebt die Gesetzgebung Justinians, der in l. 48 Cod. de Episcop. et cler. (5. 3) vgl. Nov. 6 c. 1 §. 3), unter Berufung auf die heiligen Kanones, einen zum Bischof zu erheben verbietet, der mit einer Frau zusammenwohnt und Kinder hat, und in l. 45 eod. (vgl. Nov. 22 c. 22 Nov. 123 c. 14) verordnet, daß Bischöfe, Priester, Diakonen und Subdiakonen, die sich verheurathen, ihrer Würden verlustig werden, deren Frauen und Kinder als illegitim angesehen und durchaus unfähig seyn sollen, sie zu beerben, durch Testament oder auf andere Weise etwas von ihnen zu erhalten.[338]) Die Kinder, die

[338]) C. 12 No. 123 gestattet dagegen ausdrücklich die Ordination von Verheuratheten im Gegensatze Solcher, die mit Concubinen leben, und illegitime Kinder zeugen. Doch erklärt der Kaiser in C. 5 Nov. 6 nachdem er verordnet hat, daß Keiner zum Priester oder Diakon geweiht werde, welcher zum zweitenmal oder mit einer Geschiedenen verheurathet ist, oder der eine Frau genommen, die nicht von gutem Wandel und keine Jungfrau war: Nihil enim sic in sacris ordinationibus diligimus, quam cum castitate viventes, a u t c u m u x o r i b u s **n o n c o h a b i t a n t e s**, aut unius uxoris virum, qui vel fuerit vel sit, et ipsam (uxorem) castitatem eligentem primum principium

aus solchen Priesterehen entspringen, will er denen gleichgeachtet wissen, die aus incestis vel nefariis nuptiis geboren worden, und so scheint durch ihn zuerst am Ordo der Charakter eines trenenden Ehhindernißes in der Art hervorgehoben worden zu seyn, daß troz dem Verluste der priesterlichen Würde, den sie nach sich zog, die Ehe doch nicht bestehen konnte. Daher bestimmt denn auch das Concilium in Trullo in seinem Kanon 26, womit es den Kanon 27 des Basilius erneuert, daß die Ehe, welche im Widerspruche mit den Kanones geschloßen worden, aufgelöst werde und der Mann durchaus keinen Umgang mit dem Weibe habe, durch welches er seiner heiligen Verrichtungen verlustig geworden. [339]) Außer dem Zusammenhang mit den vorhergehenden und nachfolgenden Bestimmungen und mit den übrigen Aussprüchen des Basilius betrachtet, hätte dieser Kanon 27, den das Concilium hier erneuerte, die Vermuthung erwecken können,

---

et fundamentum manifestum secundum divinas regulas et residuae virtutis constitutam. Das Folgende dieser Stelle bestättigt das Ehverbot für die Ordinirten bis zum Subdiakon inclusive, gestattet aber dem Lector sogar die zweite Ehe.

[339]) *Πρεσβύτερον τὸν κατὰ ἄγνοιαν ἀθέσμῳ γάμῳ περιπαρέντα καθέδρας μὲν μετέχειν, κατὰ τὰ ὑπὸ τοῦ ἱεροῦ κανόνος ἡμῖν νομοθετηθέντα, τῶν δὲ λοιπῶν ἐνεργειῶν ἀπέχεσθαι· ἀρκετὸν γὰρ τῷ τοιούτῳ ἡ συγγνώμη· ἐυλογεῖν δὲ ἕτερον τὸν τὰ ὀικεῖα τημελεῖν ὀφείλοντα τραύματα, ἀνακόλουθον. ἐυλογία γὰρ ἁγιασμοῦ μετάδοσίς ἔστιν· ὁ δὲ τοιοῦτον μὴ ἔχων, διὰ τὸ τῆς ἀγνοίας παράπτωμα, πῶς ἑτέρῳ μεταδώσει; μὴ τοίνυν δημοσίᾳ μήτε ἰδίᾳ ἐυλογείτω, μήτε τὸ σῶμα τοῦ κυρίου διανεμέτω ἑτέροις, μήτε τὶ ἄλλο λειτουργείτω. ἀλλ᾽ ἀρκούμενος τῇ προεδρίᾳ προσκλαιέτω τῷ κυρίῳ συγχωρηθῆναι ἀυτῷ τὸ ἐκ τῆς ἀγνοίας ἀνόμημα. πρόδηλον γὰρ ὡς ὁ τοιοῦτος ἄθεσμος γάμος διαλυθήσεται, καὶ ὀυδαμῶς ὁ ἀνὴρ μετουσίαν ἕξει πρὸς τὴν, δἰ ἣν τῆς ἱερᾶς ἐνεργείας ἐστέρηται.**)

*) Anhang A. a.

als ob zu des Basilius Zeit den Priestern selbst zu heurathen erlaubt gewesen wäre; denn da er sagt, „von dem „Priester, der aus Unwissenheit in eine verbotene Ehe „gerathen sey, habe er bestimmt, daß er zwar seinen Rang „behalten, im Uebrigen aber von allen Verrichtungen sich „enthalten solle;" so läßt sich doch nicht annehmen, daß mit dieser Unwissenheit eine ignorantia juris gemeint sey, als hätte der Priester geheurathet, ohne zu wißen, daß die Ehe überhaupt ihm verboten sey; [340]) sondern man kann offenbar nur eine ignorantia facti darunter verstehen, wie z. B. daß der Priester eine Ehe eingegangen habe, die aus irgend einem andern, ihm unbekannten, faktischen Grunde, als wegen der Priesterweihe, unter die verbotenen gehörte. Vergleicht man aber die andern bisher angeführten Autoritäten und den Kanon 69 des nemlichen Kirchenvaters, so ist augenscheinlich, daß er sich bloß ungeeignet ausdrückte, weil ihm wohl gar nicht in den Sinn kam, daß man seine Worte einst dahin verstehen könnte, als ob der Priester als solcher heurathen könne, sondern daß er nur von einer unerlaubten Ehe sprach, die der Priester, ohne es zu wissen, vor Empfang der Weihe eingegangen hätte, (z. B. mit einer Repudiata, mit einer Person von schlechtem Wandel rc. [341]) In diesem Sinne erklären

---

[340]) Vgl. übrigens Kan. 3 des Concilium in Trullo, wo selbst in Ansehung der Bigamie eine Ignorantia juris angenommen und berücksichtigt wird. Zugleich ist dieser Kanon ein merkwürdiges Zeugniß von der Strenge, mit welcher die römische Kirche auf die Beobachtung des Cölibatgesetzes bestand.

[341]) Der Kan. 69 ist auf ähnliche Weise abgefaßt, dient aber, da er bloß vom Lector und Minister spricht, zur Bestätigung dessen, daß den Priestern zu heuraten verboten war. Ἀναγνώστης, heißt es, ἐὰν τῇ ἑαυτοῦ μνηστῇ πρὸ τοῦ γάμου συναλλάξοιεν, ἐνιαυτὸν ἀργή-

die Stelle Balsamon, Zonaras, und Aristinus, und offenbar mit um so größerem Rechte, als diese Auslegung eine ganz gleichlautende Bestimmung im Kan. 9 des Conciliums von Neocesarea für sich hat, wo es heißt: „Wenn, „der vorher sich körperlich befleckt hat, geweiht worden „und wenn er bekennt, vor der Ordination gefehlt zu „haben, so soll er nicht das Opfer verrichten, sonst unter „den Uebrigen verbleibend wegen seines anderweitigen „Strebens nach gutem Lebenswandel. Den Viele behaup„ten, die übrigen Sünden würden hinweggenommen durch „die Händeauflegung. Wenn er aber nichts eingesteht „und auch nicht offenbar überwiesen werden kann, so soll „er auch zum Opfer ermächtigt werden." Derjenige, welcher sein Vergehen reuig bekennt, wird gleichgeachtet einem, der aus Unwissenheit gefehlt hat (**Balsamon ad c. 27 Basil e. c. 26 Trullan**). Basilius spricht sich übrigens zu Gunsten der völligen Enthaltsamkeit entschieden aus in dem Briefe an den Priester Gregorius (bey **Labbé Concil. Tom. 2 p. 796.**) **In hoc autem situm est coelibatus decus est honestas**, sagt er, **quod separati simus a consuetudine et consortio mulierum.** Nachdem nun von Justinian an die Gesetzgebung an der Durchführung der alten Ordnung zu verzweifeln und deßhalb zu schwanken angefangen hatte, erhielt endlich die eingerissene, allgemeine Abweichung von der früheren Regel ihre förmliche Sanktion in den Beschlüßen der Trullanischen Versammlung (i. J. 692.) welche zwar in ihren Kanon 6 das Eheverbot

---

σας εἰς τὸ ἀναγινώσκειν δεχθήσεται, μένων ἀπρόκοπος. πλειψιγαμήσας δὲ ἄνευ μνηστείας παυθήσεται τῆς ὑπηρεσιας. τὸ αὐτὸ καί ὑπηρέτης. Nur das Letztere, was auf die heimliche Beiwohnung Bezug hat, ist auf den Subdiakon zu beziehen nach Balsamon.

für die Geistlichen bis zum Subdiakon inclusive erneuerte und in den Kanones 12 und 48 das Abstinenzgebot für die verheuratheten Bischöfe bekräftigte, aber im Kanon 13 (vgl. Kan. 6 a. E) ausdrücklich, im Gegensatze mit der römischen Kirche und im absichtlichen Widerspruch mit derselben, erklärte, daß den verheuratheten Diakonen und Priestern unverwehrt seyn solle, mit ihren Frauen zur geeigneten Zeit [340*]) die ehliche Gemeinschaft zu pflegen. Ja das Concilium gieng so weit, daß es den unter den Barbaren lebenden Geistlichen im Kan. 30 gleichsam nur aus Nachsicht ausnahmsweise gestattete, von ihren Frauen sich zu enthalten und sich von denselben zu trennen, wenn sie es zur Erbauung ihrer Gemeinden für nöthig hielten. Ein merkwürdiges Zeugniß, zugleich von der Verblendung der versammelten Väter und von der tiefen Bedeutung und Wahrheit des Grundsatzes, den sie bekämpften. Die sonst so strenge afrikanische Kirche scheint übrigens nach Kan. 12 des nemlichen Conciliums in der Erschlaffung und Unordnung endlich dahin gekommen zu seyn, daß selbst Bischöfe in der Ehe zu leben fortfuhren, was freilich im Gefolge der Ereignisse, welche diese Kirche trafen, hier auch weniger Wunder nehmen darf.

Das Resultat der bisherigen Untersuchung ist also, daß im Anfang dieser Periode die Theilnahme am Altaropfer für Alle, die nach ihrer Weihe dabei zugelassen wurden, die Verbindlichkeit beständiger Enthaltsamkeit nach sich zog; daher sie, wenn sie unverehlicht zu den höheren Weihen gelangten, bei Strafe der Absetzung nicht heurathen durften; daß aber im Verfolg der Zeit die strenge Durchführung dieses Gesetzes bloß auf die Bischöfe beschränkt blieb, während die Priester und Diakonen zwar nach Empfang der Weihen immer nicht heurathen durf-

[340*]) Damit ist die Zeit gemeint, wo sie nicht das Opfer zu verrichten hätten.

ten, falls sie aber vorher schon verheurathet gewesen, zur Enthaltsamkeit von ihren Frauen nicht angehalten wurden; daß endlich das für die Bischöfe, Priester, Diakonen und Subdiakonen von jeher bestehende Ehverbot durch Justinian in der Art bekräftigt wurde, daß außer dem Verlust ihrer Würden, welche deren Verehligung nach sich zog, auch die Ehe selbst getrennt werden mußte. [341]) Die Collectio canonum des Joannes Scholastikus enthält im Tit. 26 den can. apostol. 26, den Kanon 14 von Chalcedon und den Kanon 69 (hier 54) des Basilius, im Tit. 27 den (in der ersten Periode schon angeführten) Kanon 1 von Neocäsarea und den Kan. 10 von Ancyra, welches letzteren Bestimmungen jedoch durch c. 14 Nov. 123 außer Uebung gesetzt wurde. [342]) Dieses Gesetz Justinians ist im Tit. 23 des Nomokanon als Constitutio 45 angeführt. In der Epitome canonum sind die Satzungen des zweiten und dritten Conciliums von Carthago, ein Ausspruch des Basilius, daß jeder Kanonische (Mönch oder Geistlicher?), der sich verheurathe, getrennt werde, (welcher Ausspruch in des Basilius Briefen so sich nicht findet) und endlich die trullanischen Bestimmungen im Auszug enthalten. [343]) Daß im trullanischen Coder unter anderen auch die strengen Verordnungen der carthaginensischen Versammlungen aufgenommen worden, ist, in Betracht der von der trullanischen Versammlung selbst verfaßten Kanones 6 und 13,

---

[341]) Vgl. über die Disciplin der griechischen Kirche, Klitsche a. a. O. S. 66.

[342]) Dieses C. 14 Nov. 123 schreibt vor, daß Keiner zum Diakonus geweiht werde, der, falls er unverheurathet sey, nicht ausdrücklich gelobte, ehlos und in der Enthaltsamkeit zu leben.

[343]) Voell. II. 731 No. 6, 733 No. 25, 743 No. 7, 11, 12, 22, 744 No. 25.

von keiner weiteren Bedeutung. Von der Anerkennung und Befolgung aber der Justinian'schen Vorschriften, auch in der Beziehung, von Seite der Kirche zeugen die für die Kirche selbst veranstalteten Sammlungen der sog. 87 Kapitel, der 25 Kapitel und der Paratitla, welche sämmtlich die Bestimmungen der Nov. 123, der l. 45 und 48 Cod (1,8) und der Nov. 6 enthalten. [344]) Sie kommen daher auch, wie schon bemerkt, im Nomokanon vor [345]) und Photius endlich reproducirt sie gleichfalls in seinem Syntagma. [346])

Zu bemerken ist übrigens, was aus der bisherigen Darstellung sich freilich schon ergab, daß die Subdiakonen in allen diesen Quellen völlig gleich behandelt werden mit den Diakonen, also dort, wo das Continenzgebot für diese galt, nothwendig auch demselben unterworfen waren. Es zeigt sich hieraus, daß es ein Irrthum war, wenn man behauptete, das Subdiakonat sey in Hinsicht der Ehlosigkeit erst später, und zwar im 11ten Jahrhundert erst, den höhern Weihen beigezählt worden.

§. 9.

Hinderniß aus Mangel an Glaubenseinheit.

Wir haben am Schluße der vorigen Periode schon bemerkt, daß zu Augustins Zeit nach dessen Aeßerung in

---

[344]) Sieh die Verzeichnisse der Rubriken der Collect. 87 et 25 Capitul. bey Biener Gesch. der Nov. Just. S. 591, 594, 595, 596 und 598, die Paratitla bey Voell. II. p. 1316 sqq.

[345]) Voell. II. 634 sqq.

[346]) Tit. 1. C. 23, Tit. 3. C. 6, Tit. 8. C. 14, 15, Tit. 9. C. 22, 29. Die Verordnungen übrigens, die Photius an letzterer Stelle, als Constit. 44 lib. 1 Cod. Tit. 3, als Constit. 13. lib. 1. Novell. und als Const. 1 Cod. anführt, finden sich in dieser Faßung weder im Codex noch in den Novellen.

Cap. 19 de fide et operibus, die Ehen mit Ungläubigen häufig seyn mußten und als ziemlich unbedenklich angesehen worden zu seyn scheinen. War nun dieß in der afrikanischen, durchaus strengen Kirche der Fall, so geschah es gewiß nicht minder auch in der orientalischen. [347]) In der That scheint es auch bloß auf die Gefahr der Verführung zum Unglauben angekommen zu seyn, ob dergleichen Verbindungen geduldet und gebilliget wurden oder nicht, und das war es auch gewiß, was dabei zunächst in's Auge gefaßt werden mußte, weil es ja davon abhieng, ob mit gegründeter Hoffnung wirklicher Erfüllung des in der Ehe zu realisirenden Zweckes, somit auf erlaubte und moralisch zu billigende Weise der Eintritt in den Ehstand erfolgte und ob eine Heiligung des ungläubigen Gatten und der Kinder daraus zu erwarten war, oder im Gegentheile ein Verbrechen, die Entweihung, Entheiligung, der Abfall des Gläubigen, der die Verbindung eingieng. Je nachdem sie aber zum Guten oder zum Bösen, in Christus oder wider Christus geschloßen wird, ist die Verbindung der Geschlechter gut oder böse, wird eine Ehe oder ein Stuprum.

Es begreift sich daher, wie nach Umständen die Bestimmungen hierüber und die Observanz der Kirche wechseln konnten und mußten. Daß aber die Kirche durch die

---

[347]) Doch wurden noch immer die Worte des Apostels Paulus, nubat tantum in Domino, als ein Verbot der Ehe mit Ungläubigen gedeutet. Z. B. sagt Theodoret zu I. Cor. VII. 39 *μόνον ἐν κυρίῳ τουτέστιν ὁμοπίστῳ, ἐυσεβεῖ, σωφρόνως, ἐννόμως.* Augustinus selbst sagt in dem Briefe an Rusticus (Ep. CCXXXIV): Certissime noveris, etiamsi nostrae absolutae sit potestatis, quamlibet puellam in conjugio tradere, tradi a nobis christianam nisi christiano non posse. cf. lib. de adulterin. conjug. vid. Soti Institut. pro presbyt. curam anim. gerent. a. 1566 Lect. IX.

angegebene Rücksicht wesentlich sich leiten ließ, beweist unter andern der Kanon 30 (31) v. Laodicea v. J. 372, welcher verbietet, ohne Unterschied (überhaupt, durchaus πρὸς πάντα) mit Häretikern Ehen zu schließen und ihnen Söhne und Töchter der Katholiken zu geben, wohl aber dieselben anzunehmen gestattet, wenn sie Christen zu werden versprechen. [348]) Das nemliche deutet im Kanon 10 desselben Conciliums, wo von den Häretikern im engern Sinne die Rede ist, das Wort ἀδιαΦόρως an. [349]) Was bloß auf diese Weise, ohne Unterschied zu thun, verboten ist, das ist im Grunde nicht sehr streng verboten und wir haben hier den Beweis, daß es in der orientalischen Kirche in Ansehung der Ehen mit Ungläubigen und Irrgläubigen wirklich eben so gehalten wurde, wie nach des heiligen Augustinus Zeugniß in der afrikanischen Kirche. [350]) Einen weiteren Beweis dieser Nachsicht geben auch der

---

[348]) Ὅτι οὐ δεῖ πρὸς πάντα αἱρετικοῦσὶ ἐπιγαμίας ποιεῖν, ἢ διδόναι υἱοὺς, ἢ θυγατέρας, ἀλλὰ μᾶλλον λαμβάνειν, εἴγε ἐπαγγελλοίντο χριστιανοὶ γίνεσθαι. Wörtlich erneuert diese Bestimmung i. J. 506 das Concilum von Agde im Kan. 67. Ueber die Bedeutung, in welcher hier die Worte „Häretiker" und „Christ" zu verstehen sind, siehe Balsamon ad. c. 14 Chalcedon. Scis enim, haereticos in duos dividi, et in eos qui, quod secundum nos est, mysterium et divinam condescensionem suscipiunt, in quibusdam autem falluntur, quos etiam accedentes chrismate solo inungimus, et in eos qui hoc omnino non suscipiunt et sunt infideles, Judaeos scilicet et graecos, quos etiam baptizamus. Cf. C. 15 Concil. Illiberit.

[349]) Περὶ τοῦ μὴ δεῖν τοὺς τῆς ἐκκλησίας ἀδιαφόρως πρὸς γάμου κοινωνίαν συνάπτειν τὰ ἑαυτῶν παιδία αἱρετικοῖς.*)

[350]) Wie häufig um diese Zeit die Ehen mit Ungläubigen gewesen seyen, davon giebt auch Hieronymus mit bitteren Klagen u. tiefem Unmuth Zeugniß in der Epist. XI ad Ageruchiam de monogamia (cf. Bingham IX p. 283 in f.) und in der Schrift gegen Jovinian lib. 1 c. 5. Nunc pleraeque mulieres, sagt er hier, contemnentes apostoli

*) Anhang B. b.

Kanon 14 von Chalcedon und der Kanon 12 des dritten Conciliums von Charthago, [351]) welche beide das Verbot solcher Ehen vollends auf die Kleriker zu beschränken scheinen, wenigstens nur für diese eine Regel einschärfen, die nach der Sprache des Conciliums von Calcedon im Allgemeinen wenig beachtet worden zu seyn scheint. Von einer Nullität solcher Ehen ist hier nirgend die Rede. [352]) Um so schwerer

---

jussionem junguntur gentilibus et templa Chrisi idolis prostituunt. Licet in me saevituras sciam plurimas matronarum, licet eadem impudentia qua dominum contempserunt, in me pulicem et christianorum minimum debacchaturas, tamen dicam quod sentio etc.

[351]) Ἐπειδὴ ἔν τισιν ἐπαρχίαις συγκεχώρηται τοῖς ἀναγνώσταις καὶ ψλάταις γαμεῖν, ὥρισεν ἡ ἁγία σύνοδος, μὴ ἐξεῖναι τινα αὐτῶν ἑτερόδοξαν γυναῖκα λαμβάνειν· τοὺς δὲ ἤδη ἐκ τοιούτου γάμου παιδοποιήσαντας, εἰ μὲν ἔφθασαν βάπτισαι τὰ ἐξ αὐτῶν τέκνα παρὰ τοῖς αἱρετικοῖς, προσάγειν αὐτὰ τῇ κοινωνίᾳ τῆς καθολικῆς ἐκκλησίας· μὴ βαπτισθέντα δὲ, μὴ δύνασθαι ἔτι βαπτίζειν αὐτὰ παρὰ τοῖς αἱρετικοῖς, μήτε μὲν συνάπτειν πρὸς γάμον αἱρετικῷ, ἢ Ἰουδαίῳ, ἢ Ἕλληνι· εἰ μὴ ἐπαγγέλλοι μετατίθεσθαι εἰς τὴν ὀρθόδοξον πίστιν τὸ συναπτόμενον πρόσωπον τῷ ὀρθοδόξῳ. εἰ δέ τις τοῦτον τὸν ὅρον παραβαίη τῆς ἁγίας συνόδου, κανονικῶς ὑποκείσθω. *)

C. 12. III. Cencil. Carthag. Cod. Eccl. afr. c. 21 (24) Similiter placuit, ut filii clericorum gentilibus vel haereticis matrimonio non conjungantur.

[352]) Eine andere Meinung scheint freilich nach mehreren Stellen der heilige Ambrosius zu hegen, welcher allerdings die Gültigkeit der Ehe mit Ungläubigen in Frage stellt. z. B. L. I. de Abraham. c. 9: Cave christiane, gentili aut Judaeo filiam tuam tradere. Cave inquam, gentilem, aut Judaeam, aut alienigenam, hoc est haereticam et omnem alienam a fide tua uxorem accersas tibi. Prima conjugii fides, castitatis gratia est: si christiana sit, non est satis, nisi ambo initiati sitis sacramento baptismatis. Simul ad orationem vobis nocte surgendum est et conjunctis precibus obsecrandus Deus.

Id. ad Vigilium (ad episcopatum nuper promotum) opp. Ed. Maurin, T. II. Col. 842 et 844 sq. Primum omnium cognosce Ec-

*) Anhang C. c.

läßt sich annehmen, daß die schon bestehende Ehe zweier Ungläubigen durch den Uebertritt des einen von beiden zum christlichen Glauben, falls der andere mit diesem nicht friedlich fortleben wollte, als aufgelöst angesehen worden sey. Der heilige Augustinus, in seinem Buche de conjugiis adulteriis (I. c. 18 inf.) nennt die Wiederverehlich-

---

clesiam Dei tibi commissam, ideoque vitandum semper ne quid obrepat offensionis et fiat velut commune corpus gentilium admixtione. Unde scriptura tibi dicit: Ne accipias uxorem de filiabus Chananaeorum. Sed vade in Mesopotamiam in domum Bethuel i. e. domum sapientiae et ejus tibi adquire copulam. Mesopotamia autem est regio in partibus orientis, quae duobus maximis per ea locorum Euphrate et Tigri fluminibus circumvenitur, quibus origo est in Armeniae locis. Influunt autem diverso meatu in mare rubrum et ideo Mesopotamiae nomine signatur figura Ecclesiae quae maximis fluentorum prudentiae irriguis atque justitiae foecundat mentes fidelium quibus sacri baptismatis, cujus typus praecessit in rubro mari, infundit gratiam, culpamque abluit. Doce ergo plebem, ut non ex alienigenis, sed ex domibus christianis quaeratur conjugii copula.

Id. eod. Sed prope nihil gravius quam copulari alienigenae ubi et libidinis et discordiae incentiva et sacrilegii flagitia conflantur. Nam cum ipsum conjugium velamine sacerdotis et benedictione sanctificari oporteat, quomodo potest conjugium dici, ubi non est fidei concordia? Cum oratio communis esse debeat; quomodo inter dispares devotione potest esse conjugii communis caritas? Saepe plerique capti amore feminarum fidem suam prodiderunt, ut patrum populus in Belphegor. Unde Phinees, arrepto gladio, interfecit Hebraeum et Medianiten feminam et mitigavit indignationem divinam, ne totus populus extingueretur. Quid de pluribus exemplis loquar? Ex multis unum proferam et ejus commemoratione liqueat, quam perniciosum sit alienigenae mulieris adsciscere copulam. Quis fortior et ab incunabilis suis et munitior Dei spiritu quam Nazaraeus Samson? Et ipse proditus est et ipse per mulierem non potuit suam tenere gratiam. . .

Hoc ergo exemplo liquet alienigenarum consortia refugienda, ne pro caritate conjugii proditionis insidiae succedant.

ung des getrennten Ungläubigen adulterinos nexus, betrachtet also um so viel mehr die Wiederverehlichung des Bekehrten als ein adulterium und als unerlaubt (Aug. opp. Ed. Maur. T. IV. p. 398, 402. Nro. 30, 404. Nro. 35) Pabst Innocenz I. erklärt in seinem Briefe ad Episcopos in Synodo Toletana c. 6 die Ehen der Ungläubigen für unauflöslich. Eben so in dem Briefe ad Episcopos Macedoniae c. 2. (Pontif. Rom. Ep. gen. ed. Schönemann p. 523. in f. sq. Hardouin Concil. II. c. 1016) Auch Basilius und Chrysostomus, auf welche sich gewöhnlich die Vertheidiger der entgegengesetzten Meinung zu berufen pflegen, scheinen derselben im Grunde nichts weniger als günstig. Basilius berührt den Fall in dem früher

---

Id. Expositio Evangel. sec. Lucam Lib. VIII. opp. II. c. 1470 ad vers. 18 „omnis qui dimittit uxorem suam ..... Quidam enim putant omne conjugium a Deo esse, maxime quia scriptum est: quae Deus conjunxit homo non separet. Ergo si omne conjugium a Deo est, omne conjugium non licet solvere. Et quomodo apostolus dixit: Quod si infidelis discedit discedat? In quo et mirabiliter noluit apud Christianos causam residere divortii et ostendit, non a Deo omne conjugium; neque enim Christianae gentilibus Dei judicio copulantur, cum lex prohibeat. Sed occurrit illud quod ait Salomon: Domum et substantiam patres partiuntur filiis; a Deo autem praeparabitur viro uxor. Quod qui in graeco legit, non putat esse contrarium. Bene enim dixit graecus ἁρμόσεται; harmonia enim conveniens et apta rerum dicitur commissa conexio. Harmonia est autem fistula organi per ordinem copulatae, legitimae tenent gratiam cantilenae, chordarumque aptus servat ordo concordiam. Itaque non habent harmoniam nuptiae, quando Christiano viro gentilis mulier non legitime copulatur. Ergo ubi nuptiae harmonia, ubi harmonia Deus jungit. Ubi harmonia non est, pugna atque discussio est: quae non est a Deo quia Deus caritas est. Noli ergo uxorem dimittere, ne Deum tuae copulae diffitearis auctorem. Etenim si alienos, multo magis uxoris debes tolerare et

schon erwähnten Canon 9 ad Amphilochium, wo er sagt, daß nach der bestehenden Sitte die Frau durchaus beym Manne ausharen müße und, falls sie von ihm gehe und er eine andere nehme, die Schuld hievon mehr ihr als ihm zugerechnet werden müße. Wenn sie sich auch, meint er, darauf berufen könne, daß er Unzucht treibe, so erscheine sie darum doch nach der kirchlichen Gewohnheit nicht als gerechtfertigt, sondern es sey vielmehr der Frau selbst von dem ungläubigen Manne sich zu trennen nicht befohlen, aber auszuharren wegen der Ungewißheit des Ausgangs. „Denn was weißt du Frau, ob du deinen Mann erreten „wirst? Die daher ihren Mann verläßt, ist eine Ehebrecherin, wenn sie zu einem Andern geht." [353]) Hier wird

---

emendare mores. Audi quid dixerit Dominus qui dimittit uxorem, facit eam moechari Etenim cui non licet vivente viro mutare conjugium, potest obrepere libido peccandi . . . . .

Sed non solum hic coeleste praeceptum, sed quoddam etiam opus Dei solvitur. Paterisne, oro, liberos tuos, vivente te, esse sub vitrico? . . .

Sed fortasse dicit aliquis: quomodo Moyses . . . . . . respondeat Dominus: ad duritiam cordis vestri permisit vobis Moyses etc.

Ostendit autem hic locus, quae propter fragilitatem humanam scripta sunt, non a Deo scripta. Unde et Apostolus: Denuntio, inquit, non ego sed Dominus, uxorem a viro non discedere. Et infra: Ceteris, inquit, ego dico non Dominus: Si quis frater infidelem habet uxorem et relinquit eam. Itaque ubi est impar conjugium, lex Dei non est. Et addidit: Quod si infidelis discedit, discedat. Simul idem Apostolus negavit legis esse divinae, ut conjugium qualecunque solvatur: nec ipse praecepit, nec dedit deserenti auctoritatem, sed culpam abstulit destituto. Haec moraliter.

[353]) *Ἡ δὲ τοῦ κυρίου ἀπόφασις, κατὰ μὲν τὴν τῆς ἐννοίας ἀκολουθίαν, ἐξ ἴσου καὶ ἀνδράσι καὶ γυναιξὶν ἁρμόζει. . , . . . ἡ δὲ συνήθεια καὶ μοιχεύοντας ἄνδρας καὶ ἐν πορνείαις ὄντας*

ausdrücklich das Gegentheil von dem gesagt, was die Vertheidiger der Auflösung der Ehen mit Ungläubigen behaupten; denn Basilius nennt die Verbindung, welche die von ihrem ungläubigen Manne getrennte glaubige Frau mit einem Andern eingehen würde, geradezu einen Ehbruch. Auf dieselbe Weise räumt Chrysostomus der Frau zwar das Recht der Trennung von dem ungläubigen Manne ein, aber nicht anders als im Falle des Ehbruches auch. [354]) Non enim servituti subjectus est frater aut soror in hujusmodi. Si quotidie ea de causa pugnet, et bellum moveat, melius separari. Hoc enim subindicat, cum dicit: In pacem vocavit vos Deus. Ille enim causam praebuit, *ut is qui fornicatus est.* Daß aber Chrysostomus im Falle, wo ein Theil die Ehe brach, nicht der Meinung war, daß darum der andere wieder heurathen dürfe, daß er, mit andern Worten, die Trennung, die in diesem Falle gestattet war, nicht als eine Auflösung des Ehbandes, sondern lediglich als Aufhebung der ehlichen Gemeinschaft betrachtete, das haben wir theils oben schon bemerkt, theils werden wir es weiter unten noch genauer nachweisen. Ambrosius aber scheint allerdings in seiner Expositio Evangelii secundum

*κατέχεσθαι ὑπὸ γυναικῶν προστάστει· ὥστε ἡ τῷ ἀφειμένῳ ἀνδρὶ συνοικοῦσα, οὐκ οἶδα εἰ δύναται μοιχαλὶς χρηματίσαι. το γὰρ ἔγκλημα, ἐνταῦθα τῆς ἀπολυσάσης τὸν ἄνδρα απτεται . . . . εἰ δὲ διὰ τὸ ἐν πορνείᾳ αὐτὸν ζῆν, οὐκ ἔχομεν τοῦτο ἐν τῇ συνηθείᾳ τῇ ἐκκλησιαστικῇ τὸ παρατήρημα, ἀλλὰ καὶ ἀπίστου ἀνδρὸς χωρίζεσθαι οὐ προσετάγη γυνὴ, ἄλλα παραμείνειν· διὰ τὸ ἄδηλον τῆς ἐκβάσεως. τί γὰρ οἶδας γύναι, εἰ τὸν ἄνδρα σώσεις· ὥστε ἡ καταλιποῦσα, μοιχαλὶς, εἰ ἐπ' ἄλλον ἦλθεν ἄνδρα . . . .**)

[354]) Homil. 19 in I. Cor. VII. cf. homil. 26 in Genes. T. I. Ed. Paris 1614 p. 155 B. C.

*) Vergl. oben S. 128.

Lucam ad vers. 18 (Note 352) in der Voraussetzung einer entgegengesetzten Observanz zu sprechen, wenn man die Worte nicht bloß von der Aufhebung des gemeinschaftlichen Lebens zu verstehen hat. Letzteres dürfte jedoch nicht wohl angehen und es mögte richtiger seyn, anzunehmen, daß damals schon verschiedene Ansichten und eine widersprechende Praxis bestanden. Der angebliche Commentar des Ambrosius zum ersten Briefe an die Korinther kommt übrigens dabey nicht in Betracht, da er von demselben Falsarius ist, den wir früher schon der Ehscheidung im allgemeinen so überaus günstig fanden. [355])

Als zuverlässiges Resultat der bisherigen Untersuchung scheint aber auf jeden Fall das zu bestehen, daß die Ehe mit Ungläubigen und Häretikern, größtentheils auf eine Linie gestellt, nicht geradezu als ungültig betrachtet wurde und sogar geschloßen werden konnte, ohne eine Kirchenstraffe, wenigstens in der Regel, nach sich zu ziehen. Dieß scheint auch bis zum siebenten Jahrhundert so geblieben zu seyn. Dafür sprechen die l 12 und 18 Cod. (1, 5) von Justin und Justinian, welche für den Fall

[355]) Für die Auflösung der Ehe durch Conversion streitet der gelehrte Commentator ad c. 10 Eliberit. bei Aguirre (Concil hisp. II. p. 154 sq.) Er erblickt in den Worten des Can. 10: quod si fuerit fidelis quae ducitur ab eo qui uxorem inculpatam reliquit et scierit, eum habere uxorem quam sine causa reliquit, placuit, huic nec in fine dandam esse communionem, einen Beweis, daß man damals schon wegen Conversion und ungerechter Weigerung des ungläubigen Gatten, sine contumelia creatoris zu cohabitiren, die Ehe getrennt habe. Das legt er wenigstens als justa causa der Trennung, im Gegensatze der Scheidung sine causa, den Worten des Conciliums unter. Die Argumentation scheint indessen doch zu kühn und um so weniger zu rechtfertigen, als der Can. 10 verglichen mit C. 9 und 8 einen klaren Sinn darbietet. Vgl. Albaspin. bei Aguirre cit. II. p. 140.

eines Streites zwischen Eltern verschiedener Religion über die Confession der Kinder zu Gunsten des katholischen Theiles entscheiden; mehr aber noch als diese Stellen, die auch auf den Fall einer haeresis und scissio superveniens bezogen werden könnten, die l 5 Cod. (5, 1) von Leo und Anthemius, welche die Ehe mit Personen einer anderen Religion oder Sekte ausdrücklich unter die erlaubten rechnet. [356]) Eine Ausnahme nur wurde in Ansehung der Juden gemacht, mit welchen den Christen jede ehliche Verbindung, gleich wie ein Adulterium, durch ein Gesetz der Kaiser Valentinian, Theodosius und Arcadius v. J. 388 (l 6. C. Th. 1, 9) untersagt wurde. Erst das Trullan'sche Concilium erklärt in seinem Kanon 72 auch die Ehen mit Häretikern für null und nichtig, was denn auch Rechtens geblieben ist, wie wir aus des Photius Syntagma ersehen, wo im Titl 12 Kap. 13 dieser Kanon 72 mit den Kanones von Laodicea, Chalcedon und Carthago und den eben angeführten kaiserlichen Gesetzen zusammengestellt ist. Die um 641 verfaßte Collectio constitutionum ecclesiasticarum [357]) enthält nichts als die l. 6 C. 1, 9 und in der Kanonensammlung des Joannes von Antiochien, so wie in der Epitome Canonum des Simeon Magister kommt nichts vor als die Kanones von Laodicea und von Chalcedon.

---

[356]) Daß Constantin der Große ein Gesetz über die Ehen mit Andersgläubigen gegeben habe, wie Constantin VIII. in seiner Schrift über die Reichsregierung an Romanus angiebt, ist um so weniger wahrscheinlich, als weder im theodosischen, noch im justinianischen Codex, noch in irgend einer andern Sammlung eine Spur davon zu finden ist. Die l. 1. Cod. Th. (3, 14) gehört nicht eigentlich hieher, da sie nur die Ehen mit Barbaren verbietet.

[357]) Binner Gesch. der Novellen Justinians. S. 185.

§. 10.
Hinderniß aus zu naher Verwandtschaft oder Schwägerschaft.

Was wir in der vorigen Periode von der Rücksicht bemerkten, welche die Kirche auf das mosaische sowohl, als auf das römische Recht nehmen mußte, bestätigt in dieser Periode ausdrücklich der Kanon 88 des Basilius.[358]) Wir sehen übrigens aus demselben, so wie aus anderen kirchlichen Monumenten der Zeit[359]), daß auch in der Kirche die Sitte wesentlich über diesen Gegenstand entschied und diese schloß sich der älteren römischen Volkssitte an, indem sie in der Blutsverwandtschaft bis in den vierten Grad der Seitenlinie (nach römischer Zählung) die Ehe verwarf und als ungültig behandelte[360]), unter dem Verbot also auch natürlich die Ehe mit des Bruders Tochter, eben so wie mit der Schwester Tochter, begriff[361]). Was die Schwägerschaft anbelangt, so wurde allgemein, wie schon in der vorigen Periode, die Ehe mit der Frau Schwester und des Mannes Bruder, gleich wie der Incest mit leiblichen Geschwistern, verdammt und verworfen[362]). Diese Bestimmungen, die allgemein anerkannt und befolgt wurden, giengen auch in die weltliche Gesetzgebung über[363]).

---

358) Beverege II. 320.

359) Cf. c. 18 Apostol.

360) c. 18 Apost. cit. Basil. c. 68.

361) Theophil. Alex. Comm. c. 4 Bevereg. II. 170.

362) Concil. Neocaesar. c. 2. Basilii c. 87 et 88 cf. 78. Ejusd. c. 67, 68, 75, 76, 77, 79. Thimoth. Alex. Resp. 12. Bevereg. II. 168.

363) Zum Theil waren sie wohl in den Worten der c. 17 Cod. de nupt. 5, 4 von Diocletian und Maximian caeteris quae jure antiquo prohibentur, a quibus cunctos volumus abstinere. Diese wurde

Die Ehe mit des Bruders, eben so wie mit der Schwester, Tochter wurde, im Widerspruche mit dem in der vorigen Periode angeführten erlaubenden Gesetze des Claudius, verboten im J. 339, und zwar bey Todesstrafe verboten von Constantius und Constans [364]), deren Verordnung, jedoch mit gelinderen Strafen, bestätigt wurde von Arcadius [365]) und Anastasius [366]) und endlich von Zeno [367]), der solche Ehen ein **nefandissimum scelus** nennt und sogar Dispens dafür nachzusuchen verbietet. Nach **l. un. Cod. Theod. si nupt. ex rescript. pet. (3,10)** war das Ehverbot zwischen Geschwisterkindern, oder im vierten Grade der Seitenverwandtschaft, durch Theodosius den Großen wieder gesetzlich erneutert worden [368]) und die beståttigende **c. 3. C. Th. de incest et inut. nupt.** von Arcadius und Honorius v. J. 396 bezeichnet dieses Verbot als ein långst bestehendes. Im Jahre 405 hob jedoch Arcadius in letzterer Hinsicht das **priscum jus** für den Orient wieder auf, [369]) während es im Occident (laut der

---

aber, eben so, wie des Gajus Inst. I. 4. §. 6 erst in der christlichen Zeit abgeåndert. Zimmerm. a. a. O. §. 150 Note 26 u. 27.

[364]) L. 1. C. Th. de incest. nupt. (3, 12) Cuj. Obs. VIII. 27.

[365]) L. 3 C. Th. eod.

[366]) L. ult. C. d. incest. nupt. (5, 5.)

[367]) L. 2 C. si nupt. ex rescript. pet. (5, 8.)

[368]) Cf. Gaji Inst. lib. I. T. 4 §. 7 l. 1 C. Th. (3, 12) Libanius oratio pro agricol. et angar. Jac. Gothofred in Cod. Th. (3, 10) l. 1. Ambros. Epist. 66. ad Patern. Augustin. de civit. Dei l. 15, c. 16. Aus letzterer Stelle sehen wir, daß die öffentliche Meinung, zu größerer Strenge in Ansehung der Verwandtschaft sich neigend, dem Gesetze in der Verwerfung der Geschwisterkinderehen bereits vorangegangen war. Vgl. Athanas. Synops. script. lib. Numeror. T. II. Ed. Paris. 1648 p. 137.

[369]) L. 19. C. de nupt. (5, 4.)

l. un. C. Th. (3, 10) cit., die vom Jahre 411 ist) fortbestand und der Dispens unterlag. [370]) Die späteren das Hinderniß der Verwandtschaft betreffenden Gesetze des Zeno, als l. 9 Cod. 5,5 [371]) u. l. 2. c. 5,8, erwähnen auch der Geschwisterkinder nicht mehr und in §. 4. Inst. 1,10 (vgl. §. 3 eod.) wird endlich die Ehe derselben ausdrücklich für erlaubt erklärt [372]). Schwer scheint es gehalten zu haben, das Ehverbot der Schwägerschaft, mit der Frau Schwester und des Mannes Bruder, durchzusetzen, ungeachtet dasselbe, wie bereits bemerkt worden, im kirchlichen Herkommen längst begründet war [373]). Auf solche Schwierigkeit muß man nothwendig aus der häufigen Wiederholung der darauf bezüglichen Verordnungen schließen; denn nachdem diese Ehen schon von Constantins Söhnen für den Occident verboten worden waren durch l. 2 C. Th. de incest. nupt. 3,13, folgen im Orient fünf Constitutionen darüber von Theodos dem Großen, von Honorius und Arcadius, Honorius und Theodos II und endlich von Zeno [374]). Alle in verbotener Nähe der

[370]) Zimmern §. 150 Note 35, 36, 37, 38. So hebt sich von selbst der Streit, der von Launnoi, Jak. Gothofred u. And. über die Echtheit der l. 19 C. (5, 4) geführt wurde.

[371]) Daß diese nicht dem Anastasius zuzuschreiben sey, darüber Zimmern §. 150. Note 49.

[372]) Ueber die entgegengesetzte Lesart des angezogenen §. 4 Zimmern §. 150 Note 39. Schon der Anfang des §. 6 mit autem spricht, als einen Gegensatz bildend gegen den vorigen §., bezeichnend wider die Lesart non possunt cf. Gregor. M. Lib. XII. Epist. 31. Auch hier ist Gajus, wie bei der Ehe mit des Bruders Tochter, für die strengere, verbietende Meinung (T. I. 4 §. 6) was sich anders als durch Abänderung des Textes schwer erklären läßt.

[373]) Cf. Basilii Ep. 197 ad Diodor. Tarsens.

[374]) c. 2. C. de incest. nupt. 5, 5, l. 3. C. Th. 3, 12. l. 6 C. 5, 5. l. 4 C. Th. cit. l. 8 et l. ult. eod. Gaj. I. 4, §. 7 inter-

Verwandtschaft geschlossene Ehen waren ungültig, sowohl in den Augen der Kirche, als nach den Bestimmungen des bürgerlichen Rechtes.[375]) Dahin gehört auch die Ehe mit der von der geschiedenen Frau nach der Scheidung mit einem Anderen erzeugten Tochter, deren Justinian eigens in §. §. 6, 7, 8, 9, 10 Inst. 1, 10 gedenkt[376]). Der Kanon 54 des Conciliums in Trullo fügt den bisher angeführten Ehverboten auch noch das der Ehe zweier Brüder mit zwei Schwestern, des Vaters und Sohnes mit Mutter und Tochter oder mit zwei Schwestern oder der Mutter und Tochter mit zwei Brüdern hinzu und erneuert das Verbot der Ehe mit des Bruders Tochter. Durch diese neuen Verbote wurde also schon eine affinitas ex affinitate anerkannt, die übrigens in ff. 15 D. 23, 2. mit den Worten aus Papinian, Uxorem quondam privigni conjungi matrimonio vitrici non oportet, nec in matrimonium convenire novercam ejus qui privignae maritus fuit schon begründet war.

Im Nomokanon kommt in Tit. 44 außer den bekannten Stellen aus kirchlichen Quellen, nur das Verbot der Ehe mit des Mannes Bruder und der Frau Schwester aus den Institutionen und der c. 8 C. 5, 5 vor. Daß es übrigens bey der bisher entwickelten Gesetzgebung über die Blutsverwandschaft und Schwägerschaft diese ganze Periode hindurch sein Verbleiben hatte, beweist K. 2 Titl.

---

polirt nach der geltenden Gesetzgebung. Uebrigens heurathete Honorius selbst nacheinander zwei Schwestern des Stilicho.

[375]) Basil. c. 68 Zimmern §. 135. Note 8.

[376]) Merkwürdig ist dagegen, daß Justinian, während die Ehe halbbürtiger Geschwister verboten war, die der zusammengebrachten, oder der eigentlichen Stiefgeschwister als erlaubt erklärt §. 8 J. 1, 10 L. 34 §. 1. D. 23, 2.

13 des Syntagma, wo ausser den bekannten kirchlichen Bestimmungen nichts, als die ebenfalls bekannten Justinian'schen Gesetze, angeführt ist. [377]) Da wir nur von dem zu reden hatten, was diese Periode in Ansehung des Ehhindernisses der Verwandschaft neues darbot, so haben wir der nachgebildeten Verwandtschaft und Schwägerschaft, die aus der Adoption entstanden, nicht ferner gedacht, weil es in der Beziehung bey demjenigen sein Verbleiben hatte, was wir in der vorigen Periode schon angeführt haben. Den Erweiterungen dagegen des Begriffes der Verwandtschaft und Schwägerschaft, die wir in dieser Periode erst hervortreten sehen, müssen wir eine besondere Erörterung widmen.

Wenn, wie in der vorigen Periode bereits bemerkt worden, das Verlöbniß schon ein Verhältniß begründete, in Folge dessen der Vater die Braut des Sohnes, dieser die Verlobte des Vaters, die Mutter aber den Bräutigam der Tochter, diese den Verlobten der Mutter nicht heurathen durfte, so konnte wohl bey der hohen Achtung, welche wir in dieser Zeit den Sponsalien zollen sehen [378]), die Allgemeinheit nicht auffallen, in der Gregor der Große, um d. J. 595, in seinem angeblichen Briefe an Mauritius den Grundsatz ausspricht, daß Keiner die Verlobte seines Anverwandten zur Frau nehmen dürfe (c. 12 CXXVII

---

[377]) Später wurde das Ehhinderniß der Verwandtschaft viel weiter und das der Schwägerschaft sogar auf alle Fälle ausgedehnt, wo Verwechslung der Namen eintreten konnte. Die Zählart der Grade war aber bey letzterem Hindernisse eine ganz andere, als in der lat. Kirche. Berard. gratiani Can. integr. ab apocr. discret. II. A. p. 156.

[378]) Der Kan. 98 des trull. Concils nennt die Verbindung mit der Verlobten eines Anderen einen Ehbruch, legt also in Ansehung Dritter dem Verlöbniß durchaus die Wirkungen der wirklichen Ehe bey.

qu. 2). Indessen bestimmte Spuren, daß dieser Grundsatz im Orient anerkannt und befolgt worden sey, daß also das später sogenannte impedimentum publicae honestatis, so weit es aus Sponsalien entspringt, auch in der Seitenlinie bereits gegolten habe, finden sich doch nicht. Wohl aber beweist Zeno's c. 8 C. 5,5, welche auch im Nomokanon Tit. 44 aufgenommen ist, daß dasselbe Hinderniß, so weit es aus dem Matrimonio rato abgeleitet wird, in dieser Periode nicht bloß bekannt, sondern völlig der wirklichen Schwägerschaft gleichgeachtet war [379]). Freilich mag aber gerade wegen der hohen Achtung, die man vor den Sponsalien hatte, die Unterscheidung dieses Ehhindernisses von der wirklichen Schwägerschaft der Zeit fremd gewesen seyn, so daß, wie die Sponsalien selbst der Ehe, so auch deren Wirkungen denen der Ehe ganz gleich gehalten wurden.

Wie hier das bürgerliche Recht der ältern Zeit den Anhaltspunkt zu dem bildete, was in der Folge in der Kirche mit größerer Bestimmtheit nur sich ausbildete und in consequenter Ausdehnung sich entwickelte, so findet sich auch in dem durch das Adoptionsverhältniß nach dem älteren römischen Rechte bereits begründeten Ehhindernisse, dessen wir in der vorigen Periode schon gedachten, ein

---

[379]) Licet quidam Aegyptiorum idcirco mortuorum fratrum sibi conjuges matrimonio copulaverint, quod post illorum mortem mansisse virgines dicebantur, arbitrati scilicet (quod certis legum conditoribus placuit) cum corpore non convenerint, nuptias non videri esse contractas; et hujusmodi connubia tunc temporis celebrata firmata sunt, tamen praesenti lege sancimus, si quae hujusmodi nuptiae contractae fuerint, eas earumque contractores et ex his progenitos antiquarum legum tenore subjacere, nec ad exemplum Aegyptiorum (de quibus supradictum est) eas videri fuisse firmas, vel esse firmandas.

ähnlicher Anhaltspunkt oder das Vorbild vielmehr für das Ehhinderniß der geistlichen Verwandschaft, welches nun in der Gesetzgebung dieser Periode hervortritt. Welches Verhältniß durch die Taufe zwischen dem Täufling und seinem Pathen sowohl, als dem Taufenden selbst, begründet wurde, haben wir in der vorigen Periode bereits bemerkt. Es war ein Verhältniß pflichtmäßiger, mit großer Verantwortung verbundener Fürsorge des Pathen gegen den Täufling und der Folgsamkeit und Treue von diesem gegen jenen, dem der Adoption ähnlich, das aber durch den erhabenen Zweck, zu dem es begründet wurde, und durch die damit verbundene Vorstellung einer wahren Wiedergeburt zum ewigen Leben eine weit größere Bedeutung und Innigkeit erhielt. [380]) Procopius, ein Zeitgenosse Justinians, berichtet in seinen Anekdoten (lib 1 c. 1) in der Geschichte des Jünglings Theodosius, bey den Christen sey es Sitte, durch die Pathenschaft zu adoptiren und das Verbrechen, welches der so Adoptirte durch fleischlichen Umgang mit seiner Pathin begehe, sey so ungeheuer, daß man alle Scheu vor Gott und Menschen und alles Schamgefühl verloren haben müsse, um es zu begehen. Damals war der alte Gebrauch, der Knaben nur Männer, Mädchen nur Weiber zu Pathen geben ließ, längst verwischt. Justinian faßte nun in seiner l. 26 Cod. de nuptiis (5, 4) die alte Ansicht und das heilige Verhältniß des Pathen zu dem Täufling im Sinne der Kirche auf, und indessen er, merkwürdig genug, in derselben Verordnung dem Pflegevater die Ehe mit der Pflegetochter gestattet, verbietet er, wegen jener höhern Bedeutung und der darin liegenden heiligen Beziehungen, die Ehe des Taufpathen mit dem Täufling.

[380]) Gregor. Nazianz. Ep. 91.

Was von früheren Verordnungen über diesen Gegenstand beigebracht zu werden pflegt, der 21te und 22te von den arabischen, angeblich nicänischen Kanones, der zweite von den gleichfalls dem nicänischen Concilium zugeschriebenen Kanones, die aus den vierzig von diesem Concilium an Constantin gesendeten Büchern entnommen seyn sollen, das Alles kann als gefälschtes Fabricat hier nicht in Betracht kommen. In der Sitte hatte sich das Gesetz herangebildet; das sieht man aus der Sprache der Justinian'schen Verordnung, welche nur gelegentlich gleichsam, da von der Ehe der Pflegetochter die Rede ist, dieses Hindernisses gedenkt und den Grund desselben als einen allgemein bekannten und anerkannten anführt. Der Kanon 53 des Conciliums in Trullo erklärt aber bereits, indem er auch die Ehe zwischen dem Pathen und des Täuflings Mutter bei Nichtigkeit untersagt, diese geistliche Verwandschaft, auf welche Justinian sich berufen hatte, für heiliger als die des Blutes und hat dadurch die Frage angeregt, ob denn das Ehhinderniß aus dieser Verwandtschaft nicht wenigstens eben so weit als das der Blutsverwandschaft ausgedehnt werden müsse. [380a])Ein Gesetz jedoch, das diese Frage entschiede, oder die Grenzen des Ehhindernisses der Verwandtschaft weiter zu bestimmen diente, haben wir aus dieser Periode nicht. [381])

---

[380]a) Daß die Kanones nur von den Taufpathen reden, ohne der Firmpathen zu gedenken, kommt daher, weil in früherer Zeit und vorzüglich in der griechischen Kirche die Firmung gleich nach der Taufe ertheilt, somit als fortgesetzter Akt angesehen wurde. Göschel a. a. O. S. 47.

[381]) Bingham in seinen origines seu antiquitt. Lib. 11. c. 8. §. 2 vol. IV. p. 288 behauptet, es sey Sitte gewesen, daß die Eltern selbst bey der Taufe ihrer Kinder die Pathenstelle vertraten, und beruft

§. 11.
Hinderniß aus vorhergegangenem Verbrechen des Ehbruchs oder Gattenmords.

Gratian bringt, wie schon bemerkt worden, in c. 2 C. XXXI qu. 1. eine Stelle aus des heiligen Augustin lib. I. c. 10 de nuptiis et concupiscentia vor, wonach es schiene, als ob zur Zeit dieses Kirchenvaters die Sitte der Christen und die herrschende Disciplin, im Widerspruch mit den später durch Justinian sanctionirten Gesetzen, die Verehlichung der Ehebrecherin mit demjenigen, mit welchem sie den Ehbruch begangen hatte, gestattet hätten. Die Stelle, wie sie Gratian ausgehoben, besagt wörtlich: Denique mortuo viro cum quo verum connubium fuit, fieri potest conjugium cum quo praecessit adulterium Die Correctores Romani bemerken zwar zu dieser Stelle, in den älteren Manuscripten heisse es fieri non potest conjugium; aber sicherer scheint man doch den Maurinern zu folgen, welche die Partikl non in den besten Codices nicht fanden und sie deßhalb auch in ihrer Ausgabe des Augustin nicht aufnahmen. Dessenungeachtet spricht aber die Stelle, in ihrem Zusammenhange aufgefaßt, keineswegs das aus, was auf den ersten Blick, nach ihrer Stellung bey Gratian, darin zu liegen scheint. Denn Augustin spricht da von Scheidungen, die nach Römischen Rechte erlaubt waren, sagt, daß die in Folge derselben

---

sich dabey auf mehrere Stellen des hl. Augustin, die er anführt. Diese Stellen aber beweisen alle nichts; indem sie durchaus eine andere Deutung in dem gewöhnlichen Sinne, wie auch wir noch sagen, daß die Eltern ihre Kinder zur Taufe bringen, zulassen, während nach Erwägung der bisher angegebenen Umstände, alle Wahrscheinlichkeit dagegen spricht.

geschloßenen Ehen der Geschiedenen, so lange der andere Gatte lebt, nie wahre Ehen, sondern nur Ehbrüche sind und daß erst, wenn der frühere Gatte gestorben, die bisher sündhafte (unter dem Scheine und Namen der Ehe wirklich ehbrecherische) Verbindung zur wirklichen Ehe werden kann. [382]) Auf dieselbe Weise hatte ja auch das Concilium von Eliberis in seinem Kanon 9 entschieden und unter den damaligen Verhältnissen ist wohl sicher nicht eine Sanktion des Ehbruches darin zu erblicken; jede andere Entscheidung würde unendliche Verwirrungen herbeigeführt haben.

Damit verträgt sich vollkommen, daß Justinian in Novelle 134 Kap. 12 die Ehe des Ehbrechers mit der Ehbrecherin für ungültig erklärte, was auch im Nomokanon aufgenommen ist.

---

[382]) Augustin de nupt. et concupiscent. lib. 1. c. 10. Hoc custoditur in Christo et Ecclesia, ut vivens cum vivente nullo divortio in aeternum separetur. Quodsi quisquam fecerit, non lege hujus saeculi, ubi interveniente repudio sine crimine conceditur cum aliis alia copulare connubia, quod etiam sanctum Moysem Dominus propter duritiam cordis illorum Israelitis permisisse testatur, sed lege Evangelii reus est adulterii, sicut etiam illa, si alteri nupserit. Usque adeo manent inter viventes semel inita jura nuptiarum, ut potius sint inter se conjuges, qui ab alterutro separati sunt, quam cum his quibus alii adhaeserunt. Cum aliis quippe adulteri non essent, nisi ad alterutrum conjuges permanerent. Denique mortuo viro cum quo verum connubium fuit, fieri verum connubium potest, cum quo prius adulterium fuit. Ita manet inter viventes quiddam conjugale quod nec separatio, nec cum altero copulatio possit auferre; manet autem ad noxam criminis, non ad vinculum foederis, sicut apostatae anima velut de conjugio Christi recedens, etiam fide perdita sacramentum fidei non amittit, quod lavacro regenerationis accepit.

IV. Kapitel.

Eingehungsart der Ehe, Sponsalien und aufschiebende Ehhindernisse.

§. 1.

Bis zu dem Augenblicke, wo die Frau als Gattin in des Mannes Haus getreten war, wo sie den Ehstand wirklich angetreten hatte, wurde sie nicht uxor, sondern sponsa genannt, wie feierlich und fest auch sonst ihre Verbindung geschloßen seyn mochte. Alles, was daher der Hochzeit vorhergieng [383]), war unter dem Namen Sponsalia begriffen, von dem einfachsten Ehversprechen bis zu dem feierlichen Akt, wo zwei Personen, nach förmlicher Regulirung ihrer künftigen häuslichen und bürgerlichen Verhältnisse, vor Zeugen, unter dem Segen der Kirche sich zur Ehe verbanden. Man unterschied deßhalb unter den Sponsalien die Verträge, Uebereinkünfte und Versprechungen, die sich bloß auf die künftige Ehe bezogen, und diejenigen, mit welchen eine Art symbolischer Uebergabe, der bräutliche Kuß und die Arrha, verknüpft war, in Folge deren die beiden Sponsi als vollkommen verbunden angesehen wurden [384]). Dieses war wohl gewissermaßen schon nach

---

[383]) Zimmern a. a. O. §. 145 Note 3 und Note 8.

[384]) C. Th. l. 5 de sponsal. (3, 5) l. 16 C. donat ant. nupt. (5, 3.)

römischer Sitte und dem früheren römischen Rechte so gewesen[385]); denn nur so erklärt sich, wie die Belohnungen der Ehe den Sponsis zuerkannt[386]), der Begriff des adulterium auf die Braut bezogen[387]) der Bräutigam in der Braut injurirt werden konnte.[388])

Die ungeduldige Eile, womit man junge Leute, namentlich Mädchen, zu verbinden pflegte, oft ehe sie das mannbare Alter erreicht hatten, so daß eigene Verodnungen das Alter bestimmen mußten, vor welchem dergleichen Sponsi nicht zusammen gegeben werden durften,[389]) erklärt dieses Verhältniß der Sponsalien zum eigentlichen Ehstand, dem sie oft lange vorhergingen, eben so wie deren allgemeinen Gebrauch. Wie indessen das Christenthum es gewesen war, welches den Ehen Bestand gegeben hatte, so wurde auch durch den Eintritt der christlichen Religionsgebräuche bey den Sponsalien die Bedeutung dieser letztern ungemein erhöht. Nicht die Beiwohnuug, nicht der Consens, sondern die religiöse Weihe, ausgesprochen in der Regel durch den priesterlichen Segen, hatte der Ehe den Charakter der Unauflöslichkeit gegeben.[390]) Wo daher der priesterliche Segen die

---

[385]) Tertullian. de veland. virgin. c. 11. Apud ethnicos velatae ad virum ducuntur. Ad desponsationem velantur, quia et corpore et spiritu masculo mixtae sunt per osculum et dexteras, per quae primum resignarunt pudorem spiritus . . . . . . Weiter unten von der Rebecca quae cum ad sponsum perduceretur non sustinuit dexterae colluctationem, nec osculi congressionem.

[386]) ff. 17. de spons. (23, 1.)

[387]) ff. 13. §. 3, 8 (48, 5.)

[388]) ff. 15. §. 24 (47, 10.)

[389]) Photius Tit. XIII. c. 2 und die Scholien dazu.

[390]) Vgl. oben Note 313, 314, 315.

Verbindung geheiligt hatte, da wurde sie auch, abgesehen von dem Vollzug, als strenge bindend und nauflöslich, gleich der wahren Ehe, betrachtet und behandelt. [391]) Trat dann in der Folge die deductio in domum mariti ein, so wurde auch diese natürlich von den Christen gewöhnlich unter religiösen Feierlichkeiten begangen. [392]) Waren solche förmliche Sponsalien dem beabsichtigten Ehstande nicht vorhergegangen, so fielen auch die religiösen Feierlichkeiten der ersten mit denen, die im letzteren Falle einzutreten pflegten, in einen Akt zusammen. War dagegen die wirkliche Ehe eingetreten, auch ohne daß religiöse Feierlichkeiten dabey mit unterliefen [393]); so wurden diejenigen, die sich darein begaben, doch nach den Gesetzen und Pflichten beurtheilt, welche der Ehstand für

---

[391]) Daher die früher schon angeführten Kan. 54 von Eliberis, Kan. 11 von Ancyra, vgl. Kan. 98 in Trullo und des Blastares Syntagma bei Bevereg. II. Doktrinell festgestellt und dann gesetzlich ausgesprochen wurde die Unterscheidung, deren Grund hier nachgewiesen worden, zwischen feierlichen (justa sponsalia) und unfeierlichen Sponsalien, erst viel später, nemlich unter Leo dem Philosophen, nachdem vielfache Confusionen und verkehrte Anwendungen des älteren Rechtes dazu gedrängt hatten. Ueberhaupt mußte aber in der Darstellung dieser Zeit vieles aus den Quellen der folgenden Periode geschöpft werden. Vgl. die Scholien zu Photius bey Voell. II. 1085 sqq. und Leonis Nov. 74.

[392]) Gregor. Nazianz. Ep. 57 ad Anysium: Sentio quod crimen mihi objicias, etiamsi id reticeas, nuptias celebramus, forsan dixeris . . . . juveniles dextras manui Dei jungo . . . . cf. Timothei Alexandr. Respons. 12. Basilii c. 69. Chrysostomi homil. 18 in genesin. in f. Synesii Episc. Ptolemaid Ep. 105. Theopilact. Simocat. lib. 1. histor. Maurician. c. 10 Theophan. in chronic. de nupt. Copronym. c. Irene αō 709.

[393]) Bey Ehen mit Heiden, mit Häretikern, bei der zweiten oder dritten Ehe, bey Ehen, wodurch ein Keuschheitsgelübde gebrochen wurde, war dieß stets der Fall.

alle Christen mit sich brachte. Also nicht bloß die kirchlichen Feierlichkeiten, nicht die Sponsalien, sondern überhaupt der auf eine oder die andere Art nachweisbare[394]) eheliche Consens machte die Ehe aus, und so war, in Beziehung auf die Eingehungsart der Ehe durchaus keine Förmlichkeit anzugeben, die als wesentliches rechtliches Erforderniß zum Bestand [395]) der Ehe anzusehen gewesen wäre. Wo nicht besondere Umstände eintraten, pflegte freilich wohl kein Christ des priesterlichen Segens zu entbehren. Die vorläufige Abschließung der Sponsalien aber war eine alte Sitte, war durchaus herkömmlich, und wer daher einiges Vermögen hatte, der seine Standesverhältnisse mit irgend einer äusseren Begründung und Befestigung umgeben zu sehen gewohnt war, der umging wohl sicher die Sponsalien nicht. Es pflegten dabei schriftliche Urkunden, Instrumenta dotalia, über das Geschehene aufgenommen zu werden, die wohl oft auch von dem Bischof unterschrieben wurden. [396]) Wo jedoch dieses unterblieb, vermißte man darum den pristerlichen Segen nicht; wo dieser fehlte, konnte doch jenes Zeichen für die Anwendung ehelicher Gesetze und die Anerkennung ehelicher Rechte und Pflichten entscheiden. Die Kirche verwarf nicht gerade als ungültig die Ehen, die sie nicht eingesegnet hatte, darum weil sie sie nicht gesegnet; sie verlangte aber auch nicht die Erfüllung der Förmlichkeiten des weltlichen Rechtes

---

[394]) Hatte eine Ehe bestanden, so mußten doch, in Ermanglung anderer Beweise, wenigstens die Freunde und Verwandten des Hauses darum wissen; daher das Gesetz des Theodos und Valentinian l. 3. C. Th. 3, 7. amicorum fidem fordert oder vielmehr voraussetzt.

[395]) Vgl. Justinians Novelle 22. K. 3.

[396]) Augustin. Serm. 332.

und der weltlichen Sitte, um ihren Segen zu ertheilen Aus diesem letzteren folgte daher auch gar nichts für die Erkennung jener, besonders da, wo Standes- und Vermögensrücksichten (zumal bey den strengen Standesunterschieden, welche noch durch die kaiserlichen Gesetze eingeführt wurden) [397] es oft zweifelhaft, ja sehr problematisch machten, ob der Mann diejenige, die er als seine Lebensgefährtin liebte und in aller Treue und Gottesfurcht hegte, auch wirklich als die Frau und Gebieterin seines Hauses, mit allen Rang- und Vermögensrechten betrachtet wissen wollte, was ja häufig nicht einmal in seiner Macht stand. [398] Je mehr das Christenthum Einfluß gewann, desto weniger konnte sogar die Erfüllung der kirchlichen Pflichten in dieser letzteren Rücksicht als entscheidendes Merkmal gelten. Die Sponsalien und Dotalverträge blieben daher hier immer das sicherste, ja fast das einzige genügende Zeichen der bei einer Geschlechtsverbindung auf förmlichen Ehstand gerichteten Absicht, und dieß war es wohl vorzüglich, was Justinian bestimmte, bei denen, welche den höchsten Ständen angehörten, das Vorhandenseyn solcher dotalia instrumenta als unerläßliche Bedingung der Anerkennung einer Ehe aufzustellen, [399] während er in Ansehung der untern Stände an dem älteren Rechte nichts änderte und auch in Ansehung derer vom

[397]) Zimmern a. a. O. §. 149.

[398]) Augustin. de bono conjugali Corr. Rom. ad c. 4. Dist. 34.

[399]) Nov. 74. c. 4, 5. Nov. 117. c. 4 Welche Uebelstände mit den formlosen Ehen verbunden waren, wenn der Mann treulos ein Verhältniß zu brechen suchte, das so schwer vom bloßen Concubinat zu unterscheiden war, das zeigen c. 18 Nov. 22 u. c. 5 Nov. 74 eben so, wie es die zahlreichen Stellen unsers C. I. C. von der spätern Zeit im Abendlande beweisen.

höheren Mittelstand die anfänglich geforderte Anfertigung einer öffentlichen Urkunde in der Kirche in der Novelle 117, wieder aufgab. In den untern Ständen, wo Rangs- und Vermögensverhältniße nicht entgegenstanden, war dann gewiß der Empfang des kirchlichen Segens ein genügendes Zeichen von maritalis honor et affectio. Einer spätern Zeit aber, wo der kirchliche Einfluß jene Rangordnungen und strengen Sonderungen der Stände mehr überwunden hatte, war es vorbehalten, dasselbe bey allen Ständen anzuwenden und diejenige, die vor Gott als Gattin erkannt worden, auch vor den Menschen stets als solche unbedingt zu erkennen. In Folge eben dieses Einflusses, der den kirchlichen Segen bey Eingehung der Ehe immer seltener vermissen ließ, mußte derselbe auch immer allgemeiner und unerläßlicher gefordert werden und so entstand die Novelle 89 des Kaisers Leo, welche die kirchliche Einsegnung als allgemeines, auch politisches, Erkennungszeichen der Ehe vorschrieb.[400]) Von dem Augenblick an

[400]) Weit entfernt also, wie Bingham u. A., aus der fraglichen Novelle Leo's den Schluß zu ziehen, daß durch eingerissenen Mißbrauch die kirchliche Eingehung der Ehe vor ihm abgekommen seyn müsse, scheint uns dieselbe vielmehr zur entgegengesetzten Annahme, die hier entwickelt worden, führen zu müssen.

In den alten Staaten übrigens, wo der Conflict der religiösen Verbindung mit der politischen etwas ganz Unbekanntes war, erschienen auch natürlich die religiösen Feierlichkeiten bey Eingehung der Ehe nie getrennt von den bürgerlichen, die somit auch als wesentlich, im Verein mit jenen, gedacht] wurden; denn wo das ganze bürgerliche Wesen auf den religiösen Nexus gebaut war, konnten die religiösen Bedingungen nicht eintreten, ohne nothwendig die bürgerlichen Wirkungen nach sich zu ziehen und die bürgerlichen konnten nicht gedacht werden, ohne die religiösen vorauszusetzen. Daher z. B. auch bey den Ebräern die Sponsalien und die Constituirung der dos zusammen die wesentlichen Bedingungen der Ehe bildeten, in deren Ermanglung bloßes

blieb auch dem Concubinate nur seine schlechte Bedeutung noch und er mußte daher untersagt werden, wie es durch Leo in Novelle 91 (vgl. Nov. 89 a. E.) geschah, während er unter Justinian noch jenen Charakter halber Legitimität hatte, den wir in der vorigen Periode bemerklich machten. [401]) Nach dem bisher Gesagten versteht es sich von selbst, daß die Sponsalen, je nach der Art, wie sie geschloßen worden, in den Augen der Kirche wenigstens [402]), entweder ein trennendes oder ein aufschiebendes Ehhinderniß bildeten. Was die übrigen aufschiebenden Ehhindernisse anbelangt, so haben wir von einem derselben, von dem Gelübde, mit dem es eine ähnliche Bewandniß hatte,

---

Concubinat existiren konnte. Selden uxor Ebr. l. 2. c. 9, 10, 19 cf. lib. 1. c. 16. Daß dieses auch auf Justinians Gesetzgebung noch einwirkte, versteht sich, so wie, daß die durch das Christenthum begründete Unterscheidung des religiösen und politischen Moments wieder verschwand, als der Conflikt gänzlich aufgehört hatte; aber auch in unserer Zeit wieder hervortreten mußte, als derselbe erneuert wurde.

[401]) Justiniani Nov. 18. c. 5. Nov. 89. c. 12. §. 5. cf. ff. 2. de concub. (25, 7) ff. 1. de his qui notantur infamia (3, 2.) l. 2. C. de incest. nupt. (5, 5) l. un. Cod. de concub. (5, 26) l. ult. C. de manum. (7, 15) Bingham lib. XI. c. 4. §. 11. vol. 4. pag. 233 sq.

[402]) In der weltlichen Gesetzgebung blieb es bey den schon in der vorigen Periode angegebenen Grundsätzen (L. 4. C. Th. de sponsal. l. 2 Cod. eod. tit.), nur daß in Rücksicht der mit schuldbarer Aufhebung der Sponsalien verbundenen Vermögensnachtheile seit Constantin größere Strenge eintrat. Zimmern §. 146 Note 18 u. ffg. Dagegen die Nullität der mit der Verlobten eines Anderen geschlossenen Ehe in den Augen der Kirche spricht der Kanon 98 in Trullo bestimmt aus, indem er diese Verbindung mit der Strafe des Ehbruchs belegt. Dieser Widerspruch zwischen den kirchlichen und weltlichen Satzungen war es, der, wie Kaiser Leo ausdrücklich sagt, die Novelle 74 dieses Kaisers veranlaßte, mit welcher er jene voreiligen, frühzeitigen Verbindungen abschaffte, deren wir oben gedacht haben.

oben schon gesprochen. Daß die Kirche ausserdem in vielen Fällen, wo sie keineswegs Ungültigkeit oder Nichtigkeit aussprechen konnte, noch wollte, doch den so sehr bedeutenden, so entscheidenden Einfluß, den sie auf die Ehen übte, vielfach, auch außer dem schon oben berührten Falle der Religionsverschiedenheit, dazu anwendete, die Christen selbst durch Strafen, von Ehen abzuhalten, die ihnen selbst oder doch dem gemeinen Besten nachtheilig seyn konnten, oder die wenigstens mit der hohen Idee christlicher Vollkommenheit nicht verträglich schienen, haben wir in der vorigen Periode schon bemerkt; und was wir von wahrscheinlicher, ja fast nothwendiger Rücksicht auf die weltlichen Gesetze und Ehverbote dort erwähnten, fand in dieser Periode nur in höherem Masse statt. Was wir aber von der Beobachtung heiliger Zeiten in der vorigen Periode bloß vermuthen mußten, findet sich in den Kirchengesetzen dieser Periode, wenigstens im Kanon 52 von Laodicea, rücksichtlich der Quadragesima förmlich ausgesprochen.[403])

Außerdem muß aber bemerkt werden, daß vielleicht in dieser Periode schon die Spur einer anderen Art aufschiebender oder bloß hindernder Ehhindernisse zu suchen ist, die in ihrer vollen Entwicklung in der folgenden Periode erst uns entgegentritt. Wir haben nemlich nach einer Stelle Augustins (de civitate Dei lib. 15 c. 16) gesehen, wie die Volksmeinung, der Gesetzgebung voraneilend, dem Hindernisse der Verwandtschaft bereits eine Ausdehnung zu geben strebte, die es in der vorigen Periode noch nicht gehabt hatte.

---

403) ὅτι οὐ δεῖ ἐν τεσσαρακοστῇ γάμους ἢ γενέθλια ἐπιτελεῖν.

Dieses Hinderniß hat in der späteren Zeit eine Entwicklung erhalten, die wir nur dem allmälig wirkenden Einfluß solcher Ansichten zuschreiben können und es ist daraus in den Graden, welche das ältere Gesetz nicht ausdrücklich als eine Nichtigkeit begründend genannt hatte, ein bloß aufschiebendes Ehhinderniß entstanden. In soferne der Ursprnng jener erweiterten Gesetzgebung über das Ehhinderniß der Verwandtschaft und Schwägerschaft schon in den Ansichten und Gesinnungen dieser Periode zu suchen seyn dürfte, haben wir ihrer auch hier schon gedenken zu müssen geglaubt, weil diese Ansichten und Gesinnungen wohl lange hindernd den Ehen entfernterer Verwandten entgegentraten, bis sie in solchem Grade eingedrungen, verbreitet und anerkannt waren, daß sie eine gesetzliche Nichtigkeitserklärung hervorriefen.

V. Kapitel.

Disciplin in Ansehung des ehlichen Lebens Ehe, der Scheidung und der zweiten Ehe.

§. 1.

Der Abscheu vor wiederholten Verehlichungen sprach sich in dieser Periode, in der griechischen Kirche besonders, so lebhaft aus, daß wir seiner Wirkungen beinahe unter den aufschiebenden Hindernissen zu gedenken genöthigt gewesen wären. Aeußerst streng sind in der That darüber die Aeußerungen der Väter. Chrysostomus wendet seine ganze Beredsamkeit auf, um die Gläubigen davon abzuhalten. [404]) Hieronymus, Gregor von Nazianz, Basilius bedienen sich der stärksten Ausdrücke, um ihren Abscheu dagegen zu bezeichnen. [405]) Kaum daß sie die zweite Ehe noch dulden mögen, die dritte erscheint ihnen schon als eine wahre Unordnung, indem sie von unmäßiger Sinnlichkeit Zeugniß gebe, und in weiteren Verbindungen, über die dritte hinaus, erkennen sie vollends gar keine Ehe

[404]) homil. 29 in illud „Vidua eligatur."

[405]) Hieronym. Epist. 91. Lib. I. cont. Jovinian. Gregor. Nazianz. orat. 31. Basil. Ep. 188 c. 3. Die hieher gehörigen Stellen der Väter sind zusammengetragen in Cotelerii Not. in Hermae Pastorem. Mand. IV. lib. II. p. 87. sq. und in Const. lib. III. c. 2. p. 275. sq.

mehr, sondern nichts als beschönigte Unzucht. [406]) Eben so sprechen darüber die Constitutiones apostolorum (lib. III. c. 2.) [406*])

Die zweite Ehe mußte daher mit ein= bis zweijähriger, die dritte mit drey= bis vierjähriger Ausschließung von dem Gottesdienste gebüßt werden. Die Sache gieng so weit, daß selbst die weltliche Gewalt Gesetze darüber erließ, deren in der folgenden Periode zu gedenken seyn wird [407]) und daß über die vierte Ehe des Kaisers Leo, des Philosophen, eine heftige Bewegung in der griechischen Kirche sich erhob, wobey diese gegen des Kaisers Autorität mit sonst nicht gewöhnlichem Nachdruck und Muth diesen Punkt ihrer Disciplin vertheidigte, und zuletzt den sogenannten Tomus unionis, durchsetzte, wodurch das darüber ausgebrochene Schisma beigelegt und die vierte Ehe für ungültig und nichtig erklärt wurde.

Heilsam mag dieß im Gegensatze der eingerissenen Scheidungsfreiheit gewesen seyn; aber es ist ein neuer Beleg, wie stets der Irrthum in einer Richtung nothwendig die Uebertreibung in der anderen hervorruft.

Im Sinne der abendländischen Kirche sich aussprechend, die stets mehr auf das wirklich Wichtige und Bedeutende ihre Kraft und ihren Einfluß richtete, bildet Augustinus einen auffallenden Gegensatz mit den eben angeführten Vätern durch die Milde seines Urtheils über diesen Gegenstand [408]). Mit ihm stimmt unter den Vätern

---

[406]) Basil. c. 4 u. 60.

[406*]) Eine Sammlung von Stellen über diesen Gegenstand, sieh bei Tournely Praelect. theolog. Moral. Tract. de matr. cap. de secundis nuptiis.

[407]) Basilius Macedo u. Leo Philos. Nov. 90.

[408]) De bono viduitatis c. 12. De tertiis et de quartis et de ultra nuptiis solent homines movere quaestionem. Unde ut brevi-

der morgenländischen Kirche Epiphanius in soferne überein, daß er nicht Zwang oder Nöthigung, sondern nur Ueberredung in dieser Hinsicht für zuläßig erkennt [409].

---

ter respondeam, nec ullas nuptias audeo damnare, nec eis verecundiam numerositatis auferre. Sed ne cuiquam brevitas hujus responsionis forte displiceat, ulterius disputantem reprehensorem meum audire paratus sum. Fortassis enim affert aliquam rationem, quare secundae nuptiae non damnentur, tertiae damnentur. Nam et ego non audeo plus sapere quam oportet sapere. Quis enim sum qui putem definiendum quod nec apostolum video definisse? Ait enim: Mulier alligata est, quamdiu vir ejus vivit. Non dixit primus, aut secundus, aut quartus: sed Mulier inquit alligata est, quamdiu vir ejus vivit: si autem mortuus fuerit vir ejus, liberata est, cui vult nubat tantum in Domino. Quid huic sententiae, quantum ad rem attinet, addi vel detrahi possit ignoro. Deinde ipsum quoque apostolorum ac nostrum magistrum et dominum audio Saducaeis respondentem, cum proposuissent mulierem non univiram et biviram, sed, si dici potest, septiviram in resurrectione cujus futura esset uxor. Increpans enim eos ait: Erratis, nescientes scripturas, neque virtutem Dei. In resurrectione enim non nubent, neque uxorem ducent. Non enim incipient mori, sed erunt aequales angelis Dei. Eorum itaque resurrectionem commemoravit, qui resurgent ad vitam, non quod resurgent ad poenam. Potuit ergo dicere: Erratis, nescientes scripturas, neque virtutem Dei: in illa enim resurrectione multinubae esse non poterunt: deinde addere, quia nec aliqua ibi nubit. Sed nec ipsam, ut videmus, tot maritorum mulierem ulla suae sententiae significatione damnavit. Quapropter nec contra humanae verecundiae sensum audeo dicere, ut quoties voluerit, viris mortuis, nubat foemina: nec ex meo corde praeter scripturae sanctae auctoritatem quantaslibet nuptias audeo condemnare. Quod autem dico univirae viduae, hoc dico omni viduae: Beatior eris, si sic permanseris.

[409]) Epiphanius sagt in haeres. 48 No. 9 von den Novatianern: *Ἐκβάλλουσι γὰρ τὸν δευτέρῳ γάμῳ συναφθέντα, καὶ ἀναγκάζουσι μὴ δευτέρῳ γάμῳ συνάπτεσθαι· ἡμεῖς δὲ οὐκ ἀνάγκην ἐπιτιθέαμεν· ἀλλὰ παραινοῦμεν, μετὰ συμβουλίας ἀγαθῆς προτρε-*

Nur so weit war übrigens auch das Widerstreben gegen wiederholte Verehlichungen mit dem Ausspruche der Kirche im Kan. 8. des Conciliums von Nicäa verträglich. [410])

§. 2.

Was wir von der christlichen Disciplin der Ehe selbst oder des ehelichen Lebens in der vorigen Periode bemerkten, finden wir in dieser Periode erneuert und wiederholt in den Kanones des Dionysius von Alexandrien und in den Responsis canonicis des Timotheus von Alexandrien [411]), welche jedoch mehr als Pastoralvorschriften, denn als der Ausdruck eigentlicher Disciplinargesetze erscheinen.

Die genaue väterliche Pflege, womit in der früheren Zeit die Kirchenvorsteher über ihre Gemeinden in Beziehung auf Verehlichungen, auf die Erfüllung häuslicher und ehlicher Pflichten gewacht hatten, konnte schon jetzt in demselben Umfange nicht mehr behauptet werden und verlohr sich auch immer mehr in dem Grade, als das vermeintlich unterstützende Eingreifen der Staatsgewalt und das Hereinziehen der kirchlichen Autoritäten in das politische Leben das eigentlich geistliche Wirken in der Kirche erschlaffen und verschwinden machte und die offi-

---

πόμενοι τὸν δυνάμενον· οὐκ ἀνάγκην δὲ ἐπιτιθέαμεν τῷ μὴ δυναμένῳ· οὐκ ἐκβάλλομεν αὐτὸν ἀπὸ τῆς ζωῆς. *)

[410]) Nicaen c. 8 gegen die Novatianer: *Πρὸ πάντων δὲ τοῦτο ὁμολογῆσαι αὐτοὺς ἐγγράφως προσήκει, ὅτι συνθήσονται καὶ ἀκολουθήσουσι τοῖς τῆς καθολικῆς καὶ ἀποστολικῆς ἐκκλησίας δόγμασι· τοῦτ᾽ ἔστι, καὶ διγάμοις κοινωνεῖν* etc. **)

[411]) Dionys. Alex. ad Basilid. c. 3 Bevereg. II. 6. Timoth. Alex. Resp. V. Bevereg. II. 166.

*) Anhang D. d.

**) Anhang E. e.

zielle Stellung und Wirksamkeit der Bischöfe sie auf das, was man Geschäftsthätigkeit zu nennen pflegt, beschränkte.

§. 3.

Was die Aufhebung der Ehe anbelangt, so ist allerdings eine große Veränderung in dieser Periode eingetreten. Die völlige Scheidung vom Bande ist herrschend geworden. Aus welchen Gründen, unter welchen verschiedenen Benennungen sie stattfand, haben wir oben bereits (Kap. II. §. 1) umständlich erörtert. Daß sie nicht unter kirchlicher Sanktion erfolgte, kann man nach dem, was wir von dem Verhalten der Kirche in dieser Beziehung oben angegeben haben, ohnehin erwarten [412]). Daß die Christen sich zur Scheidung (wenn sie auch nach ihrer Ansicht nur eine unvollkommene seyn sollte) des unter den Römern gewöhnlichen Repudiums bedienten, haben wir in der vorigen Periode schon bemerkt. Daß endlich in dieser Hinsicht die frühere Sitte sich behauptete, mit der einzigen Modification, daß eine schriftliche Erklärung nunmehr die Stelle der früheren Förmlichkeiten vertrat, das beweisen die Gesetze der christlichen Kaiser über diesen Gegenstand, insbesondere Justinians Compilation [413]). Die Auseinandersetzung der dabey sich ergebenden Vermögensansprüche der Gatten gegen einander, die, so wie allenfalls die Züchtigung der schuldigen Ehefrau, früher grossentheils Sache des Familien-

---

[412]) Vgl. übrigens Innocent. ad Exuper. c. 4. (Coustant. Ep. R. P. p. 794) wonach es allerdings scheint, daß im Falle des Ehebruchs die Scheidung von der Kirche ausgesprochen und auch bei ihr nachgesucht zu werden pflegte.

[413]) Wächter cit. S. 454 fg. Zimmern cit. §. 155 Note 5. S. 569.

gerichtes gewesen war [414]), giengen, jene wenigstens, immer mehr an die gewöhnlichen Gerichte über, bis Justinian vollends das ohnehin obsolete Familiengericht aufhob. [415]) Daß die Bischöfe in dieser Beziehung Antheil genommen hätten, ist auch sonst nicht wahrscheinlich, da sie, trotz der ausgedehnten Gerichtsbarkeit, die ihnen auch in bürgerlichen Dingen eingeräumt war [416]), doch in die Auseinandersetzung von Geldinteressen sich einzumengen, gerne vermieden [417]). Aber so weit es sich um die Bestrafung des schuldigen Theiles handelte, der entweder den anderen zur Scheidung nöthigte oder ohne gerechten Grund selbst dazu schritt, oder auch gegen die Satzungen der Kirche eine neue Verbindung eingieng, war die Sache allerdings in den Wirkungskreis der Kirche gehörig, und bildete auch einen der vorzüglichsten Gegenstände ihrer Sorgfalt.

Den kirchlichen Oberen lag es ob, für die Eintracht der Gatten, für das Glück der Ehe zu sorgen. Die Väter hatten darüber Satzungen gegeben, die Kirche mußte über ihre Beobachtung wachen. [418]) Die Uebertretungen, welche nach bürgerlichem Gesetz einen Grund zur Scheidung darboten, bildeten an und für sich schon einen Gegenstand der geistlichen Strafgewalt. [419]) Die Ehen, welche im Widerspruche mit den kirchlichen Satzungen, die

---

[414]) Wächter cit. S. 254, a. E. Zimmern cit. §. 140. vgl. §. 168. Klenze Freiheit der Ehescheidung in Rom in Zeitsch. fr. gesch. R. W. VII. Bd. I. H. S. 39.

[415]) l. 11. §. 2. C. de repud. (5, 17.)

[416]) Thomassin. P. II. L. III. C. 101. Selvaggio L. I. C. 13

[417]) Ambros. de offic. l. 3 c 9.

[418]) Siehe oben I. Abtheilung IV. Kap. §. 1.

[419]) Selvagg. Lib. I. c. 3—11. Bingh. Lib. XVI. c. 2—14.

deren Ungültigkeit aussprachen, geschlossen wurden, ahndete man als adulteria oder fornicationes. Dahin gehörten alle Verbindungen bereits verehlicht Gewesener, deren frühere Ehe nicht gänzlich aufgehoben worden. Wie Basilius sich mit dem Gegenstande beschäftigte und welche Satzungen er darüber verfaßte, die in der griechischen Kirche zur bleibenden Norm geworden, haben wir oben (Kap. I. §. 2, II. §. 1.) gesehen. Daß die Kirche Aufhebung der ehelichen Gemeinschaft, Sonderung der Gatten von Tisch und Bette, in jenen Fällen, wo das bürgerliche Gesetz zu völliger Scheidung berechtigte, nicht hindern konnte, versteht sich von selbst. Von der Durchführung der alten Disciplin, welche solche Trennung nur wegen Ehbruchs oder Religionszwiespalts gestattete, konnte also jetzt keine Rede seyn, nachdem die Kirche in ihren Bund mit dem Staate auch dessen Gesetze und Verordnungen gleichsam hatte mit aufnehmen müssen. Wie es in Ansehung der völligen Scheidung mit Anspruch auf Wiederverehlichung ergieng, ist bereits umständlich entwickelt worden. Daß der übertriebene Abscheu vor wiederholter Verehlichung hier günstig entgegenwirkte, ist schon bemerkt worden, und das im ersten § dieses Kapitels darüber Angeführte dient zugleich als ein weiterer Beleg dazu, in welcher Weise die Kirche das Ehwesen vor ihr forum zog.

VI. Kapitel.

Häresieen in Betreff der Ehe und Schriften über die Ehe.

Die bedeutendsten Irrlehren, welche die Ehe unmittelbar berührten, sind in der vorhergehenden Periode schon genannt worden. Was während der gegenwärtigen Periode in dieser Hinsicht hervortrat, waren nur Erneuerungen und Wiederholungen, aus den Grundsätzen entwickelt, die wir dort schon erörtert haben. So die Lehren der Priscillianer und der Paulianer, welche in die Fußstapfen der Manichäer traten, des Dadoes, der gleichfalls zwey Prinzipe annahm, und des Paternus, der den Menschen als das Werk des Satan betrachtete [420]. Darum mag es hier vergönnt seyn, mit denjenigen Männern uns vorzugsweise zu beschäftigen, welche in ihren Schriften die Lehre der Kirche von der Ehe vertheidigt haben. Um jedoch hierin nicht zu weitläufig zu werden, und damit nicht etwa aus dieser einzelnen Erörterung ein eigenes Buch erwachse, wollen wir uns dabey auf den wichtigsten Punkt

---

420) Adalbert, ein Franke, auf dem Liptinensischen Concilium condemnirt, und Clement, ein Schotte, condemnirt zu Rom a. 745, welche Fornication und Ehbruch vertheidigten, gehören in die Geschichte der abendländischen Kirche.

der Lehre, das Prinzip der Unauflöslichkeit der Ehe, beschränken. Die Untersuchung wird uns zugleich als Uebergang dienen vom Orient auf den Occident, mit dem wir uns fortan ausschließend zu beschäftigen haben, und wo wir die dort erloschene Tradition werden sich fortsetzen sehen. Was über andere Punkte in den Schriften der Kirchenväter und Lehrer zu finden, ist ohnehin an den betreffenden Orten schon größtentheils angeführt worden. Die Väter, welche bey dieser Untersuchung den vorzüglichsten Gegenstand unserer Aufmerksamkeit zu bilden haben, sind Hieronymus, der rüstige Kämpfer, der strenge Gregor von Nazianz, der salbungsvolle Ambrosius, der blüthenreiche Chrysostomus, der scharfsinnige und gemüthvolle Augustinus.

Vor allem ist zu bemerken, wie sie sich in Beziehung auf diesen Gegenstand gegen den Einfluß und die Autorität der weltlichen Gesetze verwahren. Denn dadurch allein schon ist das früher dargestellte Obsiegen dieser weltlichen Gesetze in der griechischen Kirche als eine Abweichung von der Lehre der Väter, als eine Verbildung in der kirchlichen Entwicklung bezeichnet. „Sage mir nichts, „spricht Chrysostomus [421]), von Gesetzen, welche Aus„wärtige gegeben haben, die da vorschreiben, den Schei„debrief zu geben und sich von einander zu trennen. „Denn Gott wird dich an jenem Tage nicht nach jenen „Gesetzen richten, sondern nach denen, die er selbst ge„geben hat." „Andere Gesetze, sagt Hieronymus, gaben „die Kaiser, andere gab Christus. Etwas anderes schreibt „Papinian und etwas anderes Paulus." [421*]), „Ambrosius [422]):

[421]) Chrysost. homil. in I. Cor. 7 opp. Ed. rec. T. III. p. 203 B.

[421*]) Ep. 84 al. 30 ad Oceanum.

[422]) Ambros. c. 16 in Lucam opp. T. I. p. 1471. C.

„Du entlassest dein Weib gleichsam mit Recht, ohne daß „sie ein Verbrechen begangen hat und glaubst, dieß sey „dir erlaubt, weil es das menschliche Gesetz nicht ver„bietet. Aber das Gesetz Gottes verbietet es. Der du „den Menschen gehorchest, fürchte Gott." Gregor von „Nazianz [423]): Man muß wissen, daß, obwohl es das „menschliche Gesetz erlaubt, die Ehe zu trennen, dennoch „das göttliche es verbietet." Augustinus: Das ist nicht „erlaubt, nach dem Rechte des Himmels, obschon es er„laubt ist nach dem Rechte des Forums." Derselbe: Ein „unfruchtbares Weib zu entlassen, um ein fruchtbares zu „heurathen, ist unrecht. Wer dieses thut, macht sich, „zwar nicht nach den Gesetzen der Welt, wo dieß vermöge „des Scheidebriefes, ohne für ein Verbrechen zu gelten, „gestattet wird, — wohl aber nach dem Gesetze des Evan„geliums, des Ehebruches schuldig." [423*])

Dann aber schärfen die Väter mit dem größten Nachdruck ein, daß die Ehe in keinem Fall, ausser im Falle des Ehbruchs, getrennt werden dürfe. Nur in diesem Falle dürften die Männer ihre Weiber entlassen, die Weiber sich von ihren Männern scheiden, weder die Männer aber, die ihre Weiber entlassen, noch die Weiber, die von ihren Männern gegangen, dürften neue Verbindungen schließen; denn beides sey Ehbruch.

Unter den Aeußerungen der orientalischen Väter sind in dieser Hinsicht besonders die Worte des Chrysostomus und Gregors von Nazianz merkwürdig [424]). Bestimmter,

---

[423]) Epist. 211 opp. Ed. Venet. 1753. T.

[423*]) Sermo 392 al. 50, de nupt. et concupisc. Lib. I. c. 10.

[424]) Theodoret, Theophylakt, Oekumenius sprechen nur gelegentlich über den Gegenstand.

als Gregor von Nazianz in der dreissigsten seiner Orationen es gethan, kann man sich gegen die Scheidung nicht aussprechen. „Das Gesetz, sagt er, gestattet um jeder „Ursache willen den Scheidebrief. Christus aber nicht, „sondern nur von der ehebrechenden Frau erlaubt er, sich „zu scheiden, weil sie durch ihre Unzucht das Geschlecht „verdirbt und verfälscht. In allem Uebrigen gebietet er „Gleichmuth und Geduld. Alles Uebrige also laßt uns „mit Weisheit, Mäßigung und Geduld tragen, oder „besser zu reden, duldet es ihr, die ihr des Ehstandes „Joch übernommen, mit Weisheit, Mäßigung, Geduld.“ Unter den vielen Stellen, worin Chrysostomus diesen Gegenstand berührt, sind, außer denen, wo er überhaupt gegen die Ehescheidung eifert, wie z. B. in Homil. 63 über Matth. K. 19 u. dgl. m. [425]) folgende zwey besonders merkwürdig: nemlich die eine in der Homilie 17 über das fünfte Kapitel des Matthäus (T. II. p. 133 opp. cit.), wo er den bekannten Ausspruch thut, daß die verstoßene Frau nie aufhört, des Verstoßenden Gattin zu seyn [426]), und die andere in dem Buche de virginitate, die um ihrer Wichtigkeit willen hier vollständig gegeben werden muß [427]). „Was, sagt „hier Chrysostomus, fügt er (der Apostel) bey? Den Verheuratheten sage nicht ich, sondern der Herr, die Frau „trenne sich nicht vom Manne, hat sie sich aber

---

[425]) Opp. Ed. Paris. a. 1614 T. II. p. 339 D., 415 B. T. V. p. 715 A. Cf. homil. 26 in Genesin T. I. p. 155 C. homil 54 in I. Cor. C. 7. T. IV. p. 378 C. D. E. 379 A.

[426]) *Καὶ εκβληθεῖσα μένει τοῦ εκβάλλοντος οὖσα γυνή.*

[427]) Edit. Paris a. 1614 T. II. p. 722 C. D. E. 723 A. B. C.

„getrennt, so bleibe sie ehlos. Eben so auch „verstoße der Mann seine Frau nicht. Wie nun „aber, wenn der Mann sanfter Art, die Frau dagegen „falsch, boshaft, plauderhaft und, was gewöhnlich ihr „Fehler, verschwenderisch oder sonst voll Laster ist? Wie „wird der Unglückliche täglich diese Last, den Uebermuth, „die Frechheit dulden? Wie, sag' ich, auf der anderen „Seite, wenn er roh, abstoßend, zornmüthig, bald durch „Geld, bald durch Macht noch hochmüthiger ist und die „Freie etwa wie eine Sklavin hält, um nichts besser mit „ihr umgeht, als mit einer Magd? Wie, wenn er sich „stets fern von ihr hält? — Trage, sagt der Apostel, „diese Dienstbarkeit; du wirst nicht frey, ausser wenn er „stirbt: bey seinem Leben hast du nur die Wahl, entwe„der auf alle Weise ihn zu beschwichtigen und zum Bes„seren zu wenden, oder, wenn dieß nicht erreichbar ist, „den bittersten Krieg und wilden Kampf auszuhalten. „Und weiter oben sagt er: Entzieht euch nicht eines „dem anderen, es sey denn im gemeinsamen „Einverständniß. Hier gebietet er der auch wider „Willen Geschiedenen, sich zu enthalten. Sie bleibe „ehlos, spricht er, oder versöhne sich mit ihrem „Manne. Siehst du sie nun in zweifachem Kampfe be„fangen? Denn entweder muß sie der Lüste Gewalt er„tragen, oder, will sie dieses nicht, mit dem, der sie „kränkt, sich vertragen und sich ihm zu allem fügen, er „mag sie mit Schlägen peinigen, oder mit Schmähungen „quälen oder der eigenen Leute Spotte preisgeben und „was dergleichen nur immer ist. Denn vielfältige Mittel „haben die Männer, an ihren Frauen ihren Zorn aus„zulassen. Will sie dieß nicht, so muß sie eine fruchtlose „Enthaltsamkeit üben; fruchtlos, weil sie keinen entspre-

„chenden Vortheil zu hoffen giebt. Denn sie ist nicht um „höherer Heiligung willen übernommen, sondern nur „wegen des Zwiespalts mit dem Manne. Sie bleibe, „spricht er, ehlos oder versöhne sich mit dem „Manne. Wie aber, wenn dieser sich nicht versöhnen „mag? Wohlan, so bleibt Dir ein Ausweg. Und wel- „cher? Warte, bis er stirbt. Denn wie der Jungfrau, „welche einen stets lebenden, unsterblichen Gatten sich er- „koren, nie zu heurathen gestattet ist; so der Verheura- „theten nur dann, wenn ihr Mann gestorben ist. Denn, „wenn es angienge, selbst bey dessen Lebzeiten von ihm „zu einem andern und von diesem abermals zu einem „anderen zu gehen, wozu bedürfte es noch der Ehe, da „die Männer ohne Unterschied einer des anderen Weib „gebrauchen und alle mit allen sich mischen würden? „Wie müßte nicht auf solche Weise auch jedes Verlangen „nach einer Bettgenossin aufhören, wenn die Weiber „heute mit diesem, morgen mit jenem Umgang pflögen? „Mit Recht hat dieses der Herr einen Ehebruch genannt. „Warum also hat er es den Juden gestattet? Daß sie „nicht unter sich einander verfolgten, nicht mit Verwand- „tenblut das Haus erfüllten. Denn was war wohl besser, „daß die Verhaßte verstossen, oder daß sie im Hause um- „gebracht würde? Und das hätten sie gethan, wenn sie „sie nicht hätten ausstossen dürfen. Daher sagte er: „Wenn sie Dir verhaßt ist, so entlasse sie. Aber die „Besänftigten, und denen nicht zu grollen erlaubt ist, „anredend sagt er: Nach der Scheidung bleibe ehelos. „Siehst du nun die Nothwendigkeit, die unausweichliche „Knechtschaft, das Band, das beide Theile fesselt? Denn „eine wahre Fessel ist die Ehe, nicht bloß wegen der „Sorgen Schaar und der täglichen Beschwerden, sondern

„auch weil sie die Gatten ärger als irgend einen Sklaven „einander wechselseitig unterthan zu seyn nöthigt. — Auf „dieselbe Weise (wie Sklaven) haben auch der Gatten „Gemüther theils ihre eigenen Sorgen, theils werden sie „von fremder Noth in Folge ihrer wechselseitigen Ver= „pflichtung gedrückt, die sie strenger als irgend eine Ket= „te zwingt und jedem von beiden seine Freiheit entzieht, „weil er nicht einem ein für allemal alle Herrschaft über= „tragen, sondern die Macht an beide vertheilt hat."

Das Nemliche führt Chrysostomus auch an anderen Stellen aus, namentlich in dem Sermo de libello repudii in I. Cor. c. 7 (opp. T. IV. p. 555 l. 9) wo er mit der Bemerkung schließt, der Herr habe, nach Christi Worten bey Matthäus, durch die Art schon, wie er den Menschen geschaffen, das Gesetz begründet, das er nun niederschreibe. „Und welches ist es? fährt er fort. Dieses: „Er behalte für immer das Weib, das ihm von Anfang „zu Theil geworden.[428])

Dem Manne also ist so wenig, wie der Frau, nach des Chrysostomus Lehre, der Wechsel erlaubt. Ihr hat er keinen Ausweg gelassen als den Tod, und bei dem Nachdruck, den er auf die Wechselseitigkeit der Verpflichtung legt, kann wohl kein Zweifel über den Sinn seiner Worte bestehen.[429])

---

[428]) Cf. homil. 13 in C. 8 ad Rom. opp. T. IV. p. 107 B.

[429]) Merkwürdig ist der Verfolg seiner Rede zur Rechtfertigung der noch heute in der kath. Kirche bestehenden Disciplin. „Welches Ge= „setz ist es, fährt er fort, das uns Paulus gegeben hat? Das Weib, „sagt er, soll sich nicht trennen beim Leben des Mannes, noch einen an= „deren daneben haben, noch auch eine zweite Ehe schliessen. Und seht, „mit welcher Sorgfalt er auf den genauen, angemessenen Sinn der Wor= „te bedacht war. Denn er sagte nicht, sie solle dem Manne beiwohnen,

Ueberhaupt liessen sich die genannten Väter angelegen seyn, den Grundsatz gleicher Rechte, gleicher Behandlung des Mannes wie der Frau geltend zu machen und suchten besonders, dem angenommenen Sprachgebrauch entgegen, auch dem Volke deutlich zu machen, wie die Untreue des Mannes eben so gut ein Ehbruch zu nennen sey, als die Untreue der Frau. „Warum sagt Gregor von Nazianz[430]) „straft das Gesetz die Frau und erlaubt alles dem Manne? „Die Frau, die das Bett ihres Mannes schänden mögte, „wird durch die Strafe des Ehbruchs im Zaum gehalten, „und sie wird mit den schärfsten Ahndungen der Gesetze „deßhalb geschreckt; der Mann dagegen, welcher die dem „Weibe gelobte Treue verletzt, unterliegt gar keiner „Strafe. Wahrlich das Gesetz billige ich nicht; die Ge„wohnheit lobe ich keineswegs. Männer waren es, die das „Gesetz gegeben, darum ist es gegen die Weiber gerichtet, „wie sie den Sohn zwar unter die väterliche Gewalt „stellten, das schwächere Geschlecht aber verwahrlosten." Chrysostomus dann[431]): „Der christliche Mann soll nicht „bloß sich selber nicht beflecken, sondern auch „Anderen nicht Gelegenheit zur Befleckung geben. „Und „an einer anderen Stelle[432]): Wie ein Weib, das einen

---

„so lange der Mann lebe. Wenn sie darum auch den Scheidebrief giebt, „wenn sie aus dem Hause geht, wenn sie zu einem Anderen sich begiebt, „so bleibt sie doch dem Gesetze verpflichtet und ist eine Ehbrecherin."

Eine Parallelstelle aus homil 32 in c. 9 Matth. (c. 4 C. XXVII. Q. 2.), obwohl sie für apokryphisch gilt, können wir uns doch nicht versagen, hier anzuführen, da es heißt: „Nicht also wer seine Frau entläßt, „bricht die Ehe, sondern der, welcher eine andere nimmt." Sieh Berard. Gratiani can. integr. ab apocryph. discret. III. P. 188.

[430]) Gregor Naz. orat. 31. opp. T. I. Venet. 1753. col. 441.

[431]) Chrysost. in C. 5 Matth. opp. T. II. p. 654 A.

[432]) de libello repud. opp. T. IV. p. 558 C. D.

„Mann hat, wenn es irgend einem Knechte, oder einem „Freyen, der ein Weib hat, sich preisgiebt, den Gesetzen „wider den Ehbruch verfällt, eben so wird auch der „Mann, wenn er gleich nur zu einer öffentlichen Dirne, „oder zu einer anderen Weibsperson, wenn auch diese „keinen Mann hat, da doch er eine Frau hat, sich ver„irrt, ebenfalls als des Ehbruches schuldig angesehen.“ „Endlich: „wie sollen die (Männer) Nachsicht finden, „welche, da Paulus die zweite Ehe nach der Gattin „Tod gestattet und so weiten Spielraum giebt, vor dem „Tode solches zu thun sich unterfangen? Welche Ver„theidigung mögen wohl diejenigen finden, die Weiber „bei Lebzeiten ihrer Männer nehmen, oder die mit nichts„würdigen Dirnen sich abgeben? Denn auch das ist eine „Gattung des Ehbruchs, ein Weib zu Hause zu haben „und draußen mit Huren sich zu verbinden.“

Ganz auf dieselbe Weise äußert sich im Abendlande Ambrosius und dann Hieronymus, welcher letztere eigentlich für beide Kirchen, die morgenländische wie die abendländische, als Zeuge und Autorität gelten kann. Vinctus es uxori? sagt Ambrosius de Abraham lib. I. c. 7. Noli quaerere solutionem, quia non licet tibi uxore vivente uxorem ducere. Nam et aliam quaerere, cum habes tuam, crimen adulterii est; hoc gravius, quod putas peccato tuo authoritatem lege quaerendam. Tolerabilior est si lateat culpa, quam si culpae usurpetur authoritas. Nec hoc solum est adulterium, cum aliena peccare conjuge, sed omne quod non habet potestatem conjugii. Ferner c. 4 eod.: Sed et vos moneo viri, maxime qui ad gratiam Domini tenditis, non commisceri adulterino corpori (qui enim se jungit meretrici unum corpus est) nec dare hanc occasionem divortii mulieribus. Nemo sibi blandiatur de legibus hominum. Omne stuprum adulterium est, nec viro licet, quod mulieri non licet. Eadem a viro, quae ab uxore debetur castimonia. Quidquid in eam quae non sit legitima uxor commissum fuerit adulterii damnatur crimine. Dann aber in c. 16 Lucae L. 8: Quae Deus conjunxit, homo non separet. Sed non solum hic coeleste praeceptum, sed quoddam etiam opus Dei solvitur. Paterisne, oro, liberos tuos, vivente te, sub vitrico? Aut incolumi matre vivere sub noverca? Pone si repudiata non nubat. Et haec viro tibi potuit displicere, cui adultero fidem servat? Pone si nubat. Necessitas illius tuum crimen est et conjugium quod putas adulterium est. Quid enim refert, utrum aperta criminis confessione, an mariti specie adulterium admittas? Wenn nun der, der sein Weib entläßt und eine Andere nimmt, ein Ehbrecher und die Entlassene, die vor des Mannes Tode wieder heurathet, eine Ehbrecherin ist; wenn, wie Chrysostomus sagt, die verstoßene Frau des Verstoßenden Gattin bleibt und der Mann das Weib behalten soll, das ihm vom Anfang an zu Theil wurde; wenn, wie Ambrosius sagt, dem Manne dieselbe Keuschheit obliegt, wie der Frau u. ihm nicht erlaubt ist, was sie nicht darf; wenn endlich, wie Gregor von Nazianz sagt, keiner von beiden Theilen, außer dem Falle des Ehbruchs die Ehe trennen durfte; so ist klar, daß nach der Trennung in keinem Falle, weder der Mann noch die Frau, zu einer anderen Verbindung schreiten konnte und daß eine solche auf beiden Seiten nicht anders als ein Ehbruch genannt werden konnte. Darin stimmen Gregor von Nazianz, Chrysostomus und Ambrosius zusammen. Hieronymus aber sagt ausdrücklich in seinem Kommentar zu Kap. 19 des Matth: Sola fornicatio est quae uxoris vincat affectum, immo cum illa unam carnem in aliam diviserit et se fornicatione separaverit a marito, non debet teneri, ne virum quoque sub maledicto faciat, dicente scriptura: qui adulteram tenet, stultus et impius est. (Proverb. 18, 23.) Ubicunque est fornicatio et fornicationis suspicio libere uxor dimittitur. Et quia poterat accidere, ut aliquis calumniam faceret innocenti et, ob secundam copulam nuptiarum, veteri crimen impingeret, sic priorem dimittere jubetur uxorem, ut secundam prima vivente non habeat. Quod enim dicit tale est: Si non propter libidinem, sed propter injuriam dimittis uxorem, quare expertus infelices priores nuptias novarum te immittis periculo? Nec non quia poterat evenire, ut juxta eandem legem uxor quoque marito daret repudium, eadem cautela praecipitur, ne secundum accipiat maritum [433]. Dasselbe bestätigt er in dem Kommentar zu c. 7. I. Cor. bey den Worten: Iis qui matrimonio juncti sunt praecipio non ego sed Dominus etc., dann in Epistola 147 ad Amandum und in Epistola 30 (84) ad Oceanum, in welcher letzteren er die bekannte Aeußerung thut: aliae sunt leges Caesarum aliae Christi etc.

Wenn indessen Epiphanius dann und Asterius von dem Einfluße, ja dem Uebergewichte der lockeren Gewohnheit deren Ursachen und Wirkungen wir oben im ersten Kapitel beschrieben haben, Zeugniß geben, ohne den hier aufgestellten Grundsätzen eben zu widersprechen, so erklärt

---

[433]) Opp. Hieronym. Ed. Maurin. IV. p. 87 cf. c. V v. 31. p. 18 cod.

sich doch selbst in der griechischen Kirche noch Viktor von Antiochien, der bald nach Chrysostomus seinen Commentar zum Evangelium nach Markus schrieb, für die strengere Disciplin [434]). Jener beiden Aeußerungen aber können

---

[434]) Asterius in c. XIX. Matth. *ἐλέχθη μὲν ταῦτα τοῖς φαρισαίοις τότε, ἀκούσατε δὲ νῦν οἱ τούτων κάπηλοι, καὶ τὰς γυναῖκας ὡς ἱμάτια εὐκόλως μετενδυόμενοι· οἱ τὰς παστάδας πολλάκις καὶ ῥαδίως πηγνύντες ὡς πανηγύρεως ἐργαστήρια· οἱ τας εὐπορίας γαμοῦντες δὲ τὰς γυναῖκας ἐμπορευόμενοι· οἱ μικρὸν παραδοξευόμενοι δὲ εὐθὺς τὸ βιβλίον τῆς διαιρέσεως γράφοντες· οἱ πολλὰς χήρας ἐν τῷ ζῆν ἔτι καταλιμπάνοντες πείσθητε ὅτι γάμος θανάτῳ μόνῳ καὶ μοιχείᾳ διακόπτεται . . . Ἐὰν δέ πού μοιχείας αἰτίαν προβάληται δὲ τοιαύτην παράσχοι τοῦ χωρισμοῦ τὴν ἀπολογίαν, εὐθὺς τὴν συνηγορίαν μεταθήσομαι τοῦ ἀδικηθέντος δὲ τὸν λόγον κατὰ τῆς μοιχαλίδος παρασκευάσας, ἀγαθὸς συνασπιστὴς ἀντὶ πολεμίου τῷ ἀνδρὶ παραστήσομαι· ἐπαινῶν τὸν φυγόντα τὴν ἐπίβουλον· τὸν διακόψαντα τὸν δεσμὸν, ᾧ πρὸς τὴν ἀσπίδα ἢ τὴν ἔχιδνην προσεδέδετο. τούτῳ γὰρ δίδωσι τὴν συγγνώμην πρῶτος ὁ τοῦ παντὸς ποιητὴς, ὡς καὶ δικαίως ἀλγοῦντι δὲ προσήκοντας τῆς οἰκίας ἀπελαύνοντι δὲ τῆς ἑστίας τὴν νόσον . . . Οὗτος τῆς σωφροσύνης ὁ νόμος οὐ ταῖς γυναιξὶ μόνον παρὰ Θεοῦ ὥρισται, ἀλλὰ καὶ τοῖς ἀνδράσιν. οἱ δὲ τοῖς τοῦ βίου τούτου νομοθέταις προσέχοντες ἀνεύθυνον παταλείπουσι τῆς πορνείας τοῖς ἀνδράσι τὴν ἐξουσίαν, βαρεῖς μέν εἰσιν κριταὶ καὶ διδάσκαλοι τῆς τῶν γυναικῶν σεμνότητος. οἱ δὲ ἐν πολλοῖς ἀναίδην ἐπιμαίνοντες σώμασιν ἄλλων ἰατροὶ, κατὰ τὴν παροιμίδην μυρίοις βρύοντες ἕλκεσιν . . . Εἰ δὲ καὶ τοῖς νόμοις Ῥωμαίων τινες προσέχοντες, ἀνεύθυνον τὴν πορνείαν εἶναι νομίζουσι, δεινὴν πλανῶνται πλάνην, οὐκ εἰδότες, ὡς ἄλλως Θεὸς νομοθετεῖ, δὲ ἑτέρως ἄνθρωποι δογματίζουσι.* *)

Victor Antiochen ad Cap. X. Evangel. Marci (Ingolstadt. ap. Dav. Sartorium 1680 p. 168 sq.) Interrogabant eum, si licet uxorem dimittere. Ecquid ad haec Dominus? Neque semper acet, ne machiuationum et consiliorum illorum ignarus videatur; neque semper rursum eos reprehendit, quo per hoc omnia miti patientique animo perferenda esse nos doceat. Interrogatus ergo, uxoremne dimittere fas esset, non statim id fas non esse respon-

*) Anhang F. f.

um so weniger befremden, da sogar der strenge Hierony-

---

det, ne tumultus aut conturbationis cujuspiam causam offerat: verum prudenti interrogatione de legis decreto, illorum sententiam primo explorat; quo per anticipationem hoc illi respondere compellantur, quod ipsum alioqui respondere oportuisset. Quia vero Propheta Malachias ad hoc quaesitum tacite jam responderat: Si quidem illos, qui uxores suas temere dimittebant, increpans, ita scriptum reliquerat: Uxorem pubertatis tuae ne deseras fuit enim socia tua et uxor foederis tui etc. ob id problema hoc tanquam omnino insolubile illi proponunt; eo nimirum quod prophetae oraculum legi, quae ea de re caverat, videretur plane adversum. Verum Dominus Servator noster ea sapientia respondet, ut neque Prophetae dictum infirmet, neque legem tamen ullius omnino iniquitatis incuset; ait autem: Moyses ad duritiam cordis vestri scripsit vobis praeceptum illud .... dicit autem: Ab initio creaturae masculum et foeminam fecit eos Deus ...... quae (enim) dicit huc tendunt: si repudii lex utilis et salutaris esset, illa utique a principio lata fuisset; neque Deus genus nostrum ad eum modum formasset .... Adverte autem Christum Servatorem rem hanc, non tantum ab efformationis modo et ratione constituere et confirmare, verum etiam a mandato, quo decernitur, ut una tantum uni copuletur. Ad ipsam institutionem quod attinet, si Deus una per divortium dimissa, aliam superinduci voluisset, utique post virum unum conditum, non unam, sed multas mulieres efformasset, nunc vero in ipsa legis forma, primaque generis nostri institutione, unum virum, uni tantum mulieri perpetuo, citra ullum prorsus dissidium cohabitare debere ostendit. Deinde vero ut primordialem illam sanctionem et institutionem in jus vocare gravi cum periculo conjunctum esse demonstret, non dicit, nemo vinculum illud dissolvat, sed dicit: Quod Deus conjunxit homo non separet. .... Quicunque dimiserit uxorem suam et aliam duxerit adulterium committit. Etsi uxor per divortium a viro divellatur, attamen ob copulam ab initio initam jure ab illo sejungi nequit. Quamobrem prima adhuc superstite, alteri sese conjungere, adulterium vocat. Idem de uxore quoque alteri nubente pronuntiat. Et quidem lex manifestam moechiam, quando nimirum cum ea quispiam habitabat quae alteri jam nupserat, prohibebat: Salvator

mus selbst eine Frau, die von ihrem ausschweifenden Manne geschieden, sich an einen Anderen bey des ersteren Lebzeiten verheurathet hatte, entschuldigt und der Verzeihung würdig findet, weil ihr Mann durch seinen lasterhaften Wandel die Scheidung verschuldet hatte, weil sie, Fabiola, jung war und sich nicht enthalten konnte und weil sie nicht wußte, daß das Evangelium die Wiederverehlichung nach einer so gerechten Scheidung nicht erlaube, wobey er die angeführte Gewohnheit, so wie die weltlichen Gesetze bitter tadelt und dann hinzufügt: Apud nos quod non licet foeminis aeque non licet viris et eadem servitus pari conditione censetur [435]) Auf die Zweifel dagegen und die Einwendungen, welche in Beziehung auf die angeführten Aussprüche des Gregor von Nazianz, Chrysostomus und Ambrosius erhoben worden sind und noch erhoben werden dürften, mag Augustinus antworten, dessen Lehre wir uns, möglichst vollständig wieder zu geben, bemühen wollen.

Er bildet im römischen Reiche den Schlußstein jener Tradition, deren Schicksale wir fortan nur im Abendlande noch, unter den Verwirrungen der Völkerwanderung und der neuen Staatenbildungen, zu verfolgen haben. Ihn vermogte das immer allgemeinere Umsichgreifen des Scheidungsunfuges, besonders aber der Umstand, daß nun die herrschende schlechte Praxis in der Theorie und in der Lehre auch bereits ihre Vertheidiger fand, den Gegenstand einer umfassenden und gründlichen Erörterung zu unterwerfen. Durch die Macht seiner Dialektik ist das tradirte Gesetz

---

autem illam quoque adulteram censet, quae vulgo manifesta non est: neque quod naturaliter ab altero cognita sit, adhuc convicta est.

[435]) Hieronym. ad Oceanum.

für alle Folgezeit wenigstens gegen die Angriffe der Sophistik sicher gestellt worden.

Ueber diesen Beweggrund seiner Arbeit spricht er sich aus in c. 19 de fide et operibus und in Lib. II. c. 2 de conjugiis adulterinis, wo er die herrschende Ansicht seiner Zeit in der Lehre des Pollentius bekämpft [436]. Pollentius nemlich sprach, wie auch viele der heutigen Exegeten: „Wenn der Apostel spricht: Den Uebrigen sage „„nicht ich, sondern der Herr, es soll das Weib nicht „„vom Manne gehen, wenn sie aber von ihm gegangen, „„soll sie ehlos bleiben oder mit dem Manne sich ver„„söhnen""; so sind die Worte, „wenn sie von ihm ge„gangen ist," nicht so zu verstehen, als sey anzunehmen, „sie sey von dem untreuen Gatten gegangen, weßhalb „allein sich zu scheiden erlaubt wäre, sondern man muß „vielmehr annehmen, sie habe von dem treuen Gatten sich „geschieden und es werde ihr deßhalb geboten, ehlos zu „bleiben, damit sie mit ihm sich wieder versöhnen könne,

---

[436]) Vgl. C. 1 de fide et operib. Ein merkwürdiges Zeugniß über den Zustand der Disciplin und der Sitten seiner Zeit. Ad hanc autem videntur disputationem impulsi, quod eos noverint non admitti ad baptismum qui, dimissis uxoribus, alias duxerint, vel foeminas quae, dimissis viris, aliis nupserint, quia haec non conjugia, sed adulteria esse, Dominus Christus sine ulla dubitatione testatur. Cum enim negari non possit, esse adulterium quod veritas adulterium esse sine ambage confirmat, eique suffragari vellent ad accipiendum baptismum quos hujusmodi laqueo ita captos viderent, ut si non admitterentur ad baptismum, sine ullo sacramento mallent vivere, vel etiam mori, quam dirupto adulterii vinculo liberari, humana quadam miseratione commoti sunt ad eorum causam sic suscipiendam, ut omnes cum iis facinorosos et flagitiosos, etiam nulla prohibitione correptos, nulla instructione correctos, nulla poenitentia mutatos, ad baptismum admittendos censuerint.

„falls er sich nicht enthalten wollte, auf daß sie nicht „ihren Mann zur Unzucht d. h. eine Andere bey ihren „Lebzeiten zu nehmen, veranlaße, wenn sie sich nicht „versöhnte. Wenn sie aber von einem untreuen Gatten „sich scheidet, so ist ihr nicht befohlen, ehlos zu bleiben. „Will sie in Enthaltsamkeit leben, so mag sie es; sie ist „aber nicht gerade als Uebertreterin des Gesetzes zu be= „trachten, wenn sie sich wieder verheurathet. Das Nem= „liche ist dann auch bey dem Manne zu beobachten, so „daß er sein Weib nicht entlaße, außer wegen Ehbruchs; „hat er sie aber entlassen, so bleibe er ehlos, damit er „mit der keuschen Frau sich versöhnen könne, falls sie „nicht die Enthaltsamkeit vorzieht; damit er nicht, des „Weibes Aussöhnung vermeidend, sie selber zum Ehbruch „zwinge, wenn sie, nicht enthaltsam, bey seinem Leben „sich mit einem Anderen verheurathet. Hat er sich aber „von einer untreuen Gattin geschieden, so hält ihn durch= „aus kein Gebot der Enthaltsamkeit ab und er ist keines= „wegs ein Ehebrecher, wenn er bey ihrem Leben eine „Andere heurathet. Denn die Worte des Apostels, „das „„Weib ist an das Gesetz gebunden, so lange ihr Mann „„lebt; ist ihr Mann aber gestorben, so ist sie frey und „„mag sich nach Gefallen verheurathen", sind so zu ver= „stehen, daß der ehebrecherische Mann für todt angese= „hen werde und eben so die ehbrecherische Frau, und „somit beiden erlaubt ist, wie nach dem Tode, so auch „nach dem Ehbruche des anderen Gatten sich wieder zu „verheurathen."

Dagegen bemerkt nun Augustin: „Wenn dem so wäre, „so hätte also jeder Gatte, ausser dem Falle des Ehbruchs, „zwischen drey Dingen die Wahl, entweder sich nicht zu „scheiden; oder, wenn er sich scheidet, ehlos zu bleiben;

„oder, wenn er nicht ehlos bleiben will, keine andere „Verbindung zu suchen, sondern zur ersten zurückzukehren. „Wo bleibt aber dann die Stelle des nämlichen Apostels, „wo er nicht einmal des Gebetes wegen zugeben wollte, „daß die Gatten sich einer dem andern entzögen, es ge„schehe denn aus beiderseitiger Einwilligung? Wie ver„trägt sich dieß mit den Worten: „„Der Unzucht wegen „„soll jeder von euch sein eigenes Weib u. jedes Weib „„seinen Mann haben. Der Mann soll dem Weibe, das „„Weib dem Manne die Pflicht leisten. Die Frau hat „„nicht Gewalt über ihren Leib, sondern der Mann und „„der Mann hat nicht Gewalt über seinen Leib, sondern „„die Frau?" Wie kann dieß wahr seyn, außer es ist „dem Weibe nicht erlaubt, wider Willen des Mannes sich „zu enthalten? Denn wenn der Frau erlaubt ist, ihren „Mann zu entlassen, so daß sie ehlos bleibe, so hat nicht „der Mann, sondern sie hat die Gewalt über ihren Leib. „Dann heißt es: „Wer immer sein Weib entläßt, außer „„wegen Ehbruchs, der macht sie die Ehe brechen." Wie „ist dieß zu verstehen, es sey denn, daß der Manu seine „Frau nicht entlassen dürfe, wenn nicht Ehbruch einge„treten ist? Und warum ist es gesagt worden? Damit „er sie nicht die Ehe brechen mache, also weil sie, wenn „auch nicht sie den Mann entlassen hat, sondern von ihm „entlassen worden ist, eine Ehbrecherinn ist, wenn sie sich „wieder verheurathet. Dieses großen Uebels wegen ist es „also dem Manne nicht erlaubt, seine Frau zu entlassen, „es sey denn wegen Ehbruchs. Denn in diesem Falle „macht er sie nicht durch die Entlassung die Ehe brechen, „sondern er entläßt die Ehbrecherinn. Wenn er aber sagt: „Ich entlasse meine Frau zwar ohne Ursache des Eh„bruchs, aber ich will in der Enthaltsamkeit bleiben;

„können wir ihn deshalb straflos sprechen? Wer wird „dieß zu behaupten wagen, der den Willen des Herrn „aus jenen Worten entnommen hat? Denn auch nicht „um der Enthaltsamkeit wegen will er den Gatten entlas-„sen wissen, da er die einzige Ursache des Ehbruchs aus-„genommen hat. 437) — . . Ich frage, ob irgend einer, „der ein Weib geheurathet, welches nicht mehr an den „Mann gebunden ist, für einen Ehbrecher zu halten ist? „Ich denke, nein. *Denn deßwegen wird das „Weib eine Ehbrecherin heißen, wenn es bey „Lebzeiten des Mannes mit einem Andern „lebt, weil das Weib gebunden ist, so lange „der Mann lebt.* Bestünde aber dieses Band nicht „zwischen ihr und dem lebenden Manne, so würde sie oh-„ne Schuld des Ehbruches sich mit einem Anderen ver-„heurathen. Wenn sie gefesselt ist, so lange ihr Mann „lebt, so kann sie auf keine Weise anders, denn nach dem „Tode des Mannes, als von dem Bande frey angesehen „werden. Wenn nun ferner dieses Band zwischen Mann „und Frau durch den Tod des einen von beiden gelöst „wird und der Ehbruch wie der Tod anzusehen ist, so „wird ohne Zweifel von demselben auch die Frau befreit „seyn, wenn sie die Ehe gebrochen hat. *Denn man „wird nicht sagen, sie sey an den Mann ge-„bunden, wenn der Mann frey von ihr ist.* 438)

---

437) Aug. opp. T. VI. Col. 388 sq.

438) Vgl. Col. 394 eod. No. 13. Nam et illud quod etiam secundum Lucam sequitur, *qui dimissam a viro ducit möchatur*, quomodo est verum? Quomodo möchatur, nisi quia illa, quam duxit, eo vivente a quo dimissa est, adhuc uxor aliena est? Si enim jam suae, non alieni miscetur uxori, utique non möchatur. Möchatur autem: aliena est ergo cui miscetur. Porro si

„Wer sie daher, nachdem sie durch den Ehbruch aufge-„hört hat, an den Mann gebunden zu seyn, heurathet, „der wird kein Ehbrecher seyn. Wie absurd aber ist die-„ses, daß er deßwegen kein Ehbrecher sey, weil er eine „Ehbrecherin geheurathet hat? Ja, was weit ärger ist, „das Weib wird keine Ehbrecherin seyn, weil es dem „spätern Manne nicht eines Anderen, sondern seine Frau „ist. Denn nach der Auflösung des früheren Ehbandes „durch den Ehbruch ist sie, mit wem immer sie sich ver-„bindet, der nicht schon eine Frau hat, nicht eine Eh-„brecherin bei einem Ehbrecher, sondern eine Frau bei ih-„rem Manne. Wie kann sie also beym Leben ihres Man-„nes eine Ehbrecherin heißen, wenn sie mit einem ande-„ren Manne lebt, da jener doch ihr Mann nicht mehr „ist, indem das ehliche Band durch den Ehbruch der „Frau bereits gelöst ist? Bey welches Mannes Leben „soll sie denn eine Ehbrecherin heißen, falls sie mit einem „Anderen lebt, wenn nicht ihres eigenen? [439])

„Warum aber, sagst Du, hat Gott die Ursache des

---

aliena est, hoc est ejus a quo dimissa est, etiamsi propter fornicationis causam dimissa est, nondum dimittentis uxor esse cessavit. Si autem illius esse cessavit, jam hujus est cui alteri nupsit: et si hujus est, non möchus judicandus est, sed maritus. Sed quia non eum maritum scriptura dicit, sed möchum, adhuc illa illius est, a quo etiam causa fornicationis abjecta est. Et ideo quamcunque etiam ipse illa dimissa ducit uxorem quia cum alieno marito concumbit, adultera est. Unde autem fieri potest, ut adulter etiam ipse non sit, cum constet adulterare quam ducit?

So ergiebt sich die nemliche Folgerung auch aus des Chrysostomus oben angeführtem Ausspruch, daß die Entlassene nicht aufhört, des Entlassenden Frau zu seyn.

[439]) opp. T. VI. col. 405. sq.

„Ehbruchs eingeschaltet und nicht vielmehr allgemein aus„gesprochen: Wer seine Frau entläßt und eine andere „heurathet, der bricht die Ehe, wenn auch der ein Eh„brecher ist, der nach Entlassung der ehbrecherischen „Gattin eine andere nimmt? Ich denke, weil Gott hier „angeben wollte, daß es ein schwererer Ehbruch ist, eine „nicht ehebrechende Gattin zu verstoßen und eine andere „zu heurathen, als wenn Einer eine Ehbrecherin entläßt, „und dann eine andere Frau nimmt.[440]) Nicht als ob „nicht auch dieses ein Ehbruch wäre, sondern weil es „nicht so arg ist, wenn man nach Entlassung einer Eh„brecherin eine Andere heurathet. Denn einer ähnlichen „Redensart hat sich auch der Apostel Jacobus bedient, da „er sagt: „Denn der das Gute zu thun weiß und es „„nicht thut, dem gereicht es zur Sünde.“ Gereicht es „etwa deshalb demjenigen nicht zur Sünde, der das Gute „nicht zu thun weiß und es deßwegen nicht thut? Wohl „ist es Sünde, aber eine schwerere ist, wenn er es auch „weiß und nicht thut, und jenes ist nicht deßhalb keine „zu nennen, weil es eine geringere ist[441]). Wenn aber „der Evangelist Matthäus dadurch, daß er eine Art nennt „und die andere verschweigt, die Sache etwas unverständ„lich macht, haben nicht Andere das Nemliche dergestalt „allgemein ausgesprochen, daß es von beiden Arten ver„standen werden könne? Denn nach Markus steht es so

---

[440]) Mich dünkt, hier hätte Augustinus zur Antwort wiederholen können, was er oben sagte: Wer eine Ehbrecherin entläßt, der bricht nicht die Ehe, wer eine Ehbrecherin entläßt und eine Andere heurathet, der bricht aber die Ehe und wer, ohne Ursache des Ehbruchs, seine Frau entläßt, der macht sich gleichfalls des Ehbruchs schuldig.

[441]) Col. 391 eod. No. 9.

„geschrieben: „Wer immer seine Frau entläßt und eine an-„„dere heurathet, der begeht einen Ehebruch an ihr: „„und wenn die Frau ihren Mann verläßt und einen „„andern heurathet, so bricht sie die Ehe.“ Nach Lukas „„heißt es: Jeder, der seine Frau entläßt und eine An-„„dere heurathet, bricht die Ehe, und wer die vom Manne „„entlassene Frau heurathet, der begeht Ehbruch. „Wer sind „also wir, daß wir sagen können: Der eine bricht die Ehe, „wenn er nach Entlassung seiner Frau eine Andere heu-„rathet, der Andere aber, der das Nemliche thut, bricht „die Ehe nicht? da doch das Evangelium sagt, jeder „der dieses thue, breche die Ehe. Wenn wer immer die-„ses thut d. h. jeder, der es thut, die Ehe bricht, so „sind darunter ohne Zweifel beide begriffen, der sowohl „der ohne Ursache des Ehbruchs, als auch der, welcher „aus Ursache des Ehbruchs sein Weib entläßt[442]). Was „minder verständlich ist bey Matthäus, ist verständlicher „bey den anderen Evangelisten. Wenn wir deßhalb im „Evangelium nach Matthäus gelesen haben: „Wer im-„„mer sein Weib entlassen hat, es sey denn wegen Eh-„„bruchs“ oder, wie es vielmehr im griechischen Text „heißt: „ohne Ursache des Ehbruchs und eine andere „heurathet,“ so dürfen wir nicht gleich meinen, derje-„nige breche nicht die Ehe, der sie aus Ursache des Eh-„bruchs entlassen habe und eine Andere nehme, sondern „wir müssen so lange zweifeln, bis wir das Evangelium „nach den anderen Evangelisten, die das Nemliche erzählt „haben, zu Rathe gezogen. Denn wie, wenn bey Mat-„thäus zwar das, was zur Sache gehört, nicht im Gan-

---

[442]) Eod. col. 392 No. 10.

„zen gesagt, aber wohl in der Art theilweise ausgesprochen „ist, daß aus dem Theile das Ganze verstanden werde, „eben dieses aber Markus und Lukas, gleichsam erläu„ternd, lieber ganz aussprachen, damit der volle Sinn „daraus klar werde? Wenn wir daher nicht zweifelnd an „der Echtheit dessen, was bei Matthäus steht: „Wer „„immer sein Weib entläßt ohne Ursache des Eh„„bruchs und eine Andere heurathet, der bricht die Ehe," „fragen, ob bloß derjenige durch die Verheurathung mit „einer anderen Frau die Ehe bricht, der ohne Ursache „des Ehbruchs seine Frau entlassen hat, oder jeder, der „nach Entlassung seiner Frau eine Andere nimmt, so daß „auch der, welcher die Ehebrecherin entließ, darunter be„griffen ist, wird uns da nicht nach Markus zur Antwort „gegeben: „Wer immer sein Weib entläßt, und eine „„Andere heurathet, der bricht die Ehe." Wird uns „nicht auch nach Lukas die Antwort werden: „Was zwei„„felt ihr, ob derjenige, der seine Frau wegen Ehebruchs „„entlassen und eine Andere geheurathet hat, kein Eh„„brecher sey: „„Jeder, der seine Frau entläßt und „„„eine Andere nimmt, bricht die Ehe."" Da wir „nun nicht sagen dürfen, daß die Evangelisten, wenn sie „gleich von der nemlichen Sache in verschiedenen Worten „reden, in der nemlichen Meinung und Absicht nicht „mit einander einig seyen; so bleibt nichts übrig, als „daß wir annehmen, Matthäus habe mit dem Theile das „Ganze bezeichnen wollen, habe aber dieselbe Meinung „gehabt, nemlich nicht, daß der eine, der sein Weib ent„lasse und eine Andere heurathe, die Ehe breche, wenn „er sie nemlich ohne Ursache des Ehbruchs entlassen habe, „der andere aber die Ehe nicht breche, der sie wegen Eh„bruchs entlassen; sondern daß ohne Zweifel Jeder, der

„seine Frau entläßt und eine andere heurathet, die Ehe „bricht[443])

Die Lehre Augustin's also, in Ansehung deren er sich nichts weniger, als bedenklich oder zweifelhaft zeigt, ist folgende:

1. Die Frau darf unter keiner Bedingung sich von ihrem Manne trennen, es sey denn, er habe die Ehe gebrochen. „Denn, sagt er, fragen wir den Apostel: Warum „hast Du gesagt, wenn sie sich getrennt hat, soll „sie ehlos bleiben? Ist es erlaubt, sich zu trennen „oder nicht? Wenn es nicht erlaubt ist, warum befiehlst „du derjenigen, die sich trennt, daß sie ehlos bleibe? „Wenn es aber erlaubt ist, so muß es wohl eine Ursache „geben, warum es erlaubt ist. Forschest Du aber nach „dieser, so findest Du keine als die einzige, welche der „Erlöser ausgesprochen hat, nemlich die Ursache des Eh- „bruchs. Denn wo es heißt, „ich verordne, daß sie sich „„nicht scheide, wo sie sich aber scheidet, daß sie ehlos „„bleibe,“ da sey ferne, daß diejenige gegen die Vor- „schrift handle, die sich in der Art scheidet, daß sie ehlos „bleibt. Wenn also nicht diejenige hier zu verstehen, der „sich zu scheiden erlaubt ist, (erlaubt ist es aber nicht, „außer wenn der Mann die Ehe bricht) wie wird ihr be- „fohlen, daß sie, wenn sie sich getrennt hat, ehlos bleibe? „Wer wird wohl sagen: Wenn die Frau von dem nicht „ehbrechenden Manne sich geschieden hat, so bleibe sie „ehlos, da ihr durchaus nicht, außer von dem ehbrecheri- „schen Manne sich zu scheiden erlaubt ist?[444])

---

443) Eod. col. 393. No. 12.

444) Eod. col. 389, No. 4.

„Es bleibt daher nichts übrig, als daß das Gebot, „diejenige, die sich getrennt hat, soll ehlos „bleiben, von derjenigen gesagt sey, von der wir gesehen haben, daß sie nicht anders als wegen Ehbruchs des „Mannes sich trennen dürfe. [445])

2. Wenn aber die Worte: Wer immer seine Frau entläßt, außer wegen Ehbruchs, und eine andere heurathet, der bricht die Ehe, so zu verstehen sind, daß derjenige, der seine Frau wegen Ehbruchs entlasse und eine Andere nehme, die Ehe nicht breche, so scheint hier, wie Augustinus bemerkt, das Verhältniß zwischen Mann und Frau kein gleiches zu seyn, indem die Frau, auch wenn sie wegen Ehbruchs des Mannes sich scheidet und wieder heurathet, die Ehe bricht, der Mann aber, wenn er aus derselben Ursache die Frau entläßt und eine andere nimmt, die Ehe nicht bricht. Wogegen, wenn ein gleiches Verhältniß für beide stattfindet, jeder von beiden die Ehe bricht, wenn er sich mit einer andern Person verbindet, auch wenn er von dem ehbrecherischen Gatten sich geschieden hat. Daß aber ein gleiches Verhältniß für den Mann und für die Frau bestehe, hat der Apostel dort gezeigt, wo er sagt: „Das Weib hat nicht Gewalt über seinen „Leib, sondern der Mann und gleicherweise hat der Mann „nicht Gewalt über seinen Leib, sondern die Frau." [446])

Rechtmäßig wird also zwar die Frau wegen Ehbruchs entlassen; es verbleibt aber dennoch das Band der früheren Ehe, weßhalb der des Ehbruchs schuldig ist, der die selbst wegen Ehbruchs Entlassene, heurathet. Denn so

---

[445]) Eod. col. 391, No. 7.

[446]) Eod. col. 391, No. 8.

wie das Sakrament der Wiedergeburt fortbesteht, wenn gleich derjenige, der sich was immer für eines Verbrechens schuldig gemacht hat, excommunicirt wird, eben so besteht das Band (vinculum) der ehlichen Verbindung, wenn auch die Frau wegen Untreue entlassen wird. Wenn durch den Ehbruch der Frau aber das ehliche Band gelöst würde, so ergäbe sich daraus die wiedersinnige Folge, daß auch die Frau durch ihre Unzucht von diesem Bande frey würde: würde sie aber frey, so würde sie ledig von des Mannes Gesetz und wäre daher, was eine ganz unsinnige Behauptung ist, keine Ehbrecherin, wenn sie einem anderen Manne beiwohnte, weil sie eben durch ihren Ehbruch frey wäre von ihrem vorigen Manne. Wenn nun aber dieses nicht bloß eines Christen, sondern eines jeden Menschen gesundem Verstande widerstrebt; so ist das Weib gebunden, so lange ihr Mann lebt, oder, um bestimmter zu reden, so lange derselbe seinem Körper inwohnt. Auf gleiche Weise ist also auch der Mann gefesselt, so lange die Frau ihrem Körper inwohnt. Wenn er daher eine Ehbrecherin entlassen will, so soll er keine Andre heurathen, damit er nicht selbst begehe, was sie verschuldet hat.[447]) „Das „Harte, bemerkt endlich Augustin (im Widerspruch mit „Basilius in seinem Kanon 9 an Amphilochius), was „man darin finden mögte, daß nach dem Ehbruch der

---

[447]) cf. Lib. I. homil. 49. Non vobis licet habere uxores, quarum priores mariti vivunt. Nec vobis foeminae, viros habere licet, quorum priores uxores vivunt. Adulterina sunt ista conjugia, non jure fori, sed jure coeli. Nec eam foeminam, quae per repudium discessit a marito, licet vobis ducere vivo marito. Solius fornicationis causa licet uxorem adulteram dimittere, sed illa vivente non licet alteram ducere.

„Gatte mit dem Gatten sich versöhne, wird gar nicht vor„handen seyn, sobald nur der Glaube da ist. Warum „halten wir diejenigen noch für Ehbrecher, die wir doch „als durch die Taufe gereinigt oder durch die Buße ge„heilt ansehen? Die Verbrechen, die im alten Testament „kein Opfer auszuwischen vermochte, werden im neuen „Testament ohne Blut getilgt; daher war es damals auf „alle Weise untersagt, ein durch einen Anderen verunrei„nigtes Weib wieder anzunehmen: nachdem aber Christus „zur Ehbrecherin gesagt hat: Auch ich will dich „nicht verdammen, geh', und sündige nicht „wieder, wer wird da nicht einsehen, daß der Mann „verzeihen soll, was beider Herr verziehen hat? [448])

Dieselbe Lehre wiederholt und bekräftigt Augustin an mehreren Stellen[449]) auf die entschiedenste Weise. Dennoch

---

[448]) Eod. col. 406, No. 4 u. 5.

[449]) Lib. I. cit, de conjug. adulter. opp. T. VI. col. 392. Unde cum dicimus: quicumque mulierem praeter causam fornicationis a viro dimissam duxerit, moechatur, de uno quidem ipsorum dicimus, nec tamen ideo moechari negamus eum qui eam duxerit, quam propter causam fornicationis maritus dimiserit. Ita cum ambo sint möchi, et ille scilicet qui dimiserit uxorem suam praeter causam fornicationis et aliam duxerit, et ille qui propter causam fornicationis uxore dimissa se alteri copulaverit; profecto quando de uno eorum legimus, non ita intelligere debemus, quasi ex hoc alter möchus negatus sit, quod alter expressus sit.

Eod. col. 401, Illa igitur quae Dominus ita dicit ut Dominus i. e. non monentis consilio, sed dominantis imperio, non facere non licet, et ideo nec expedit. Dominus itaque praecipit, mulierem a viro non discedere, quodsi discesserit, ea utique causa qua discedere licitum est, manere innuptam aut viro reconciliari. Mulier enim subviro vivo marito juncta est legi et vivente viro vocabitur adultera, si fuerit cum alio viro, quoniam mulier alligata est, dum vir ejus vivit. Unde, si uxor di-

haben ein paar zweideutige Aeusserungen, die er gleichsam zufällig fallen gelassen, von mehreren Seiten die Behauptung veranlaßt, als sey dieser Kirchenvater in seiner An-

---

dimiserit virum suum et alii nupserit, möchatur. Ideoque ex eodem praecepto Domini et vir uxorem ne dimittat quoniam qui dimiserit uxorem suam praeter causam fornicationis, facit eam möchari. Sed si propter hanc causam dimiserit, etiam ipse sic maneat: omnis enim qui dimittit uxorem suam et ducit alteram moechatur. Haec constituta Domini sine ulla retractatione servanda sunt . . . . . . Potest enim fieri, ut cum adulteram uxorem quisque dimiserit Christianus, ita tentetur, ut aliqua foemina quae nondum credidit, cupiens in ejus nuptias convenire, promittat, se futuram esse Christianam, non fallaciter, sed si ei nupserit, omnino futura. Huic itaque hoc connubium recusanti, poterit suggerere ille tentator: Dominus dixit: quicunque dimiserit uxorem suam praeter causam fornicationis et aliam duxerit moechatur: tu autem qui dimisisti propter causam fornicationis, si aliam duxeris non möchaberis. Huic talia suggerenti, erudito corde respondeat, möchari quidem illum gravius qui praeter causam fornicationis uxore dimissa alteram duxerit; sed etiam illum qui uxore fornicante dimissa sibi aliam copulaverit, non ideo non moechari, quia fornicantem reliquit: sicut moechatur qui eam, quae praeter causam fornicationis dimittitur, duxerit, nec ideo non moechatur qui eam ducit, quam dimissam propter causam fornicationis invenerit . . . Non solum autem moechandum non est, quod facit, non quidam, sed omnis qui dimittit uxorem suam et ducit alteram, etsi propterea duxit, ut faciat Christianam. Sed etiam quisquis non alligatus uxori continentiam Deo voverit. etc. Lib. II. eod. col. 409. Verum ecce non fiat, sc. ut uxor adultera recipiatur, nemo compellit, quia forte lex aliqua hujus saeculi vetat secundum terrenae civitatis modum, ubi cogitata non est absolutio criminum per sanguinem sanctum. Suscipiatur ergo continentia, quam nulla lex prohibet: in alia non eatur adulteria. Et quid ad nos, si nec saltem divina miseratione mundata marito reconciliatur adultera, dum tamen, non reconciliatis adulteris, non alia fiant quasi connubia, quae convincantur esse adulteria? Mulier enim alligata est quamdiu vir ejus vivit. Ergo consequenter et vir alli-

sicht nichts weniger als fest und sicher gewesen, so daß er sie höchstens als unmaßgebliche Privatansicht hinzustellen, nicht aber als die echte Deutung des Gesetzes Christi mit

---

gatus est quamdiu mulier ejus vivit. Haec alligatio facit, ut aliis conjungi sine adulterina copulatione non possint. Unde necesse est, ex duobus conjugibus quatuor adulteros fieri, si et illa alteri nupserit et ille alteram duxerit. Quamvis enim sceleratius möchatur, qui non causa fornicationis uxore dimissa alteram ducit, quod genus adulterii commemoravit Mathäus: tamen non solum ipse möchatur, sed sicut est apud Marcum, quicunque dimiserit uxorem suam et aliam duxerit, adulterium committit super eam, et si uxor dimiserit virum suum et alii nupserit möchatur: et sicuti est apud Lucam: Omnis qui dimittit uxorem suam et ducit alteram moechatur et qui dimissam a viro duxerit moechatur.

Eod. col. 410. Jam nunc etiam illa videamus, quae alio loco interponens addidisti, neque ad ea respondere voluisti: ubi te movet et miserearis hominem, qui cubare cum adultera, etiamsi non incontinentia, certe filiorum procreandorum necessitate compellitur, si non ei licet, sic eam dimittere ut, ea vivente, alteram ducat. Unde recte moveris, si adulterium non esset, quamvis adultera viva uxore aliam ducere. Si autem adulterium est, ut ea quae disputata sunt, docuerunt, quid obtenditur procreandorum causa filiorum?

Eod. col. 412. Non est igitur ad quod exhortemur eos, qui reconciliari timent conjugibus adulteris poenitendo sanatis, nisi ad custodiendam continentiam. Quoniam mulier alligata quamdiu, sive möchus sive castus, vir ejus vivit, moechatur, si alteri nupserit, et vir alligatus quamdiu, sive moecha sive casta, uxor ejus vivit, moechatur si alteram duxerit. Haec namque alligatio quando quidem non solvitur, etiamsi per repudium conjux a casto conjuge separatur: multo minus solvitur, si non separata moechatur.

Eod. col. 416. Hoc igitur alloquor, ut quod facere deberent, si haberent conjuges diuturno languore marcescentes, vel loco sibi inaccessibili absentes, vel animositate illicita continentes, hoc faciant, si habuerint conjuges adulterina inquinatione sordescentes et propter hoc a suo consortio divortiantes: non alia quaerant conjugia, quia non erunt conjugia, sed adulteria. Cum enim par forma sit in hoc vinculo viri et uxoris, sicut uxor vivente

voller Ueberzeugung zu behaupten sich getraut hätte. Die eine von den erwähnten Aeusserungen kommt vor in c. 19 de fide et operibus, die andere in c. 25 de conjugiis adulterinis. In der letzteren Stelle sagt Augustin: His ita pro meo modulo pertractatis atque discussis quaestionem tamen de conjugiis obscurissimam et implicatissimam esse non nescio. Nec audeo profiteri omnes sinus ejus vel in hoc opere vel in alio me adhuc explicasse, vel jam posse, si urgear, explicare. Bezog sich dieses auf die Frage, ob der Mann einer wegen Ehbruchs entlassenen Frau sich wieder verheurathen könne? — Keineswegs. — Unmittelbar vor den eben angeführten Worten sagt Augustin und wiederholt auf das Bestimmteste: Propter quodlibet tamen fornicationis genus, sive carnis, sive spiritus, ubi et infidelitas intelligitur, et dimisso viro non licet alteri nubere et dimissa uxore non licet alteram ducere. Es waren aber vorher verschiedene andere Fragen abgehandelt worden, worunter auch die, ob die Ehe eines Christen mit einer Ungläubigen gültig sey, ob von zwey ungläubigen Gatten, der eine, welcher Christ geworden, falls der andere mit ihm nicht mehr leben wollte, nach der Trennung sich wieder verehlichen könne. Ueber diese letztere Frage geben heut zu Tage noch die geistlichen Gerichte widersprechende Entscheidungen; und auf diese und die anderen nebenher behandelten Fragen muß demnach wohl die angezogene Aeusserung hauptsächlich bezogen werden.

---

viro vocabitur adultera, si fuerit cum alio viro, ita et vir vivente uxore vocabitur adulter, si fuerit cum alia muliere.

Cf. c. 7 u. 24 de bono conjugali. L. I. c. 14 de sermone Domini in Monte. c. 10 de nuptiis et concupiscentia c. 15 de virginitate. L. 19 contra Faustum. c. 26.

In cap. 19 de fide et operibus sagt aber Augustin: Et in ipsis divinis sententiis ita obscurum est, utrum et iste, cui quidem sine dubio adulteram licet dimittere, adulter tamen habeatur si alteram duxerit, ut, quantum existimo, venialiter quisque fallatur. Könnte um dieser Worte willen die Ansicht des heiligen Augustin nach dem Bisherigen noch überhaupt als zweifelhaft betrachtet werden; so könnte man sagen, Augustin habe wohl, als er dieselben geschrieben, den Paulin'schen Text nicht so genau untersucht gehabt, als er es in der Folge in den zwey Büchern de conjugiis adulterinis gethan, welche letztere, wie wir aus dem zweyten Buche der Retractationes wissen, später als das de fide et operibus geschrieben wurden und in welchen er ja erst eigentlich die Materie zu ergründen suchte. Es könnte angenommen werden, er habe sich, wie er hier sagt, noch nicht alles damals klar gemacht. Aber es handelt sich nicht so fast um die Privatmeinung Augustins, die auf keinen Fall wegen dieser Stelle als schwankend bezeichnet werden kann; sondern vielmehr um die Autorität, welche er dieser seiner Meinung beimaß. Diese kann nun aber gleichfalls durch die angezogene Stelle, sobald man sie im Context betrachtet, keineswegs in Zweifel gezogen werden. Dort, wo sie vorkommt, behandelt Augustin die Frage, ob Solche, die einen unreinen und sündhaften Wandel führen und von demselben nicht abstehen wollen, dennoch zur Taufe zuzulassen seyen. Er erhebt sich gegen das laxe Verfahren derjenigen, welche dieselben zuliessen und bekämpft die Gründe, die sie zu ihrer Rechtfertigung anführten. Da berührt er denn auch den Einwurf, den Manche daher nehmen konnten, daß ja die Kirche doch mit denen, welche nach der Scheidung mit anderen, als ihren legiti=

men Ehgatten lebten, es nicht so streng zu nehmen pflege, und dieselben stets zur Taufe zugelassen habe, und sagt: Sed si forte adulteros, quos non lex humana, sed divina condemnat, id est, qui alienas uxores tanquam suas habent, vel foeminas quae alienos maritos, *alicubi* negligentius admitti solere adverterunt, ex illis recte debent conari ista corrigere, ut etiam isti non admittantur; non ex his pravis illa recta depravare ut neque de morum correctione catechizandos esse censeant competentes..... Wenn man aber, sagt er dann weiter, von solcher Nachsicht irgend ein Vergehen ausnehme, wie denn Viele Unkeuschheit, Abgötterey und Todtschlag als solche Vergehen bezeichneten, die erst durch Busse gesühnt werden müßten, so müsse man nothwendig auch den Ehbruch dazu rechnen, der ja darin auch enthalten sey. Hierauf erklärt er in der oben im zweiten Kapitel schon angeführten Stelle [450]) wie es gekommen

[450]) Da die Stelle, sowohl als Zeugniß in Ansehung der allgemeinen Observanz der früheren Zeit, wie auch wegen der Bemerkung von der zu Augustins Zeit und in seiner Umgebung wenigstens noch seltenen Abweichung zu den wichtigsten gehört, so mag sie hier noch einmal stehen. Sed quoniam Christianorum mores, qui fuerunt pessimi, habuisse non videntur hoc malum, ut alienas uxores ducerent viri, aut alienis maritis foeminae nuberent; inde fortasse apud quasdam Ecclesias negligentia ista subrepsit, ut in catechismis competentium nec quaererentur nec percuterentur haec vitia, atque inde factum est, ut et inciperent defendi: quae tamen in baptizatis rara sunt adhuc, si ea nos negligendo non densa faciamus .... Hinc autem existimandum est, non ea primum apparuisse in moribus, quamvis malorum Christianorum, quoniam beatus Cyprianus in Epistola de lapsis, cum deplorando et arguendo multa commemoraret, quibus merito dicit indignationem Dei fuisse commotam, ut intolerabili persecutione Ecclesiam sineret flagellari, haec ibi omnino non nominat: cum

sey, daß man gegen dieses Vergehen ein minder strenges Verfahren allmälig angenommen habe, und fügt endlich (in den bereits angeführten Worten) bey, derjenige, der seine Frau wegen Ehbruchs entlassen und eine Andere geheurathet habe, sey übrigens auf jeden Fall nicht mit derselben Strenge zu beurtheilen, wie der, welcher sie ohne Ursache entlassen habe, und bey der Dunkelheit, womit die Schrift über den Punkt sich ausdrücke, könne ja leicht Einer einen verzeihlichen Fehler in dieser Hinsicht begehen. Daraus folgert er, daß von diesem Verhältnisse auf andere keineswegs ein Schluß zu ziehen sey, und auf keinen Fall eine Regel, auch für mehr offenbare und schreiende Vergehungen, darnach gebildet werden dürfe. Er hatte oben bemerkt, aus Nachläßigkeit, Unerfahrenheit und Unwissenheit der Lehrer habe sich die fragliche Gewohnheit oder vielmehr der Mißbrauch, in Ansehung der Wiederverehlichung Geschiedener, eingeschlichen und findet, daß unter solchen Verhältnissen der Einzelne, der darin gefehlt hatte, bey der Dunkelheit des Schrifttextes, der ihn allein noch hätte belehren können, Nachsicht verdiene. Derselben Ansicht war aber auch Hieronymus und das geboten gewiß die Umstände in den Augen eines jeden billig Denkenden. Es war aber kein Grund, auf Abstellung eines so lässigen Verfahrens als eines argen Mißbrauches nicht mit allem Ernste zu dringen, was er allenthalben

---

etiam illud non taceat et ad eosdem malos mores pertinere confirmet, jungere cum infidelibus vinculum matrimonii, nihil aliud esse asserens, quam prostituere gentibus membra Christi; quae nostris temporibus jam non putantur esse peccata.

Cyprian wird auch sonst als ein Zeuge für die Unauflöslichkeit der Ehe aus dem Grunde gerechnet, weil er nur der Regel, wie sie bey Lukas und Markus steht, ohne Ausnahme, gedenkt.

that, ohne daß irgend eine Spur des Schwankens in seinen Aeusserungen sich zeigte.[451]) Uebrigens beweist ohnehin der Umstand, daß man aus der Nachsicht der Kirche in diesem Falle einen Grund hernehmen wollte, überhaupt ohne Rücksicht auf Sünden und Vergehen der Competenten denselben die Taufe zu verleihen, daß die Wiederverehlichung nach der aus Ursache des Ehbruches erfolgten Scheidung, selbst da, wo sie geduldet wurde, doch keineswegs für erlaubt galt, sondern eben doch als eine Sünde und als eine Uebertretung der kirchlichen Gebote erkannt wurde, was ja auch aus den Einwürfen des Pollentius gegen diese Gebote oder vielmehr gegen diese Auslegung derselben hervorgeht.

Nach dieser umständlichen Entwicklung der Ansicht des heiligen Augustin über die Unauflöslichkeit der Ehe ist es theils nicht mehr der Mühe werth, theils mit Rücksicht auf die vom Leser billigerweise zu fodernde Geduld nicht mehr zulässig, auch auf das noch einzugehen, was

---

[451]) Daß die bekannte Stelle aus dem zweiten Buche der Retractationen, Kap. 57, kein Schwanken ausspricht und keine Ungewißheit, sondern nur das Bedauern Augustins, daß er, aller Sorgfalt ungeachtet, seine Ueberzeugung doch vielleicht nicht klar u. einleuchtend genug entwickelt u. gerechtfertigt habe, wird einem Jeden klar werden, dem es nicht zuviel scheinen wird, die Stelle selbst zu lesen. Endlich lohnt es kaum der Mühe, noch zu erwähnen, daß Einige aus den Worten des 9ten Tractatus in Joannem: Sed propterea in causa fornicationis licet dimittere, quia ipsa esse uxor noluit, quae fidem conjugalem non servavit“ eine Erklärung zu Gunsten völliger Auflösung des Ehbandds durch den Ehbruch u. hierin die jüngste Meinung Augustins über diesen Gegenstand erkennen wollen. Diese Deutung thut den angeführten Worten zu sehr Gewalt an, um eine Widerlegung zu verdienen. Ob übrigens die Tractatus in Joannem wirklich unter Augustins allerjüngste Schriften zu rechnen seyen, weil ihrer in den Retractationen nicht gedacht wird, ist eine große Frage. Es folgt aus diesem

Hilarius, Chromatius und Primasius um dieselbe Zeit oder etwas später, diesen Gegenstand betreffend, gesagt haben. Keiner von ihnen faßt, so wie Augustin, die Frage in ihrer ganzen Schärfe auf. Doch dienen sie, mit den bisher Angeführten, wenigstens dazu, den Schluß zu widerlegen, den so Viele aus den Scheidungsgesetzen der christlichen Kaiser auf die Grundsätze der Kirche ziehen zu dürfen glaubten, indem sie jedenfalls ausser dem Ehbruch keine Scheidungsursache anerkennen und durchaus gegen die weltlichen Gesetze protestiren [452].

Umstande nur, daß Augustin über diese Tractatus nichts zu bemerken hatte, keineswegs, daß sie nicht existirten. Die Mauriner selbst glauben in ihrer Praefatio mit Grund, die Tractatus in das Jahr 416 setzen zu können, während sie die Retractationes als im Jahre 426 geschrieben ansehen.

[452]) Hilar. Pictav. († a. 367) Cammentar. in Matth. T. I. c. 4 p. 686 No. 22 Ed. Cong. Maurin. Veron 1730. Chromat. († a. 406) Tractat. in Matth. Evang. Galland. Biblioth. T. VIII. Pg. 343. Primas. Comment. in I. Cor. c. 7. Galland. T. X.

II. Abschnitt.

Geschichte des Ehrechtes in den germanischen Reichen.

Einleitung.

Während der östliche Theil der alten Römerwelt in unwürdigen Intriguen, in Ketzer-Streitigkeiten und Empörungen sich abmühte, und, nur durch vorübergehende Erschütterungen von Aussen gestört, unter der reitzbaren Willkühr der Kaiser und dem steifen Buchstaben-Regiment der Patriarchen, die Verbildungen der Altersschwäche immer deutlicher hervortreten ließ; wurde der westliche Theil von scheinbar weit verderblicheren Stürmen umgewühlt, eine Beute zerstörungssüchtiger Barbaren, in allen seinen Einrichtungen zertrümmert, und die Kirche hier, von den wilden Eroberern unter die Füße getreten, jeder Unordnung preisgegeben.

Italien, nach einander von Westgothen, Vandalen, Burgundern, Sueven uud Hunnen heimgesucht, durchzogen und geplündert, von Tyrannen und Barbaren mißhandelt und bedrückt, genoß kaum, nach des Herulers Odoaker vorübergehendem Königthum, unter der Ostgothen kurzer Herrschaft einer kleinen Frist, als schon die

Rückkehr der Römer unter Belisar und Narses, dann das Eindringen der furchtbaren Longobarden, ihm neues Elend, neue Plagen, abermalige Verwüstungen brachten, unter denen es schmachten mußte, bis, über die Alpen greifend, der Franken steigende Macht es, wenn auch unter manchen peinlichen Zuckungen, einer stätigen Ordnung wieder entgegenführte. Gallien, zerrüttet seit der Mitte des vierten Jahrhunderts durch Empörungen und die verheerenden Einfälle der Franken, dann von Vandalen, Sueven und anderen Völkern, wie von durchreißenden Strömen verwüstet, seit dem Anfange des fünften Jahrhunderts in drey Theile, von den Westgothen, Burgundern und Franken zerrissen, wird im sechsten Jahrhundert unter fränkischer Herrschaft nur vereinigt, um der Schauplatz neuer Gräuel zu werden, bis endlich Pipins Haus mit Hülfe des Christenthums, das es vorher noch von der Sarazenen Wuth errettet, Gesetz und Ordnung neu begründet. Spanien dagegen, seit dem Anfange des fünften Jahrhunderts von den Alanen, Vandalen, Sueven und Selingensern zertreten, kann kaum, nachdem die Alanen und Selingenser ausgerottet, die Vandalen nach Afrika verdrängt worden, in den Westgothen, welche gegen Ende des sechsten Jahrhunderts auch die Sueven unterjochen, diejenigen erkennen, die es zu besitzen bestimmt sind; als schon der Einfall der Araber, im Anfange des achten Jahrhunderts, es mit neuen Verwüstungen und neuen Kämpfen überflutet. Afrika aber, die einst so blühende Kornkammer des Abendlandes, das Vaterland Tertullians und der heiligen Cyprian und Augustin, dem das erste Musterbild vollendeter kirchlicher Ordnung entsproßen, das kostbare Afrika wird den furchtbaren Gräueln und Verwüstungen, die seit 429 n. Ch. es überzogen, durch Belisar und Narses i. J. 534 nur auf kurze Zeit entrissen, um endlich, unter dem Schwerdte der Araber, ganz für die Kirche verloren zu gehen. Was Britannien betrifft, das die Römer schon seit der Mitte des fünften Jahrhunderts aufgegeben hatten; so wurde es, Wallis ausgenommen, wo die Britten sich hielten, den wilden Sachsen, Angeln und Jüten und, unter diesen, beständigen Kämpfen und Unruhen zur Beute. Endlich die Länder zwischen dem Rhein und der Donau, der Tummelplatz so vieler Völker, die hier sich drängten und nach den südlichen Provinzen des Römer-Reichs sich Bahn zu machen suchten, liegen, wie mit dichtem Nebel überzogen, dem Auge der Geschichte verhüllt und dem historischen Urtheil entrückt, ein Land der Mythe, bis gegen das Ende dieser Periode Roms Abgesandte und der Franken Schwert auch hier dem Christenthum bleibende Stätten bereiten.

Was von allen diesen Völkern beim Eintritt in die römische Welt nicht dem Heidenthum noch angehörte, war doch in den Arianismus verstrickt, viel schlimmer oft noch als die Heiden. Ungeheuer sind die Verwüstungen, in Folge deren eine völlige Erneuerung der Bevölkerung in Italien, Frankreich, England, Spanien und Afrika eintrat. Was das Schwert der Barbaren verschont hatte, das rafften Krankheiten und Hungersnoth weg. Die Kirche war, als diese Drangsale einbrachen, selber durch den Arianismus zerrüttet, der seit dem Ende des vierten Jahrhunderts auch im Abendlande mächtige Fortschritte gemacht hatte [453]). In tiefer Entsittlichung trafen die

---

[453]) Socrates l. 2. 36. Sozomen. l. 4. 9.

Germanen die Länder, die sie eroberten [454]), und das Beispiel der Ueberwundenen, nicht weniger als die wilde Trunkenheit des Sieges, wirkte zur Verderbniß auch ihrer, sonst so tadellosen Sitten. Dazu kam noch, daß, bald die Verfolgungssucht der arianischen Fürsten, bald der Mangel an Leuten und die stürmische Verwirung der Zeiten, die Wiederbesetzung erledigter Bischofssitze nur allzuoft verhinderten; und bedenkt man, daß mitten in diesem Getümmel, selbst dort, wo der Glaube beharrte, doch nothwendig der Unterricht verwahrlost und verlassen, die Disciplin unbewacht und so gut wie unbeachtet blieb, so kann man sich eine Vorstellung von der Verwilderung und dem Verfalle machen, worein die Kirche im Abendlande gerathen mußte. Eine Quelle neuer Uebel war es dabey, daß allmälig die Kirche ihre Glieder selbst aus diesen rohen Einwanderern zu erneuern genöthigt war, die, höchstens mit gutem Willen versehen, fremd aber den kirchlichen Traditionen und der Mittel des Unterrichtes sogar meistens beraubt, lange wie nach Gutdünken, nach ihrem beiläufigen, gutmüthigen Ermessen in den geistlichen Dingen schalteten.

Dieß bietet den Schlüssel zu mancher überraschenden Erscheinung, die man sonst zu überschätzen oder zu mißdeuten Gefahr liefe.

Die Streitigkeiten über die Lehre verloren unter solchen Verhältnissen allmälig ihre Bedeutung, da Wenige mehr sich fanden, welche die Meinungen der Parteien mit gelehrten Gründen zu vertreten oder auch nur den Streitpunkt gehörig aufzufassen im Stande waren. Nur in Rom dauerte ein regeres geistiges Leben, aber auch das Gezänke sammt den leidenschaftlichen Umtrieben der Hä-

---

454) Salvianus de Providentia Dei libb. 3, 4, 7.

retiker fort. Die grossen Päpste, die Gott damals der Kirche schenkte, sorgten indessen unablässig und mit rastloser Thätigkeit für die Erhaltung der Lehre, für die Bedürfnisse der Kirche, für das Heil der Gläubigen und für die Verbreitung des Glaubens allenthalben in den Ländern des Occidents. Und so kam es, daß, während bis zu Chlodwigs Bekehrung im ganzen Abendlande kein einziger katholischer Fürst die Kirche beschirmte, doch von da an in den nächsten hundert Jahren nach einander die Burgunder, die Sueven und Gothen in Spanien, endlich die Longobarden in Italien sich der Kirche unterwarfen und im Anfange des achten Jahrhunderts schon das ganze Abendland katholisch, unter der Leitung des Papstes, einer neuen Bildung und Entwicklung entgegen gieng.[455]) Aber da war alles beinah neu zu gründen und es war in der That kein leichtes Werk. Wir sehen diese ganze Periode hindurch die Päpste in dem mühseligsten Kampfe begriffen gegen die zahllosen Gebrechen und Gefahren, welche die verworrene Zeit und zuletzt selbst das siegreiche Hervorgehen der Kirche aus derselben erzeugt hatte. Statt der früheren Glaubensstreitigkeiten wucherten jetzt die krassesten Mißbräuche und der widersinnigste Aberglaube auf dem Acker des Herrn; statt der theologischen Rechthaberei der römischen Kaiser waren es jetzt die rohen Launen der neuen Herren, welche die Kirche zu meistern sich anmaßten,[456]) und wenn sie, nicht bloß äussere Sicherheit, so

---

[455]) Vgl. Eichhorn deutsche Staats- u. Rechtsgeschichte I. §. 163.

[456]) Die Fürsten jener Zeit liessen eben so oft an der Kirche ihre Rohheit aus, als sie sie ihrer Treue und ihres Gehorsams versicherten, und wie schwer den kirchlichen Satzungen und Vorschriften, namentlich in Betreff der Unzucht und verbotener Ehen, Eingang zu verschaffen

weit jene Zeit sie gewähren konnte, sondern auch äusseres Ansehen, Macht und Reichthum erlangte, so schlugen ihr dafür ihre Verwicklung in die Welthändel, die weltliche Verwilderung ihrer Häupter, der Neid und die Habsucht, die von aussen und innen an ihr zerrten, um so tiefere Wunden. Durch die untersten Bildungs- und Entwicklungsstufen mußte sie mit den Völkern hindurch gehen; von den rohesten Anfängen eines bloß formalen Gottesdienstes mußten die Päpste ihr Werk beginnen, um ihre Heerde allmälig zur Höhe der christlichen Erkenntniß empor zu führen. Ja wir sind bey der Betrachtung der Geschichte, den größten Theil dieser Periode hindurch, nur Zeugen von der fortschreitenden Umhüllung der Kirche in immer dichtere Schatten, und zwar in dem Maße, wie die Spuren der römischen Bildung erlöschen und die ursprüngliche Rohheit der Eroberer, durch die Mischung mit den sittenlosen und gänzlich herabgewürdigten Ueberwundenen, in völlige Barbarei übergeht; bis endlich, gegen den Anfang des achten Jahrhunderts, von der jungen Pflanzstätte des Glaubens, die Rom angelegt, von Britannien aus, und mit dem Eintreten der Pipine an des Papstes Hand in die Lenkung der abendländischen Völker ein neues Licht zu tagen beginnt.

Denselben Gang, wie die ganze Entwicklung der germanischen Völker und Staaten, gieng auch die Bildung ihres Rechtes und ihrer Gesetzgebung. Odoaker und Theodorich, welche noch die letzten Spuren römischer Herrlichkeit in der Nähe gesehen, suchten auch römischem Wesen

---

war, davon geben die Geschichten so vieler Heiligen z. B. Leodegars, Martins von Tours, Wilfrieds, Euchers u. A. Zeugniß, die als Opfer ihres Eifers fielen.

nachzuahmen und den Vortheil römischer Einrichtungen und römischer Bildung als ein Gemeingut, mit germanischer Sitte verbunden, ihren Völkern zu erhalten. Theodorichs Edikt zeigt den Versuch, ein nach diesem Gedanken gebildetes Rechtssystem zu erschaffen. [457]) Die Völker dagegen, welche in den Provinzen sich niederließen, suchten Anfangs sich gänzlich abgesondert von den Ueberwundenen zu erhalten, und die Rechte deren Gebrauch sie diesen liessen, so wie die eigenen, die sie mitgebracht, wurden besonders verzeichnet, so daß bei letzteren nur selten einige Zuthat römischer Formen bemerklich ist, die nur so weit eindringen mogten, als die Aufzeichner selbst den Einfluß der geringen von Römern empfangenen Bildung, die sie zum Geschäfte tauglich machte, dabey nicht zu verläugnen im Stande waren. Aber in den gesetzgeberischen Arbeiten der spanischen Könige aus dem siebenten Jahrhundert und in den ältesten Kapitularien der fränkischen Könige tritt ganz das Resultat jener ersten Verschmelzung germanischen und römischen Wesens hervor durch das seltsame, Ringen das dort zwischen den, hie und da schief oder mangelhaft aufgefaßten, Ideen und der allenthalben übergreifenden Rohheit und Ungefügigkeit in der Handhabung von Form und Begriff, zwischen der Einfachheit des deutschen Herkommens und den Spitzfindigkeiten römischer Rechtslehre sich kund gibt.

Die Theilnahme der Kirche an der Rechtsbildung wird, bey dem Zustande, worin sie sich befand, für die Beurtheilung dessen, was als Entwicklung und Fortbildung kirchlicher Lehre und religiöser Normen betrachtet

---

[457]) Savigny Gesch. des R. R. im Mittelalter I. S. 289 II. S. 165.

werden darf, nur von da an wichtig, wo dieselbe in den verschiedenen Ländern unter päpstlicher Leitung zu handeln beginnt. Von da wird auch erst wieder einige Gleichförmigkeit und das Bewußtseyn bestimmter Grundsätze in den kirchlichen Satzungen sichtbar. Was sie früher, tief hineingerissen in die Verwilderung der Zeit, im Geiste derselben an einzelnen Orten that, kann sicher nicht als höhere Sanction und Autorisirung der Mißbräuche dieser Zeit betrachtet werden. Es ist katholische Lehre, daß die Autorität nur in der Gesammtkirche oder bey denen, die in Uebereinstimmung mit dem Mittelpunkte handeln, zu erkennen sey, und es liegt das Heil der Kirche darin, daß einzelne örtliche Abweichungen und Verirrungen sich früher oder später, so lange nur wenigstens die äußere Gemeinschaft mit dem Mittelpunkte und durch denselben erhalten wird, nothwendig wieder ausgleichen und heilen. Nur Rom stand, in den großen Päpsten dieser Periode, hoch über der Zeit und erhielt sich frey von den Einflüssen derselben.

I. Kapitel.

Schicksale der Lehre von der Unauflöslichkeit der Ehe.

Es ließe sich, wenn auch nicht spezielle Beweise dafür vorlägen, schon von vorn herein annehmen, daß auch im Abendlande die Macht der in der Masse nicht zu bezwingenden alten Scheidungssitte, der Einfluß eines eigenthümlichen Sprachgebrauchs und der damit zusammenhängenden Volksansicht nebst der immer mehr überwiegenden Autorität der weltlichen Rechte und Gesetze die nemlichen Wirkungen, zum Nachtheile der Unauflöslichkeitslehre und Disciplin, hervorgebracht haben, die wir in der orientalischen Kirche bereits bemerkt haben.

In Spanien indessen und in Gallien, wo aus der vorigen Periode noch Particular-Concilienschlüsse gegen die Scheidung und Wiederverehlichung bestanden, in Italien, wo die Päpste unmittelbar für die Behauptung der reinen Tradition sorgen konnten, mogte das Uebel im Allgemeinen, trotz der Sittenlosigkeit, die in diesen Ländern herrschend geworden, und der Mißbräuche, die namentlich in der gallischen Kirche sich eingeschlichen hatten [458]), beym

[458]) Saccarelli hist. eccles. T. VIII. p. 3, T. IX. p. 76 No. 9.

Eintritte der Völkerwanderung doch nicht so mächtig seyn, als zur selben Zeit bereits im Orient. Daß der Kirche hier lange noch das Heidenthum trotzend gegenüber stand, daß die Irrlehren weniger wütheten und, in der Entfernung vom Hofe, auch die Geistlichkeit weniger in Abhängigkeit und weltliche Absichtlichkeit verfiel, dürfte selbst in diesem Punkte sehr heilsam gewesen seyn. Es mogte daher wohl vom Abendlande überhaupt und insbesondere von Spanien noch gelten, was Augustin von Afrika bezeugte, „daß nemlich der Unfug selten noch unter den katholischen Christen vorkam."

Kurz vor dem Einfalle der Vandalen faßte die afrikanische Kirche den bekannten Beschluß von Milevi, der als ein integrirendes Stück des karthaginensischen Kanons schon im vorhergehenden Abschnitte zur Sprache gekommen ist: Placuit, ut secundum evangelicam et apostolicam disciplinam, neque dimissus ab uxore, neque dimissa a viro, alteri conjungantur: sed ita maneant, aut sibimet reconcilientur. Quod si contempserint, ad poenitentiam redigantur. In qua causa legem imperialem petendam promulgari [459]. Um dieselbe Zeit aber als in dieser Kirche Augustin dem hier ausgesprochenen Grundsatze jene theoretische Begründung zu geben bemüht war, durch welche er für alle Folgezeit gegen die Angriffe einer verkehrten Dialektik gesichert wurde, schärfte Papst Innocenz I. dieselbe Lehre den Vorstehern der gallischen Kirche ein durch einen Brief an den Bischof Exuperius von Toulouse v. J. 405, worin er sagt: De his etiam requisivit dilectio tua, qui interveniente repudio, alii

---

[459]) Hardouin. Collect. Concilior. I. 1220 cf. 923 cod.

se matrimonio copularunt. Quos in utraque parte adulteros esse manifestum est. Qui vero vel uxore vivente, quamvis dissociatum videatur esse conjugium, ad aliam copulam festinarunt, neque possunt adulteri non videri, in tantum, ut etiam hae personae, quibus tales conjunctae sunt, etiam ipsae adulterium commisisse videantur, secundum illud quod legimus in Evangelio: Qui dimisit uxorem suam et duxerit aliam, moechatur; similiter et qui dimissam duxerit moechatur. Et ideo omnes a communione fidelium abstinendos [460]). Exuperius stand in hohem Ansehen in der gallischen Kirche [461]) und die Antwort, die ihm hier der Papst bey Gelegenheit verschiedener Anfragen über mehrere damals wankend gewordene Punkte der Disciplin ertheilte, kommt in allen alten Kanonen-Sammlungen der gallischen Kirche vor. [462]). Im Jahre

---

[460]) Coustant Epistolae romanorum Pontiff. p. 794 sq. c. 6. In c. 4 desselben Briefes macht der Papst überdieß die hier wesentliche Bemerkung: Super hoc christiana religio adulterium in utroque sexu pari ratione condemnat. Cf. Ejusd. Epist. ad Victricum Rotomagens.

[461]) Paulin. ap. Gregor. Turon hist. franc. l. II. c. 13.

[462]) Ballerini ed. Galland. I. 413. In einem Briefe an Victricus, Bischof von Rouen (bei Coustant. p. 755) sagt der nemliche Papst Innocenz: Si enim de omnibus haec ratio custoditur, ut quaecunque vivente viro alteri nupserit, habeatur adultera, nec ei agendae pönitentiae licentia concedatur, nisi unus ex eis defunctus fuerit: quanto magis etc. Keinem Bedenken unterliegt hienach die Meinung des Papstes und sohin auch folgende Stelle aus dessen Brief an Probus: Quare Domine fili merito illustris statuimus, fide catholica suffragante, illud esse conjugium, quod erat primitus gratia divina fundatum; conventumque secundae mulieris, priore superstite, nec divortio ejecta, nullo pacto posse esse legitimum (Coustant p. 909 in f. C. XXXIV. qu. 1 et 2 c. 2) Die Worte nec divor-

453 sprach das Concilium zu Angers die Excommunikation gegen diejenigen aus, welche unter dem Scheine der Ehe fremde Weiber bey Lebzeiten ihrer Mänuer mißbrauchten [463]), und daß überhaupt der Grundsatz der Unauflöslichkeit der Ehe in der gallischen Kirche anerkannt und geachtet wurde, zeigen auch die Aeußerungen Leo's des Großen an Rustikus, Bischof von Narbonne, womit er diesen darüber beruhigt, daß es keine Verdopplung (duplicatio) der Ehe sey, wenn Einer vorher mit einer Magd oder einer Concubine gelebt habe und nachher diese verstosse, und sich wirklich verehliche, somit auch derjenige nicht fehle, der einem Solchen seine Tochter zur Ehe gebe [464]). Daß die spanische Kirche, zwischen der afrikanischen und gallischen in der Mitte, wovon erstere ihr stets zum Muster, letztere in den Zeiten der Verwirrung oft als Vermittlungsorgan zur Kunde päpstlicher Erlasse diente [465]), andere Grundsätze befolgt habe, liesse sich von vorn herein nicht annehmen. Folgende Stellen aus dem Index veterum canonum quibus Ecclesia hispanica ab ineunte saeculo sexto usque ad saeculum octavum regebatur, bey Aguirre concilia hisp. T. IV. p. 44, geben aber überdieß den sicheren Beweis von der übereinstimmenden Disciplin dieser Kirche. Tit. IV. Libri V. De interruptis conjugiis:

---

tio ejecta können offenbar nicht anders als so übersetzt werden, daß die Ehe bei Lebzeiten der ersten Frau nicht gültig sey, auch dann nicht, wenn diese durch ein wirkliches divortium geschieden wäre.

[463]) Conciliorum Galliae tam editor. quam ineditor. Collectio op. et st. Monach. Congr. St. Mauri. Paris 1789. Pg. 571.

[464]) Ep. ad Rust. Narb. c. 5 et 6 v. J. 459. Leonis opp. ed. Ballerin. I. 1422 sq.

[465]) z. B. Leonis Ep. 102 v. J. 452 opp. cit. I. 1139.

De saecularibus, ut sine judicio Episcopi culpabiles conjuges non relinquant. Concil. Agathens Tit. 25. c. 30. Ut neque dimissa alteri conjungatur. Concil. african. VIII. Tit. 17. a c. 20.

Ut cujus uxor adulteravit alteram non accipiat. Concil. Arelat. Tit. 10. c. 21.

De foeminis quae relictis viris suis aliis nubunt. Concil. Eliberit. Tit. 8. a. c. 38.

De foeminis, quae adulteros maritos relinqunt et aliis nubunt. In quo supra Tit. 9. (Tit. 9 Lib. 3 handelt von den Wittwen, die nicht heurathen dürfen) Quod qui intercedente repudio diu pertulerunt, si se aliis nuptiis junxerint, adulteri esse monstrentur. Epistola Innocent. ad Exuper. Tolosan. Tit. 6. 8.

Wie aber in Italien und überhaupt, so viel sie es vermogten, die Päpste den Grundsatz der Unauflöslichkeit der Ehe, im Widerspruch mit dem weltlichen Gesetze, und selbst unter den Verwirrungen der Barbareneinfälle, zu behaupten sich angelegen seyn liessen; das zeigen, abgesehen von den schon angeführten Schreiben Innocenz I. und Leo's des Großen [466]), der Brief des letzteren an den Bischof Nicetas von Aquileja und dann die Schreiben Gregors des Großen an Urbicus und Hadrian und an Theoktista. Diese bedürfen hier nicht besonderer Anführung, da sie bey Gratian c. XXVII. qu. 2. c. 25, c. 21 eod. und c. 19 eod. von jedermann nachgesehen werden können. Doch muß in der letzteren Stelle darauf aufmerksam gemacht werden, wie der Papst, im Gegensatze mit der damaligen Ansicht der

[466]) Eine Stelle aus dem Briefe des Papstes Siricius an Himerius von Tarragoma, die man gewöhnlich als Traditionszeugniß für die Unauflöslichkeit anzuführen pflegt, übergehen wir hier als minder concludent. Sie steht bey Coustant p. 628.

griechischen Kirche, durchaus jede anderweitige Verbindung eines aus was immer für einem Grunde von seiner Frau verlassenen Mannes als unerlaubt erklärt. Gratian bringt übrigens in C. XXXIII. q. 7. c. 22 noch eine andere Stelle Gregors, die, ihrer entschiedenen und treffenden Fassung wegen, zu den merkwürdigsten gehörte, wenn nicht ihre Echtheit aus dem Grunde, weil sie in Gregors bekannten Schriften nicht vorkommt, bezweifelt würde. Der zweite Grund, den u. a. z. B. Barardus gegen dieselbe anführt, daß sie nemlich zu Gregors Zeit nicht passe, ist unhaltbar; denn nach dem Bisherigen kann wohl über die Meinung der Päpste vor Gregor rücksichtlich dieses Punktes kein Zweifel bestehen, und wenn auch das Unglück der Zeiten einer gegentheiligen Observanz allmälig einen weiten Spielraum und eine gewisse, nicht zu läugnende Geltung verschaffte [467]; so ist doch auf jeden Fall ausgemacht, daß es im Abendlande zur Zeit des Einfalles der Germanen um die Lehre von der Unauflöslichkeit und die Disciplin in der Beziehung weit besser stand, als zur selben Zeit im Orient.

Welche Sitten und Gebräuche die Germanen rücksichtlich der Ehe und der Ehscheidung aus der Heimath mitgebracht haben, läßt sich kaum mit völliger Bestimmtheit angegeben. Nach Tacitus rühmte man die Reinheit ihres Familienlebens, die ernste und erhabene Auffassung des ehlichen Verhältnisses, die

[467]) Welche unglaubliche Verwirrung und Vernachläßigung in allen Zweigen der Disciplin einriß, davon geben Zeugniß z. B. c. 21 Concil. Turon. in Hard. II. 363, c. 1 Concil. Matiscon. Hard. II. 460, Cf. Gibert Corp. Jur. Can. T. III. Tt. de sacram. Pg. 80 Sect. 28 No. VII. in f. die Briefe des Papstes Zacharias und des heiligen Bonifacius. Saccarelli XV. 213, 216 cf. Saccarelli XII. 262, 298 mit 268 u. 265, dann 320 u. 323.

Treue der Frauen, die strenge Bestrafung des Ehbruchs; ob sie aber dennoch die Ehscheidung oder vielmehr, ob sie vor dem Christenthum die Unauflöslichkeit der Ehe kannten, unter welchen Verhältnissen und mit welchen Folgen die Scheidung vorkam, ist, meines Wissens, nirgend besonders untersucht und umfassend erörtert worden [468]. Aus der Vergleichung der ältesten aufgezeichneten Gesetze, dann der ältesten Monumente fränkischer Gesetzgebung auf erobertem Boden ergiebt sichin dessen ziemlich deutlich, daß bey den Germanen die Ehe, wie alle andern Institutionen, wesentlich auf den Begriff und das Gesetz wechselseitiger Treue und Huld, und insbesondere der unbedingten und unwiderruflichen Hingebung des Schwächeren an den Stärkeren und Beschützenden gegründet war. Hienach war die Frau unwiderruflich an den Mann gebunden und selbst, wenn er sich von ihr trennte, durfte sie keinem Anderen sich ergeben [469]. Der Mann aber durfte nur wegen schwerer, durch die Frau erlittener Kränkungen sie von sich stoßen. Wollte er es außerdem, so mußte er zugleich mit der Frau alles, was ihm theuer war, Kinder und Vermögen, Haus und Habe verlassen [470]. Wenn jedoch

[468]) Vgl. indessen Grimm deutsche Rechtsalterthümer I. 453 fg. Philipps deutsche Geschichte I. 208. Das Recht, die Frau zu verkaufen, war doch wohl ursprünglich, wie das, sie zu tödten, an gewisse Bedingungen geknüft. Das gebot die Heiligkeit des Verhältnisses an sich und die nothwendige Rücksicht auf die Verwandten der Frau.

[469]) Lex Burgund Tit. 34 §. 1. L. Wisigoth. Lib. III. Tit. VI. c. 1 u. 2. Alle Gesetze, welche absolut und ohne Ausnahme Strafe gegen denjenigen verhängen, welcher eines Anderen Frau bey dessen Lebzeiten heurathen würde, scheinen in dieser Weise verstanden werden zu müssen. Sieh Lex salica T. XVI. Cod. herold. c. 1 Cod. Lindenbrog. c. 12. L. Ripuar. T. XXXV. c. 1. L. Alaman. T. LI. (52) c. 1.

[470]) L. Burg. Tit. 34 §. 4. Einen Widerspruch hiegegen scheint der §. 2 eod. zu bilden, welcher dem Manne, der seine Frau ohne Ursache entlassen hätte, nur eine Strafe von 12 Solidi und die Ver=

die Frau ihm Urlaub gab und ihn freiwillig seiner Pflichten gegen sie entband, so konnte es geschehen, vorausgesetzt, daß er ihren Unterhalt einigermaßen sicherte, und ihm war dann, wie im ersten Falle, gestattet, zu einer neuen Verbindung zu schreiten [471]). Welche Fälle den Mann zur Scheidung berechtigten, mag allenfalls durch die Sitte bey den einzelnen Völkern verschieden bestimmt gewesen seyn; daß aber auch die Frau um ähnlicher Kränkungen willen den Mann verlaßen und sich wieder verheurathen konnte, dürfte erst eine spätere Entwicklung, eine Folge gemilderter Sitten und zugleich eingerissener Verderbniß, so wie des Einflusses römischer Rechtsbegriffe, gewesen seyn. Eben so die Zurückführung der Strafe des ohne gesetzliche Ursache, wider Willen der Frau sich scheidenden Mannes auf einzelne, bestimmte ökonomische Nachtheile, wie z. B. in der Lex Alamannorum c. 30, lex Bajuvariorum Tit. VII. c. 14. §. 1.

---

bindlichkeit auferlegt, ihr noch einmal so viel zu geben, als er für sie bezahlt hat, worin ich mit Savigny altburgundisches Recht erblicke (Gesch. des R. R. im Mittelalter II. 6.) Allein diese Bestimmung scheint sich auf den Fall zu beziehen, wo die Frau gutwillig sich scheiden ließ und nur darüber zu entscheiden war, was ihr dann gebühre. Darauf deuten auch die Worte quod si de his facinoribus nihil admiserit, nulli virorum liceat de crimine uxorem suam dimittere. Einstimmend ist l. Wisigoth. cit.

[471]) Der Eingang zu den oben angeführten Gesetzen der Westgothen belehrt uns, daß zur Zeit, als sie verfaßt wurden (zwischen 649 und 652 n. Chr.) die Männer gar oft ihren Frauen schriftliche Bekenntnisse abzudringen pflegten, als ob sie freiwillig sich geschieden und ihnen Erlaubniß gegeben hätten, eine andere Verbindung einzugehen. Bei Markulf (lib. II. c. 30.) und in Mabillons analecta (Baluz. Miscellan. lib. 6) finden sich eigene Formeln dafür. Lex Alamann. c. add. 29 in f., so wie l. Burg. Tit. 34 §. 2 bestimmen, was der Frau in solchem Falle gebührte.

Vielleicht waren auch die Ursachen zur Scheidung vor der Einwanderung nirgend ganz scharf bestimmt und fest abgegrenzt; sondern nur der Würdigung der Priester, der Verwandten oder des Dings oder Gerichts überlassen. Daher sehr natürlich, als die neuen Verhältnisse und die Macht des Beispiels bestimmte Begrenzungen und Satzungen erfoderlich machten, der Einfluß des römischen Rechts, das ein scheinbar bewährtes und leicht zu befolgendes Vorbild lieferte. Doch war Theodorich der einzige, der sich genau an die römischen Vorschriften hielt, indem er im Kap. 54 seines Edikts [472]), nach der Verordnung Valentinians III. von 452 und nach den älteren Bestimmungen des Honorius und Constantius (l. Th. l. 2 de repud. (3, 16) [473]), dem Manne straflos die Scheidung gestattete, wenn die Frau Ehbrecherin, Giftmischerin (oder Hexe), oder Kupplerin war, und in Folge seines unbedingten Strebens, auf sein Volk die römischen Einrichtungen zu übertragen, zugleich auch der Frau, wenn sie den Mann des Mordes, der Giftmischerey (oder Zauberey) oder der Verletzung der Gräber überweisen konnte. Die Strafen, welche dabey den schuldigen Theil am Vermögen treffen sollten, waren nach den Bestimmungen des Theodos und den späteren Verfügungen von Majorian und Sever bemessen [474]). Das Recht der Frau, sich wieder zu ehlichen, sollte nach den alten Verordnungen beurtheilt werden, d. h. sie konnte im Falle gesetzlich gebilligter Scheidung nach einem Jahr, außerdem aber erst

---

472) Walter C. J. G. I. p. 402.

473) Vgl. Wächter cit. S. 214 — 222. Zimmern cit. S. 627.

474) Vgl. Wächter a. a. O. S. 243, 263 ffg.

nach fünf Jahren sich wieder verheurathen [475]). Die Burgunder scheinen zwar die im Tit. 34 §. 2 ihres Gesetzes angegebenen Gründe, aus welchen dem Manne die Scheidung gestattet wurde, aus dem römischen Rechte gleichfalls, und zwar aus dem westgothischen Breviar, geschöpft zu haben; doch verfuhren sie dabey mit solcher Freiheit, daß sie unter drey Ursachen aus sechsen, die dort für Mann und Frau gegeben sind, auch eine auserwählten, die nur der Frau dort zugestanden war. Diese zu Gunsten des Mannes aufgestellten Scheidungsgründe (die Frau konnte sich nicht scheiden) waren folgende: wenn nemlich die Frau adultera, malefica oder sepulcrorum violatrix (statt des sepulcrorum violator im theodos. Codex) war, und man kann den Verfassern kaum solche Gedankenlosigkeit zutrauen, als seyen sie bei dieser Wahl nicht durch die Sitten und eigenthümlichen Ansichten ihres Volkes d. h. des Volkes, für das die Gesetze aufgezeichnet wurden, bestimmt worden.

---

[475]) Der Ehbruch wurde zufolge Ed. Theodor. c. 39, wahrscheinlich nach der in l. 30 C. §. 1. ad leg. jul. de adult. erhaltenen Verordnung Constantins, mit dem Tode bestraft. Aus der Fassung des Edikts: Passim matrimonia dissipari non patimur etc. scheint hervorzugehen, daß die Theodosischen Verordnungen, vielleicht sogar die v. J. 439, welche volle Scheidungsfreiheit wieder herstellte, in Italien wenigstens, hie und da die Oberhand über Valentinians III. beschränkendes Gesetz erhalten hatten. Darauf scheint besonders auch der Umstand zu deuten, daß, rücksichtlich des Rechtes der Wiederverehlichung, vom Manne im Edikt keine Erwähnung geschieht. Darum glaubte ich, die Verweisung auf die alten Verordnungen auf jene Theodosischen Verordnungen beziehen zu müssen, obgleich ich nicht läugnen will, daß das Breviarum Alaricianum und der liber Responsorum Papiani zu dem Schluße berechtigen dürften, daß das im Abendlande überhaupt um die Zeit geltende Recht strengere Bestimmungen gegeben und sich nach den älteren Gesetzen Constantins und des Honorius und Constantius gerichtet habe.

Die Franken waren minder streng und kamen eigentlich zu einer bestimmten Begrenzung des Scheidungsrechtes, vor dessen gänzlicher Abschaffung, gar nicht. Das zeigen die Schlüsse der beiden sogenannten Concilien, vielmehr Versammlungen der weltlichen und geistlichen Großen, von Verberie v. J. 752 und von Compiegne v. J. 756. Ersterer bestimmt in seinen Kanones 5, 9, 10, 11 und 18 1) daß der Mann, dessen Frau sich weigert, ihm, wenn er mit seinem Lehensherrn auswandern muß, zu folgen, und der, dessen Frau sich mit seinem eigenen Sohne, ihrem Stiefsohne, vergeht, oder dessen Frau ihm den Tod bereitet, wovon er nur im Kampfe sich rettet (c. 6 C. XXXI. qu. 1.), eine Andere zu heurathen befugt seyn solle und 2) daß auch die Frau, deren Mann mit ihrer eigenen Schwester oder Base einen Ehbruch begangen hat, vom Bande frey seyn soll. In Ansehung des Mannes ist im Kanon 10 nur als Rath beigesetzt, daß es besser sey, wenn er ehlos bleibe [476]). Das Concilium von Compiegne geht noch weiter, als das von Verberie, und erklärt im Kan. 13 (gegen Kan. 2 von Verberie), daß der Mann, der seine Frau in ein Kloster habe gehen oder ein beständiges Keuschheitsgelübde habe ablegen lassen, eine andere Frau zu nehmen berechtigt sey [477]); im Kanon 8 gestattet es dem

---

[476]) Bey dem Kanon 18, der die Frau betrifft, steht der Beisatz „hoc ecclesia non recipit", eine Bemerkung des Abschreibers wahrscheinlich, die aber eben so bey den andern Kanones hätte angebracht werden können.

[477]) Dieser Kanon 13 führt, gleich mehreren anderen, den Beisatz: Gregorius consentit. Gregorius war, wie wir aus den Briefen das Papstes Stephan an Pipin wissen, apostolischer Legat in Frankreich und führte nach Hincmars Bericht, in den Briefen an Rodulphus und Frotarius, auf mehreren fränkischen Concilien den Vorsitz. Binterim

Manne, dessen Frau sich mit seinem Bruder vergangen hat, eine andere zu heurathen; im Kanon 6 verordnet es vollends, in Ansehung eines Mannes, der mit seinem Herrn in dessen Benefizium gezogen war, nach dessen Tode von dem Nachfolger, der ihn bey sich zu fesseln wünschte, eine Frau aus dem Benefizium erhalten hatte, dann aber, mit Hinterlassung dieser Frau, zu den Eltern seines vorigen Herrn zurückgekehrt war und sich hier abermals verheurathet hatte, daß dieser Mann bei der letzten Frau verbleiben solle. Endlich bestimmt das nemliche Concil in seinem Kanon 16 (im geraden Widerspruch mit K. 11 des Conciliums von Orleans v. J. 533) daß im Falle, wo einer von beiden Gatten vom Aussatze befallen werde, der gesund Gebliebene mit dessen Einwilligung zu einer andern Ehe schreiten könne. Außerdem mögen wohl auch

---

(über Ehe und Ehescheidung S. 195 — 199.) bestreitet aber mit triftigen Gründen die Möglichkeit, daß Gregor auf dem Concilium zu Compiegne zugegen gewesen sey und da ohnehin die eben angeführten Sätze nichts weniger, als mit der Ansicht des Papstes, der ihn gesendet hatte, übereinstimmen, so könnte dieser Umstand als ein Grund mehr für Binterims Hypothese, daß die Schlüße von Verberie und Compiegne eine Fälschung der Anhänger Lothars II., in dessen Scheidungssache gegen Teutberge, seyen, betrachtet werden. Jedoch abgesehen davon, daß diese Fälschung bey weitem nicht so leicht, wie die Pseudo-Isidorischen, zu Glauben und Autorität hätte gelangen können, spricht gerade das, was in Lothars II. Scheidungsangelegenheit sich begab, wenigstens dafür, daß die in den angeführten Kanones aufgestellten Sätze ächt aus der Ansicht des Volkes, aus dessen Gebrauch und Herkommen geschöpft waren; daher sie zur Beurtheilung des Standpunktes und der Praxis des Volkes in der Zeit immerhin dienen können. Ueber den verworrenen Zustand der fränkischen Kirche unter den letzten Merowingern sieh des Papstes Zacharias Brief an Bonifaz und des letzteren Schreiben an den Papst bey Sacarelli T. XV. p. 213 u. 216, von der früheren Zeit aber T. XII. ejusd. p. 262, 298 cf. p. 268, 265, 320; 323.

die im römischen Rechte oder durch die Gewohnheit anderer Völker gebilligten Scheidungsgründe in Frankreich im Falle der Noth Anerkennung gefunden haben. Daß z. B. Beraubung der Gräber entschieden als ein solcher galt, beweisen L. Sal. Tit. 17 et 58, L. Ripuar. Tit. 54 et 85. In Spanien konnte der Mann überhaupt wegen Ehbruchs der Frau, aber auch nur aus diesem Grunde, sich scheiden und wieder heurathen. Die entlassene Frau durfte nie wieder heurathen. Der Frau war nur in zwey Fällen das Recht der Scheidung und der Wiederverehlichung eingeräumt, wenn nemlich der Mann unnatürlicher Unzucht ergeben war oder sie einem Anderen zum Ehbruch übergeben oder überlassen hatte. Gegen ungesetzliche Scheidung waren die strengsten Strafen für den Mann sowohl als für die Frau, ausgesprochen [478]). Trennung aus wechselseitiger Uebereinkunft durfte, nach den Gesetzen Chindaswinds und Receswinds, nur noch aus religiösen Motiven, um sich beiderseits dem beschaulichen Leben zu ergeben, statt finden. Für die römischen Unterthanen galt in Spanien bis zur Mitte des siebenten Jahrhunderts [479]), in Frankreich und unter burgundischer Herrschaft, nach dem Breviarium alaricianum lib. 1 et 2 de repud. (3, 17), und nach dem sog. liber Responsorum Papiani, Tit. 22 de divortiis, das, was durch die Verordnungen Constantins v. J. 331 und des Honorius und Constantius v. J. 421, wie sie im theodosischen Coder enthalten sind, vorgeschrieben war, also für den Mann und für die Frau die nemlichen drey Scheidungsgründe, welche auch das Edikt des

---

[478]) L. Wisgoth. cit.

[479]) Savigny a. a. O. II. S. 39, 49.

Thodorich angiebt. Die ungesetzliche Scheidung war, wenn sie ohne allen annehmbaren Grund erfolgte, bey dem Manne mit dem Verlust der dos und donatio propter nuptias und des Rechtes der Wiederverehlichung, bey der Frau nicht bloß mit dem Verlust der dos und der sponsalitia largitas, sowie des Rechtes der Wiederverehlichung, sondern auch überdieß noch mit der deportatio in insulam ohne alle Hoffnung zur Rückkehr belegt. Erfolgte die Scheidung ob morum vitia, so verlor der Mann die dos und donatio propter nuptias, konnte aber nach zwey Jahren wieder heurathen; die Frau unterlag dagegen denselben Nachtheilen wie vorhin, mit Ausnahme der deportatio in insulam, und war der beständigen Aufsicht des Mannes unterworfen, der ein judicium morum über sie verhängen konnte, wenn sie mit einem Anderen sich einließ. Selbst wenn sie aus gesetzlich anerkannter Ursache sich schied, war der Frau fünf Jahre lang, zu einer anderen Ehe zu schreiten, untersagt. Nur wenn sie muthwilligerweise vom Manne verlassen worden, konnte sie nach einem Jahre schon sich wieder verehlichen [480]). Die Trennung aus wechselseitiger Uebereinkunft, ex communi consensu, wird in der burgundischen lex romana ausdrücklich gebilligt [481]).

Diesen Gesetzen und Gewohnheiten gegenüber sehen wir zwar die kirchlichen Autoritäten in Spanien und Frankreich stets den Grundsatz der Unauflöslichkeit der Ehe vertheidigen, sehr selten aber die speziellen Ausnahmen, die man in der Praxis davon zu machen sich erlaubte, auch speziell bekämpfen und noch seltener gegen

---

[480]) Wächter cit. S. 242. Zimmern cit. §. 171 Note 6.

[481]) Schulting jurisprud. antejustinian. Lips. 1737. p. 841.

die angemaßte Befugniß der Wiederverehlichung nach der Trennung sich mit Entschiedenheit und Bestimmtheit erheben.

In ersterer Beziehung steht an der Spitze der berühmte Bischof von Sevilla, Isidor, welcher im Buche de eccles. officiis c. 19 sagt: Prohibet Dominus dimitti uxorem quacunque ex causa ne alii conjungatur secundum consuetudinem Judaeorum, quam Dominus interdicit dicens, quicunque uxorem suam, nisi ob causam fornicationis, dimiserit et aliam duxerit moechatur. Dann weiter von den in der Ehe liegenden Gnaden und dem bono sacramenti insbesondere: In sacramento, ut conjugium non separetur, neque causa prolis alii conjungatur: sacramentum autem ideo inter cojugatos dictum est, quia sicut non potest ecclesia dividi a Christo, ita nec uxor a viro. Das Concilium zu Toledo v. J. 681 untersagt im Canon 8 durchaus die Trennung der Gatten aus irgend einem Grunde, mit Ausnahme des Ehbruches und zwar bey scharfer Ahndung; enthält aber nichts gegen diejenigen, welche nach solcher erlaubter Trennung sich wieder verehlichen würden. [482])

In Frankreich vertheidigen die Concilien zu Orleans v. J. 511 und 533, das von Tours und die Decrete von Rheims das Prinzip der Unauflöslichkeit; die beiden ersteren, indem sie die Trennung durch einseitige Gelübde und um eingetretenen Unvermögens willen untersagen; die beiden anderen aber bloß im Allgemeinen durch Berufung auf den oben angezogenen Brief Innocenz I. an Victricus von Rouen und Anempfehlung der Heiligkeit

[482]) Hardouin concil. Collect. III. col. 1723.

des Ehbandes.[483]) Das Concilium zu Soissons v. J. 744 verbietet, daß eine Frau bey Lebzeiten ihres Mannes sich wieder verheurathe oder ein Anderer eine solche zur Ehe nehme, aus dem Grunde, weil der Mann seine Frau nicht entlassen soll, ausgenommen, wenn er sie des Ehbruches schuldig befunden.[484]) Dem Kanon eine andere Deutung zu geben, als daß überhaupt Wiederverehlichung nicht statt finden soll, weil selbst Trennung nur wegen Ehbruchs gestattet ist, geht kaum an, indem man sonst auf die absurde Folgerung kommt, auf die Augustin hinwies, daß die Frau durch den Ehbruch aufhörte, eine Ehbrecherin zu seyn, wenn sie nachher mit einem Anderen sich einließe: aber der Kanon läßt doch viel an Bestimmtheit zu wünschen übrig und, wenn er gegen die herrschenden Mißbräuche der Zeit gerichtet ist, so hätte er ihnen etwas gerader und entschiedener die Stirne bieten dürfen.

In entschiednerem Tone spricht freilich ein Concilium von Nantes, welches in seinem Kanon 12 sagt: Si cujus uxor adulterium perpetravit et hoc a viro deprehensum fuerit et publicatum, dimittat uxorem, si voluerit, propter fornicationem: illa vero septem annis publice poeniteat. Vir vero ejus, illa vivente, nullatenus aliam accipiat; quod si voluerit adulteram reconciliare, licentiam habeat: ita tamen, ut pariter cum illa poeniten-

---

[483]) Concil. Aurelian. c. 511. a. 13 Hard. cit. II. 1010.
„ „ „ 533. c. 11 „ „ II. 1175.
„ Turon. „ 567. c. 20 „ „ III. 362.
Decret. Eccl. Rhem. sub Sonnatio c. 14 „ III. 575.

[484]) Concil. Suession. c, 9. Hard. III. 1934 nec marito vivente suam mulierem alius accipiat, nec mulier vivente suo viro alium accipiat: quia maritus mulierem suam non debet dimittere, excepta causa fornicationis deprehensae.

tiam agat et, exacta poenitentia, post septem annos ad communionem uterque accedat. Similis forma et in muliere servabitur, si eam vir adulteraverit. Allein es ist zweifelhaft, ob dieser Kanon einem um 658 abgehaltenen oder einem angeblich unter die Regierung des Papstes Formosus (in das neunte Jahrhundert) fallenden Concilium von Nantes angehört, und, obgleich die Existenz dieses letzteren an sich sehr zweifelhaft und sonst eine bestimmte Spur davon nicht vorhanden ist, während ersteres nicht in Abrede gestellt werden kann; so spricht doch gerade die entschiedene Fassung dieses Kanons, die genaue Abstufung des Bußwesens, die darin sichtbar ist, und namentlich die Ausdehnung der Busse auch auf den unschuldigen Mann ziemlich bestimmt dafür, daß der angeführte Kanon als ein Produkt der späteren Zeit betrachtet werden müsse. [485]) Wenn endlich ein Beschluß des Conciliums von Agde v. J. 506, daß bei Strafe der Excommunication Keiner sich scheide, ohne vor den Bischöfen der Provinz die Ursachen der Trennung vorgetragen und ein Urtheil gegen die Frau erwirkt zu haben, beweist, daß die Bischöfe, wenigstens unter westgothischer Herrschaft, bereits eine durchgreifendere Autorität in Ehsachen geltend machen konnten; so ist doch aus dem Kanon selbst nicht zu entnehmen, in welchem Sinne sie sich derselben bedienten [486]), und zwey Umstände, daß sie nemlich solche

---

[485]) Gibert Tradition de l'Eglise. T. 3. p. 80 Hardonin III. 985. VI eod. 459.

[486]) Concil. Agath. c. 25: Hi vero saeculares, qui conjugale consortium culpa graviore dimittunt vel dimiserunt; et nullas causas discidii probabiliter proponentes, propterea sua matrimonia di mittunt, ut aut illicita aut aliena praesumant; si antequam apud episcopos comprovinciales discidii causas dixerint et prius uxores,

Autorität üben konnten, und daß bey derselben dennoch die Gesetze bestanden, welche nach legitimer Scheidung die Wiederverehlichung gestatteten, führen zu dem Schluße, daß sie sich schwerlich mit den nationalen Sitten, den Volksgebräuchen und Ansichten in Widerspruch setzten.

Aber von dem Augenblicke an, wo die Päpste in die Lenkung und Erziehung der abendländischen Völker wirksam eingreifen konnten, nahmen die Dinge schnell eine andere Wendung. Ihre Sorgfalt für die Wiederherstellung der Reinheit des christlichen Ehgesetzes tritt sogleich hervor in den Antworten, die Papst Zacharias auf einige Anfragen des major domus Pipin, in einem an diesen, die fränkischen Herrn und die gesammte fränkische Kirche gerichteten feierlichen, durch Bonifacius eigens überbrachten Schreiben im Jahre 747 ertheilte. Der Papst kommt darin zweimal, im c. 7 und im c. 12, auf die Ehscheidung zu sprechen und verbietet unbedingt und in einer Weise, die keinen Zweifel und keine ausweichende Deutung mehr zuläßt, die Wiederverehlichung nach eingetretener Trennung. De laico pellente suam conjugem, heißt es in der ersteren Stelle, ex canone sanctorum apostolorum, capitulo XLIII. Si quis laicus uxorem propriam pellens, alteram vel ab alio dimissam duxerit, communione privetur. Diese Stelle scheint sich auf willkührliche Scheidung zu beziehen. In der anderen, die wohl eher auf die Scheidungen bezogen werden muß, die aus gesetzlichen Gründen vorkamen, sagt das Schreiben: De his qui uxores aut viros dimittunt, ut sic maneant,

---

quam judicio damnentur, abjecerint, a communione ecclesiae et sancto populi coetu, pro eo quod fidem et conjugia maculant, excludantur.

ex concilio suprascripto africano LXIX ita continetur: Placuit ut secundum evangelicam et apostolicam doctrinam, neque dimissus ab uxore, neque dimissa a marito, alteri conjungantur; sed ita maneant aut sibi invicem reconcilientur: quod si contempserint, ad poenitentiam redigantur [487]. Eben so bestimmt sprach Papst Stephan II. im J. 754 zu Creci sich darüber aus, daß man anders, als wegen Ehbruchs die Ehe nicht trennen dürfe und daß die Getrennten, jeder bei Lebzeiten des anderen Theiles, ehlos bleiben müßten [488]. Mit

[487]) Hardouin III. 1902 sqq.

[488]) Responsa Stephani II. c. 2. Si quis se in conjugio copulaverit et uni eorum contigerit, ut debitum reddere non possit; non liceat eos separare: nec pro alia infirmitate, excepto si daemonii infirmitas, aut leprae macula supervenerit: caeterum si ab his duobus infirmitatibus liberi fuerint invicem conjuncti, unus alteri servitium exhibeat.

C. 5 eod. Si uxor a viro repudiata fuerit, utrum liceat viro illa vivente aliam ducere, in Epistola domini Innocentii Papae directa ad Exuperium Tolosanum Episcopum continetur: qui interveniente repudio alii se matrimonio copularunt, quos in utraque parte adulteros esse manifestum est: qui vero vel uxore vivente, quamvis dissociati videantur esse a conjugio ad aliam copulam festinarunt, neque possunt adulteri non videri: in tantum ut etiam eae personae, quibus tales conjuncti sunt, etiam ipsae adulterium commisisse videantur, secundum illud quod legimus in evangelio: Qui dimisit uxorem suam et aliam duxerit, moechatur. Et ideo omnes a communione abstinendos.

C. 3 eod. Si quis in aliena patria ancillam duxerit in consortium, postea in propriam reversus, ingenuam acceperit, et iterum contigerit, ut ad ipsam qua inantea fuerat patriam revertatur, et illa ancilla quam prius habuit, alii viro sociata fuerit: hic talis potest aliam accipere; (sc. propter impedimentum conditionis); tamen non illa vivente ingenua, quam in patria propria habuit.

Karls des Großen Hülfe fanden diese Grundsätze bald

C. 19 eod. De separata a marito, si vir ejus in aliena provincia vivere putabatur, in epistola beati Leonis Papae directa ad Nicetam Aquilejensem episcopum ita continetur: „Cum ergo per bellicam cladem et per gravissimos hostiles incursus, ita quaedam dicatis divisa esse conjugia ut abductis viris foeminae eorum remanserint destitutae, quae viros proprios, aut interemtos putarint, aut nunquam a dominatione crediderint liberandos, et ad aliorum conjugium solitudine cogente transierint. Cumque nunc statu rerum, auxiliante Domino, in meliora converso, nonnulli eorum qui putabantur periisse remeaverint: merito caritas tua videtur ambigere, quid de mulieribus, quae aliis junctae sunt viris, a nobis debeat ordinari. Sed quia novimus scriptum, quod a Deo jungitur mulier viro: et iterum praeceptum agnovimus, ut quod Deus junxit homo non separet: necesse est ut legitimarum foedera nuptiarum redintegranda credamus, et remotis malis, quae hostilitas intulit, unicuique quod legitime habuit, reformetur: omnique studio procurandum est, ut recipiat unusquisque quod proprium est. Nec tamen culpabilis judicetur, et tanquam alieni juris pervasor habeatur qui personam ejus mariti, qui jam non esse existimabatur, assumpsit. Sic enim multa, quae ad eos qui in captivitatem ducti sunt, pertinebant, in jus alienum transire potuerunt: et tamen plenum justitiae est, ut iisdem reversis propria reformentur. Quod si in mancipiis, vel in agris, aut etiam in domibus ac possessionibus rite servatur: quanto magis in conjugiorum redintegratione faciendum est, ut quod bellica necessitate turbatum est, pacis remedio reformetur? Et ideo viri si post longam captivitatem reversi, ita in dilectione suarum conjugum perseverant, ut eas cupiant in suum redire consortium omittendum est et inculpabile judicandum quod necessitas intulit et restituendum est quod fides poscit. Si autem aliquae mulieres in posteriorum virorum amore sunt captae, ut malint his cohaerere quam ad legitimum redire consortium, merito sunt notandae; ita ut etiam ecclesiastica communione priventur, quae de re excusabili contumaciam criminis elegerint, ostendentes, sibimet pro sua incontinentia placuisse, quod justa remissio potuit expiare. Redeant ergo ad suum statum voluntaria redintegratione conjugia: neque ullo modo ad opprobrium malae voluntatis trahant, quod

allgemeine und unbedingte Anerkennung, und wenn es wohl auch noch Mühe und harte, ja oft erfolglose Kämpfe kostete, um Pipin und Karl selbst von unerlaubter Scheidung und Wiederverehlichung abzuhalten, so läßt doch seit Karl dem Großen die Sprache der Kapitularien und der Inhalt der späteren Kanonen-Sammlungen keinen Zweifel mehr zu über das, was als Vorschrift und Gesetz betrachtet und anerkannt war [489]. Merkwürdig ist nach dem

---

conditio necessitatis extorsit: quia sicut hae mulieres, quae reverti ad viros suos nolunt, impiae sunt habendae, ita illae quae in affectum ex Deo initum redeunt, merito sunt laudabiles judicandae.

[489]) Sieh Epist. Steph. ad Carol. et Carlomann. (in Cod. Carol. 45) ap. Saccarelli cit. T. XV. p. 353, XVI. p. 27, 28, 32. Was die Kapitularien anbelangt, so möchte man zwar in einer Stelle (c. 21 Lib. V. Capitular.) eine Bestättigung des Kanon 8 von Compiegne zu finden glauben, wo es heißt: Si quis homo habens mulierem legitimam, si frater ejus adulteraverit cum ea, ille frater vel illa foemina qui adulterium perpetrarunt, interim quod vivunt, nunquam habeant amplius conjugium. Ille vero cujus uxor fuit, si vult, potestatem habet, uxorem accipere. Allein diese Stelle kann nur recht verstanden werden im Vergleiche mit einer anderen, dem c. 381 Lib. VII., welches lautet: Quod si duo fratres cum una foemina fornicati fuerint, nescientes alter alterius fornicationem, statim ut cognoverint adulterium, qui eam habet uxorem, dimittat. Et ille quidem, post actam poenitentiam si uxor defuncta fuerit, potest alteri sociari; illa vivente nequaquam. Illa vero nunquam alterius poterit in conjugium assumi. Die Erlaubniß für den Mann bildet den Gegensatz mit dem Verbote für die schuldige Frau, je in ihrem Leben, auch nach ihres Mannes Tode, sich anderwärts zu verheurathen, und zwar um so mehr, weil häufig um diese Zeit die Busse, die den einen Gatten traf und, die, wie wir später sehen werden, ein trennendes Ehhinderniß bildete, auch auf den andern Gatten ausgedehnt wurde. Nur im Gegensatze mit der Frau wird hier vom Manne gesagt, daß er allerdings, weil er ihre Schuld nicht theile, wieder heurathen könne; daß er es nur nach dem Tode der Frau könne, versteht sich, nach den an so vielen anderen Stellen gegebenen Bestimmungen,

Bisherigen, und nur durch den Einfluß der Päpste

---

von selbst, wenn es auch in Lib. VII. nicht ausdrücklich gesagt wäre. Den Grundsatz der Unauflöslichkeit sprechen entschieden aus c. 382 Lib. VII. (der oben angeführte Kan. 12 von Nantes, was allerdings gegen die Vermuthung spricht, daß dieser Kanon erst unter Formosus, der lange nach Ansegis erst Papst wurde, verfaßt worden sey); dann c. 191 Lib. VI. (aus den Kapitularien des heiligen Bonifacius). Eben so c. 235 Lib. VI., welche Stelle von Ludwig dem Frommen und aus den Beschlüssen der Pariser Synode v. J. 829 ist (Baluz. addit II. c. 23) und demnach so gelesen werden muß: Placuit . . . ut nisi causa fornicationis non sit uxor secundum Domini sententiam dimittenda, sed potius sustinenda (vgl. Canciani T. III. p. 284.) In der gedachten Pariser Synode ist diesen Worten noch beygefügt et quod hi qui caussa fernicationis dimissis uxoribus suis alias ducunt, Domini sententia adulteri esse notantur. Auch in Lothars I. leges c. 92 (bey Canciani T. I. p. 208) wird das Scheidungsverbot, den Ehbruch ausgenommen, ausdrücklich wiederholt, mit dem Bemerken, daß, wer außerdem seine Frau verliesse und etwa eine andere nähme, zu jener zurückzukehren genöthigt würde. Unter den späteren Kanonen-Sammlungen ist, z. B. in den Kapitularen des Bischofs Theodulph von Orleans (v. J. 797, bey Mansi T. XIII. 1013, aus dem Concilium von Nantes (?) in den Sammlungen des Rhabanus Maurus (v. J. 841, in Antonii Augustini opp. T. III. p. 316, aus den Concilien von Ancyra, Milevi und Eliberis und aus den Briefen Innocenz I. und in H. Canisii lectiones antiquae T. II. P. II. p. 29 v. J. 853) der Grundsatz der Unauflöslichkeit, auch im Falle des Ehbruchs, ausgesprochen und einer Ausnahme nicht mehr erwähnt. Aus einer dem oben angeführten c. 21 Lib. V. Capitular. ziemlich ähnlichen Stelle in einem sogenannten Poenitentiale romanum hat man zwar Anlaß genommen, die Ansicht der Päpste selbst, oder vielmehr die Beständigkeit der römischen Tradition über die Unauflöslichkeit der Ehe in Frage zu stellen; allein mit wenig Grund. Die Stelle heißt in ihrem ganzen Zusammenhang so: Contigit tibi, ut uxor tua, te conscio et hortante, cum alio viro, illa autem nolente, adulterium perpetraret: si fecisti, quadraginta dies in pane et aqua poeniteas et septem annos, unum ex his in pane et aqua, et nunquam sis sine poenitentia. Si autem uxor tua hoc probare potuerit, quod tua culpa et jussu se renuente et luctante adulterata sit, si se continere non potest,

erklärbar, daß in Italien selbst durchaus nicht die

---

nubat cui voluerit, tantum in Domino. Tu autem sine uxoria spe in perpetuo maneas. Illa autem si consentiens fuerit, eadem jejunet, quae tibi proposita sunt, et sine spe conjugii maneat. In Ansehung dieser Stelle ist vor Allem zu bemerken, daß sie in ihrem Gesammtzusammenhang, nach einer genauen Interpretation, keinen andern Sinn darzubieten scheint, als diesen: „Hat deine Frau mit deiner Einwilligung Ehbruch begangen, so darfst du zur Strafe nie mehr heurathen, bey ihr aber kommt es darauf an, ob sie zustimmend war oder nicht. Hat sie selbst eingewilligt, so soll sie Busse thun gleich dir und ihr Leben lang ebenfalls nicht mehr heurathen. Hat sie dagegen nur mit Widerstreben deinen Willen gethan, so trifft sie ein solches lebenslängliches Verbot der Wiederverehlichung keineswegs." Daraus folgt, wie mich dünkt, noch keineswegs, daß sie bey Lebzeiten ihres Mannes wieder heurathen dürfe, sondern den natürlichen Gegensatz des Verbotes, nie wieder zu heurathen, bildet nur die Erlaubniß, gleich anderen, die keine Schuld auf sich haben, zu heurathen, wenn der Fall eintritt, daß sie, ohne bestehende Bande zu verletzen, es thun könne. Will man aber auch diese Interpretation als die richtige nicht annehmen, so berechtigt dieses doch noch durchaus zu keinem Schlusse; denn daß das Buch, aus dem die angeführte Stelle genommen ist, Poenitentiale Romanum genannt wird, beruht nicht etwa darauf, daß es je in der römischen Kirche im officiellen Gebrauche, mit einem Character von Autorität je bekleidet gewesen oder auch nur von seiner Anwendung daselbst irgend eine Spur zu finden sey, sondern Antonius Augustinus, der Herausgeber (opp. omn. Luc. 1767 fol. T. III. p. 253) hat ihm diesen Namen nur deswegen gegeben, weil das Manuscript, das er ohne Ueberschrift und Namen des Autors, in der Bibliothek des Bischofs Thomasius von Lerida gefunden hatte, aus Rom gekommen seyn sollte.

Das in der Kanonen Sammlung des Bischofs Haltigar von Cambrai (v. J. 825) gebrauchte, angeblich aus dem Archiv der römischen Kirche genommene Poenitentiale enthält, so wenig wie die Sammlung des Haltigar selbst, eine der angeführten ähnliche Stelle. (Sieh beide in Henr. Canisii lect. antiqq. ed. Basnage T. III. P. II. p. 81 sqq. und p. 132 sqq.) Eben so wenig kommt etwas dergleichen in der früheren, gegen Ende des achten Jahrhunderts aus dem Hadrianischen Codex und der älteren spanischen Sammlung gebildeten systematischen Sammlung vor in D'Achery Spicileg. Ed. nov. T. I. p. 519 sqq. Unsere Sammlung ist ein ziemlich junges Machwerk, aus Schriften der

auffallenden Spuren allgemeiner Abweichung von der alten Kirchendisciplin zu finden sind, wie anderwärts zur nemlichen Zeit. Selbst die Gesetze der Longobarden tragen in der Beziehung das Gepräge einer grösseren Strenge, obgleich wir wissen, daß König Rotharis (als Arianer) von seiner Frau sich schied, um des Königs Ariowald Wittwe zum Weibe zu nehmen. Auch hier hatte, nach Grimoalds Edikt [490]), nur der Mann das Recht der Scheidung und zwar nur wegen Ehbruchs oder wenn die Frau ihm nach dem Leben gestrebt hatte. Beides wurde an der Schuldigen mit dem Tode bestraft [491]). Hatte er

---

Väter, Concilienschlüssen, den Pönitentialbüchern des Beda und Theodor, einem älteren verloren gegangenen Poenitentiale Romanum und endlich aus einer Menge anderer Stellen zusammengestoppelt, deren Ursprung gar nicht angegeben ist und die der Verfasser wahrscheinlich aus dem Gedächtniß oder aus eigenem Dafürhalten einschaltete. Zu den Stellen der letzteren Art gehört auch die angeführte, die allenfalls aus dem Westgothischen Gesetzbuche entlehnt seyn könnte. Auf Authorität ist dabey nirgends Anspruch gemacht, wie z. B. c. 23 und andere Stellen beweisen, wo für dieselbe Handlung verschiedene Bussen mit der bloßen Bemerkung: Alii dicunt, angegeben werden. Ueber die arge Verwirrung, die in den sog. Poenitentialbüchern herrschte, und über die Unkunde und Widersinnigkeit, womit hienach häufig das Bußwesen gehandhabt wurde, klagt auch bitterlich Papst Gregor III. in seinen Judicia, die er eben deshalb verfaßte. In diesen (c. 4. Hardouin III. 1872) belegt er die Frauen, die mit fremden Männern und die Männer, die mit fremden Frauen leben, mit beständiger, unerläßlicher Excommunication, und es ist darin zwar allerdings des Falles gedacht, wo die Frau mit Wissen des Mannes Ehbruch begangen hätte, aber keineswegs mit dem Bemerken, daß sie in solchem Falle, wenn sie bloß dem Zwange gewichen, ein Recht zur Wiederverehlichung haben solle.

490) B. J. 668 c. 4. cf. Ed. Liutprandi c. 122 Lib. VI. Walter C. J. G. I. p. 809.

491) Ed. Rotharis c. 112 Walter cit. I. 720.
„ Liutprand c. 130 - - I. 812.

aber ohne gerechte Ursache seine Frau verlassen, so war jede nachfolgende Verbindung, die er schloß, ungültig und zog Strafe nach sich [492]. Selbst unter den Sklaven wurde das Gesetz der Unauflöslichkeit der Ehe mit Strenge gehandhabt [493].

Einen bedeutenden Beleg für das Walten der strengeren Lehre da, wo der Papst mit mehr Erfolg den entgegengesetzten Einwirkungen zu wehren vermogte, bildet auch der Kanon 10 des friaulschen Conciliums v. J. 791, welcher bestimmt: Item placuit ut resoluto fornicationis causa jugali vinculo, non liceat viro, quamdiu adultera vivit, aliam uxorem ducere, licet sit adultera; sed nec adulterae, quae poenas gravissimas vel poenitentiae tormentum luere debet, alium accipere virum, nec vivente, nec mortuo, quem non erubuit defraudare, marito [494]. Das Concilium beruft sich dabey auf den heiligen Hieronymus und beschließt seine Bestimmung mit den Worten: Unde patenter datur intelligi quamdiu vivit adultera, non licet viro, nec potest impune secundas contrahere nuptias.

In den von Rom aus unmittelbar gegründeten neuen Pflanzstätten des Christenthums endlich, in England und Deutschland, wiederholt sich zwar derselbe Kampf, den wir bisher überall beobachtet haben, aber mit weit rascherem Ausschlag für die von der Mutterkirche verfochtene Lehre.

---

[492]) Ed. Grimoald cit. c. 6 et 8 Walter I. 756 sq.

[493]) Liutprand. c. 103 Walter I. 799.

[494]) Hardouin IV. 859.

Von der brittischen Kirche kann, vor der Eroberung der Insel durch die Angelsachsen, hier keine Rede seyn. Wir wissen von der früheren Zeit, abgesehen von den Fortschritten der Pelagian'schen Häresie unter den Landsleuten ihres Urhebers, nichts weiter, als daß arge Verderbniß sich des Volkes und der Geistlichkeit bemächtigt hatte [495]). Nach der Hand, von dem Verkehr mit der übrigen christlichen Welt größtentheils abgeschnitten, ergaben sich die Britten allerley Mißbräuchen und verharrten dabey im Schisma um so hartnäckiger, nachdem die Angeln, die sie so sehr haßten, katholisch geworden waren. Bey den Angeln selbst aber trafen am Ende des sechsten Jahrhunderts die christlichen Missionarien äusserst rohe Ansichten über die Ehe an. Nach den Gesetzen Aethelberts von Kent, der das Christenthum annahm [496]), mußte derjenige, der bey eines Anderen Weib geschlafen hatte, selbes bloß dem Manne abkaufen und ihm dafür eine neue Frau kaufen und zuführen. Es läßt sich hienach erwarten, daß die Missionarien grosse Mühe haben mußten, hier der christlichen Lehre von der Heiligkeit und Unauflöslichkeit der Ehe Eingang zu verschaffen. Die Wildheit des Volkes mußte auf alle Weise geschont und konnte nur allmälig gezähmt werden [497]). Wie es indessen in jenem Punkte

---

[495]) Beda hist. Angl. l. I. c. 13 et 14. Gilda de excidio Briton.

[496]) Leg. Aethelberti ex ed. David Wilkins c. 23 p. 4 und c. 48.

[497]) Lingard antiquities of the Anglo-Saxon Church. Eadbald, Aethelberts Sohn, heurathete, nach seines Vaters Tode, seine Stiefmutter, und fiel vom Christenthum wieder ab und vertrieb die Missionarien, weil diese ihn von einer solchen Verbindung abhalten wollten. Die Gesetze wider den Incest mußten selbst später noch zu Gunsten der

in der ersten Zeit gehalten worden sey, läßt sich nicht bestimmen. Die ältesten Urkunden, die darüber auf uns gekommen, rühren von Theodor von Canterbury her, der, mit seinem Gefährten Hadrian, erst besseren Unterricht und gründlichere Bildung in England verbreitete [498]. Was Theodor lehrte, ist in einem Schluße des im J. 673 unter seinem Vorsitze gehaltenen Conciliums von Heruford und in seinen Capitulis enthalten. Auf dem Concilium zu Heruford wurde, im Kan. 10, der Grundsatz der Unauflöslichkeit der Ehe im Allgemeinen nach der evangelischen Lehre festgestellt. Decimo, heißt es dort, pro conjugiis, ut nulli liceat nisi legitimum habere conjugium. Nullus incestum faciat, nullus conjugem propriam, nisi, ut sanctum evangelium docet, fornicationis causa relinquat. Quod si quisquam propriam expulerit conjugem legitimo sibi matrimonio conjunctam, si christianus esse recte voluerit, nulli alteri copuletur, sed ita permaneat, aut propriae reconcilietur conjugi [499]. Aber sey es, daß der Zustand des Volkes es nicht anders gestattete, sey es, daß Theodor, ein Grieche, von den Ansichten der griechischen Kirche sich beherrschen ließ, in des Theodor Capitulis sind von diesem Grundsatze Ausnahmen, und zwar nach der griechischen Observanz, gestattet. [500] In cap. 113 und 116

Engländer gemildert werden, während fast allenthalben eine Verbindung in der Verwandtschaft weit übler aufgenommen wurde, als eine Verletzung des ehlichen Bandes.

[498] Lingard cit. vol. 2.

[499] Wilkins concil. Brit. T. I. p. 43.

[500] Beide Umstände dürften zusammengewirkt, und Theodor, bei der Unmöglichkeit, das Gesetz der Unauflöslichkeit in seiner ganzen Strenge durchzuführen, am gerathensten gefunden haben, sich zunächst in

nemlich [501]) bestimmt er, daß der Mann, dessen Frau die Ehe gebrochen hat, eine andere heurathen dürfe, und nach c. 92 gestattet er, im Falle des Ehbruches, dem unschuldigen Gatten nicht, den schuldigen wieder zu sich zu nehmen. Durch eintretende Gefangenschaft und Sklaverey läßt er gleichfalls (nach c. 113 u. c. 31 bey Mansi XII. 28 c. 93 eod. coll. 322 die Ehe sich lösen und im c. 112 [502]) gestattet er, aus wechselseitiger Uebereinstimmung sich zu trennen. Endlich im c. 12 wird demjenigen, der als Heide seine Frau entlassen hat, freigestellt, nach der Bekehrung sie zu haben oder nicht. Wie aber die Entwicklung der englischen Kirche, nachdem sie einmal festen Fuß gefaßt, überhaupt mit unglaublicher Schnelligkeit vor sich gieng, so sprechen schon Theodors nächste Nachfolger, Beda und Eggbert, für den Grundsatz der Unauflöslichkeit auf das Bestimmteste und Entschiedenste sich aus, und es ist das Prinzip bey ihnen so klar und scharf aufgefaßt, daß die einzelnen Widersprüche, die

---

den Schranken zu halten, die das Beispiel der Griechen vorgezeichnet hatte. Uebrigens zeigt sich Theodor überall von griechischen Ideen beherrscht, wie z. B. in c. 14 und 16, wo er das Trauerjahr vorschreibt und gegen wiederholte Verehlichungen eifert. Auch beruft er sich öfter auf den heiligen Basilius.

[501]) Bei Mansi T. XII. col. 35 c. 140 und 143, womit im Widerspruch zu stehen scheint c. 165 eod.: de meretrice sic idem interpretatus est; Quia meretrix erit decusso proprii mariti jugo et secundi mariti juncta vel tertii. Cujus maritus illa vivente alteram non suscipiet quia nescimus illam auctoritatem quam legimus in quaestionibus Romanorum, utrum idoneis an falsis testibus . . . . ornatam fuisse. Mansi XII. col. 37. Ist diese Stelle aber ursprünglich schon in den Capitulis gewesen, oder später erst eingeschaltet worden? Wohl eher letzteres.

[502]) Vgl. C. 76 Hardouin III. 1776.

noch vorkommen, nur als Reste der unmittelbar vorhergegangenen verworrenen Zeit erscheinen, die vor dem steigenden Lichte geläuterter Lehre bald verschwinden mußten. Beda sagt: (ad Evang. Sti. Marci ap. Jvo. Cart. c. 135. p. 8.) Una ergo solummodo causa est carnalis fornicatio, una spiritualis. Timor Dei facit, ut uxor dimmittatur, sicut religionis causa fecisse leguntur. Nulla autem causa est lege Dei praescripta, ut vivente ea quae relicta erat, alia ducatur. Eben so sagt er auch in der Erklärung des 7ten Kapitels in Korinth. I. mit den Worten des heiligen Augustin, daß die Frau, die sich wegen der von Christus gebilligten Ursache von ihrem Manne trenne, entweder ehlos bleiben oder sich mit dem Manne versöhnen müsse, und daß eben dieses auch vom Manne gelte, wenn gleich Paulus es nicht ausdrücklich gesagt habe [503].

---

[503]) Bedae opp. Colon. 1688. T. VI. p. 322 sq. Das von Mansi unter Beda's Namen herausgegebene Poenitentiale stimmt freilich hiemit wenig überein. Es giebt allerdings zu Gunsten der Unauflöslichkeit den bekannten Kanon 10 von Arles, wovon in der vorigen Periode schon die Rede war, und dann, unter Berufung auf Augustin (Mansi XII 505 B.), folgende Stelle: Ita secundum legem et evangelium publicis nuptiis honeste in conjugium legitimanda est, et omnibus diebus vitae suae, nisi ex consensu et causa vacandi Deo nunquam a viro suo separanda est (uxor) excepta fornicationis causa. Si enim fornicata fuerit, reliquenda est, sed illa vivente altera non ducenda est, quia adulteri regnum Dei non possidebunt. Allein auf derselben Seite (D.) giebt eine andere Stelle dem Manne, dessen Frau ihm mit Gewalt in Gefangenschaft entführt worden wäre, das Recht, sich eine andere zu nehmen, falls er keine Hoffnung mehr habe, jene zu befreien und verbietet ihm sogar, die Rückkehrende nach der Hand wieder zu sich zu nehmen, (Vgl. Theodor bei Mansi XII. 28 c. 31.) Seite 512 steht eine ähnliche Stelle, die gleich vielen anderen aus Theodor von Canterbury entlehnt ist. Seite 515 C. ist be-

Weit mehr als diese Stellen des Beda wäre für uns bedeutend, was von Eggbert in den aus seinem Werke de sacerdotali jure gezogenen Excerptiones und in seinem Dialogus sich findet, weil es gerade den Uebergang von dem unordentlichen Zustande, wovon das unter Beda's Namen bey Mansi stehende Poenitentiale Zeugniß giebt, zu der reineren und strengeren Disciplin der folgenden Zeit nachwiese, wenn wir nur ganz sicher wären, daß diese Abweichungen von den vorhergehenden Sammlungen und diese corrigirenden Bemerkungen von Eggbert selbst und nicht etwa von dem weit späteren Excerptor herrühren [504]). In Kap. 116, 117 und 119 der Excerptiones sind die Stellen aus Paulus, über die Unauflöslichkeit der Ehe beigebracht, im Kap. 120 verwirft der Verfasser die Meinung derjenigen, welche durch den Eintritt des einen Gatten in ein Kloster die Ehe sich gänzlich auflösen liessen. [505]). In den Kap. 121, 122 und 123 entwickelt er die ganze Lehre von der Unauflöslichkeit der Ehe, auch im Falle des Ehbruchs, aus Augustinus und den Beschlüssen der afrikanischen Kirche [506]). Augustinus

---

stimmt, daß der Sklave, der als solcher geheurathet, später, wenn er von seinem Herrn die Freiheit erhalte, seine bisherige Frau verlassen und eine Freie zur Ehe nehmen könne.

[504]) Sieh Walter Handbuch des Kirchenrechts. IV. Auflage S. 128 h.

[505]) Vide Wilkins cit. I. 108.

[506]) C. 121. Legitimum enim conjugium nullus separare praesumat, nisi ex amborum consensu et propter amorem Christi qui ait: „Qui reliquerit uxorem et reliq. centuplum accipiet et vitam aeternam possidebit.“ Et nemo aliter uxorem dimittat, nisi propter fornicationem, quia „Pharisaei temptantes Dominum nostrum Jesum Christum, interrogaverunt eum, si licet hominem dimittere uxorem suam pro quacunque causa: respondet Jesus et

dicit, heißt im Kap. 123, Si mulier fornicata fuerit,

---

ait eis: Non legistis, quia qui fecit ab initio masculum et foeminam, fecit eos et dixit: propter hoc relinquet homo patrem suum et matrem, et adhaerebit uxori suae et erunt duo in carne una? Itaque jam non sunt duo, sed una caro. Quod ergo Deus conjunxit, homo non separet. Dicunt illi: Quid ergo Moyses mandavit dare libellum repudii et dimittere? Ait illis: Quoniam Moyses ad duritiam cordis vestri permisit vobis dimittere uxores vestras, ab initio autem non fuit sic. Dico autem vobis, quia quicunque dimiserit uxorem suam, nisi ob causam fornicationis, et aliam duxerit, moechatur;" unde et Apostolus dixit: „Praeci-„pio non ego, sed Dominus, uxorem a viro non discedere," et iterum: „Alligatus es uxori? noli quaerere solutionem: solutus es „ab uxore? Ne quaesieris uxorem:" alibi namque de adulterio vel fornicatione scriptum est: „Qui adulteram tenet, stultus et „impius est." De filiis quoque adulterarum ejiciendis cum matribus suis, et Ezechiel dicens: „Ejicite matrem fornicariam et „filios fornicationis et reliq." Et Augustinus dicit: „Si mulier „fornicata fuerit, relinquenda est, sed illa vivente altera non est „ducenda." Ubicunque igitur est fornicatio et fornicationis vera suspicio, libere uxor dimittitur; aliter ergo, etiam si sterilis est, si deformis, si foetida, si temulenta, si iracunda, si malis moribus, si luxuriosa, si fatua, si gulosa, si vaga, si jurgatrix, si maledica, tenenda erit et qualiscunque accepta est, tenenda erit. Apostolus enim dicit: Cum enim eras liber, sponte servituti te subjecisti.

C. 122 Canon africanensis: Secundum evangelicam disciplinam, nec uxor a viro dimissa alium accipiat virum, vivente viro suo, nec vir aliam accipiat uxorem, vivente uxore priore, sed ita maneant, aut sibimet reconcilientur. Wilkins cit. p. 109 sq.

In einem andern Poenitentiale, das bey Wilkins I. 113 ffg. unter Eggberts Namen steht, und zwar nicht von Eggbert, aber doch aus derselben Zeit und ursprünglich in sächsischer Sprache ist, kommen dieselben Bestimmungen vor. P. 118 c. 17, 119 c. 19, 120 c. 25, vgl. 140 u. 120 c. 26 u. 27 a. E. Bemerkenswerth ist aber, daß dort im Falle des Ehbruchs dem geschiedenen Manne die Wiederverehlichung gestattet wird, wenn die Ehbrecherin seine erste Frau war, ausserdem aber nicht, weil mehr als zweimal zu heurathen weder dem Manne noch der

relinquenda est, sed illa vivente, altera non est ducenda. In Kap. 125 giebt er allerdings aus den Pönitential-Büchern Theodors und Bedas die Bestimmung, daß der Mann, dessen Frau in Gefangenschaft gerathen ist und von ihm nicht losgekauft werden kann, eine andere nehmen dürfe, aber erst nach sieben Jahren und keineswegs mit dem widersinnigen Beisatz, der bey jenem vorkommt, daß er die zurückkehrende erste Frau nicht wieder nehmen dürfe und bey der zweiten bleiben müße, sondern im Gegentheile mit dem ausdrücklichen Bemerken: et si postea propria, id est, prior mulier de captivitate reversa fuerit, accipiat eam, posterioremque dimittat [507]). Er sah also keine Auflösung der Ehe in diesem Falle, sondern entschied ganz im Sinne Gregors des Großen. Im Kap. 126 bringt er dann, gleichfalls aus den früheren Pönitentialbüchern geschöpft, die Bestimmung bey, daß der verheurathete Sklave, wenn er die Freiheit erhalte, seine bisherige Frau verlassen und eine andere heurathen könne, jedoch nur als die Meinung Einiger, die er keineswegs

---

Frau gestattet werde. Eine ganz unverständliche Stelle ist folgende: Si uxor flagitia sua committere velit intra quinque annos, alii viro nubere debet od. De Wif gif huo hire fyrena don wille umbe fif Wintere, huo mot odere ceorl niman. Im Gegensatze der anderen Sammlungen will der Verfasser von dieser, daß der frey werdende verheurathete Sclave durchaus auch seine Frau befreie. Dem Manne, der durch Gefangenschaft seine Frau verliehrt, wird auch hier gestattet, eine andere zu nehmen. (c. 27.) Uebrigens ist dem Manne wie der Frau im allgemeinen die Scheidung streng untersagt. (c. 8 S. 130.)

[507]) Daß dieses nicht ein Zusatz oder eine Modification von dem späteren Excerptor sey, dürfen wir deswegen annehmen, weil in der dem Eggbert gleichzeitigen, ganz rohen Arbeit, die unter seinem Namen bey Wilkins I. p. 113 steht, dieselbe Bestimmung vorkommt. Wilkins I. 120 c. 26.

billigt (sicut quibusdam placet..... sed tamen juxta sententiam Domini moechus probatur qui id facit sc.) Darum setzt er bey, wenn es Einer doch thue, so soll er sein ganzes Leben lang Busse thun; und dieselbe Busse wird auch demjenigen auferlegt, der, mit einer Unfreyen wissentlich vermählt, trotz dem, daß er gültig verbunden sey und sie nicht entlassen dürfe, doch sich scheide und eine Andere, gleichviel ob freye oder unfreye heurathe [508]).

Uebrigens blickt auch aus diesen Sammlungen, trotz dem unläugbaren Fortschritt und der unzweideutigen Bestimmtheit, womit an einzelnen Orten das Prinzip der echten Lehre aufgefaßt und ausgesprochen ist, doch unverkennbar durch, daß auch nach Ueberwindung der Hauptschwierigkeit, durch die Anerkennung der Unauflöslichkeit im Falle des Ehbruchs, dennoch der Sinn und die Meinung des Volkes sich nicht auf einmal fügen konnten und darum

---

[508]) Eine Stelle Kap. 124 sagt: Canon dicit: Si mulier discesserit a viro, despiciens eum, nolens revertere et reconciliari viro, post quinque vel septem annos, cum consensu episcopi, ipse aliam accipiat uxorem si continens esse non potest; et poeniteat tres annos, vel etiam quamdiu vixerit, quia juxta sententiam Domini moechus comprobatur. Dieß bezieht sich aber nur auf den Fall der Bekehrung zum Christenthum, wenn der im Heidenthum verbleibende Ehtheil mit dem Bekehrten die Ehe nicht friedlich fortsetzen will, wie die Vergleichung mit dem Pönitentialbuch des Beda, woraus die Stelle wörtlich entnommen ist, deutlich zeigt. Hier heißt es: (Mansi XII. col. 513) Ergo cujus uxor est infidelis et gentilis et non potest converti, dimittatur. Si mulier discesserit a viro, despiciens eum nolens reverti etc: . . wie oben. Nur die Worte: post quinque ve septem annos sind von Eggbert eingeschaltet in die Stelle des Beda. Oder sollte Eggbert damit den Beda und die Capitula des Theodor No. 13, 45 u. 113 (Hardouin 1773, 1775, 1778) zu vereinigen beabsichtigt haben?

noch immer einzelne Fälle aufgefaßt wurden, wo der Mann ganz ohne Schuld der Genossin seines Bettes beraubt wurde und wo man sich nicht entschliessen konnte, die strenge Bestimmung des Evangeliums gegen ihn durchzuführen, was aber als eine augenfällige, nicht zu rechtfertigende Inconsequenz sich nicht lange halten konnte, sondern nothwendig, mit der fortschreitenden Entwicklung christlichen Sinnes und christlicher Erkenntniß im Volke, wegfallen mußte [509].

---

[509]) Merkwürdig ist in dieser Beziehung, mit welcher Verlegenheit Eggbert sich in seinen Interrogationes bey der Frage windet, ob der Mann, dessen Frau durch Krankheit zur Beiwohnung unfähig geworden, dieselbe entlassen und eine andere nehmen dürfe. Er ist offenbar in der Klemme zwischen den Autoritäten, die dagegen sprechen, und der Meinung des Volkes, die dafür ist. Theodor hatte in solchem Falle die Trennung aus beiderseitiger Einwilligung gestattet (Mansi XII. col. 32. c. 99) Eggbert fragt nun (Wilkins I. 84): Quod si ex convenientia amborum legitimum dissolvitur conjugium propter infirmitatem viri vel uxoris, si liceat sano incontinenti secundum inire connubium, infirmo consensum praebente et promittente, sese continentiam in perpetuo servaturum, vestra sanctitas quid de hoc judicat? Responsio: Nemo contra evangelium, nemo contra apostolum sine vindicta facit, idcirco consensum minime praebemus adulteris; onera tamen quae sine periculo portari non possunt, nemini imponimus, ea vero quae Dei sunt mandata, confidenter indicimus. Quem autem infirmitas implendi praepedit, uno profecto multum reservamus judicio Dei. Igitur ne forte videamur silentio fovere adulteros, aut diabolus qui decipit adulteros de adulteris exultet, alterius audi „quod Deus conjunxit, homo non separet. Et item „qui potest capere capiat.“ Saepe namque temporum permutatione, necessitas legem frangit. Quid enim facit David quando esuriit? Ergo in ambiguis non est ferenda sententia. Sed consilia necesse est periclitari pro salute aliorum hac conditione interposita, ut ei qui se continentiae devovit, nullo modo concedatur secundas inire nuptias, vivente priore. Wir werden übrigens weiter unten sehen, wie dieser Stelle wohl auch eine der echten Tradition angemessene Deutung sich geben läßt.

Von der irländischen Kirche haben wir eine, aller Wahrscheinlichkeit nach aus dem siebenten Jahrhundert herrührende Sammlung, aus der wir sehen, daß um diese Zeit auch hier die echte Lehre im wesentlichen Punkte bereits die gebührende Anerkennung gefunden hatte. Sie steht auszugsweise in D'Achery's Spicilegium (Edit. nov. Par. 1723. T. I. 492 — 507) und bringt im 44. Buch Kap. 53 Folgendes: Synodus: Ut mulier juncta alii viro causa adulterii excommunicata fiat, definimus, donec poenitentiam agat; et post poenitentiam reconciliare viro suo.

Patricius: Si alicujus uxor fornicata fuerit cum alio viro, non ducat aliam uxorem quamdiu viva fuerit uxor prima. Si forte conversa fuerit et agat poenitentiam; et suscipiet eam et serviet ei quamdiu viva fuerit in vicem ancillae et annum integrum in pane et aqua per mensuram poeniteat, nec in uno lecto permaneant.

Synodus: septem annis poeniteat; tribus quidem districte, et quatuor vero remisse. Similiter de viro intelligenda, si et ipse adulteraverit [510]). Freilich bringt

---

[510]) Lang, in seiner Geschichte des kanonischen Rechtes S. 119, scheint diese irländische Kanonen-Sammlung verwechselt zu haben mit einem alten Poenitentialbuche, das Mansi (XII, 49) unter Beda's Namen herausgegeben hat. Wahrscheinlich wurde er durch die Praemonitio des Mansi und die Note zu den Canones Patricii in Wilkins Concilia magnae Britanniae et Hiberniae dazu verleitet. Beide Sammlungen haben aber, außer einigen wenigen Stellen, wo sie aus gemeinschaftlichen Quellen geschöpft zu haben scheinen (z. B. Collect. can. hibern. Lib. 52 c. 12 bey D'Achery p. 505 u. Poenitentiale Bedae de porcis, bey Mansi p. 509) nichts mit einander gemein. Das angebliche Poenitentiale des Beda ist ein Machwerk in der Art wie das oben erwähnte sog. Poenitentiale Romanum, scheint auch aus denselben Quellen ge-

Wilkins unter anderen Kanones, die zum Theil einer unter Patricius i. J. 456 gehaltenen irländischen Synode, zum Theil dem heiligen Patricius selbst zugeschrieben werden, und wobey auch der oben angeführte nebst noch ein paar andern für die Unauflöslichkeit der Ehe sprechenden vorkommt [511]), zwey Kanones, aus welchen hervorzugehen scheint, daß wegen Ehbruchs in der früheren Zeit, auch in Irland, die Trennung und Wiederverehlichung statt gefunden habe [512]). Allein die Echtheit dieser Stücke wird mit Grund bezweifelt, weil weder Theodor von Canterbury noch Eggbert von York ihrer erwähnten, und es läßt sich also um so weniger etwas bestimmtes daraus schliessen.

Was Deutschland anbelangt, so spricht vorerst Papst Gregor II. in der Instruktion für die um das Jahr 722 nach Bayern gesendeten Missionarien die Grundsätze des römischen Stuhles und der apostolischen Lehre über die Ehe mit einfachen Worten, aber mit vollkommener Bestimmtheit aus. Ut ita nubentibus vel nupturis heißt es hier [513]), ordinem ex apostolica autoritate detis, ut nec continentiae causa judicetur damnabilis copula nuptialis, nec per licentiam nubendi praesumetur occasio

schöpft und gehört wohl, wie Mansi vermuthet, der englischen Kirche an. Unsere Collect. can. hibern. antiq. bezeichnet in Lib. 50 c. 6 pg. 505 die Britten mit Gilda's Worten als Britones toto mundo contrarii, moribus Romanis inimici.

[511]) Wilkins I. pg. 2. c. 19 et c. 22 eod.

[512]) C. 26 Non licet viro dimittere uxorem nisi ob causam fornicationis, ac si dicat ob hanc causam, unde si ducat alteram velut post mortem prioris, non vetant. c. 28. Eadem ratione observanda sunt prima vota et prima conjugia, ut secundis prima non sint irrita, nisi sint adulterata.

[513]) Hardouin III. 1362. c. 6.

fornicandi. Sed sicut masculum et foeminam Deus in exordio mundi praecepit conjungi, ut sint duo in carne una; ita juxta apostolicam doctrinam unusquisque uxorem suam habeat et non liceat in invicem fraudari, nisi ex consensu, ut vacent orationi, dicente de hoc ipso Apostolo: Alligatus es uxori, noli quaerere solutionem i. e. superstite conjuge ad alterius foeminae concubitum non velle transire, quia eodem doctore gentium adstruente: Qui fornicatur in suum corpus peccat hoc est in uxore propria, cum qua unum corpus est, cui fraudando per amplexus illicitos, semetipsum sub peccati reatu obstringit, nec reputandum est recte conjugium quod duorum excedit numerum, quia, nisi in duobus, non geritur jugum.

Aber auf den Bericht des heiligen Bonifacius von der unbändigen Rohheit des Volkes in Deutschland [514]) hätte Gregor, nach der Meinung Einiger, auf das nutzlose Streben, die in jener Anweisung liegenden Grundsätze in ihrer ganzen Strenge durchzuführen, vor der Hand verzichtet. Er hätte daher für den Fall, wo die Frau unfähig würde, ihrem Manne beizuwohnen, gestattet, daß dieser eine andere nehme, ehe er sich wilder Ausschweifung ergäbe [515]). Es scheint jedoch, bey genauerer Prüfung,

---

[514]) Eingang des zweiten Briefes Gregors II. an Bonifacius. Hardouin III. 1358.

[515]) Nam quod proposuisti, quod mulier infirmitate correpta non valuerit debitum viro reddere quid ejus faciat jugalis? Bonum esset, si sic permaneret, ut abstinentiae vacaret. Sed, quia hoc magnorum est, ille, qui se non poterit continere, nubat magis: non tamen subsidii opem subtrahat ab illa, quam infirmitas praepedit, et non detestabilis culpa excludit. Cf. c. 18. C. XXXII. q. 7.

die fragliche Stelle in dem Schreiben Gregors an Bonifacius v. J. 726 kaum anders verstanden werden zu können, als daß dieses Zugeständniß keineswegs für den Fall einer während der Ehe eintretenden Unfähigkeit, sondern vielmehr in Ansehung einer solchen gegeben wurde, durch welche die Vollziehung der Ehe gehindert worden, und es liegt demnach nichts darin, was von den gewöhnlichen Regeln abwiche [515*]). Gesetzt aber auch, so wäre es doch auf jeden Fall nur eine abgedrungene Vergünstigung gewesen, um dem rohen Volke die ersten Anfänge des Christenthums nicht allzuherbe zu machen. Gregor der III. begehrte schon, daß Bonifacius nach Thunlichkeit vermeide, daß Einer (selbst nach der Frau Tode) sich überhaupt mehr als zweimal verheurathe [516]), und Bonifacius selbst verordnet in seinen um 745 verfaßten Statutis oder Capitulis ausdrück-

---

[515*]) Das Wort infirmitas, dessen sich der Papst bedient, deutet mehr auf einen dauernden krankhaften Zustand, ein Nichtgesundseyn, als auf eine eigentliche Krankheit (vergl. I. H. Böhmer ad c. 18. c. XXXII. qu. 7.) Anders, als von einer impotentia antecedens, gedeutet, würde der Kanon theils ad absurdum führen, weil jeder Mann dann seine kränkelnde Frau entlassen könnte, theils widerspräche er der ganzen Tradition der Kirche und des päpstlichen Stuhles und stünde als einziges Beispiel da, was nicht vor, nicht nach der Zeit, der er angehört, seines Gleichen hätte. Das Wort praepedit zeigt deutlich ein der Ehe vorhergegangenes Hinderniß an. Der Gegensatz detestabilis culpa bezieht sich auf die Rückgabe des Heurathgutes, die im Falle des Ehbruches nicht statt fand, wozu aber der Mann hier offenbar verpflichtet war. Endlich zeigt nichts eine Absicht des Pabstes an, hier eine ausserordentliche Bestimmung oder Dispensation zu geben, noch auch daß der Kanon als eine solche verstanden oder je benützt worden sey. Es wäre also gegen alle Regeln der Auslegungskunst, ihm eine solche Deutung zu geben. Vgl. v. Besnard Lit. Zeitg. f. d. kath. Geistlichkeit Juni 1833. S. 318. flg.

[516]) Gregor III. ad Bonifac. c. 6. Hardouin III. 1869.

lich: admoneat etiam unusquisque presbyterorum publice plebem, ab inlicitis connubiis abstinere: et secundum Dei mandatum, legitimum conjugium nequaquam posse ulla occasione separari, excepta causa fornicationis, nisi cum consensu amborum: et hoc propter servitium Dei [517]. Später finden sich wiederholte Einschärfungen gegen ehbrecherische und andere unerlaubte Verbindungen, jedoch ohne genaue Bezeichnung der Fälle [518]. Indessen die Sprache der Kapitularien läßt keinen Zweifel über das, was von nun an auch in Deutschland galt und befolgt wurde, und so erscheint am Schlusse dieser Periode überall der Sieg der Unauflöslichkeits-Lehre als entschieden und unzweifelhaft nothwendig im Gefolge des steigenden päpstlichen Einflusses.

---

[517]) C. 35. Hardouin. III. 1945.

[518]) Concil. Liptinense c. 3. Harzheim Concil. germ. I. 51. Allocutio eod. Harzheim cit. p. 53.

II. Kapitel.

Geschichte der trennenden oder vernichtenden Ehhindernisse.

§. 1.

Hinderniß aus Mangel zureichenden Alters.

Nach alter Sitte pflegten die Deutschen im Vergleiche, mit den Römern, sehr spät zu heurathen. So berichten wenigstens Cäsar und Tacitus [519]). Man unterschied auch bey ihnen eine Periode der Pubertät, die Mündigkeit (wenn ich so sagen kann) und die eigentliche Volljährigkeit [520]), wovon die erste bloß über die Zurechnungsfähigkeit, die andere über den Eintritt des Vollgenusses der bürgerlichen Rechte entschied. Beide waren in der Regel durch einen Zeitraum von sieben Jahren getrennt, übrigens verschieden durch Sitte, und später durch Gesetz bestimmt, so daß die eigentliche Volljährigkeit bald in das sechzehnte, bald in das achtzehnte oder ein und zwanzigste Jahr fiel, und vor

---

[519]) Caesar de bello gallico Lib. VI. c. 21. Tacitus germ. c. 20.

[520]) Darauf dürfte der Ausdruck „zu seinen Tagen und zu seinen Jahren kommen" Bezug haben. Grimm deutsche Rechtsalterthümer I. 412 fg.

Eintritt dieser letzteren mögen ursprünglich Ehen kaum vorgekommen seyn [521]. Aber gesetzliche Bestimmungen über das Alter der Heurathsfähigkeit finden sich nur da, wo sie durch besondere Anläße nothwendig wurden. Aus Lex Wisigoth. Lib. III. Tit. 1 §. 4 sehen wir, daß solchen Anlaß dort zuerst der sonderbare Mißbrauch gab, daß ältere Weibspersonen, wahrscheinlich um sich dem Mundium ihrer Verwandten zu entziehen, dem Scheine nach sich mit Knaben verbanden, die sie dann als ihre Männer betrachtet wissen wollten, weßhalb König Recesswind (zwischen 652 und 672) verordnete, daß nie der Mann jünger seyn dürfe, als die Frau. Bey den Longobarden war dagegen die Veranlassung zu Altersbestimmungen in Ansehung der Ehe gerade das Verfahren der Verwandten und anderer Mundoalden, welche die ihnen anvertrauten Kinder, lange, ehe sie körperlich oder geistig fähig waren, in die Ehe gaben, um, wie es scheint, durch die Bestimmungen der Heurathsverträge, die dann in ihrer Hand lagen, deren Vermögen an sich zu reissen. König Liutprand erließ hiegegen (zwischen 713 und 724) zwey Verordnungen, worin er jede Verbindung eines Mädchens vor 12 Jahren, eines Knaben vor 14 Jahren für nichtig erklärte, wofern sie nicht von den Eltern selbst geschlossen worden, deren Recht in dieser Hinsicht darum nicht beschränkt wurde, weil der König voraussetzte, „daß sie nicht böswillig oder unvernünftig zum Schaden

---

[521]) Grimm a. a. O. Emminghaus Comment. de praecip. foeminar. in Germ. jurib. c. 2 §. 2. Heineccii origg. germ. c. 203 in Not. Conring de caus. antiq. et novi habit. corpor. germ. Hoffmann de aetate contrahend. matr. idonea. Ayrer de jure connubior. §. 4. Aut. Specul. saxon. Lib. I. Art. 42.

„ihrer eigenen Kinder handeln würden.“ Dasselbe Vertrauen und dasselbe Recht gewährt dann der König auch den Brüdern in Ansehung ihrer Schwestern. Andern Mundoalden aber, welche gegen diese Verordnung handeln würden, sind strenge Strafen angedroht [522]).

Keineswegs also die Rücksicht auf die persönliche Befähigung zur Ehe war hier an und für sich das leitende Prinzip der Gesetzgebung und noch weniger ein Erheben der legalen Ordnung über die natürliche das Resultat; sondern alles gieng nur von der Pflicht des obersten Schutzherrn in der Nation aus, Nachtheile von denjenigen abzuwenden, die, sich selber überlassen, nicht sich zu wahren im Stande waren, und eine Verhöhnung der bestehenden Rechte zum Nachtheil der öffentlichen Ordnung nicht zu dulden.

Von ähnlichen Motiven, wie die angeführten Gesetze, ist die Bestimmung des Kan. 9 des Friaul'schen Conciliums v. J. 791 ausgegangen, welches auf die Ehen der Mündigen mit Unmündigen die Strafe der Excommunication setzte. In den englischen Kanonen-Sammlungen geschieht zwar auch des heurathsfähigen Alters Erwähnung, aber größtentheils nur in Beziehung auf die Professio religiosa und auf diejenigen, welche, in ihrer Kindheit durch ihre Eltern oder Andere zum regulären Leben bestimmt, nach eingetretener Mannbarkeit dieser Bestimmung nicht treu bleiben wollten. Theodor von Canterbury giebt darüber in seinen Capitularien (c. 145, 149 Mansi XII. p. 35) mehrere aus des Basilius Kanon 18 und 19

---

[522]) Leg. Liutprandi Lib. II. c. 12. Long. Legg. ex ed. Lindenbrog Lib. II Tom. VIII. §. 2. Leg. Liutprand. Lib. VI. c. 112 et 129 ex Ed. Lindenbrog Lib. II. T. VIII. §. 8.

an Amphilochius geschöpfte Entscheidungen, aus welchen wir aber nichts weiter ersehen, als daß das Alter von 15 Jahren bey Mädchen, von 16 oder 17 Jahren bey Jünglingen dasjenige war, wo in solchem Falle zwischen dem Ordensstand und dem Ehstand die für immer entscheidende Wahl getroffen werden mußte.[523]). Daher ist in des Diacon Hucarius Auszügen aus Eggberts Buch de sacerdotali jure der Kanon 16 des Codex ecclesiae africanae (aus dem Concilium von Carthago v. J. 419) unter der Ueberschrift Synodus Romana, mit Vertauschung des Wortes lectores gegen die Worte filii und filiae, auf dieses Verhältniß angewendet [524]). Während das Alter der Zurechnungsfähigkeit bey den Angelsachsen schon auf das zehnte oder zwölfte Jahr festgestellt war [525]), scheint das hier bezeichnete dergestalt als das Alter der Selbstbestimmung angesehen worden zu seyn, daß der Vater, der vor diesem Zeitpunkte seine Tochter beliebig jemanden zur Ehe geben konnte, von da an nicht mehr ohne ihre Zustimmuug über sie verfügen konnte, so wie auch dem Sohne

---

[523]) C. 148. Puer quindecim annorum potest se monachum facere; puella sexdecim vel septemdecim quae in potestate parentum est. c. 149 Basilius judicavit pueris licentiam nubere usque sexdecim annos, si abstinere non potuerint (bey d'Achery und nach diesem bey Hardouin III. 1778 mit dem das ganze Verhältniß klar machenden Beisatze etsi monachi fuissent.

[524]) Filii cum ad annos pubertatis venerint, cogantur aut uxores ducere aut continentiam profiteri; sic et filiae eadem aetate debent eandem legem servare. Wilkins cit. I. p. 108. Cf. Cod. afric. c. 16 Item placuit, ut lectores, cum ad annos pubertatis pervenerint, cogantur aut uxorem ducere aut continentiam profiteri.

[525]) Grimm a. a. O. S. 413 No. 5.

nun frey stund, über seine künftige Bestimmung selbstständig zu entscheiden [526]). Mit diesem wohl auch bey den anderen germanischen Völkern begründeten Herkommen scheint der im Mittelalter so häufig vorkommende Gebrauch ganz früher, selbst in den Jahren der Kindheit schon vorgenommener Verehlichungen zusammenzuhängen, welchem die Kirche durchaus keinen Widerspruch entgegensetzte [527])

§. 2.

Hinderniß aus Mangel der Freiheit und der Einwilligung des Herrn oder der Eltern.

Wenn gleich der deutsche Hausvater eine in vieler Hinsicht der römischen Potestas ähnliche Gewalt über alle diejenigen, die in seinem Mundium standen [528]), und namentlich über die weiblichen Familienglieder hatte, die durch das Bedürfniß männlichen Schutzes nie aus der Abhängigkeit traten [529]), und wenn er gleich, in Folge dieser Gewalt, seine Kinder unbedingt, so lange

---

[526]) Theodor. Cantuar. c. 106 Pater filiam suam usque quindecim annos potestatem habet dare cui voluerit, post vero quindecim annos sine potestate sua non licet. Pseudo Eggbert c. 27: Puella quatuordecim annorum corporis sui potestatem habere potest. Adolescens cum quindecim est annorum in propria sua potestate sit: deinde se monachum facere potest si velit, non antea.

[527]) Grimm a. a. O. S. 435 a. E. u. fg.

[528]) Eckstein Catholique T. X. p. 192. Eichhorn d. R. und R. G. I. §. 55 S. 162. Grimm a. a. O. S. 447 No. 7, 455, vgl. 461 u. 465.

[529]) Eckstein cit. p. 211. 330. Eichhorn a. a. O. §. 56 Note g. Grupen uxor theotisca p. 244. Grimm a. a. O. S. 447. No. 7, 448, 452. Phillips a. a. O. S. 182. ffg.

sie unmündig waren, an wen immer nach freier Willkühr verheurathen konnte [530]); so gieng doch seine Macht nie so weit, daß er, nach eingetretener Mündigkeit, wie wir gesehen haben, auch selbst einem Mädchen, eine Ehe wider Willen hätte aufdringen können [531]), und nicht einmal der Mangel der väterlichen Einwilligung war überall ein Grund der Nichtigkeit eines von dem Sohne oder der Tochter eingegangenen Bündnisses. Theodorich behielt freilich die römische Gesetzgebung in dieser letzteren Beziehung, die auch in dem Breviarium Alarici und der lex romana Burgundionum fortbestand, als eine seinen Völkern gemeinschaftliche bey [532]). Auch bey den Westgothen und vielleicht bey den Burgundern selbst, dann

---

[530]) Vgl. Note 526 c. 2 C. XXXI qu. 2 c. 1. de Despons. impub. (412) Wenn diese Stellen auch, wie van Espen meint, apokryph sind, so sind sie doch in Beziehung auf die ältere Ansicht und Gewohnheit als Zeugnisse nicht zu verschmähen. Vgl. Berard. Grat. can. integ. ab apocryph. discr. P. II. T. I. p. 384 c. 1. C. XX qu. 1. Theodor. Cantuar. Poenitentiale c. 11. Aehnliches wurde ja auch rücksichtlich der Bestimmung zum Ordensstande beobachtet. Thomassin. cit. p. 1. Lib. 3 c. 56, Mabillon vet. analect. Observ. de oblatione puefor. in monaster. Par. 1723 Pg. 157. Sieh ferner L. Wisigoth. 7 antiqua. Lib. III. Tit. 7. Legg. Lintprand. Lib. II. c. 12. Ayrer d. J. C. §. 8. Note 2.

[531]) Vgl. zur vorhergehenden Note auch L. Wisigoth. 7. Lib. III. Tit. 1. Pseudo Eggbert c. 20. Wilkins cit. I. 119. Phillips a. a. O. 197 a. E. flg.

[532]) Ed. Theodorici art. 17 vgl. artt. 36, 64, 65, 54 et 92 aus l. 1 C. Th. (9, 23). Die Bestimmung des Art. 92, daß die Strafe des Raptus nicht auf den Sponsus angewendet werde, der die Sponsa verleitet, ohne tradirt zu seyn, ihm in sein Haus zu folgen, spricht für die Rittersche Interpretation der l. 1 C. Th. cit. gegen die zu ausdehnende Erklärung, welche Andere der l. un. Cod. (9, 13) geben. Breviar. Alaric. lib. 9 Tit. 19 d. R. V. et V: Lib. 3. Tit. 5 et 7 eod. Papiani Resp. v. l. Rom. Burg. Tit. 9.

bey den Franken und bey den Alemannen galt der Grundsatz, daß die Ehen der noch in des Vaters Haus und Gewalt stehenden Kinder, namentlich die der Töchter, ohne des Vaters Einwilligang, nicht bestehen und keine Gültigkeit haben könnten [533]). Bey den Franken und Westgothen war sogar der Mutter, in Ermangelung des Vaters wenigstens, gleicher Einfluß auf die Ehen der Kinder gestattet [534]). Aber sicher fand derselbe Fall nicht statt bey den Longobarden und schwerlich auch bey den Sachsen, Angeln, Frisen und Bayern [535]). Geahndet wurde jedoch die Hintansetzung der elterlichen Autorität überall, entweder bloß an der frevelnden Tochter, die ihr Erbrecht verlor und auch zu ihrem Manne in ein minder günstiges Verhältniß gestellt ward, oder auch an diesem, durch das Sühngeld, das er zu zahlen angehalten wurde [536]). Die durchgängige Abhängigkeit aber des weiblichen Geschlechtes, namentlich in Rücksicht der Verehlichungen,

---

[533]) L. Wisigoth. III. 2, 8. Constitutio generalis Chlotarii a. 560. §. 7. Gibert de la puissance des pères sur le mariage de leurs enfants. Tit. 25. Lex Alemannor. Tit. 54. §. 1. Vgl. Regino Chron. II. ad a. 878. Annales Bertiniani ad a. 863.

[534]) Ayrer cit. §. 8 Bignon ad Marculf. c. 14. pag. 937. Ludewig different. jur. Rom. a Germ. in consens. connubial. diff. 1. c. 2 §. 3. No. 6. Vgl. L. Wisigoth. X 1, 17. eod. IV. 2, 13, und 3, 1.

[535]) Legg. Long. Rothar. 188 vgl. 189 und 215 Liutprand. 114 L. Burg. Tit. 12 §. 3. additam I. Tit. 13 et 14, 61. L Saxon. T. VI. §. 2. L. Angl. T. X. §. 2. L. Frison. Tit. IX. §. 11, 12 l. Bajuvar. Tit. XVIII. Emminghaus cit. c. 2 §. 2.

[536]) L. Wisigoth. III. T. 2. l. 8 cf. T. 4 eod. l. 7. L. Burgund. Tit. 12 §. 3 und 5. L. Anglior. T. 10 §. 2 Legg. Long. Liutpr. VI. 114 (59) cf. Rothar. 188. L. Ripuar. Tit. 35 §. 3. L. Alamannor. Tit. 54. §. 1 Legg. Saxon. Frision. Bajuvar. citt. Phillips a. a. O. 210.

spricht sich schon in der alten, bey den Germanen überall vorkommenden Sitte aus, daß der Mann sich die Frau von ihren Eltern oder Verwandten kaufen mußte, diese für sie den Ehvertrag schlossen und die Familie jedesmal dabey zugezogen zu werden pflegte [537].

Die Kirche fügte sich in die angeführten Gesetze und Gebräuche ohne Mühe. Erfüllt, wie sie war, von den Grundsätzen des römischen Rechtes, nach dem sie zu leben fortfuhr, neigte sie eher zu grösserer Strenge, als daß sie jene Gesetze und Gebräuche zu Gunsten grösserer Freiheit bekämpft hätte. Das vierte Concilium von Orleans v. J. 541 stellt in Hinsicht der Ehe den Haussohn, eben so, wie Basilius gethan, auf eine Linie mit dem Sklaven und ähnliche Stellen kommen allenthalben in Menge vor [538]. Daher auch die Capitularien voll diesem entsprechender Bestimmungen sind [539]) und wir die Stelle

---

[537]) L. Wisigoth. III. a, 2. Tit. 34, l. 2 eod. L. Burgund. Tit. XII. §. 3. Tit. XLII. §. 12, 34, additam. I. Tit. 14. T. 61. Legg. Anglior. Edmundi et Aethelbert. ed. Wilkins c. 23, 32, 48, 76. Leg. Canuti l. 72. L. Longob. Rotharis 176, 178, 190 — 192, 216 Liutpr. VI. 61 eod. 35 cf. Rotharis 182. L. Saxon. 6. 1. cf. 7, 3, 4 eod. 18 eod. Saxo Grammaticus Lib. V. p. 18. Bey den Franken kommt der Kauf nur noch symbolisch vor per solidum et denarium Grimm S. 424 No. 2. Die Sitte des Kaufes, die schon bey den Juden herrschte, war vielleicht auch die älteste bey den Römern Sie besteht auch noch bey den Serviern. Vgl. Mittermayer D. P. R. (coemtio.) II. S. 600. Phillips a. a. O. 203.

[538]) Concil. Aurelian. IV. c. 24. Hardouin. II. 1439. Concil. Turon. a. 567. c. 20. Hard. III. 363. Concil. Meldens. a. 845. c. 65, 66 c. 10. C. XXVI. 9, 2. Concil. Trosleian a 909. c. 8. c. 11. XXVI. q. 2.

[539]) Capitular. Lib. VI. c. 133. Baluz. I. p. 945. ex concilio forte in Germania 814. c. 6. c. XXX. q. 5. Capit. a. 816 c. 22, a. 819. c. 9 u. c. 4. Lib. I. c. 97. sq. Lib. V. c. 223 sqq. (Baluz.

des Pseudo-Evarist in c. 1 C. XXX. qu. 5, obgleich apokryph, doch als eine getreue Schilderung der Ansicht und des Gebrauches dieser Zeit betrachten dürfen. Des Papstes Nikolaus Fürbitte bey Karl dem Kahlen für Judith und Balduin scheint erst eine andere Bahn gebrochen zu haben [540].

Was die Sklaven anbelangt, so versteht sich von selbst, daß deren Ehen ohne Einwilligung ihrer Herrn, weder Bestand noch, eben deßwegen auch, Gültigkeit haben konnten [541]. Auf die Nothwendigkeit dieser Einwilligung gründete sich eine Abgabe, womit dieselbe erkauft werden mußte [542]. War sie aber einmal gültig geschlossen, so mußte die Ehe des Sklaven eben so geachtet und heilig gehalten werden, wie die des Freyen. Das beweisen, ausser den vielen Bestimmungen, die sich mit Regulierung der

I. 722. p. 866 eod.) Lib. IV. c. 22. c. 17. eod. (Baluz. I. 778.) Lib. V. c. 233, 238 eod. (Baluz. I. 869, 871 eod.) Lib. VI. c. 96. (Baluz. I. 938.) Lib. VII. c. 395, 463 (Baluz. I. 1111, sqq.)

540) Hard. cit. V. 235. Sirmond. Not. ed. c. 35. ap. Baluz. I. 790.

541) Concil. Aurelian. IV. c. 14. Hard. II. col. 1439. Concil. Comped. c. 6. Cf. Gibert tradition etc. cit. T. I. hist. de l'empêchement de la servitude p. 30. Die Rechte des Herrn mußten in dem Grade, selbst von der Kirche, geachtet werden, daß der Knecht sogar, der ohne seines Herrn Zustimmung sich die Weihe zu verschaffen gewußt hatte, trotz derselben doch seinem Herrn überliefert werden und fortdienen mußte. Capitular. I. c. 82. (Baluz. I. 719) L. V. c. 210. Cf. Leonis M. Epistola III. (IV.) c. 1 Ballerin. I. 612. Gelasii decreta c. 14. Dann Leon. M. Ep. XXXIX. lib. II. Ep. III. l. 10. Concil. Aurel. V. c. 6. Hard. II. 1444 Concil. Arvernense c. 5, 6. Hard. cit. 1452.

542) Grimm a. a. O. S. 383. lit. b. Balemann de foemina. Altdorf. 1756.

Sklavenehen beschäftigen, ein Brief des Papstes Pelagius (ob des ersten oder des zweiten ist unentschieden), den Ivo Pars 8 c. 55 anführt und worin er einen Sklaven, der seine Frau verlassen hatte, zur Rückkehr anzuhalten befiehlt; dann der Kanon 19 des Conciliums von Verberie, welcher verordnet, daß Sklaven, die durch Veräusserung an verschiedene Herrn getrennt worden sind, ermahnt werden sollen, ehlos zu bleiben, falls es nicht gelingen sollte, sie wieder zusammenzubringen. Man sieht aus dieser Bestimmung, wie viel der Kirche zu thun vorbehalten war, um das Loos dieser Klasse allmälig zu bessern und sie endlich der christlichen Freiheit zu gewinnen [543]). Mit Freien war den Sklaven die Ehe völlig untersagt. Wie absolut trennend der Unterschied der Stände in dieser Hinsicht den Germanen erschien, das spricht in wirklich naiver Weise die früher schon erwähnte Stelle in den Excerptiones Eggberti aus, nach welcher ein Sklave, der seine Freiheit erhalten hatte, die Sklavin die er früher gültig geheurathet, verlassen und statt ihrer eine Freye zum Weibe nehmen konnte [544]). Wenn eine freye Person geflissentlich mit einem Unfreyen sich vermählte, so war

[543]) Vgl. Grimm a. a. O. S. 439 u. S. 948.

[544]) Excerpt. Eggberti c. 124. Hard. III. 1972 ap. Wilkins c. 1. p. 109. c. 126 cf. Theodor. Cantuar. Poenitentiale c. 12. ejusd. Capitul. 91, 93. Pseudo Beda in Mansi XII. 515. Selbst zwischen dem Sklaven und seiner Magd kam der Standesunterschied in Beziehung auf die Ehe in Betracht. Kan. 7 von Verberie verordnet z. B.: Si servus suam ancillam concubinam habuerit, si ita placet, potest, illa dimissa, comparem suam ancillam domini sui accipere: sed melius est suam ancillam tenere. Vgl. Concil. Toletan. IX. a. 655. c. 13, 14. Dagegen Eggbert: Poenitentiale c. 25. Wilkins I. 120.

der Verlust ihrer Freiheit die gesetzliche Folge davon, woferne die Verwandten nicht die der Familie zugefügte Schmach mit dem Tode der Schuldigen rächen wollten, was ihnen in der Regel freigestellt wurde. Bey den Ripuariern konnte das freie Mädchen, das auf solche Weise sich vergangen, wenn die Rache der Verwandten es verschonte, seine Freiheit dadurch retten, daß es den mitschuldigen Sklaven vor dem Könige oder dem Grafen tödtete. Ausser dem Verluste der Freiheit waren aber häufig auch noch andere Strafen auf solche Verbindungen gesetzt. War die Verbindung jedoch aus Irthum eingegangen worden, so mußte sie getrennt werden [545]. Einstimmend

[545]) L. Sal. T. 14. c. 11. Si quis ingenuus ancillam alienam in conjugium acceperit, ipse cum ea in servitium implicetur. cf. c. 7. eod. Si vero ingenua foemina quemque de illis (puerum scil. regis vel litum) sua voluntate secuta fuerit, ingenuitatem suam perdat. L. Ripuar. Tit. 58 c. 15. Si autem Ripuarius ancillam Ripuarii in matrimonium acceperit ipse cum ea in servitio perseveret. — Quod si ingenua Ripuaria servum Ripuarium secuta fuerit et parentes ejus hoc traducere voluerint, offeratur ei a Rege seu a Comite spata et conucula. Quod si spatam acceperit servum interficiat. Si autem conuculam in servitio perseveret. Cf. L. Alam. Tit. 58 §. 18 Tit. 18 §. 2 sqq. eod. Si autem libera Alemanna servo Ecclesiae nupserit et servile opus ancillae contradixerit abscedat. Si autem ibi filios et filias generaverit, ipsi servi et ancillae permaneant etc. Mater autem eorum, quando exire voluerit, ante tres annos liberam potestatem habeat. Si autem tres annos perduraverit in opere ancillae et parentes ejus non exadoniaverint eam, ut libera fuisset, nec ante Ducem, nec ante Comitem, nec in publico mallo, transactis tribus, Kal. Mart. posthaec ancilla permaneat in perpetuum. Lex Burgund. Tit. 35 §. 2, 3. Si vero ingenua puella voluntarie se servo conjunxerit, utrumque jubemus occidi. Quod si parentes puellae parentem suam punire fortasse noluerint, puella libertate careat et in servitutem regiam redigatur. L. Wisigoth. Lib. 3. T. 3.

in diesem Punkte, aber doch sonst milder, waren die Bestimmungen, die Theodorich in seinem Edikt (Art. 64 vgl. Art. 54) dem römischen Rechte entlehnte, und die auch

---

c. 3. antiqua. Si mulier ingenua servo alieno, sive Regis, se in matrimonio sociaverit, sive etiam per adulterium se jungere praesumserit, statim ubi primum hoc judex agnoverit, eos ad separandum festinare non differat, ut poenam quam mereantur excipiant hoc est singuli eorum centena flagella suscipiant, quodsi tertia vice se separare noluerint, similiter centena flagella eis imponi jubemus et ipsa mulier parentibus suis in potestate tradetur. Quodsi postmodum eam parentes retrorsum dimiserint, sit ancilla domino ejus servi. C. 2. eod. verhängt nach dem Beispiele des römischen Rechts (in Breviar. C. Th. lib. 9 Tit. 6 Imp. Constant. ad popul.) über die Frau, die sich mit ihrem eigenen Sclaven oder Freigelassenen verbunden haben würde, die Strafe des Feuertodes. Vgl. außerdem noch C. 5, 6, 7 eod. Lib. 3. Tit. 3 c. 8, 9, 10 Lib. 3. eod. Tit. c. 15. Ed. Rotharis 222 (L. Longob. Lib. II. Tit. 9 §. 2.) Si servus liberam mulierem aut puellam ausus fuerit, sibi in conjugio sociare, animae suae incurrat periculum: et illam quae servo fuerit consentiens habeant parentes potestatem occidendi, aut foris provinciam transvendendi et de rebus ipsius mulieris faciendi quod voluerint. Et si parentes ejus infra anni spatium hoc facere distulerint, tunc liceat gastaldio Regis aut actori, aut sculdasio ipsam in curtem Regis ducere et inter pensiles ancillas constituere cf. c. 193, 218 eod. et 217. Daß in Sachsen ähnliche Bestimmungen galten berichtet Adam. Brem. hist. Eccl. L. 1 c. 5. Dagegen ist aus dem röm. Rechte in lex Rotharis 223 folgende Bestimmung übergegangen: Si quis ancillam propriam matrimoniare voluerit sibi ad uxorem, sit illi licentia, tamen debet eam liberam thingare.

L. Frision. Tit. VI. Si libera foemina lito nupserit, nesciens eum litum esse, et ille postea de capite suo, eo quod litus sit, fuerit calumniatus; si illa sua sexta manu jurare poterit, quod postquam eum litum esse rescivit, cum eo non concubuit, ipsa libera permaneat et filii quos procreavit. Si vero jurare non possit, in compositionem mariti sui una cum filiis suis transeat. Cf. Marculf. formul. lib. 2 c. 29 l. Lindenbrog form. 85.) Lipowsky Geschichte von Bayern. S. 82.

für die römischen Unterthanen im westgothischen Breviarium (Pauli R. S. T. 20) und im sogenannten Papian (Tit. 36 in f.) sich erhielten.

§. 3.

Hinderniß durch Entführung, durch Zwang oder Furcht.

Die Gesetzgebung über den sogenannten Raptus oder die Entführung mußten wir schon im vorhergehenden Paragraph in so weit berühren, als nach römischem Recht, welches in das Edikt des Theodorich übergieng, in dem westgothischen Breviarium und der lex Romana Burgundionum sich behauptete [546]) und die Aussprüche der Kirchenversammlungen vielfach bestimmte, jeder Fall als ein Raptus erschien, wo ein Mädchen oder eine Wittwe ohne die Zustimmung der Eltern oder Vormünder einem Manne zur Ehe folgte.

In den ältesten deutschen Gesetzen kömmt nichts darüber vor, als die Bestimmung des schweren Sühngeldes, in welches der Raptor (und hier ist wohl immer nur gewaltsame Entführung gemeint) verfällt wurde [547]). Da ist also bloß die Beleidigung der Familie der Entführten und die Störung des öffentlichen Friedens in's Auge ge-

---

[546]) Ed. Theodor. art. 17 — 21 cf. art. 36 u. 92 Breviar. Cod. Theod. ex ed. Sichard. lib. 9 Tit. 19, 20 Papiani lib. Resp T. 9 in Jurisprud. Antejustinian. Lp. 1737. Pg. 832.

[547]) L. Ripuar. T. 34 (36) der Sklave wird in solchem Falle unbedingt mit dem Tode bestraft. L. sal. T. 14 §. 1 — 10. L. Burgund. T. 12. Hiernach soll der Raptor, der nicht zahlen kann, den Eltern der Rapta, die ihn tödten konnten, überantwortet werden. L. Bajuvar. T. 7. c. 6, 7. Liutpr. 93, 114. cf. Rothar. 188, 190, 215 L. Frision. T. 9 §. 8 u. §. 11. T. 10 §. 5, 16, 21. L. Saxon. T. VI. §. 2 u. 3.

faßt. Ob die Ehe möglich war zwischen dem Entführer und der Entführten, das hieng wohl größtentheils von dem Willen dieser letzteren und davon ab, ob ohne Zustimmung der Eltern und Angehörigen eine Ehe überhaupt eintreten konnte. [547a)] Das sächsische Gesetz allein unterscheidet ausdrücklich zwischen den Fällen, wo die Entführte mit dem Entführer einverstanden war, und jenen, wo sie ihm widerstrebte. Im letzteren Falle soll sie den Eltern zurückgegeben werden. Daraus folgt wohl, daß sie nicht zurückgegeben werden mußte, wenn sie einverstanden war. Daß dieses aber nicht bloß bei den Sachsen so war, beweist die Sitte, die bey den Frisen bis in das spätere Mittelalter fortbestand und wonach die Ehe gutgeheissen wurde, sobald der freie Wille der Entführten zu Gunsten des Entführers sich aussprach [548)].

In England fügte sich die Kirche dieser Ansicht, welche wohl die des Volkes war. Das Pseudo-Eggbert'sche Pönitentialbuch (bey Wilkins a. a. O. I. S. 137. 4ter Absatz) legt dem Entführer nur einjährige Busse auf und setzt dann (nach Basilius?) ausdrücklich hinzu: et sumat eam deinde in uxorem, si amici velint. Das Poenitentiale des Pseudo-Beda (bei Mansi XII. c. 516 D.) erhöht nur die nemliche Strafe auf drey Jahre [549)]. Die Päpste

[547a)] Cf. Concil. Aurelian. I. c. 2. c. 3. C. XXXVI. qu. 1.

[548)] Grimm a. a. O. S. 440. No. 10.

[549)] Es ist dieß ein Grund mehr, diese Sammlung, die schon in den Bestimmungen über die Aufhebung der Sklavenehen durch eintretende Freiheit des einen Theiles den englischen Sammlungen sich anschloß, nicht für eine gallische Sammlung zu halten; denn in Gallien folgte die Kirche den alten Ueberlieferungen und verfuhr im Falle des Raptus weit strenger.

Gregor II. aber und Zacharias verhängen auf den Concilien zu Rom v. J. 721 u. 743 über den Raptor die Strafe des Anathems, mit Ausnahme des einzigen Falles, wo er seine eigene verlobte Braut entführt [550]). Die Bestimmungen der Concilien von Meaux und Trosley, welche die Ehe zwischen dem Entführer und der Entführten auf immer für unzuläßig erklärten, sind im vorhergehenden Paragraph bereits angeführt worden. (N. 538.) Die gallische Kanonen-Sammlung vom Ende des achten Jahrhunderts, die bey d'Achery abgedruckt ist (Ed. Nov. I. pag. 527) enthält im ersten Buche, K. 69, 70 u. 71, das 4te Kapitel aus dem Briefe des Papstes Symmachus an Cäsarius von Arles, K. 27 des Conciliums von Chalcedon und den bekannten Kanon 10 (11) des Conciliums von Ancyra, welche, eben so wie die genannten Päpste, über den Raptor das Anathem verhängen, womit letzterer Kanon bekanntlich die Vorschrift verbindet, daß eine entführte Braut, selbst wenn sie Gewalt erlitten haben sollte, ihrem Bräutigam zurückgestellt werde [551]). Dieselben Stellen kommen in dem schon öfters angeführten, zu Ende des siebenten Jahrhunderts aus der isidor'schen Sammlung gefertigten Auszuge vor, der bey Aguirre (Concil. hisp. IV p. 44) abgedruckt ist, unter dem Titel Index veterum canonum etc. und zwar im V. Buche Tit. 3 [552]). Die fränkischen

---

[550]) Hardouin III. 1865 c. 10, 11. eod. col. 1928 inf.

[551]) Concil. Aurel. III. v. J. 538 spricht bloß von Entführung der Gott geweihten Jungfrauen, der Büßenden und der sog. in proposito manentes viduae. Es verhängt über den Raptor die Excommunication bis zur äussersten Extremität, über die Rapta, wenn sie beigestimmt hat, nicht minder.

[552]) Die beiden in neuerer Zeit gedruckten Theile der größeren Sammlung habe ich mir nicht verschaffen können.

und spanischen Könige folgten daher eben so sehr den Beispielen der Kirche, als den älteren Rechtsüberlieferungen ihrer Völker, da sie, der römischen Gesetzgebung sich bemächtigend, den Raptus als ein absolut trennendes Ehhinderniß erklärten, welches zwischen dem Raptor und der Rapta in keiner Zeit und unter keiner Bedingung eine Ehe zuließ [553].

Auf dieselbe Art aber, wie den Raptus, behandelte das westgothische Gesetz die Nothzucht in Lib. III. Tit. 4. c. 14. Der Nothzüchtiger wird Sklave der Genothzüchtigten und kann nie ihr Gatte werden, wogegen, ganz widersprechend, des Ostgothen Theodorich Edikt (c. 59) bestimmte, daß derjenige, der ein freies Mädchen genothzüchtigt habe, wofern er nicht bereits verheurathet sey, gezwungen werden solle, dasselbe zur Frau zu nehmen und ihm den fünften Theil seines Vermögens als Mahlschatz zu geben [555]. Nach c. 64 des nemlichen Edikts muß der Freie, der eine Magd corrumpirt, entweder als ihr Gatte lebenslang ihre Knechtschaft theilen, oder dem Herrn zum Ersatz zwey andere Mägde geben. Kann er dieß nicht, so soll er gepeitscht und an das Collegium der nächsten Stadt abgegeben werden. Auf ähnliche Weise bestimmte das Concilium zu Verberie im Kan. 8 (Harduin. III 1991) daß der Knecht, der eine Magd

---

[553]) Chlotarii regis Constitutio generalis data circa annum 560. c. 7. Decretio Childeberti dat. circ. a. 595. c. 4. Capitular. L. I. c. 99. L. VI. c. 96. L. VII. c. 183. Lex Wisigoth. L. III. Tit. 3 c. 1 — 7, 8, 9, 10 u. 12.

[554]) Das sächsische Gesetz verordnet Tit. X., daß derjenige, welcher eine Verlobte raubt, nicht bloß deren Wehrgeld entrichten, sondern auch noch überdieß sie kaufen, also wohl heurathen müsse.

verführt, mit oder wider Willen dieselbe zum Weibe haben müsse.

Ein minder gerechter, aber auch gesetzlicher Zwang kam häufig durch die Befehle vor, welche die Fürsten zu Gunsten ihrer Genossen oder Ministerialen ausfertigten und wodurch diesen ein Mädchen oder eine Wittwe, ohne weder sie noch ihre Eltern oder Verwandte gefragt zu haben, geradehin zur Frau bestimmt und auserkoren wurde. Dieses fürstlichen Vorrechtes gedenkt, es ausdrücklich sanktionirend, das westgothische Gesetz an derselben Stelle, wo es das Prinzip der Freiheit der Ehen aufstellt. [555]). Derselbe Mißbrauch scheint schon unter den römischen Imperatoren vorgekommen zu seyn [556]). Gegen ihn scheint c. 93. Edicti Theodorici gerichtet, wo verordnet wird, daß kein Hausvater gezwungen werden soll, seine Angehörigen zur Ehe herzugeben. Die Kirche erhob sich aber gleichfalls gegen solchen tyrannischen Zwang [557]) und dadurch, wie es scheint, veranlaßt, verbot König Chlotar im Jahre 560, in seiner Constitutio generalis c. 7, daß man künftig die Intervention seiner Autorität nachzusuchen wage, um

---

[555]) L. Wisigoth. Lib. 3. T. 3. c. 11 inf. Illi quoque qui puellam ingenuam vel viduam absque regia jussione marito violenter praesumpserint tradere quinque libr. auri cogantur exsolvere. Die älteren Zeugnisse aus Frankreich u. die spätern noch aus Deuschland sieh bey Grimm d. R. A. I. S. 436 fg.

[556]) Lactantius de moribus persecutorum. c. 38. Primariae quae rapi non poterant, in beneficiis petebantur, nec recusare licebat, subscribente imperatore, quin pereundum esset, aut habendus gener aliquis barbarus cf. l. 1. Cod. (5, 8) Breviar. Cod. Theod. L. 3. Tit. 11 von Honorius und Theodosius.

[557]) Concil. Paris III. (a 557) c. 6. Nullus viduam neque filiam alterius extra voluntatem parentum aut rapere praesuma aut regis beneficio existimet postulandam.

eine Wittwe oder Jungfrau gegen deren Willen zur Ehe zu erhalten [558]). Daß indessen der Mißbrauch damit noch bei weitem nicht ausgerottet wurde, ist bey Grimm in den schon oft angeführten deutschen Rechtsalterthümern Th. I. S. 437 a. E. nachgewiesen.

§. 4.

Hinderniß aus Irrthum od. wegen Ermangelns einer vorbehaltenen Bedingung.

Was über den Irrthum in Ansehung der Freiheit in den älteren Gesetzen und Concilien-Schlüssen dieser Zeit vorkommt und wie dieser Irrthum, als ein wesentlicher, die Ehe ungültig machte, haben wir im §. 2 bereits angegeben. Eben so ist der in einigen englischen Kanon-Sammlungen vorkommenden Concilien-Schlüsse gedacht worden, welchen zufolge in den Ehen der Sklaven eigentlich immer eine stillschweigende Resolutiv-Bedingung gelegen wäre, daß nemlich der eine von beiden Theilen nicht die Freiheit erlangte. Da die weitere Ausbildung der Lehre vom Irrthum und von bedingten Consensen nothwendig einer weit späteren Zeit vorbehalten blieb, so mögen diese Bemerkungen hier genügen [559]).

---

[558]) Nullus per autoritatem nostram matrimonium viduae vel puellae sine ipsarum voluntate praesumat expetere cf. Ed. Chlotar. II. a 615 c. 1 Walter C. I. G. II. 15.

[559]) Nach Stephani II. Respons. a 754 in villa Carisiaco c. 9 ap. Hardouin. III. 1987 dürfte die lepra als ein error essentialis gegolten haben, wofern es möglich war, daß man sich in Ansehung einer damit behafteten Person darüber irren konnte. „Si sanus vir leprosam duxerit uxorem, ut postmodum ei superveniat lepra, postposita negligentia tales separentur, ne concepti filii leprae macula polluantur. Fas namque est, ut mundus ad mundum jun-

§. 5.

Hinderniß aus körperlichem Unvermögen.

Da, wie wir gesehen haben, selbst die nach der Hand erst eintretende Unfähigkeit zum Beischlafe (impotentia subsequens) vom Volke häufig als ein Grund zur Aufhebung der Ehe betrachtet wurde; so läßt sich um so mehr annehmen, daß sie dann, wenn sie der Ehe schon vorhergegangen war, nicht unberücksichtigt blieb. Die weltlichen Gesetze thun indessen dieses Hindernisses keine Erwähnung; unter den kirchlichen Autoritäten sprechen besonders die fränkischen und englischen Kanones und Concilien-Sammlungen davon. Es ist dabey immer nur von dem Unvermögen des Mannes die Rede und die meisten legen der Frau, welche die Trennung begehrt, die Last des Beweises auf [560]). Das Concilium zu Verberie giebt im Kan. 17

---

gatur. Daß kein Impedimentum superveniens damit anerkannt wurde, beweist c. 2 eod. Auffallend; aber wegen des eigenthümlichen Characters dieser gemischten Versammlung, unerheblich ist der Kanon 16 des Conciliums zu Compiegne: Si vir leprosus mulierem habet sanam, si vult ei donare commeatum: ut accipiat virum, ipsa foemina, si vult, accipiat. Similiter et vir.

[560]) Theodor. Cantuar. Poenitentiale c. 12 (c. 29 C. XXVII. q. 1. c. 4. C. XXXII. qu. 1.) Rhabani Maur. Poenitent ad Heribald. in Henr. Canis. lectt. antiqq. II. 2. Pg. 310. c. 29. cf. Capitular. L. VII t. No. 55 u. 91 bey Isak von Langres Tit 11. c. 13, bey Hincmarus Rhemens. c. 5. Pseudo-Beda in Mansi T. XII. 505. C. in f. Pseudo Eggbert ap. Wilkins I. pag. 119 c. 20. Kanon 17 des Conciliums von Compiegne (v. J. 756) sagt für den Fall, wo der Mann der Frau widerspricht: in veritate viri consistat. In der Note zu c. 3. C XXXIII. qu. 1. wo Gratian diesen Kanon reproducirt, sagt Böhmer, unter Berufung auf die Anwendung, die Alexander III. in c. 6 X (411) von demselben gemacht hat, es sey hier nicht von der Impotenz, sondern von dem Falle die Rede, wo die Frau in die Ehe gewilligt zu haben läugne,

zu verstehen, daß dieser Beweis in Form eines Gottesurtheils durch eine Kreuzprobe geführt werden mußte [561]. Nach c. 2. c. XXXII. qu. 1 (wahrscheinlich von Gregor II. um 725) sollten die Gatten mit sieben Eideshelfern, um sich trennen zu können, schwören, daß sie niemals die Ehe vollzogen hätten.

§. 6.

Hinderniß aus einem vorhergegangenen Gelübde der Keuschheit.

Kaum ist über irgend einen Gegenstand dieser Zeitraum an Bestimmungen und Vorschriften reicher, als über das Ehhinderniß aus einem Keuschheitsgelübde, und doch ist kaum einer, über welchen sich die Geschichte kürzer faßen könnte, als gerade über diesen; denn alle jene Vorschriften und Bestimmungen gehen einhellig dahin, daß Mönche und Nonnen d. h. Jungfrauen, Wittwen und Männer, die sich Gott geweiht haben, niemals heurathen

---

und der Mann dieser Behauptung durch die Bemerkung begegne, daß sie doch mit ihm den Beischlaf gepflogen habe. Diese Deutung scheint mir aber gezwungen und nach der Ideenfolge, die die Ordnung des Kanons im Concilium Compendiense andeutet, nicht anwendbar.

[561]) Concil. Vermer. c. 17. Si uxor se reclamaverit, quod vir suus nunquam cum ea mansisset, exeant inde ad crucem et si verum fuerit, separentur et illa faciat quod vult. Hard. III. 1992. Vgl. Gonazlez ad c. 5 X de frigid. u. malef. No. 11.

Der Kan. 17 von Compiegne und die zuletzt angeführten Stellen des Conciliums zu Verberie und von Papst Gregor II scheinen ganz verschiedene Fälle zu behandeln, so daß letztere auf den Fall sich beziehen, wo beide Gatten getrennt zu werden begehrten, weil ihre Ehe wegen Impotenz nichtig sey, erstere dagegen auf den Fall, wo der Mann dem Trennungsgesuche und dem Vorgeben der Frau widersprach. Hier hätte man es denn auf einen Beweis nicht ankommen lassen. Bey den großen Vorrechten, die dem Manne eingeräumt wurden, ist diese Bestimmung sehr natürlich.

dürfen und daß ihre Ehen, wenn sie doch welche schliessen, wo möglich getrennt, auf jeden Fall aber die Schuldigen mit dem Anathem bestraft werden sollen, bis sie, der Einsamkeit wieder gegeben, durch anhaltende Busse eine Vergebung verdient haben, die ihnen gewöhnlich erst auf dem Todbette gewährt wird. Das verordneten die Päpste [562]), das bestimmten die Concilien [563]). das war in den gang=

---

[562]) Symmachus (502) c. 3. c. XXVII. qu. 1 Gregor. Mag. (590-604) c. 15. c. XXVII. qu. 1. c. 18, 19, 28, 39 eod. Stellen, welche beweisen, daß in diesem Punkt die Disciplin dieser Zeit bedeutend Schaden gelitten hatte. Zacharias ad Pippinum c. 6, 20, 21, 26, 27 ap. Hardouin III. 1902 sq. Stephani Responsa a. 754. c. 6, 7. Hardouin III. 19, 86. Diese beiden Päpste wiederholen nur die Worte ihrer Vorgänger Siricius, Gelasius und Innocenz, nebst dem Kanon von Chalcedon (c. 22. C. XXVII. qu. 1.) Vgl. Siric. ad Himer. Tarracon. c. 6. (c. 11. C. XXVII. qu. 1.) Leo M. ad Rustic. Narb. c. 14 (c. 1 C. XX qu. 3) Innocent. ad Victric. Rothom. c. 12. (c. 10 C. XXVII. qu. 1). Gelasius ad Epp. Lucaniae (c. 14. C. XXVII. qu. 1.)

[563]) a) Italienische Concilien:

Concil.	Roman.	a. 721	c. 3.	Hard.	III.	1865.
„	„	„ 743	c. 5.	„	„	1928.

b) Gallische oder fränkische Concilien:

Concil.	Arelatense II.	a. 452.	c. 46, 52.	Hard.	II.	777, sq.
„	Andegavense	„ 455.	„ 5.	„	„	779.
„	Turonic.	„ 461.	„ 6.	„	„	794.
„	Veneticum	„ 465.	„ 4, 7.	„	„	797.
„	Aurelian.	„ 511.	„ 21.	„	„	1011.
„	Aurelian II.	„ 533.	„ 17.	„	—„	1175.
„	Aurelian V.	„ 549.	„ 19.	„	„	1447.
„	Parisiense	„ 555.	„ 5.	Hard.	III.	338.
„	Turonic.	„ 567.	„ 15, 20.	„	„	360.
„	Matisconens.	„ 581.	„ 12.	„	„	452.
„	Lugdunense	„ 583.	„ 3.	„	„	456.
„	Parisiense	„ 615.	„ 13, 14.	„	„	553.
„	Remense	„ 630.	„ 23, 24.	„	„	574.
„	Suession	„ 744.	„ 9.	„	„	1934.
„	Vermeriense	„ 752.	„ 4.	„	„	990.

barsten Kanonen-Sammlungen als geltende Norm verzeichnet für Jeden, der sie zu Rathe zog [564]). Das Nemliche wiederholten, um es nachdrücklicher einzuschärfen, auch die weltlichen Gesetze [565]). Uebrigens galt dieß nur den feierlichen Gelübden, der sogenannten Professio religiosa: die Uebertretung eines stillen Keuschheitsgelübdes wurde,

---

c) Spanische Concilien:

Concil.	Ilerdense	a. 524.	c. 6.	Hard.	II.	1065.
„	Martin. Bracar.	a 572.	c. 26.	C.	XXVII.	qu. 1.
„	Toletan.	a. 589.	c. 10.	Hard.	III.	480.
„	Bracarense	„ 599.	c. 4.	„	„	538.
„	Toletan. IV.	„ 633.	c. 5.	„	„	590.
„	Toletan. V.	„ 638.	c. 6.	„	„	604.

d) Concil. hibern. sub Patricio. c. 17.

564) In Frankreich das alte Poenitentiale bey d'Achery Editio Nov. I. 524. sq. L. I. c. 48, 52. Lib. III. c. 73. p. 554. In Deutschland Statuta Bonifacii c. 11 — 13. d'Achery I. 508. Rhabani Mauri Poenitentiale c. 23, 24 in Henr. Canis. lecct. antiqq. II. 2. p. 309. In Spanien Index vett. can. (Aguirre IV. p. 15.) L. I. Tit. 17 L. II. Tit. 6, 7, 8, 9 (p. 26 sq.) Lib. V. Tit. 2 (p. 44). In England Pseudo Beda, entschieden eine englische Sammlung, wie die später noch sich ergebenden Analogieen deutlich zeigen werden, bey Mansi XII. P. 516. a. Eggbert. de remediis peccatorum Mansi XII. 493. E. cf. Eggberti Excerptiones (Wilkins I.) 105. c. 48, 131, 134 — 136. Eggberti Poenitentiale Lib. II. c. 16, 18. Wilkins I. 118.

565) Breviar. alaric. ed. Sichard l. 1, 2 (9, 20) Papian. seu l. Rom. Burg. Tit. 9 d. rapt. vir. ct v. nach l. 2 C. Th. de R. v. matr. sanctimonial. L. Wisigoth 2, 3 Lib. III. Tit. 5. Chlotar. constitut. generalis c. 8. (Walter C. I. G. II. 2.) Chlotar. Edict. in Concil. Paris, a. 613. c. 18. Karlomanni Capitulare. I. a. 742. c. 6. L. Bajuv. T. I. c. 12. Eben so bestrafen, gleich dem Ehbruch, den Beischlaf mit einer Nonne die späteren legg. Canuti c. 47. (Wilkins leg. angl. p. 141 sq.) u. legg. Eadmundi c. 4. Wilkins eod. p. 73.

wie früher, nur mit temporärer Busse geahndet[566]. Aber im Gegensatze des älteren Gebrauches, an welchen noch Innocenz in c. 1. C. XX. qu. 1. anzuknüpfen scheint, wird jetzt das entscheidende Moment und sohin das unterscheidende Merkmal eines unwiderruflichen und feierlichen Gelübdes, bei Jungfrauen und Wittwen, in die Einkleidung oder Anlegung des Nonnengewandes gelegt und zwar ganz abgesehen von der Art, wie diese Veränderung der Kleidung, ob sie mit oder ohne religiöse Feierlichkeiten erfolgte[567]. Dieser Schritt war unwiderruflich und es wurde derjenigen, die ihn gethan, auf keine Weise mehr gestattet, in die Welt zurückzukehren: sie hatte damit sich Gott geweiht. Die Idee einer geistlichen Ehe mit Christus

---

[566]) Innocentius ad Victric. Rotomag. c. 13 (c. 9. C. XXVII. qu. 1.) reproducirt in den Sammlungen der Zeit, so wie c. 18 von Ancyra. Poenitent. antiq. gall. Lib. III. c. 9. d'Achery I. 544. Rhaban. Maur. Poenitent. c. 23, 24 Henr. Canis. lectt. antiqq. II. 2. 309. Bedae Poenitent. Mansi XII. col. 512 B. C. cf. Theodor. Cantuar. Capitula Mansi XII. p. 28. c. 32. c. 103 p. 32. eod. Eggbert. Poenitent. L. I. c. 13. Wilkins I. 118. c. 33. p. 122 eod. Index vett. can. hisp. Lib. II. Tit. 7, wo übrigens die Bestimmungen über die velatae und die devotae durcheinander geworfen sind. Concil. Venetic. a. 465. c. 7, welches zur Anwendung seiner Bestimmung ausdrücklich die feierliche Professio begehrt, und eben so die Wortfassung der übrigen bereits angeführten Concilien, die deutlich auf die Unterscheidung hinweist.

[567]) Concil. Aurelian. Va. 549. c. 19. Hardouin. II. 1447.
„ Paris. „ 555. c. 5. „ III. 338.
„ Turonic. „ 567. c. 20. „ „ 360.
„ Paris. „ 615. c. 13. „ „ 553.
„ Vermer. „ 752. c. 4. „ „ 1990.
„ Barcinon. „ 599. c. 4. „ „ 538.
„ Tolet. IV. „ 633. c. 55. „ „ 590.
L. Wisigoth. 2 u. 3. cf. l. 4. Lib. III. Tit. 5.

war überall dem Verhältniß zu Grunde gelegt. Doch hatte der Schritt die Wirkung nur, wenn er in reifem Alter oder unter Sanction der Eltern vollbracht worden war [568]). Diejenigen, welche im Stande öffentlicher Busse sich befanden, es mogte ihnen dieselbe auferlegt oder aus freiem Willen von ihnen ergriffen worden seyn, wurden rücksichtlich der Ehe auf dieselbe Weise beurtheilt, wie die Mönche und Nonnen [569]). Auch war den zurückgebliebenen Weibern der Geistlichen (relictae clericorum uxores) eben so, selbst nach ihrer Männer Tode, die Wiederverehlichung untersagt, was sich nur dadurch erklärt, daß bey Beförderung verheuratheter Kleriker zu den höheren Weihen, wo ihnen die ehliche Gemeinschaft untersagt war, deren Frauen gleichfalls das Gelübde lebenslänglicher Enthaltsamkeit ablegen mußten [770]). Gelübde,

---

[568]) Thomassin. cit. p. 1. lib. 3. c. 56. Trombelli Tractatus de matrimonio Tom. II. p. 266 sqq. Vgl. oben §. 1.

[569]) Concil. Arelatens. II. a. 452. c. 21. Hardouin. II. 774.
„ Andegavens. a. 455. c. 5. „ „ 779.
„ Aurelianense a. 511. c. 11. „ „ 1010.
„ Ilerdense a. 524. c. 6. „ „ 1065.
„ Barcinonense a. 599. c. 8. „ III. 538.
„ Toletan. a. 638. c. 8. „ „ 604.
Rhaban. Maur. Poenit. c. 12 Henr. Canis. lect. antiqq. II. 2. p. 303. c. 17. pag. 305. eod. Pseudo Beda Mansi XII. 517. C. D. Gregor. III. c. 11. Mansi XII. 281. Poenitent. antiq. gallic. d'Achery I. 519. c. 6, 8, 13.

[570]) Concil. Agathense a. 506. c. 16. Hard. II. 1000.
„ Aurelianens. a. 511. c. 13. „ „ 1010.
„ Epaonens. a. 517. c. 32. „ „ 1050.
Synod. ab Annachar. Autisiodor. celebrat. sub. a 578. c. 21, 22. Hard. III. 445. Concil. Matiscon. II. a 585 c. 16. Hard. III. 464. Concil. Roman. a. 721. c. 1, 2. Hard. III. 1865 cf. Concil. Rom.

die sonst während stehender Ehe abgelegt wurden, hatten in so ferne keine Gültigkeit, als sie durchaus die Ehe nicht zu trennen vermochten, indem die Gatten nur aus beiderseitiger Einwilligung, der höheren Gottseligkeit wegen, sich von einander absondern konnten [571]); aber die Sponsalien, wenn sie auch noch so fest und feierlich geschlossen waren, und also ein wirkliches matrimonium ratum bildeten, wurden durch einseitige Professio religiosa stets gelöst. [572]).

§. 7.

Hinderniß aus der priesterlichen Weihe.

In Beziehung auf die Verehlichung der Geistlichen nimmt die abendländische Kirche gerade die entgegengesetzte Richtung von der des Morgenlands.

---

a. 743. c. 5. Hard. III. 1928 Concil. Vermer. a. 752. c. 3. Hard. III. 1990 Gregor II. c. 10. Dist. 28. Gregor. in Ep. 34. Lib. 3. Lib. 11. Ep. 62. Concil. Tolet. a. 400. c. 18.

[571]) Concil. Tolet. V a. 638. Hard. III. 604. Concil. Vermer. a. 752. c. 4, 21 Hard. III. 1990. Bedae Poenitent. Mansi XII. 512. C. Theodor. Cantuar. Capitul. 33. Mansi XII. 28. Eggbert. Poenitent. Lib. I. c. 29. Wilkins I. 119. cf. c. 25 eod. u. Lib. IV. p. 140 cit. Eben so Theod. cit. cap. 9 Mansi XII. p. 32. Excerptiones Eggberti c. 118. Ivo. Carn. pars 8. c. 13.

[572]) Auf die Ansicht von der Unauflöslichkeit der Ehe nach der einfachen Erklärung des Ehe-Consenses gründete sich später die Unterscheidung der Sponsalia de praesenti et de futuro die, wie wir oben gesehen haben, eigentlich schon im römischen Sprachgebrauche begründet war. Ueber die Lösung dieser sponsalia de praesenti durch die professio religiosa sieh Jvo Carnot. pars 7. c. 40. Burchard. I. 8. c. 19. Capitular. Lib. VI. c. 92. Theodor Cantuar. Capitul. 102 bey Labbé Tom. VI. app. p. 1875 — 78 vgl. jedoch desselben Capitul. 129 bey Mansi XII. 134. ejusd. c. 81 bey Labbé u. c. 105 bey Mansi.

Im vorigen §. schon wurden wir durch die Bestimmungen über die Relictae clericorum uxores aufmerksam auf die Verpflichtung der im Stande der Ehe zu den höheren Weihen gelangenden Kleriker, von nun an dem ehlichen Leben nebst ihren Frauen unwiderruflich zu entsagen. Wirklich sprachen diese Verpflichtung sowohl die Päpste [573]), als die spanischen und gallischen Concilien auf das entschiedenste aus und bestanden mit Nachdruck auf der Beobachtung jener Disciplin, welche die im vorhergehenden Abschnitte angeführten afrikanischen Kanones als die apostolische bezeichnet hatten [574]). Weil

---

[573]) Siricius ad Himerium Tarraconens.
Innocentius ad Victric. Rotomag.
Id. ad Exuper. Tolosan.
Leonis M. Ep. 14 Ed. Ballerin. c. 4 ad Anastas. Thessalonic Ejusd. Ep. ad Rustic. Narboneus. c. 3. Gregor. M. Ep. 43. lib. I. Ep. 5. lib. III. Ep. 35 eod. Hadrian. collect. can. Carol. M. mand. ap. Harzheim concil. germ. c. 6 et 25 app. c. 9 Ancyran. c. 1 Neocaesar. c. 4 Gangrens. c. 25 Carthag. a. 419. Zacharias ad Bonifacium Harzheim cit. I. p. 46. Idem ad Pippinum c. 11. Harzheim I. p. 80. cf. c. 24 Dist. 81 Stephan. IV. c. 14 D. 31 Bellarmin. de cler. c. 21.

[574]) Concil. Taurin. a. 397. c. 8. Hard. I. 960.
„ Arausican. a. 441. c. 22, 23, 24 „ I. 1786.
„ Arelatens. a. 452. c. 2, 3, 43, 44 „ II. 773, 776.
c. 6. Dist. 38.

Concil.	Turonic.	a. 461.	c. 2.	Hard.	II.	794.
„	Agath.	a. 506.	c. 9.	„	„	998.
„	Arvernense	a. 535.	c. 13.	„	„	1182.
„	Aurelian. III.	a. 538.	c. 2.	„	„	1423.
„	Aurelian. IV.	a. 541.	c. 17.	„	„	1438.
„	Aurelian. V.	a. 549.	c. 4.	„	„	1444.
„	Arvernense II	a. 546.	c. 4.	„	„	1451.
„	Turonicum	a. 567.	c. 12, 19.	„	III.	359.
„	Autisiodorense	a. 578.	c. 21.	„	„	445.
„	Matisconense	a. 581.	c. 11.	„	„	452.

indessen doch immer ein Sträuben und Widerstreben sich kund gab [575]), so wurde öfter beschlossen, daß Verheurathete künftig gar nicht mehr zu den Weihen zugelassen werden sollten, wenn sie nicht vorher ausdrücklich und feierlich die Enthaltsamkeit angelobten [576]). Die Strafe, welche den in den höheren Weihen Stehenden traf, wenn er mit seiner eigenen Frau sich verfehlte, war Verlust seiner Würde, Depositio, nicht, denke ich, wie Thomassin meint, deswegen, weil die Meisten damals wider ihren

---

Concil.	Lugdunense.	a. 583.	c.	1.	Hard.	III.	455.
„	Toletan. I.	a. 400.	c.	1.	„	I.	990.
„	Gerundense	a. 517.	c.	6.	„	II.	1044.
„	Toletan. II.	a. 532.	c.	1.	„	„	1139.
„	Toletan. III.	a. 589.	c.	5.	„	III.	480.
„	Toletan. IX.	a. 655.	c.	10.	„	IV.	975.

Cf. Collect. antiq. can. poenit. ap. d'Achery Ed. Nov. I. p. 524. lib. I. c. 43. Rhaban. Maur. Poenitent. c. 11. in Henr. Canis. lect. antiqq. II. 2. p. 303. Eggberti Poenitent. Wilkins cit. I. p. 136 verb. „Si aliquis ordinatus. Theodor. Cantuar. Poenitent. c. 11. Isidor. hispal. de off. eccl. lib. I. c. 5. 8. Index vett. can. hisp. Lib. I. Tit. 2, Tit. 25 eod., Tit. 52. 55 eod. Aguirre. Tom IV.

[575]) Epistola Sti Lupi Ep. Tricassin., Ep. Sti Euphronii, Talasii in Labbe T. III. p. 1048 Hardouin II. 791. cf. Concil. Turonic. a. 461. c. 2.

[576]) Concil. Arausican. a. 441 c. 22. Hard. I. 1786 Concil. Arelat. a. 452. c. 2. cit. Concil. Agathense a. 506. c. 6. Concil. Aurelian. II. a. 538. c. 7. Hard. II. 1424. Canones ex Synodo incerti loci paulo post Parisiens. Concil. (a. 615) celebrata c. 12. Hard. III. 555. Concil. Tolet. VIII. a. 653. c. 6. Hard. III. 962. Gregor. M. Ep. 43. l. I. Ep. 5, 34. l. III. Poenitent. antiq. d'Achery I. p. 521. c. 45. Theodulphi Aurelian. capitul. Mansi XIII. 1016. B. Ind. vett. can. hisp. Aguirre T. IV. Tit. cit. Eggbert de remed. peccat. Mansi XII. p. 493. E. Pseudo Eggbert. Poenitent. Wilkins I. 133. Rhaban. Maur. poenit. c. 11. Henr. Canis. cit. II. 2. p. 303. cit.

Willen zum geistlichen Stande genommen wurden und diese Rücksicht Milde gebot (obgleich das dritte Concilium zu Arles im Kan. 2 und 7 diejenigen excommunicirt, welche, freiwillig ordinirt, nachher in der Ehe sich versündigen) sondern wohl deßwegen, weil überhaupt im kirchlichen Strafsystem die Depositio bey dem Geistlichen der Excommunication bey den Laien entsprach. Das achte Concilium von Toledo verschärfte in seinen Kanones 4, 5, 6 die Strafe, indem es beide fehlende Gatten auf Lebenszeit in ein Kloster einzusperren befahl. Aber diejenigen, welche nach bereits empfangener Weihe erst heurathen und auf diese Weise ihrem Stande sich entziehen wollten, traf entschieden die Excommunication [577]). Eine solche Ehe wurde durchaus nicht geduldet [578]); sie verstieß gegen die Kanones, welche bey Strafe der Excommunication die Rückkehr zum weltlichen Stande untersagten [579]), gegen die, welche bey gleicher Strafe, mit Ausnahme der nächsten Angehörigen und der der Keuschheit sich weihenden, vor der Ordination geheuratheten Frau, irgend ein weibliches Individuum im Hause zu halten verboten [580]). Wenn nach allem diesem über die Gültigkeit

---

[577]) Concil. Arelatense III. No. 538. c. 7.

[578]) Concil. Venet. a 465. c. 11. Hard. II. 798. Concil. Tolet. a. 532. c. 1. Concil. Aurelian. III. a. 538. c. 2. Concil. Tolet. a. 633. c. 43. Hard. III. 588 Concil. Tolet. a. 653. c. 5, 6. Hard. III. 962. Concil. Tolet IX. a. 655. c. 10.

[579]) Concil. Turonic. c. 5. Concil. Chalced. c. 7.

[580]) Thomassin. cit. P. I. Lib. II. c. 61 sq. Concil. Arelat a. 452. 3 cf. Concil. Turon. a. 461 c. 2. Et licet a patribus nostris emissa autoritate id fuerit constitutum, ut quicunque sacerdos vel levita filiorum procreationi operam dare fuisset convictus a communione dominica abstineretur, nos tamen huic districtioni moderationem adhibentes et justam constitutionem molientes id decrevimus, ut

der von einem Geistlichen nach empfangener Weihe geschlossenen Ehe, oder vielmehr, ob eine solche Verbindung für eine Ehe angesehen worden sey, noch ein Zweifel bestehen könnte; so würde er durch die einzige Bemerkung schon beseitigt, daß in allen so eben angeführten kirchlichen Satzungen stets nur von dem Umgang, entweder mit der vor empfangener Weihe schon geheuratheten Frau, oder mit Concubinen und sogenannten extraneae mulieres die Rede ist, die angemaßte Verehlichung aber überall nur mit dem Worte Unzucht bezeichnet wird.

Zu allem Ueberfluß sprechen das Nemliche auch die weltlichen Gesetze aus und namentlich lex Visigoth. 18 Lib. III. Tit. 4, wo, unter Berufung auf die Kanones, solche Verbindungen zu trennen befohlen wird. Gleichförmig sprechen sich übrigens die angeführten kirchlichen Autoritäten nur in Ansehung der Bischöfe, der Priester und der Diakonen aus. In Betreff der Subdiakonen dagegen war die Disciplin lange Zeit schwankend, so daß ihnen an einigen Orten die Ehe gestattet, an anderen aber untersagt war. Wie schon Epiphanius und Hieronymus darüber verschiedener Meinung gewesen, indem jener die Subdiakonen im Cölibatsgesetze mitbegriff, dieser nicht, so waren auch die Provinzen und die Concilien in ihren Beschlüssen darüber nicht einstimmig. Es hieng dieses, wie schon früher bemerkt worden, nothwendig von der Theilnahme ab, welche den Subdiakonen an den Verrichtungen des Altarsopfers eingeräumt wurde und ich

---

sacerdos vel levita conjugali concupiscentia inhaerens, vel a filiorum procreatione non desinens, ad altiorem gradum non ascendat, neque sacrificium Deo offerre vel plebi ministrare praesumat. Sufficiat his tantum ut a communione non efficientur alieni.

vermuthe, daß erst die zunehmende Ueberladung der Diakonen mit den Geschäften der Kirchenadministration die Ursache war, daß sie im Altardienste immer häufiger durch die Subdiakonen ersetzt und vertreten werden mußten. Während sie für diesen Fall das Concilium von Elvira, und das zweite Concilium von Carthago dem Gesetze der Enthaltsamkeit, aber nur ausnahmsweise, unterwerfen [581]), entbindet sie davon das Concilium von Toledo v. J. 400, welches aber zugleich bestimmt, daß sie in der Regel gar nicht einmal die heiligen Gefäße, den Kelch und die Patena berühren dürfen. Eben so erwähnten auch Siricius und Innocenz I. nur der Bischöfe, Priester und Diakonen und die Concilien von Turin, Orange und Tours beschränken gleichfalls auf diese das Continenzgesetz. Leo d. Gr. dagegen begreift absichtlich in seiner Epistola 92 (ad Rusticum) c. 3. mit den Worten Ministri altaris auch die Subdiakonen und unterwirft sie darum auch der allgemeinen Regel [582]). Indessen die Verordnung Leo's ging noch nicht in die allgemeine Observanz über, und wenn auch das Concilium von Vannes v. J. 465, im Widerspruch mit den früheren von Tours

---

[581]) Can. Eliberit 33. Placuit in totum prohiberi Episcopis, Presbyteris, Diaconibus et Subdiaconibus positis in ministerio abstinere se a conjugibus suis. etc. Can. 3. Carthaginens. Ita placuit et condecet, sacrosanctos antistites et Dei sacerdotes, nec non et Levitas vel qui sacramentis divinis inserviunt continentes esse. etc.

[582]) Cf. Ej. Ep. 84 c. 4. Nec subdiaconibus quidem carnale connubium conceditur, ut et qui habent sint tanquam non habentes: et qui non habent permaneant singulares. Quod si in hoc ordine qui a capite quartus est, dignum est custodiri, quanto magis in primo vel secundo, vel tertio observandum etc.

v. J. 461, das Ehverbot bey den Subdiakonen vorauszusetzen scheint, so ist doch die Spur zu unsicher, um darin eine bestimmte fortschreitende Entwicklung des Gesetzes erblicken zu können [583]). Im Gegentheile scheint selbst die römische Kirche, bey welcher doch Gregor der Große das Continenzgesetz für die Subdiakonen nachdrücklich einschärfte, in der Folge von demselben wieder abgegangen zu seyn, und eben so zeigt sich bey den anderen Kirchen, daß nicht bloß von jeder einzelnen, sondern sogar von einer und derselben, zu verschiedenen Zeiten, ein verschiedener Gebrauch befolgt wurde [584]). Aus dem Briefwechsel zwi-

---

[583]) Ueber die vorübergehenden Versuche, auch die unteren Weihen denselben Gesetzen zu unterwerfen, sieh Thomassin. cit. P. I. Lib. II. c. 61. §. 14.

[584]) Gregor der Große will, daß künftig die Subdiaconi in Sicilien dem Gesetz der Enthaltsamkeit unterworfen seyen, beruft sich aber dabey lediglich auf das Beispiel der römischen Kirche und giebt damit zu verstehen, daß nur in Rom das, was er vorschrieb, wirklich allgemeiner Gebrauch geworden war. Die schon Verheuratheten dispensirt er, quia incompetens videtur, ut qui usum continentiae non invenit, neque castitatem ante promisit, compellatur, a sua uxore separari. Dieselben Anweisungen, wie für Sicilien, giebt er dem Bischof von Reggio (Ep. 50 lib. I.) und für das eigentliche patrimonium Ecclesiae Romanae, wo das Gesetz bereits anerkannt war, ertheilt er über dessen Befolgung die strengsten Vorschriften (Ep. 7 Lib. XXXIX.) Aber schon die unter Gregor II. in Rom gehaltenen Concilien, dann das unter Zacharias i. J. 743 schweigen von den Subdiakonen, während für Bischöfe, Priester und Diakonen das Gesetz der Enthaltsamkeit wiederholt eingeschärft wird. Zacharias stellt selbst in seinem Capitulare v. J. 744 das Verhalten rücksichtlich der unter dem Diakon stehenden Ordines den Gewohnheiten einer jeden Kirche anheim. Während die Concilia Epaonense c. 20, Aurelian. II. c. 8, Arvernense c. 13, 16 in ihren Verordnungen über die Continenz der Subdiakonen durchaus keine Erwähnung thun, wird von dem Concil. Aurelian. III. c. 4 das Gesetz auf sie ausgedehnt, diese Ausdehnung dann von dem

schen Papst Zacharias und dem heiligen Bonifacius scheint auch hervorzugehen, daß auf den Punkt nicht sonderliches Gewicht gelegt wurde; denn während da über die Incontinenz der Bischöfe, Priester und Diakonen bitter geklagt wird, ist von den Subdiakonen gar nicht die Rede. Nur in Spanien hatte damals, nach vielen Schwankungen, die Disciplin über diesen Punkt sich schon völlig so festgestellt, wie sie in der Folge allgemein herrschend wurde [585]).

Wo übrigens die Subdiakonen heurathen durften, waren sie, gleich den untern Klerikern überhaupt, in ihrer

---

Concil. Aurelian. IV. c. 17, wie es scheint, wieder aufgehoben und dann von dem Concil. Aurel. V. auch wieder erneuert. (Vgl. Thomassin l. cit. Pg. 427 col. 2.) Das Concil. Turonense II. dagegen, c. 10, 19 und das Concil. Autisiodorense c. 20 — 22 unterwerfen ausdrücklich den Subdiakon demselben Continenzgesetz wie den Bischof ꝛc., in dessen das Concil. Matisconense I. c. 13, 11 sich in zweifelhaften Ausdrücken äußert, das Concil. Lugdunense c. 1 aber offenbar die Subdiakonen zur Continenz nicht für verpflichtet erachtet.

[585]) Von dem Schwanken der Disciplin über diesen Punkt in Spanien geben Zeugniß c. 6, 7 des Concils von Girona v. J. 517 u. c. 13 Concil. Tolet II. v. J. 565 od. 569, welches letztere ausdrücklich den Subdiakonat den ordines sacri beizählt und nur diejenigen dazu läßt, welche Continenz ausdrücklich gelobt und auch schon längere Zeit ausgeübt haben, während die späteren Toletanischen Concilien, das unter Recared v. J. 597 c. 1, Tolet. III. c. 5, Tolet. IV. c. 27. 42, 43 da, wo von der Continenz die Rede ist, stets nur der Bischöfe, Priester und Diakonen gedenken. Der Kanon 6 des VIII. Toletan'schen Conciliums beweist, daß bis in die zweite Hälfte des siebenten Jahrhunderts die Continenzpflicht der Subdiakonen in Spanien noch vielfachem Widerspruch unterlag. Nun aber wurden sie ihr bei Strafe lebenslänglicher Einsperrung in ein Kloster unterworfen, was auch Concil. Tolet. IX. c. 10 bestättigte. Isidor von Sevilla hatte sich für diese Verpflichtung bereits in l. 2 de Eccles. off. c. 10 ausgesprochen, quia sacra mysteria contrectant.

Wahl und Heurathsfreiheit durch die Regeln beschränkt, welche, in den apostolischen Kanones 16 u. 17 vorgezeichnet, fortwährend festgehalten und erneuert wurden [586]). Sie durften nicht zweimal heurathen, keine Wittwe oder Andere, die nicht mehr Jungfrau war, zum Weibe nehmen; ihre Verbindung sollte durchaus ehrbar und untadelig seyn (mit keiner Concubine, keiner Sklavin, keiner Schauspielerin); jeder Schein von Unmässigkeit und leidenschaftlicher Lüsternheit sollte von ihnen entfernt bleiben; ihre Ehe sollte vor allen ein würdiges Bild der Verbindung Christi mit seiner Kirche darbieten. [587]). Daher mußten sie auch die Frau, die in Ehbruch gerathen war, von sich entfernen bey Strafe, von ihrer Würde ausgeschlossen zu werden [588]).

§. 8.

Hinderniß aus Mangel der Glaubenseinheit.

In der römischen Gesetzgebung hatte sich das Hinderniß der sogenannten Cultus disparitas vorzüglich in An=

---

[586]) Gennadius Massiliens. circa a. 490 in Biblioth. Patr. c. 2 D. XXXIII. Concil. Gerund. a. 517. c. 8 D. XXXIV. Hilarius a. 465 c. 9 D. XXXIV. cit. Gregor. a. 591. Ep. 25 Lib. II. c. 10 D. XXXIV. cit. Innocent. ad Victric. Rotomag. Ep. II. c. 5 a. 404. c. 13 D. XXXIV. c. 14 eod. Id. Ep. 17 ad Macedon. Epc. c. 2 Constant. col. 831. Leon. M. Ep. 6 ad Anastas. Thessalonic. c. 3. opp. T. 1. col. 621. ed. Ballerin. Ambros. de offic. minist. lib. 1 c. 50 opp. T. III. p. 78 ed. Venet. 1748.

[587]) S. I. Chrysost. Hom. 2 in Ep. ad Titum opp. T. 11 p. 738. Paris 1734 Hieronym. in eand. c. 1 col. 696 opp. T. 7 Venet. 1737. Tertull. ad uxorem lib. 1. c. 7. p. 165 Venet. 1744. Augustin. de bono conjug. c. 18 opp. T. 6. col. 331 ed. Maur. Venet. 1731. I. Leo M. Ep. 12. c. 3. opp. T. 1. col. 660. ed. Venet. Ballerin.

[588]) Concil. Bracarense a. 572. c. 12. D. XXXIV. cf. Concil. Neocaesar. a. 314. c. 8, c. 11. D. XXXIV.

sehung der Juden ausgebildet und vieles wirkte zusammen, daß auch unter den Germanen gegen die Ehen mit Juden weit mehr Strenge, als gegen die mit anderen Ungläubigen sich aussprach. Leo der Große zwar rechnete die Vermeidung der ehlichen Verbindungen mit den Ungläubigen unter die allerersten und wichtigsten Pflichten der Christen [589]), und wo die Päpste über den Gegenstand sich äusserten, sprachen sie stets aus, es könne eine vollkommene Ehe und Einheit in der Verbindung zwischen Gläubigen und Ungläubigen nicht erzielt werden [590]); allein, wie von Anfang an die Kirche fast lediglich durch die Gefahr der Verführung der Christen oder die Hoffnung der Bekehrung der Ungläubigen sich in ihrem Urtheil und Verfahren hatte leiten lassen, so war es natürlich, daß bey dem jetzigen Zustande des Heidenthums, als sie es nur noch mit der erlöschenden Römer-Religion und dem ihren geistigen Waffen in keiner Weise gewachsenen Glauben der germanischen Völker zu thun hatte, die Aufmerksamkeit sich mehr auf die Juden wendete, die gegen den

---

[589]) Leonis M. Sermo 82. Si ergo carissimi non ducitis cum infidelibus jugum, si peccatores esse desistitis et nullis carnalium cupiditatum tentationibus creditis, solennem hanc diem (Martyr.) celebratis.

[590]) Z. B. Bonifacius V an Edelburgis, des Königs Edwin von Northumberland Gemahlin: Unde paternis officiis vestrae gloriosae christianitati nostram commonitionem non distulimus conferre adhortantes quatenus divinae inspirationis imbuta subsidiis, importune et opportune agendum non differas, ut et ipse salvatoris nostri cooperante potentia, christianorum numero copuletur, ut perinde intemerato societatis foedere jura teneas maritalis consortii; scriptum namque est, erunt duo in carne una .... Quomodo unitas vobis conjunctionis inesse dici poterit, si a vestrae fidei splendore, interpositis destistabilis erroris tenebris, remansisset ille alienus? Gibert Tradition de l'Eglise sur le sacrement de mariage T. II. p. 29.

Druck, der wider sie geübt wurde, mit ungemeiner Hartnäckigkeit und, wie es scheint, mit einem merkwürdig thätigen Geiste der Proselytenmacherey reagirten. Die römischen Bestimmmungen, deren wir in dieser Beziehung im vorigen Abschnitte gedacht haben, waren in das Breviarium Alarici und in den Papian oder die lex Romana Burgundionum übergegangen [591]). Diese Bestimmungen, die ursprünglich bloß den römischen Unterthanen galten, wurden zum gemeinen Rechte gemacht durch die Aussprüche der Concilien. Die fränkischen Concilien verbieten die Ehe und jedes fleischliche Consortium mit Juden bey Strafe der Excommunication bis zu erfolgter Trennung [592]). Aehnliches bestimmten die zu Toledo in Spanien gehaltenen Versammlungen, deren Beschlüsse zugleich mit der Autorität weltlicher Gesetze bekleidet waren [593]). Auf dem zu Rom i. J. 743 gehaltenen Concilium verhängt auch Papst Zacharias über die Christen, die mit Juden sich verehlichen würden, das Anathem [594]). Zwar stützt

---

[591]) Breviar. Alaric. Edit. Sichard l. 2 (3, 7) l. 5 (9, 7) reĉ (9, 4) Pap. Resp. Tit. 20.

[592]) Concil. Arvernense a. 535 c. 6. Hardouin. II. 1181.
„ Aurelian. II. a. 535. c. 19. „ „ 1175.
„ Aurelian. III. a. 538. c. 13. „ „ 1426.
cf. „ Aurelian. IV a. 541. c. 30, 31 „ „ 1440.

[593]) Concil. Toletan. III. a. 589. c. 14. Hardouin. III. 481.
„ Toletan. IV. a. 643. c. 63. „ „ 591.
„ Toletan. VI. a. 638 c. 3. „ „ 603.
„ Toletan. VIII. a. 653. c. 12. „ „ 966.
Vgl. Caus. XXVIII. qu. 1.

[594]) c. 10. Hardouin. III. 1929.

[595]) Judaei qui christianas mulieres in conjugio habent admoneantur ab episcopo, ut si cum iis permanere cupiunt, Christiani

sich das IV. Concilium von Toledo, welches die Trennung der Ehe eines Juden mit einer Christin verordnet, auf den allgemeinen Grundsatz quia non potest infidelis in ejus permanere conjugio quae jam in christianam translata est fidem [595]), welche Worte sich auf den Fall einer während der Ehe eingetretenen Bekehrung zu beziehen scheinen, und die Kanonen-Sammlungen enthalten fast sämmtlich denselben Grundsatz [596]); eben so erneuerte das Concilium zu Agde in seinem Kanon 67 (v. J. 506 Hardouin II. 1005 c. 16 C. XXVIII. q. 1.) den Kan. 30 von Laodicea gegen die Ehen mit Häretikern, was auch in einigen Kanonen-Sammlungen wiederholt wird [597]); allein trotz dem weist doch die Geschichte nach, daß solche Ehen häufig vorkamen, ohne daß die Kirche mit Strenge dagegen einschritt [598]). Die im Breviar. Alar. l. 1 (3, 14) reproducirte Theodosianische Verordnung, welche bey Todesstrafe die Ehen zwischen Römern und Arianern untersagte, ist

---

efficiantur. Quod si admoniti noluerint, separentur, quia . . . .
. . . .

[596]) Rhaban. Poenitent. c. 26. Henr. Canis. II. 2. p. 309. Pseudo Beda Mansi XII. col. 513. E. Theodor. Cantuar. Capitul. 23, 63 Mansi XII. p. 28. Eggbert. Poenitent. c. 17. Wilkins I. 118 Eggbert Excerpt. c. 124. Wilkins I. 108. Ind. vett. can. hisp. Lib. IX. Tit. 3, 5. Aguirre. IV. 53.

[597]) Poenit. antiqq. Gall. d'Achery I. p. 524. c. 41 Ind. vett. can. Lib. IX. Tit. 5 cit.

[598]) Z. B. Chlotilde mit Chlodwig, Bertha mit Aethelbert von England, Edelburg mit Edwin von Northumberland, die Tochter des Grafen Eudo von Aquitanien mit dem Mauren Ottman Ben Abi Beza, der um 714 — 730 in den Pyrenäen befehligte, die Wittwe des Königs Roderich mit Abdelazin, dem Sohne Muzas, der die Eroberung Spaniens vollendete, Clotilde mit dem arianischen Gothenkönige Amalrich, Chilperich mit Gualsinde, des Arianers Athanagild Tochter, Sigbert mit der arianischen Brunhilde.

mit Unrecht auf unseren Gegenstand bezogen und ohnehin in der Folge wieder aufgehoben worden [599].

Daß durch eingetretene Bekehrung des einen von beiden Gatten übrigens die Ehe der Juden und Heiden getrennt werden könne, darin stimmen alle in der Zeit gangbare Autoritäten überein [600]; in Ansehung des Rechtes des getrennten Christen in einem solchen Falle zu einer neuen Ehe zu schreiten, widerspricht aber wenigstens Eggbert, indem in Kap. 124 der Excerptiones diese Wiederverehlichung als ein Ehbruch bezeichnet wird, der zu dreijähriger oder wohl auch zu lebenslänglicher Busse verpflichte [601].

§. 9.

Hinderniß der Verwandtschaft und Schwägerschaft.

Welche Vorstellungen die Germanen vom Incest hatten, ist schwer zu ermitteln [602]. Die Verhältnisse

---

599) Long. legg. II. Tit. 7. Liutpr. 127. L. Wisigoth. a. Tit. 1. Lib. III. Heinecc. antiqq. §. 204.

600) Theodor. Cantuar. c. 2. C. XXVIII. qu. 1. Beda, Eggbert. Concil. Tolet. IV. cit. Diese Citationen beschränken sich auf das, was von selbstständiger Auffassung, Fortsetzung oder Modificirung der früheren Disciplin in dieser Zeit Kunde giebt; denn was die Codices von den Bestimmungen der älteren Zeit enthielten, ist ohnehin bekannt und bedarf keiner besonderen Erwähnung.

601) Si mulier discesserit a viro suo, despiciens eum nolens revertere et reconciliari viro, post quinque vel septem annos, cum consensu Episcopi, ipse aliam accipiat uxorem, si continens esse non poterit; et poeniteat tres annos, vel etiam quamdiu vixerit, quia juxta sententiam Domini moechus comprobatur. Vgl. oben Note 509.

602) Heinecc. orig. jur. germ. §. 199.

und Verpflichtungen der Verwandten in Beziehung auf Schutz, Beistand, Wehrgeld, Eid und dgl., welche durch vielfache Beziehungen die Stammgenossen aneinander knüpften, erhöhten bey ihnen sehr die Bedeutung des Familienbandes und die deutsche Erbfolgeordnung legte auf das Moment einer gemeinschaftlichen Abstammung ein weit größeres Gewicht, als dieß bey den Römern der Fall gewesen war [603]). Daher mogte vielleicht bey ihnen der natürliche Widerwillen gegen Ehen unter nahen Verwandten in weit grösserem Umfange wirken.

Die Kirche indessen, deren Bestimmungen auf allgemeine Gültigkeit berechnet seyn mußten, konnte, so lange Römer und Deutsche als abgesonderte Völker, römisches und deutsches Recht als selbstständige, scharf unterschiedene Disciplinen einander gegenüber standen, in ihren Ehverboten nicht weiter gehen, als ihre bisherigen Satzungen es mit sich brachten, und den Römern nicht aufbürden, was bloß in der Nationalsitte der Deutschen begründet war. Es war nun sehr natürlich, daß die weltliche Gewalt nicht Ehen zu trennen sich anmaßte, die nach dem Urtheile der Kirche bestehen konnten, wenn gleich etwa die Nationalsitte und die Ansicht des Volkes sie mißbilligten. Daher erscheinen die diesen Gegenstand berührenden Volksrechte durchgängig dem römischen Rechte nachgebildet, aus dem theodosischen Codex und der westgothischen Bearbeitung desselben geschöpft [604]). Sie bestimmen das

[603]) Eichhorn deutsch. Privatr. II. Ausg. §. 331. Mittermaier deutsches Privatr. §. 382. III. Ausg.

[604]) L. Salior. Tit. 14 §. 12 L. Alamannor. Tit. 39 §. 1. L. Bajuvar. Tit. 6. c. 1. §. 1. cf. Breviar. alaric. ex ed. Sichard. Basil. 1528. p. 52 et 598 l. 1 Cod. Theod. (3, 12) Gaji Inst. Tit. 4.

Hinderniß der Verwandtschaft und Schwägerschaft nicht dem Grade nach, sondern bezeichnen, gleich wie die Concilien der ersten Zeit, nemlich die aus dem sechsten und dem Anfange des siebenten Jahrhunderts, [605]) lediglich die Personen, die das Ehverbot trifft, und dieß waren, wie wir aus dem I. Abschnitte wissen, in der Seitenlinie, Oheim und Tante von väterlicher sowohl als mütterlicher Seite, Neffen und Nichten und die Geschwisterkinder. Aber es tritt auch ein Verbot gegen Ehen hervor, die man nicht trennte, sondern nur bestrafte, wenn sie einmal, dem Gesetze zum Trotze, geschlossen worden waren, eine Unterscheidung, die früher ganz unbekannt, allem Auscheine nach nur auf das Verhältniß der deutschen Ansichten und Begriffe zu den älteren Satzungen und Lehren gegründet und durch dasselbe veranlaßt seyn konnte. Dabey spricht sich frühzeitig das Bestreben aus, Ehen in der Verwandtschaft überhaupt nicht zu dulden. Das salische Gesetz und Kanon 21 des Conciliums von Tours v. J. 567 sagen beide in einer aus der westgothischen Interpretion zu l. 2 C Theod. (3,12) geschöpften, im salischen Gesetze wohl später erst eingeschalteten Stelle ganz allgemein: Si quis sororis aut fratris filiam aut certe ulterioris gradus consobri-

[605]) Concil. Rom. sub Innocent. I. c. 9 et 11 Hard. I. 1036.

„	Agathens	a. 506.	c. 61.	Hard.	II.	1004.
„	Epaonens.	a. 517.	c. 30.	„	„	1050.
„	Arvernens.	a. 517.	c. 12.	„	„	1182.
„	Aurelian. III.	a. 535.	c. 10.	„	„	1425.
„	Paris.	a. 557.	c. 4.	„	III.	338.
„	Turonens.	a. 567.	c. 21.	„	„	363.
„	Autisiodor.	a. 578.	c. 27 — 32	„	„	446.
„	Paris.	a. 614.	c. 14.	„	„	553.

nam . . . sceleratis nuptiis sibi junxerit etc. Freilich, da die Consobrini unter sich im 4ten, die Nichte und der Oheim aber im dritten Grade römischer Zählung stehen; so scheint sich der Ausdruck ulterioris gradus consobrinam dadurch von selbst zu erklären. Allein triftige Gründe sprechen dafür, daß diesem Ausdruck eine allgemeinere Deutung zu geben sey. Die westgothische Interpretation selbst, in der Sichardschen Recension, sagt: Quisque ille aut sororis aut fratris filiam aut c e r t i gradus consobrinam sceleratis sibi nuptiis junxerit huic poenae subjaceat. Es mögte darum auch in den hieraus abgeleiteten Stellen statt c e r t e ulterioris gradus consobrinam vielmehr c e r t i ulterioris gradus consobrinam zu lesen seyn. Dann wäre hier offenbar der Grundsatz ausgesprochen, daß man in der Verwandtschaft, so weit sie erkennbar und nach Graden bestimmbar sey, nicht heurathen dürfe. Diesen Grundsatz spricht aber auch schon das Concilium von Toledo v. J. 531 auf eine ganz unzweideutige Weise, mit einer durchaus scharfen Entschiedenheit in dem fünften seiner Kanones aus, indem es bestimmt, daß keiner der Gläubigen wage, seine Blutsverwandte, so lange in der Geschlechtsfolge das Verwandtschafts-Verhältniß erkennbar ist (usque quo affinitatis lineamenta generis successione cognoscit), zur Ehe zu nehmen, weil geschrieben stehe: „Omnis homo ad proximam sanguinis sui non accedat. Das Concilium droht mit desto strengerer Strafe und langwierigerer Excommunication, je näher Einem die Person, die er zur Ehe zu nehmen sich erlaube, in der Verwandtschaft stehe. Eben so entschieden spricht den nämlichen Grundsatz das westgothische Gesetz aus in Lib. 3. Tit. 5. §. 1. Die Kette der Verwandtschaft schließt sich aber nach Lib. IV. Tit. 1 eod. (welche

Stelle wörtlich aus Paul. R. S. Lib. IV. Tit. 10 entnommen ist), mit dem sextus generis gradus, was nach römischer Zählung, die hier eben so, wie für die Erbschaften, vorgeschrieben ist, das Ehhinderniß der Verwandtschaft in der Seitenlinie, statt, wie es sonst war, auf Geschwisterkinder, nun auf Geschwisterenkel ausdehnt. Dieselbe Ausdehnung scheint das Ehhinderniß schon viel früher erhalten zu haben nach den Concilien-Schlüssen von Epaona v. J. 517, von Auvergne v. J. 535, von Orleans v. J. 538 und von Paris v. J. 614 od. 615, wo, neben der Consobrina, stets auch die Sobrina unter den Personen genannt wird, welche zu heurathen, und zwar bey Strafe der Trennung und der Excommunication, verboten ist [606]), während schon im c. 61 des Conciliums von Agde (Hardouin II. 1004), nach Aufzählung der im römischen Rechte bezeichneten Personen der Art, dieselbe Strafe überhaupt jedem angedroht wird qui ex propria consanguinitate aliquam aut quam consanguineus habuit concubitu polluerit aut duxerit uxorem. Damit kein Zweifel über das Wort Sobrina bestehen, und etwa eine Verwechslung mit Consobrina vermuthet werden könne, untersagt das Concilium von Auxerre v. J. 578 in seinem Kanon 31 (Hardouin III. 446) ausdrücklich die Ehe zwischen den Kindern der Geschwisterkinder. Hier stehen wir also schon bey dem dritten Grade der nachmals sogenannten kanonischen Zählart, wo die Ehe nicht bloß bestraft, sondern nicht geduldet und wieder getrennt, die **Verwandtschaft, sohin als ein vernichtendes Ehhinderniß**

---

[606]) Concil. Epaon. c. 30. Hardouin II. 1050
„ Arvernense c. 30. „ „ 1182
„ Aurelian. III. c. 11. „ „ 1425
„ Paris. c. 14. „ III. 553.

behandelt wurde. Das Prinzip aber, welches in der westgothischen Interpretation des theodosischen Codex, im westgothischen Gesetze selbst, im Gesetze der Salier [607]) und in den Schlüssen der Concilien von Agde, von Toledo und von Tours ausgesprochen worden, wirkte nothwendig noch weiter da, wo die Verwandtschaft nach dem deutschen Erbrecht gewürdigt und die deutsche Bestimmungsart der Sippzahl nach dem Verhältnisse zum Stammvater nicht, wie bey den Westgothen, durch die römische Computation der Grade verdrängt wurde [607a]).

Die Sippe und mit ihr das Erbrecht endete mit dem fünften geniculum oder der fünften generatio bey den Ripuariern und bey den Angeln und Werinern (L. Ripuar. Tit. 54 §. 3 L. Anglior. et Werinor. Tit. 6 §. 8), mit dem sechsten Grade bey den Salfranken (L. Salior. Tit. 46 §. 10), mit dem siebenten Grade bey den Longobarden, Bayern und anderen Deutschen. (Ed. Rothar. 153 L. Bajuvar. Tit. 14 c. 9 §. 4 Sachsenspiegel I. 3. §. 2 u. 3 Schwäb. Landr. Kap. 4. (Schilt.) 256.

Es war sehr natürlich, daß überall, wo das deutsche Wesen über die römische Bildung und das römische Recht allmälig die Oberhand erlangte und beide verdrängte, das Verhältniß der Verwandtschaft auch nur nach diesen Graden bezeichnet wurde. Daher sehen wir seit der zweiten

---

[607]) Vgl. Longob. Legg. bei Canciani II. 209 — 219: Ut nullus deinceps propinquam, nec quam propinquus habuerit uxorem, ducat in conjugio et uxoris parentela ita sit viro, sicut propria parentela.

[607a]) Vgl. Maier gemeinrechtliche Erbfolgeordnung in sog. Stammlehen 1805 bei Löfflund S. 14 — 51, S. 133 — 136. Eichhorn D. P. R. cit. §. 331 Note 1. id. deutsche R. R. G. §. 65 Note d. R. v. Sydow, Darstellung des Erbrechts nach den Grundsätzen des Sachsenspiegels mit Rücksicht auf die verwandten Quelleu. Berlin 1828 S. 116 ffg.

Hälfte des siebenten Jahrhunderts diese Bezeichnung in den Concilien-Schlüssen immer allgemeiner werden und die früher übliche Aufzählung der in dem Ehhindernisse begriffenen Personen nach ihren römischen Namen dagegen verschwinden [608]). Wie diese Grade zu deuten seyen, ob nach römischer oder nach der später sogenannten kanonischen Zählart d. h. der deutschen, welche als die kirchliche der des Civilrechtes erst gegenüber stand, nachdem hier in Ansehung der Erbfolge das römische Recht wieder das deutsche verdrängt hatte [609]), kann daher um so weniger zweifelhaft seyn, als das Resultat nach deutscher Zählung genau mit der Ausdehnung des Ehhindernisses übereinstimmt, die wir eben nach den Kanones von Auxerre so wie denen von Epaona, Auvergne, Orleans und Paris als die sich immer allgemeiner geltend machende wahrgenommen haben. Es wird nemlich stets die Ehe im dritten Grade d. h. unter Geschwisterenkeln als in der Art verboten und verpönt dargestellt, daß sie nicht geduldet werden dürfe und getrennt werden müsse. Zugleich aber tritt auch die eben angedeutete Wirkung des allgemeinen Prinzips dadurch hervor, daß bereits über diesen Grad hinaus, nemlich unter Geschwisterkinderenkeln oder in der vierten Generation die Verwandtschaft wenigstens als aufschiebendes Ehhinderniß behandelt wird. Hier

---

[608]) Concil. Remense a 625—30. c. 8 Hardouin III. 572.
„ Roman. „ 743 c. 15 „ 1929.
„ Vermer. „ 752 c. 1 „ 1990.
„ Comped. „ 756 c. 1,2 „ 2004.
Dann alle folgenden Concilien, die über den Gegenstand bestimmen und die Kanonen-Sammlungen. Ueber das Obsiegen des deutschen Rechtes über das römische. Savigny G. d. R. R. im Mitt. Alt. II. 194 Note 4. S. 227 fg. eod.

[609]) Mittermaier d. P. R. cit. §. 384 u. ffg.

wird die Ehe, wenn sie bereits geschlossen ist, wenigstens bestraft, wenn auch nicht getrennt.

Dieses bestimmen unter andern die Beschlüsse von Verberie, v. J. 752 Kan. 1, und von Compiegne, v. J. 756 Kan. 1.[610]) Die letztere Bestimmung ist ein Fortschritt zu der im Geiste der Zeit liegenden Entwickelung, welche schon im J. 847 im Kan. 30 des Conciliums von Mainz mit der Bestimmung hervortritt, daß auch im vierten Gliede die Ehe in Zukunft unter Verwandten nicht mehr geduldet werden soll. Daß aber der hier angegebene dritte und vierte Grad nicht nach römischer Zählung verstanden, sondern nach deutscher auf Geschwisterenkel und Geschwisterkinderenkel bezogen werden müsse, ergiebt sich, abgesehen von den bereits genannten Kanones von Auxerre, Epaona, Auvergne, Orleans und Paris, auch noch durch die Vergleichung des Kan. 1 des gleichzeitigen Conciliums von Metz v. J. 753, wo demjenigen, der sich mit der fratris filia, aut sororis filia, nepotis, consobrina atque sobrina verbinden würde, die Strafe des Incestes auferlegt und die Trennung der Ehe befohlen wird. Bestätigend ist dafür auch das Kapitular 24 des Theodor von Canterbury (Mansi XII. 28), wo ganz dasselbe, was die oben angeführten Kanones von Verberie und Compiegne

---

[610]) Concil. Verm. c. 1: In tertio genu conjuncti separantur et post poenitentiam actam, si ita voluerint, licentiam habent, aliis se conjungere. In quarta autem conjunctione si inventi fuerint, eos non separamus, sed poenitentiam eis judicamus: attamen si factum non fuerit, nullam facultatem conjungendi in quarta generatione damus.

Concil. Comped. c. 1: Si in quarta progenie reperti fuerint conjuncti, non separamus: in tertia vero si reperti fuerint, separamus.

bestimmten, als der Gebrauch der römischen Kirche angegeben und den Satzungen der griechischen Kirche, die wir kennen und die hier nach der deutschen Zählungsweise angegeben werden, gegenüber gestellt wird. In tertia propinqua secundum graecos licet nubere, sicut in lege scriptum est: in quinta secundum Romanos, tamen in quarta non solvunt. Die tertia propinqua sind, nach deutscher Zählart, die Geschwisterenkel, die sich nach den älteren Kanones ehlichen konnten, da das Hinderniß der Verwandtschaft nur bis zu den Geschwisterkindern gieng. Dieselbe Bestimmung, die sich nach der römischen Zählart gar nicht erklären läßt [611]), ist wiederholt in Kap. 108 u. 139 eod. und es kann sohin gar nicht bezweifelt werden, daß alle diese Stellen, wo die Ehe im dritten Grade zu trennen befohlen wird, nach der deutschen, jetzt sogenannten kanonischen Zählart zu deuten seyen. Könnte darüber noch ein Zweifel bestehen, so müßte er bey dem Anblick folgenden Nachsatzes des eben angeführten Kanon 1 von Compiegne verschwinden: Et eos qui unus in quarta, alius in tertia (progenie) sibi pertinent et conjuncti inveniuntur, separamus. Hier ist römische Computation nicht anzunehmen möglich und der Kanon muß also, wie alle gleichlautenden, nach der deutschen Zählart ausgelegt werden. Eine Vermischung der deutschen mit der römischen Zählart in der sogenannten Gregorianischen Computation anzunehmen, welche von den Geschwisterten als Truncus ausgehend, nach der im Sachsenspiegel a. a. O. angegebenen Methode, die Grade dann nach Art der Römer berechnete, scheint eine unfruchtbare Hypothese, die sich

---

611) Laspeyres Dissert. inaugur. canonic. computat. et nuptiar. propter sanguin. propinquit. ab Eccles. christ. prohibit. sistens hist. Berol. 1824 p. 41.

am Ende durch nichts mit Bestimmtheit rechtfertigen läßt [612]). Noch weniger dürfte in einer gedankenlosen Verwechslung der deutschen, römischen und angeblich gregorianischen Zählart der Grund der spätern Ausdehnung des Ehhindernisses der Verwandschaft bis zum siebenten Grade zu suchen seyn, da das Prinzip der Verpönung aller Ehen in der Verwandtschaft bey den Germanen schon ganz früh hervortritt, und wir dieses Prinzip Schritt für Schritt die älteren Kirchensatzungen übersteigen sehen, bis es in der von jeher in den Volksrechten gegebenen Beschränkung der Sippzahl sein natürliches Ziel gefunden hat [613]).

[612]) Eichhorn d. R. u. R. G. I. §. 138 Note c. Laspeyres a. a. O. Nirgend zeigt sich eine bestimmte Spur dieser Zählart. Das Wort generatio, dessen sich Gregor d. Gr. in c. 20 c. XXXV. qu. 2 et 3 bedient, ist gewiß nicht ohne Bedacht gewählt, wenn wir auch gar nicht behaupten wollen, daß er die deutsche Computation dabei im Sinne gehabt habe. Gradus und generatio sind nur im deutschen Rechte gleichbedeutend, nicht, sobald man nach römischer Weise zählt. Es ist also gar nicht anzunehmen, daß Gregor, vom Truncus ausgehend, mit dem Worte secunda generatio vom zweiten Grad nach römischer Zählung habe reden wollen. Isidor in c. 1 C. XXXV qu. 5 zählt deutsch und dazu paßt auch c. un. C. XXXV qu. 4. C. 6 C. XXXV qu. 5 ist ein Excerpt aus Julius Paulus R. S. Die deutsche und die römische Zählart concurrirten auch wohl in Spanien, bis Chindaswind und Receswind die letztere annahmen und zur allein gültigen machten.

[613]) Daß die Kirche durch ihre Ehehindernisse die Beschränkung der Verwandtschaft auf den siebenten Grad veranlaßt habe, ist eine ganz willkürliche Behauptung. Vgl. Ancher de orig. et sensu septimae generationis. Havn. 1740. Schildener Beitr. z. Kenntniß des germ. Rechts S. 16. Kieler Blätter I. S. 190. Auch in der Art, wie Sydow a. a. O. S. 129—134 sie darstellt, kann diese Hypothese nicht angenommen werden. Ist doch c. 30 Concil. Mogunt. v. J. 847 der erste, welcher die Verwandtschaft im vierten Glied als ein trennendes Ehehinderniß erklärt. Wie könnten die weit älteren Bestimmungen der legg. Ripuar., Anglior. et Werinor., Salior., Longobard., Bajuvar. etc., welche die Sippe erst mit dem fünften, sechsten und siebenten Gliede schliessen, den kirchlichen Satzungen nachgebildet seyn? Eher möchte ich glauben, daß ursprünglich auch die W. Gothen bis zum sechsten Gliede zählten und daß

Es zeigt sich auch nirgend eine Spur einer solchen Verwechslung. In England, wofür die Bestimmung Gregors des Gr. gegeben war, aus welcher man die Hypothese jener eigenthümlichen sogenannten Gregorianischen Computation abgeleitet hat (c. 20 C. XXXV. qu. 2 et 3), wurde dieselbe nie anders als nach deutscher Zählart gedeutet [614]) und lediglich als eine Ausnahme betrachtet [615]), von welcher, nach einem Briefe des heiligen Bonifacius an Papst Zacharias (Mansi XII. p. 314 c. 5), Augustin selbst, wenigstens in Ansehung des dritten Grades kanonischer Zählart, keinen Gebrauch gemacht zu haben scheint. Wir sehen aus der dem Beda zugeschriebenen Kanonen-Sammlung bey Mansi XII. 498 — 520 und aus den sog. Excerptiones Eggberti, daß die englische Kirche in Ansehung der Ehe unter Verwandten und der Zählung der Verwandtschaftsgrade durchaus den Gebräuchen der übrigen Kirchen folgte [616]).

---

die legg. Visigoth. l. c. durch das Unterschieben der römischen Zählart ihr Erbrecht mit dem Kirchenrechte in Einklang zu setzen beabsichtigten.

[614]) Sieh z. B. Pseudo-Beda (Mansi XII. 504), wo ein angeblicher Kanon des heiligen Patricius sagt: Intellige quid lex loquitur, nec minus nec plus. Quod autem observatur apud nos, ut quatuor genera dividantur, nec vidisse dicunt nec legisse.

[615]) Eggberti Poenitent. c. 133.

[616]) Pseudo-Beda Mansi XII 503, 504, 517 D. Eggbert. Excerpt. c. 128, 129, 134, 137. Eggbert. Poenitent. c. 28. Wilkins I. p. 121, p. 139. Diese Stellen enthalten zum Theile schon das Verbot der Ehe bis zum siebenten Grad u. in Pseudo-Beda p. 504 bei Mansi a. a. O. wird bey dem Satze aus Gregorii III. Judiciis: Si quis de propria cognatione vel quam cognatus habuit duxerit in matr. anath. sit, bemerkt, es sey in aliorum decretis zu finden, wenn aus Unwissenheit, wie es durch Nachlässigkeit der Geistlichen leicht geschehen könnte Leute im 4ten, 5ten oder 6ten Grade sich verheurathet hätten, so sollten sie nicht getrennt werden, was indessen bloß aus Nachsicht geschehe. Im 3ten oder 2ten Grade aber müssen sie geschieden werden.

Auch in der Correspondenz des heiligen Bonifacius der sich so gerne auf die Gebräuche der englischen Kirche berief, mit den Päpsten, die ihm über das Ehhinderniß der Verwandtschaft Vorschriften gaben, kömmt nirgend eine Spur eines Mißverständnisses oder auch nur eines Schwankens über die Art vor, wie die Bezeichnung der Grade zu verstehen sey. Gregor II. schreibt für Deutschland genau das Nemliche vor, was im übrigen Europa damals beobachtet wurde, daß man sich nemlich innerhalb des vierten Grades nicht verheurathe [617]), und wenn auch aus Kan. 15 des Conciliums zu Rom v. J. 743 zu entnehmen ist, daß dieß in Deutschland nicht gehörig befolgt wurde und man daselbst im vierten Grade zu heurathen sich erlaubte, so kann doch dieses auf keinen Fall durch ein Mißverständniß in der Zählung der Grade, sondern lediglich durch einen gewissen Laxismus geschehen seyn, welcher Ehen, die anderwärts sobald sie einmal geschlossen waren, nicht wieder getrennt wurden, geradezu als erlaubt und zulässig betrachten ließ [618]), und dabey auf die besondere Nachsicht sich

[617]) Gregor II. Ep. ad Bonifac. Mansi XII. 245 cf. c. 16 C. XXXV. qu. 2 et 3: Igitur in primis legebatur, in quota progenie matrimonium copulatur. Dicimus quod oportuerat quidem, quamdiu se agnoscunt affinitate propinquos, ad hujus copulae non accedere societatem. Sed quia temperantia magis et praesertim in tam barbara gente plus placet quam districtio censurae, concedendum est, ut post quartam generationem jungantur Daß das Nemliche, wie bei den Westgothen, Franken und Engländern, auch bei den Longobarden beobachtet wurde, sehen wir aus Liutprand l. 33 Lib. 5, wonach der Papst bereits Liutprands Vorgänger veranlaßt hatte, die Ehe mit der Relicta des Sobrinus zu untersagen, daher sie mit der Sobrina selbst sicher auch nicht geduldet wurde.

[618]) Concil. Rom. a. 743 c. 15: Scripsimus de gradibus cognationum, vel quomodo debeant quilibet amodo ei deinceps legitimo conjugio copulari. . . . . Sed neque hoc silendum est,

berief, die Papst Gregor gegen die Deutschen zu beobachten befohlen habe. Zu allem Ueberfluß besitzen wir ein Dekret, welches dem Papste Zacharias zugeschrieben wird, und auf jeden Fall aus dem achten Jahrhundert ist [619]) worin zwar die Zählart verworfen wird, die vom Truncus der Geschwister erst anhebt, wo aber genau die Bestimmung der Grade nach deutscher Art, nemlich nach den Generationen angegeben, von einer Computation nach der Zahl der Personen, oder nach römischer Methode auch nicht eine Sylbe zu finden, kein Gedanke zu entdecken ist.

Wir können daher den Hypothesen, welche die allmälige Erweiterung des Ehhinderuisses der Verwandtschaft lediglich von der Kirche ausgehen, zum Theil durch die Ungeschicklichkeit, zum Theil durch die mystische Sinnesart und unbedachtsame Rigororisität der Geistlichkeit sich entwickeln lassen, durchaus nicht beistimmen. Viel näher scheint die Ursache in jener Grundidee des deutschen Erbrechtes zu liegen, daß jede Familie eine geschlossene Rechtsgenossenschaft bilde, auf ein Gesammteigenthum gegründet, in dessen Besitz und Genuß eine Generation nach der anderen einrücke und wo alle gleichzeitig lebenden Glieder ihren gemeinschaftlichen Herd und gleichsam das Heiligthum der innigsten Gemeinschaft von Ehre und Schmach, von Freundschaft und Feindschaft finden. Wie die Germanen lebhaft die Idee der Einheit

---

quod in Germaniae partibus ita diu vulgatum est, quod quidem in rachivo nostrae sanctae sedis scriptum minime reperimus, ipsis tamen asserentibus hominibus de Germaniae partibus: quod beatae recordationis Sti. Gregorius Papa, dum eos ad religionem Christianitatis divina gratia illustraret, licentiam illis dedisset in quarta se copulare generatione, quod quidem Christianis licitum non est dum usque se cognoverint.

[619]) C. 4 C. XXXV. qu. 5. Mansi XII. 356. Laspeyres cit. p. 45, 46, Nota *).

des Blutes auffaßten, spricht sich sinnig in dem Bilde eines Mannes aus, an dessen Gliedern sie in viel späterer Zeit noch die Verbindung der Blutsverwandten darstellten, die ihnen auf solche Weise nur einen Körper, einen Menschen im Großen, miteinander zu bilden schienen. Während nun das Verhältniß in jeder Hinsicht so innig war, wäre es in der That seltsam gewesen, wenn man in Rücksicht auf die Ehe allein es übersehen und minder beachtet hätte [620]). Aber allerdings waren es dann die Päpste, welche diese Idee der Blutseinheit in Beziehung auf die Ehe mit consequenter Strenge festhielten und auf deren rücksichtslose Beachtung mit unablässigen Ermahnungen drangen [621]). Nikolaus I. gieng so weit, daß er eine Beschränkung auf gewisse Grade überhaupt gar nicht zugeben wollte [622]). Doch bildete die siebente Generation früh die Grenze, bis zu welcher, und über die hinaus nicht weiter, die Sache von Seite der Päpste und der kirchlichen Autoritäten, ohne Rücksicht auf Recht und Gebrauch der einzelnen Länder, verfolgt zu werden pflegte [623]), und in soferne stellte sich freilich damals schon die kirchliche Computation als eine selbstständige der weltlichen und der des Erbrechtes gegenüber.

Was die Schwägerschaft anbelangt, so scheint gerade das ent-

---

[620]) Mittermaier §. 382 cit.

[621]) Gregor II. in Concil. Rom. a 721 c. 9 Hardouin III 1865.
ejusd. Epistol. cit. ad Bonifac. Mansi XII 245.
Zachar. in Concil. Rom. a 743 Hard. III 1928.
Ejusd. Epist. ad Pippin c. 22 Hard. III 1904.
„ „ ad Theodor. Episc. Ticin. Mansi XII 356.

[622]) Ep. ad Episcop. Germaniae Mansi XV. p. 141 cf. Concil. Mogunt. a 847 c. 30 cit.

[623]) Sieh die Note 621 angeführten Stellen.

gegengesetzte Verhältniß eingetreten zu seyn und die Anerkennung dieses Ehehindernisses bey dem Volke viel Schwierigkeiten gefunden zu haben. Der Grund lag auch da in der ausschliessenden Achtung vor der Parentel oder Sippe, indem man die Frauen und deren Verwandte, als einer ganz anderen Genossenschaft angehörend, sich in so naher Beziehung nicht dachte. Darum schärft das Longobardische Gesetz ein (Conciani Barb. legg. II. 209 et 219), daß uxoris parentela ita sit viro sicut propria parentela [624]). Dieses Gesetz gedenkt des Hindernisses der Verwandtschaft beinahe gar nicht und spricht nur von der Schwägerschaft, weil wohl nur in letzterer Hinsicht die Intervention des weltlichen Armes nothwendig war, indessen dort die Autorität des Prinzips für sich allein schon hinlänglich wirkte [625]). Auf dieselbe Vermuthung führt auch die Decretio Childeberti v. J. 595 c. 2, worin der König mit seinen Leudes in der Art, wie man gegen eine böse Gewohnheit einen guten Vorsatz zu fassen pflegt, beschließt, daß fürder von den Crinosis keiner mehr des Bruders Frau, der Frau Schwester oder des Oheims oder nächsten Vetters Weib zur Ehe nehmen wolle. Aehnliches deutet auch die Sprache des westgothischen Gesetzes l. 6 Tit. V. lib. III. an. So lange es indessen üblich war, die Verwandten, unter welchen keine Ehe statt finden durfte, nur namentlich zu bezeichnen, blieb es in dieser Hinsicht bey den früheren Verboten, welche zwischen dem Schwiegersohn, der Schwiegertochter und den Schwiegereltern, zwischen Stiefeltern und Stiefkindern, in der Seitenlinie

---

[624]) Vgl. Lex Anglior. VI 8. L. Saxon. VII. 2. L. Sal. Tit. 61. Heinecc. Antiqq. germ. III. p. 298.

[625]) Rotharis Ed. 185. Liutpr. legg. Lib. V. c. 32, 33.

aber mit des Bruders Frau und der Frau Schwester, so wie mit des väterlichen und mütterlichen Oheims Wittwe keine Ehe zuliessen [626]). Wo jedoch die Ehe unter Verwandten in allgemeinen Ausdrücken untersagt war, da wurde dasselbe Verboth auch in Ansehung der Schwägerschaft in der nemlichen Ausdehnung gegeben und von der Zeit an, wo das Ehverbot wegen Verwandtschaft allgemein nur noch nach Graden bestimmt zu werden pflegte, findet sich auch überall der Grundsatz ausgesprochen, daß in derselben Entfernung, wie die Verwandtschaft, auch die Schwägerschaft als Ehehinderniß zu betrachten sey. So verbindet schon das Concilium von Agde v. J. 516 im c. 61 mit dem allgemeinen Verbot, daß Keiner ex propria consanguinitate aliquam heurathe, die Worte: aut quam consanguineus habuit. Das westgothische Gesetzbuch verbietet an demselben Orte, wo es die Ehe unter Verwandten untersagt, auch propinquorum suorum relictam zu heurathen (Lib. II. Tit. 5. l. 1). Eben so erklärt Gregor II. auf dem Concilium zu Rom i. J. 721 Kan. 9. Si quis de propria cognatione, vel quam cognatus habuit, duxerit uxorem, anathema sit, und Zacharias bin-

---

626) Concil. Roman. sub Innocent I. c. 9. Hard. I. 1036.

Synod.	Sti. Patricii		c. 25	Hardouin	I.	1796.
Concil.	Aurelian.	a 511		„	II.	1011.
„	Epaonens	- 517	c. 30	„	-	1050.
„	Aurelian II.	- 533	c. 10	„	-	1175.
„	Arvernens	- 535	c. 12	„	-	1182.
„	Aurelian III.	- 538	c. 10	„	-	1425.
„	Aurelian IV.	- 541	c. 27	„	-	1439.
„	Parisiense	- 557	c. 4	„	III.	338.
„	Turonens.	- 567	c. 21	„	-	363.
Synod.	Autisiodorens.	- 578	c. 27-32	„	-	446.
Concil.	Parisiense	- 614	c. 14	„	-	456.

det in seinem Briefe an Pipin Kap. 22 (Hardouin III. 9004 sq.) gerade an die Anführung des Kanons von Neocäsarea, welcher die Ehe mit zwey Brüdern oder mit zwey Schwestern untersagt, den Ausspruch an: daß er, nach dem Beispiele seiner Vorgänger, sage, daß, so weit die Verwandtschaft erkennbar sey, keine Ehe statt findendürfe; ausdrücklich auf diese Weise Verwandtschaft u. Schwägerschaft mit einem und demselben Verbot umfassend. Viel früher hatte aber schon denselben Grundsatz, wie das Concilium von Agde, auch Theodor von Canterbury in seinem Poenitentiale c. 11 ausgesprochen [627]). Das Concilium von Compiegne v. J. 756 verbietet in seinem Kanon 2 die Ehe mit der Frau oder dem Manne eines oder einer Verwandten in denselben Graden, in welchen es die Ehe mit diesen untersagt hat. Des Gesetzes des longobardischen Königs Liutprand, welcher auf Ermahnung des Papstes die Ehe mit des Consobrinus oder Sobrinus Wittwe untersagt, haben wir oben schon gedacht. Das Concilium zu Chalons v. J. 813 und das Concilium von Mainz v. J. 845 stellen die allgemeine Regel auf: Sane eadem quae in viri, haec nimirum in uxoris parentela de lege nuptiarum custodienda est, welches auch das Concilium von Worms v. J. 868 im Kanon 78 wiederholt [628]).

So wurde vom achten Jahrhundert an überall, in Italien, Spanien, England, Frankreich und Deutschland, die Schwägerschaft eben so weit, wie die Verwandtschaft selber, als ein trennendes Ehehinderniß geachtet. Aber die in der griechischen Kirche dem Verbote gegebene Ausdeh-

[627]) Vgl. c. 13 et 14 C. XXXV. qu. 2 et 3.

[628]) Vgl. auch Capitular. Lib. VII. c. 179 p. 1062 addit. IV. c. 74.

nung, daß zwey Brüder nicht zwey Schwestern, Vater und Sohn nicht Mutter und Tochter heurathen durften, wurde im Abendlande nicht anerkannt [629]). Uebrigens wurde unter natürlicher und legitimer Schwägerschaft eben so wenig ein Unterschied gemacht, wie unter natürlicher und legitimer Blutsverwandtschaft [630]). Was dagegen die nachgebildete Schwägerschaft aus den Sponsalien und der nicht vollzogenen Ehe anbelangt, so wissen wir zwar aus dem Ausspruche des Papstes Siricius (c. 50 C. XXVII. qu. 2), daß auch im Abendlande in frühester Zeit die eingesegneten Sponsalien so vollkommen der Ehe gleichgeachtet wurden, daß ihre Verletzung als ein Adulterium galt, und man dürfte wohl annehmen, daß die Sitte und die Kirche bei dem stehen blieben, was, wie wir im ersten Abschnitt gesehen haben, durch das römische Recht schon in der Hinsicht gegründet war; jedoch etwas Genaueres läßt sich darüber nicht angeben; denn die Kanones 11, 12, 14, 15 C. XXVII. qu, 2, welche unter den Namen Gregors des Großen und Julius davon handeln, sind ge-

---

[629]) St. Gregor ad Augustin c. 26. Wilkins cit. I. p. 120. Theodor Cantuar. Poenitent. c. 98. Mansi XII. 32. Zu c. 12. C. XXXV. qu. 2 et 3, wo unter des Papstes Julius Namen eine affinitas ex affinitate statuirt wird, finden sich die Elemente in den Urkunden dieser Zeit nicht vor.

[630]) Concil. Agathens. a 506 c. 61.
„ Comped. a 756 c. 10. c. 32 c. XXVII. q. 2.
„ „ - „ c. 14. c. 9 c. XXXIV. q. 1, 2.
„ „ - „ c. 15. c. 5 c. XXXV. q. 2 et 3.
„ Tribur. c. 44. c. 6 c. XXXV. q. 2 et 3.
c. 10 c. XXXIV. q. 1, 2.
„ Wormat. c. 34. c. 16 c. XXXIII. qu. 2.
„ Mogunt. I. c. 3 et 56 } c. 20 c. XXXII. qu. 7.
„ II. c. 29 }
cf. Burchard l. 17. c. 21. Ivo. p. 10. c. 79.

fälscht, und andere Zeugnisse liegen darüber nicht vor. Muthmassungen lassen sich auch um so weniger mit Zuverlässigkeit aufstellen, als wir wissen, daß es im zwölften Jahrhundert eine große Streitfrage war, ob die durch den bloßen Consens begründete Verbindung ohne Hinzutritt der Copula in ihren Folgen als wirkliche Ehe zu achten sey. Daher läßt sich denn auch um so weniger bestimmen, ob vor eben diesem zwölften Jahrhundert die aus einem anderen Grunde als wegen mangelnden Consenses nichtige Ehe in dieser Hinsicht irgend eine Wirkung geäussert habe.

In Ansehung der geistlichen Verwandtschaft haben wir auch angeblich der abendländischen Kirche angehörige gefälschte Urkunden in c. 10 Dist. 4 de consecrat. c. 8 C. XXX. qu. 1 c. 9 et 10 eod. c. 1 eod. c. 3 C. XXX q. 4, die hier durchaus nicht in Betracht gezogen werden können. Wenn gleich übrigens, außer dem Ausspruch des Papstes Nikolaus in c. 1 C. XXX. qu. 3, bestimmte Zeugnisse über das Ehehinderniß vor dem achten Jahrhundert nicht vorkommen, so weist doch schon aus der früheren Zeit der herrschende Sprachgebrauch die allgemeine Anerkennung eines genaueren, der Verwandtschaft nachgebildeten Verhältnisses zwischen dem Täufling, seinem Pathen und des Täuflings Eltern nach. Die Worte filius ex baptismate, filiolus, filiola und commater, welche im Concilium von Auxerre v. J. 578, in Floriani Monachi Epistola ad Nicetam Trevirensem T. I. histor. gall. p. 851, in Gregors des Großen Ep. 40 lib. III. (c. 20 C. XVIII. qu. 2,) in Theodors von Canterbury Poenitentiale c. 4 (c. 2. D. IV. de consecrat.) und a. a. O. m. vorkommen, weisen deutlich darauf hin. In der angeführten Stelle c. 20 C. XVIII. q. 2 rügt Papst Gregor der

Gr. die Mönche, daß sie mit ihren Commatres auf den Grund dieses Verwandtschafts-Verhältnisses sich gefährliche Vertraulichkeiten erlaubten. Die Urkunden, welche des Ehhindernisses zuerst erwähnen, beweisen, daß es in der Sitte, auch im Abendlande, schon längst herrschte, ehe es der Gegenstand gesetzlicher Einschärfungen und Strafbestimmungen wurde. Dahin gehört namentlich die Geschichte in den gestis regum francorum, von der Fredegunde, welche die Andovera, erste Gemahlin Chilperichs I. beredet hätte, in des Königs Abwesenheit ihr eigenes Kind aus der Taufe zu heben, um dieselbe auf solche Weise als des Königs Commater von dessen Bette zu entfernen. Die Geschichte beweist, daß wenigstens zur Zeit, wo sie geschrieben wurde, im Anfange des achten Jahrhunderts, das Ehhinderniß der geistlichen Verwandtschaft eine längst bekannte und anerkannte Sache war [631]). Aus der nemlichen Zeit ist das erste Anathem, welches von Gregor II. auf dem Concilium zu Rom gegen die Ehe mit der Commater ausgesprochen wurde. Papst Zacharias, der auf dem Concilium zu Rom v. J. 743 c. 4 die Ehe mit der Commater gleich der mit einer Nonne verdammte, bezeichnet ausdrücklich in seinem schon angeführten Brief an Pipin c. 22 die Ehe mit der geistlichen Tochter als eben so unerlaubt und verabscheuungswürdig [632]). In der ganzen Ausdehnung, die es um diese Zeit hatte, giebt das Ehehinderniß der geistlichen Verwandtschaft die lex 34 des longobardischen Königs Liutprand zu erkennen, welcher

---

[631]) Dieselbe Geschichte kommt bey Aimonius l. 3 histor. 1. c. 61. und bey Andreas Sylvius in Chronico Maricanensi vor.

[632]) Aus dieser Stelle scheint c. 3 C. XXX. qu. 3 geschöpft zu seyn.

auf päpstlichen Antrieb bestimmte: ut nullus praesumat commatrem suam ducere uxorem, sed nec filiam, quam de sacro fonte levaverit: neque filius ejus praesumat filiam illius uxorem ducere, qui eum de fonte suscepit, quia spirituales germane esse noscuntur. Ubi autem inventi fuerint, qui suprascripta illicita conjugia contraxerint, de praesenti separentur et poenae suprascriptae subjaceant. Daß der Sohn des Pathen diejenige, welche sein Vater aus der Taufe gehoben, zur Ehe habe nehmen wollen, bezeichnet Zacharias in seinem Brief ad Theodorum ep. Ticin. (c. 2 C. XXX. qu. 3) als etwas unerhörtes, quod dici crudele est und es ist kein Grund da, diese Stelle, die dem Gebrauche der Zeit vollkommen entspricht, als unecht zu betrachten [633]). Aus c. 1 Concilii Mettensis a 756 u. c. 12. Concilii Compendiensis a. 757 (Hardouin IV. 1991 et 2005) sehen wir, daß das Band der geistlichen Verwandtschaft aus der Firmung eben so, wie aus der Taufe entsprang. Man gieng in der Scheu vor diesem Verhältnisse so weit, daß man selbst die bestehende Ehe, wenigstens da, wo die Gatten nicht in fraudem legis bey der Taufe oder Firmung ihrer eigenen Kinder eine solche cognatio spiritualis eingiengen, trennen zu müssen glaubte, was jedoch die Päpste nicht billigten [634]).

---

[633]) Es scheint der Bemerkung nicht ganz unwerth, daß, obgleich der dem Papste Deusdedit zugeschriebene c. 1 C. XXX. qu. 3. unecht ist, doch in dem Leben dieses Papstes bey Ciaconius Vitae et gesta Romanorum pontificum et cardinalium Rom. 1676 berichtet wird Constituit autem vir optimus, ne filius patrini puellam e sacro fonte a patre levatam, ducere in uxorem posset, welche Stelle übrigens in den Exemplaren bey Labbe und Anastasius nicht vorkommt.

[634]) C. 12 Concil. Comped. c. 2 C. XXX. qu. 1. cf. Baluz. T. I. capit. p. 165 Concil. Mogunt. a 813. c. 35 Hardouin IV. p

Man kann daher über die Unwissenheit und die Zweifel, welche Bonifacius um 743 in seinen Briefen an Nothelmus und Plechthelmus über das Hinderniß der geistlichen Verwandtschaft äußert [635]), nur staunen und höchstens daraus auf die Disciplin der englischen Kirche, welche etwa dieses Ehhinderniß nicht kennen mogte, einen Schluß ziehen. Die in Theodors Poenitenïale, in den leges Inae (712 — 727) Nro. 75 und bey Beda (histor. angl. l. 3 c. 7.) vorkommenden, das Verhältniß bezeichnenden Ausdrücke lassen indessen kaum annehmen, daß das Hinderniß damals noch in England wirklich ganz unbekannt gewesen sey. Wenn man dann auch das Verboth der Ehe mit der Commater in Kap. 129 der Excerptiones Eggberti nicht in Anschlag bringen will, weil diese Excerptiones ein späterer Auszug aus dem älteren echten Werke des Eggbert sind: so kommt doch das nemliche Verboth auch in c. 59 der leges presbyterorum Northumbrensium (Wilkins cit. I p. 221) vor und macht die angeführten Aeusserungen des Bonifacius noch auffallender.

1016. Capitular. L. V. c. 167. Concil Cabilon. II. c. 30 a 813 Hard. IV. 1036. Rhaban. Maur. ad. Heribald. c. 20.

Nicolaus I. c. 3 c. XXX. qu. 1. c. 6 eod. Joann. VIII. c. 7 eod. Alexander II. c. 2 X. de cognat. spirit. (4, 11).

[635]) Baronius ad a. 743. In dem Briefe an Nothelmus sagt Bonifacius, er könne nicht einsehen, quare in uno loco spiritualis propinquitas in conjunctione carnali copulata grande peccatum sit, quando omnes in sacro baptismate Christi et Ecclesiae filii et filiae, fratres et sorores comprobamur. In dem anderen Briefe äussert er darüber, quod peccati genus (si verum est) hactenus ignorabam et nec in antiquis canonibus nec in decretis pontificum patres, nec in calculo peccatorum Apostolos usquam enumerasse cognovi.

§. 10.

Hinderniß aus einem vorhergegangenen Verbrechen des Ehebruchs oder des Gattenmordes.

Lange vor Justinian war nach römischem Rechte die Ehe unter Ehebrechern oder mit einer Ehebrecherin überhaupt untersagt. Aus der gegenwärtigen Periode haben[636] wir darüber, den Schluß des bereits angeführten c. 10 Concil. forojulian. a. 791 ausgenommen, weder weltliche noch kirchliche Bestimmungen[636a]. Die in der nächstfolgenden Periode vorkommenden Schlüße von Tribur und Altheim c. 4 C. XXX qu. 1 u. c. 3 eod., besonders die Sprache des letzteren, beweisen, daß in der allgemeinen Meinung wenigstens die Vorstellung von der Unzulässigkeit solcher Ehen sich erhalten hatte. Sie sprechen von dem Verbot als von etwas längst Bekanntem und das Concilium von Altheim beruft sich sogar auf canonum statuta, die wir freilich nicht kennen. Die Strenge, womit der Ehebruch bestraft wurde, mogte unnöthig machen, für solche Fälle Fürsorge zu treffen. Gewöhnlich war der Tod oder die Ueberantwortung der beiden Schuldigen in des beleidigten Gatten Gewalt, um mit ihnen nach Willkühr zu verfahren, auf den Ehebruch gesetzt[637]. Eine einzige

---

[636]) cf. ff. 11 §. 11, 13 ad. leg. Jul. de adult. (48, 5).

[636a]) Sed nec adulterae, quae poenas gravissimas vel poenitentiae tormentum luere debet, alium accipere maritum (placuit), nec vivente nec mortuo, quem non erubuit defraudare, marito.

[637]) Ayrer de jure connub. §. 7. Hoffmann de dissensu jur. in puniendo adulter. crim. c. 5. Joh. Fr. Polac system. jurispr. civ. germ. antiq. L. III. c. 16 §. 8. Der sonderbaren Bestimmung in leg. Aethelbert. ed. Wilkins c. 23 und c. 48 wurde oben schon gedacht.

Stelle, Kap. 26 in Eggberts Poenitentiale (Wilkins I 120), welche sagt: Cum vir in adulterio conjunctus sit uxori suae familiae, post uxoris suae mortem legitimo jure uxori illi conjungatur, dient als Beleg für die sich von selbst aufdringende Vermuthung, daß es mit dem Manne, in dieser wie in mancher anderen Hinsicht, nicht so streng gehalten worden sey, wie mit der Frau.

Einige grelle Fälle des Incests, sowohl in als ausser der Ehe, namentlich mit zwey Geschwistern, mit der Stieftochter oder Stiefmutter u. dgl. machten den Schuldigen zu jeder Ehe absolut unfähig, was wohl mit der lebenslänglichen, darauf gesetzten Busse zusammenhieng, die, wie wir gesehen haben, als ein trennendes Ehehinderniß galt [638].

---

[638]) Concil. Vermeriens c. 10, 11, 12, 18.
„ Comped. c. 8, 10, 14, 15. c. 23 C. XXXII. qu. 7. angeblich von Zacharias. Capitular. Lib. V. c. 21. Lib. VII c. 381.

III. Kapitel.

Eingehungsart der Ehe, Sponsalien und aufschiebende Ehehindernisse.

§. 1.

Die deutsche Sitte knüpfte den Eintritt und die Anerkennung wirklicher Ehe weit strenger an gewisse Förmlichkeiten, als dieß bey den Römern der Fall war. Die Feststellung des Preises, wovon wir früher schon gesprochen, zwischen dem Manne und den Eltern oder Verwandten der Frau, die Ablösung des Mundiums über dieselbe und die Bestimmung des Heurathguts oder des Witthums war dabey die Hauptsache und dergestalt unerläßlich, daß selbst in den Fällen, wo durch Entführung, oder wie immer, auf unregelmässige Weise das Band geknüpft worden war, das Verhältniß durch die nachträgliche Erfüllung dieser Förmlichkeiten allein legitimirt und in Rücksicht der Standes- und Vermögensrechte wirksam gemacht werden konnte [639]. Dieß war in der Regel der Gegenstand der

[639]) L. Wisigoth. 7 Lib. III. Tit. 4. L. Burgund. §. 3 Tit. 12. additam. I. Tit. 14. Liutpr. lib. VI. l. 114 L. Rothar. 223 l. 11 L. Alamann. Tit. 54 §. 2. Selbst in der l. Rom. Burg. od. den Resp. Papiani Tit. 36. ist die donatio nuptialis als ein nothwendiges Erforderniß zur Ehe angegeben, während das Breviar. Alar. in der Interpretation zu l. 3 C. Theod. (9, 7) den blossen Consens für genügend erklärt.

Sponsalien[640]). Sobald diese vollzogen waren, wurde das Verhältniß als eben so unauflöslich, wie die wirkliche Ehe betrachtet. Nach Long. leg. Rothar. 179 erlitt die Sponsa, welche ihrem Sponsus untreu wurde, die Strafe des Ehebruchs, und wer die Sponsa eines Anderen zur Frau nahm, mußte nach Liutprand 119 (lib. 6) sein ganzes Wehrgeld an den König entrichten, also wie für ein Kapitalverbrechen sühnen; die Sponsa aber wurde ihres Erbrechtes verlustig, wenn sie wider ihres Vaters oder ihrer Verwandten Willen in die Ehe mit einem Anderen sich begab. Waren aber der Vater oder die Verwandten die Schuldigen, so mußten sie durch Erlegung ihres Wehrgeldes dafür büssen, der Conventional-Strafen und Entschädigung, die dem Sponsus zukamen, nicht zu gedenken. Bey den Conventional-Strafen allein hatte es bloß dann sein Bewenden, wenn ausgebrochene Feindseligkeiten aus der Erfüllung der Sponsalien grosse Gefahren und Uebelstände besorgen liessen. Nur wenn die Braut aussätzig, besessen oder an beiden Augen blind wurde, war der Sponsus, und, wenn dieser länger als zwey Jahre das gegebene Wort zu erfüllen und die Ehe zu vollziehen säumte, war die Sponsa der versprochenen Treue und und Verpflichtung ledig[641]). Nach dem Gesetze der Westgothen (l. 4 lib. III Tit. I) hat der Verlauf des römischen Biennium's nach Eingehung der Sponsalien nicht einmal die Aufhebung der Verpflichtung der Braut, sondern nur, auf Seite des Sponsus, die Verwirkung einer Strafe zur Folge, welche die Eltern oder Verwandten der

---

[640]) Eichhorn D. R. u. R. G. §. 54 Th. I. S. 157 fgg. Grimm D. R. Alt. I. S. 420 u. 424. Grupen uxor theotisca p. 232 in f. sq.

[641]) Cf. Rothar. 178 et 180.

Braut zu fordern befugt sind. Die Verletzung der Treue von Seite der Braut wird aber hier (l. 2 Lib. III Tit. 1 cf. l. 2 Lib. III Tit. 4) eben so, wie wirklicher Ehbruch, durch Ueberantwortung der beyden Schuldigen in die Gewalt des beleidigten Sponsus bestraft und in l. 3 Lib. III Tit. 6 werden in der Beziehung die Sponsalien ausdrücklich der Ehe gleichgestellt und als gültige Trennungsgründe nur 1) wechselseitige Einwilligung 2) offenbare Gefahr der Gesundheit 3) propositum religionis anerkannt. Auch das burgundische Gesetz bestraft im Titl. 52 den Bruch der Sponsalien auf Seite der Sponsa und dessen, mit dem sie sich vergeht, gleich wie den wirklichen Ehebruch, mit dem Tode. In lex Alamann. Tit. 52 vgl. Tit. 53 u. 51 eod. wird sogar die Verletzung der Sponsalien höher angeschlagen, als der Bruch der Ehe, und da, wie auch in lex Bajuvar. Tit. VII c. 14, 15, 16 wird, gleich wie in Ansehung der Ehefrau, bestimmt, daß, wer die Sponsa eines Anderen genommen, selbe dem Sponsus zurückzustellen verbunden sey. Das Gesetz der Salier (Tit. 70 vgl. Tit. 14 §. 8 u. Tit. 16) setzt auf die gewaltsame Entführung der Braut eines Anderen, wenigstens dann, wenn sie bereits auf dem Wege ist, um ihrem künftigen Gatten zugeführt zu werden, dieselbe Busse, wie auf den Fall, wenn Einer die Frau eines Anderen bey dessen Lebzeiten zum Weibe nimmt, und die Verheurathung mit einer fremden Braut wird gleich der Nothzüchtigung eines Mädchen gebüßt.

Da diese Heilighaltung der Sponsalien ganz den älteren Gebräuchen der Kirche entsprach, so haben wir aus dieser Periode keine neuen Kanones über den Gegenstand, wohl aber in den Kanonen-Sammlungen und Pönitentialbüchern durch die Aufnahme und Benützung der älteren

Bestimmungen den Beweis, wie die Kirche durch ihre Wirksamkeit die weltlichen Gesetze unterstützte. Größtentheils sind die bereits bekannten Kanones von Eliberis und Ancyra, nebst dem Briefe des Papstes Siricius an den Bischof Himerius von Tarragona angeführt [642]). In dem Poenitentiale Eggberts (Wilkins I p. 130) ist c. 12 15 auf den Grund dieser Bestimmungen ausgesprochen, daß eine Braut, wenn sie Gewalt erlitten, dennoch ihrem Bräutigam gegeben werden soll, so zwar, daß sie, wenn mittlerweile ein Hinderniß durch Verwandtschaft oder Schwägerschaft eingetreten wäre, durch Dispens verbunden werden sollen; derjenige aber, der eines Anderen Sponsa nimmt (Spoliat) soll excommunicirt werden. Kanon 20 derselben Sammlung läßt derjenigen, die dem Manne nicht beiwohnen will, dem sie verlobt wurde, keine andere Wahl, als in ein Kloster zu gehen, falls er sich nicht durch die Rückgabe des für sie bezahlten Preises und Abtretung des Drittheils ihres Erbes abfinden lassen will. Dieselbe Bestimmung hinsichtlich der Abfindung enthält Theodors Poenitentiale in c. 105 (Mansi XII 33). Es schärft zugleich in c. 129 den Eltern der Braut die genaue Einhaltung der Sponsalien ein, und erklärt c. 92 nur im Falle einer Untreue dieser letzteren den Bräutigam seiner Verbindlichkeit überhoben.

Ueberall knüpften also die Sponsalien, gleich der wirklichen Ehe, ein Band, welches nur aus den wichtigsten Gründen gelöst werden konnte [643]). Die Ehe aber

---

[642]) Die alte gallische Sammlung bey d'Achery I. p. 526 c. 60, 63, 71; der oft angeführte Index vett. can. hisp. Lib. V. Tit; die alte irländische Sammlung bey d'Achery I. 504 Lib. 114 c. 37.

[643]) Vgl. Ayrer cit. §. 8 — 15.

trat erst mit der Beschreitung des Ehebettes ein [644]) und, wie bey den Römern, bis nach erfolgter deductio in domum, so wurde bis zu diesem Augenblick die Frau nicht Frau, nicht uxor, sondern sponsa, Braut genannt. Daher noch der spätere Streit, ob ohne Copula wirkliche Ehe anzuerkennen sey. Die Gesetze geben hie und da die Bedingungen der Vollziehung an, durch welche die Sponsalien eigentlich erst die bindende Kraft erhielten, die ihnen überall zuerkannt ist. Es ist allenthalben die firmatio fabulae, wie Rotharis lex 178 sich ausdrückt, welche entweder durch Beiziehung der erfoderlichen Anzahl von Zeugen, oder durch Uebergabe der Arrha und namentlich durch das Anstecken des Brautringes oder wohl gar Erlegung des Kaufpreises, wenn auch nur symbolisch, und die Ablösung des Mundiums erfolgte [645]). Sollte aber in Folge dieser Sponsalien nun wirkliche Ehe eintreten, so mußte die Braut durch Eltern oder Verwandten feierlich dem Bräutigam zugeführt und übergeben werden [646]). War den Gesetzen und der Sitte genügt und zur Begründung des künftigen Ehestandes alles geordnet, so trat dann die kirchliche Einsegnung hinzu, um das Verhältniß zu heiligen und den geschlossenen Bund durch die religiöse Sanktion zu bekräftigen. Es scheint, daß diese

---

[644]) Emminghaus de praecip. foem. c. 2 §. 6 in f. sq. Ayrer cit. Sect. II. §. 8. Balemann de jure connubior. Sect. II. §. 30. Schwäb. R. P. II. Art. 324. Sächs. R. L. I. Artt. 45, 53. Phillips a. a. O. S. 208.

[645]) Grimm a. a. O. I. S. 430, 432 vgl. S. 177, 178. L. Wisigoth, 2. Lib. III. Tit. 4. l. 3 Lib. III. Tit. 6. Ayrer Sect. I. §. 9. Eminghaus cit. c. 2 §. 6. Balemann ll. §. 24. Nicolaus ad Bulgar. c. 3. Hardouin V. 354.

[646]) Grupen uxor theot. §. 10 Pg. 74. Rotharis l. 183. Vgl. oben Kap. II. §. 2. Nicolaus l. c. c. 4 C. XXX. qu. 2.

gleichgültig vor oder nach der Vollziehung der Sponsalien und selbst der wirklichen Ehe d. h. des Beilagers erfolgen konnte [647]); doch, nach den alten Ritualien zu schließen, welche die Form der ehlichen Einsegnung angeben, erfolgte sie gewöhnlich nach der Vollziehung der Sponsalien, die vor der Kirchenthüre in Gegenwart des Geistlichen vollbracht wurden, und dann erst geschah die Ausantwortung der Braut, welche in der Kirche nach dem Meßopfer eingesegnet worden [648]). Beiläufig so beschreibt auch Nikolaus I, in dem Briefe an die Bulgaren K. 3 die Förmlichkeiten, wie sie im neunten Jahrhundert nach dem alten Gebrauche der römischen Kirche üblich waren [649]).

So wurde nach altem Herkommen und Recht der ehliche Stand begründet und von der Kirche zu einem christlichen erhoben. Wenn aber gleich das Volk nach diesem alten Gebrauch den Ehestand und die Ehe nicht zu unterscheiden, diese also nicht zu erkennen wußte, wo jener sich seinem Blicke nicht darstellte, so machte doch die Kirche diese Unterscheidung, indem sie alle diese Förmlichkeiten als

---

[647]) Grimm S. 434. k.

[648]) Eine große Menge solcher Ritualien aus allen Jahrhunderten ist zusammengestellt in Gibert Tradition de l'Eglise sur le sacrement de mariage. Paris 1725, 3 Bde. in 4°. T. I. p. 1 — 336. Vgl. Trombelli de matrim. cit. T. III. p. 315 sqq. Der Einsegnung gieng stets, wenn nicht förmliche Verkündigung, doch die Frage an das versammelte Volk und an die Brautleute voraus, ob Niemand ein Hinderniß bekannt sey, ob die zu Vermählenden nicht zu nahe verwandt oder etwa durch anderweitige Bande gefesselt seyen. cf. Ayrer cit. Sect. II. §. 3. Eichhorn. d. R. u. R. G. §. 108.

[649]) Vgl. c. 1 c. XXX. qu. 5 und legg. Edmundi bey Wilkins legg. angl. p. 75. Grupen cit. S. 232. Marculf form. append. c. 52 in Canciani cit. II. 226 formul. Andegav. eod. III. 469 Frag. hist. franc. ap. Duchesne Script. hist. franc. T. II. p. 404.

bloße Zufälligkeiten behandelte und nur in der erklärten Absicht einer ungetheilten und unauflöslichen Verbindung das Wesen der Ehe erblickte. So erklärte Nikolaus in dem Sendschreiben an die Bulgaren, nach Aufzählung der eben angegebenen Förmlichkeiten, ausdrücklich, daß da, wo Mangel an Vermögen die Bestellung einer dos, oder wo andere Umstände das Eintreten dieser Förmlichkeiten nicht gestatteteten, deren Unterlassung durchaus nicht als eine Sünde zu betrachten, die Verbindung sohin als Ehe nichts desto weniger gültig sey. Während demnach das bürgerliche Recht den Concubinat, gleich wie bei den Römern und aus denselben Ursachen, anerkannte und als eine Quelle bestimmter Rechtsverhältnisse achtete [650]), fuhr auch die Kirche fort, eben so wie sie bey den Römern gethan, die zur Hausfrau nicht erklärte Lebensgenossin eines Mannes dennoch als dessen Gattin anzuerkennen, sobald sie der wesentlichen ehlichen Absicht versichert war [651]). Es gab daher formlose, nicht öffentlich und feierlich, sondern durch blosse Consenserklärung und, nach Umständen, heimlich eingegangene Ehen. Weil indessen in solchen Verhältnissen eine hinreichende Bürgschaft für das öffentliche Wesen durchaus nicht gegeben war [652]), und

---

[650]) Walter Handbuch des Kirchr. R. IV. Aufl. §. 307. Mittermaier d. P. R. cit. §. 326. Grimm cit. I. S. 438 fg. Marculf. formul. append. No. 52. Ayrer cit. §. 7. Heinecc. antiqq. §. 301.

[651]) Coll. can. antiq. gall. Lib. I. c. 81. d'Achery T. I. p. 528. Pseudo Eggbert. Poenit. c. 9. ap. Wilkins cit. I. 130. „Et s pellicem et non legitimam uxorem habeat, illud quod ipsi (presbytero) videtur faciendum est: sciat tamen, quod uni earum alligatus sit, sive sit pellex, sive conjux. Isidor. hispal. c. 5. Dist. XXXIV.

[652]) Capitular. Carol. M. lib. II. c. 42.

manche Uebelstände sich daraus ergaben, so konnten sie natürlich als Regel von der Kirche nie gebilligt werden [653]), während ihrerseits die bürgerlichen Gesetze sich wiederholt dagegen erkärten und auf öffentliche Eingehung der Ehen drangen [654]). In keinem dieser Gesetze wird jedoch die Gültigkeit solcher heimlich geschlossenen Verbindungen in Beziehung auf die Festigkeit und Achtbarkeit des Bandes, das sie knüpften, in Zweifel gesetzt, vielmehr gerade daraus ein Theil der Uebelstände abgeleitet, um deren willen sie verpönt wurden. Der Wunsch, diesen Uebeln zu begegnen, führte wohl von selbst darauf, daß man, zuerst in Spanien und dann auch anderwärts [655]), dem früheren Herkommen zum Trotz, da wo keine dos bestellt und der häusliche, ehliche Stand nicht auf diese Weise ordentlich begründet werden konnte, dennoch auch in Ansehung der bürgerlichen Wirkungen, des Erbrechtes ꝛc. mit den kirchlichen Feierlichkeiten allein sich begnügte. Man braucht deßhalb keine Nachahmung der Justinianischen Bestimmungen darin zu erblicken, da die Verfasser des westgothischen Gesetzes, welche das Beispiel dazu gaben, von dem Justinianischen Rechte höchst wahrscheinlich keine Kenntniß hatten [656]). Ein anderes Aushilfsmittel, den

---

[653]) Pseudo-Evarist. c. 1 c. XXX. qu. 5. Excerpt. Eggbert. c. 127. Wilkins I. 109. Concil. Vermeriens. c. 15.

[654]) Capitular. lib. VI. c. 138 (c. 6 C. XXX. qu. 5) c. 327. 408 eod. Lib. VII. c. 179, c. 463 eod. (c. 1. pr. C. XXX. qu. 5.) Der §. 1 an eben dieser Stelle ist offenbar gefälscht und eine sichtliche Uebertreibung dessen, was die Kirche damals zu bewirken strebte. Capitular. additio IV. c. 2. aus l. Wisigoth. 8. Lib. XII. Tit. 3.

[655]) L. Wisigoth. 3 Lib. XII. Tit. 3. Capitular. add. IV. c. 2. citat.

[656]) Savigny G. d. R. R. im Mitt. Alt. II. S. 70.

Forderungen des Anstandes zn genügen nnd der Absicht der Kirche und des Gesetzgebers zu entsprechen, ohne mit den Gesetzen und Gebräuchen über die Bestellung des Heurathguts in Widerspruch zu gerathen und in den äusseren Verhältnissen Störungen herbeyzuführen, bildeten die sog. Ehen zur Morgengabe oder zur linken Hand (matrimonia secundum legem salicam seu ad morganaticam), durch welche eine Art von Legitimität, besonders in Rücksicht des Erbrechtes der Kinder, auch für die Verbindungen mit solchen Personen begründet wurde, mit welchen die Herstellung eines vollkommen regelmässigen Ehstandes, wegen Standesungleichheit u. dgl., nicht möglich war [657]. Endlich führte die Achtung, welche die Kirche nach Umständen für die gänzlich formlos und wohl auch heimlich geschlossenen Verbindungen zeigte und durch ihr Beispiel gebot, zu einem, dem römischen wohl ziemlich ähnlichen matrimonium per usum, so daß an vielen Orten nach Verlauf einer gewissen Zeit und unter gewissen Voraussetzungen, diejenige, die Anfangs bloß Concubine gewesen, ohne weiters als wirkliche Ehfrau und Gattin anerkannt wurde mit allen Rechten und Ansprüchen, die an diesen Titel sich knüpften [658]. Dieß scheint besonders im Norden der Fall gewesen zu seyn.

---

[657]) Grimm a. a. O. I. S. 439. Heinecc. orig. §. 301. Id. antiqq. §. 158. Ayrer cit. Sect. II. §. 11. Rothar. l. 223 cf. Liutprand l. 106. ejusd. l. 7. Eichhorn D. R. und R. G. I. §. 54.

[658]) Grimm a. a. O. S. 439. Mittermaier D. P. R. cit. §. 326 Note 8. Jüt. Gesetz l. 29 übers. ed. Falk p. 58. Dreyer Nebenstunden S. 314. Torfaeus hist. Norvag. T. IV. L. 8. c. 4 p. 417.

§. 2.

Nach dem was oben über die Sponsalien gesagt worden, bildeten dieselben ein Ehehinderniß, welches in so ferne, als die mögliche Abfindung des Sponsus u. dgl. noch Rücktritt und Lösung offen ließ, nur ein aufschiebendes war, welches aber nachdem der kirchliche Segen hinzugetreten oder sonst mit der traditio sponsae der Anfang gemacht war, jeder anderweitigen Verbindung vernichtend entgegenstand. Die Sponsalien, welche diesen letzteren Character an sich trugen, nannte man in der Folge matrimonium ratum [659]). Was aber, ausser den Sponsalien, die anderen jetzt sogenannten aufschiebenden Ehehindernisse anbelangt, so ist von dem einen derselben, dem sogenannten votum minus solenne, bereits im vorhergehenden Kapitel §. 6 die Rede gewesen. Das Verbot der Kirche trat ein bey Solchen, die einer Busse unterlagen, und eine Stelle in der alten gallischen Sammlung bey d'Achery I. 119 c. 8, aus dem Concilium von Toledo v. J. 638, welche alles in der Beziehung dem Ermessen des Bischofs anheimstellt, hebt diesen Character entschieden hervor. Dasselbe ist der Fall mit den Verboten, die in den Pönitentialbüchern nach dem Vorbilde der römischen Gebräuche [660]) hie und da vorkommen, innerhalb einer bestimmten Trauerzeit nach dem Tode des ersten Gatten (gewöhnlich eines Monats nach dem Tode der Frau, eines

---

[659]) Die blosse Fassung der Worte, in welchen der Eheconsens ausgesprochen wurde, wenn diese eine wirkliche Uebergabe bezeichneten, konnte ihnen diesen Character geben. Man nannte sie dann Sponsalia de praesenti.

[660]) Das Ed. Theodoric. art. 37 ist das einzige Product deutscher Gesetzgebung, worin diese römische Bestimmung erneuert wurde.

Jahres nach dem Tode des Mannes) zur zweiten Ehe zu schreiten [661].

Oefter kommt das Verbot vor, zu bestimmten feierlichen Zeiten des Jahres, vorzüglich in der Fastenzeit, eine Ehe zu begehen, weil diese Zeiten für die Verheuratheten selbst eine Zeit der Abstinenz waren, wo sie sich der ehlichen Beiwohnung enthalten mußten [662]. Endlich reihen sich hier in die Klasse der aufschiebenden Ehhindernisse die oben bemerkten Fälle, wo wegen Verwandtschaft die Ehe verboten war, ohne daß deßhalb die schon geschlossene Ehe getrennt worden wäre.

---

[661]) z. B. Theodor. Cantuar. c. 29. Mansi XII. p. 28. Excerpt. Eggbert. c. 118. Wilkins I. 108.

[662]) Ind. vett. can. hisp. Lib. IV. Tit. I. c. 7. Aguirre T. IV. Excerpt. Eggbert. c. 108. Wilkins I. 107. Ejusd. lib. de remed. peccator. c. 10. Mansi XII. 475. Poenitentiale antiq. gall. c. 58. d'Achery I. 525.

IV. Kapitel.

Disciplin in Ansehung der ehelichen Lebens, Scheidung und zweite Ehe.

§. 1.

Es ist oft gesagt worden, daß die Kirche an den in das römische Reich eingewanderten Germanen das Werk einer bewunderungswürdigen Erziehung vollbracht habe. Das bewährt sich recht auffallend in der ungemeinen Sorgfalt, womit sie besonders das Ehewesen bis in die kleinsten Einzelnheiten, vermittels der Ausbildung ihrer Pönitential-Bestimmungen, zu ordnen bemüht war, auch hier beständig trachtend, die rohe Sinnlichkeit zu bändigen und den Geist zu gewöhnen, selbst im Erlaubten sich ein Maaß zu setzen und den Körper zu beherrschen. Bewundern muß man dabey die treue Gewissenhaftigkeit des Volkes, die allein die Durchführung einer solchen, die heimlichsten Heimlichkeiten des ehlichen Lebens betreffenden Gesetzgebung möglich machte, und bewundern die Kirche, die hohe, göttliche Heilsanstalt, die allein das Laster, die Ausschweifung und die Rohheit in ihren verborgendsten Schlupfwinkeln, gleichsam in einem geheiligten Asyl, zu erfassen und zu überwältigen vermag.

Schon beim Eintritte in die Ehe bekämpfte die Kirche die Begierlichkeit durch die Vorschrift, daß die Neuvermählten die erste Nacht, oder wohl gar die ersten drey Nächte in der Enthaltsamkeit den empfangenen Segen ehren sollten [663]). Dann aber sucht sie den erlaubten Genuß der Ehe selbst zu regeln und zu mässigen, indem sie nicht bloß für die besonders feierlichen oder den Fasten und Bußübungen gewidmeten Zeiten, vierzig Tage, nemlich vor Ostern, sieben Tage vor Pfingsten und vierzehn Tage vor Weihnachten, an allen hohen Festtagen und deren Vorabenden, sondern regelmässig für jede Woche am Mittwoch, Freitag, Sonnabend und Sonntag den Gatten die Enthaltsamkeit zur Pflicht macht [664]). Dasselbe war bestimmt für die dem Genuße des Abendmahls zunächst vorhergehenden drey Tage [665]). Ausserdem war aber dem Manne auch untersagt, seiner Frau zu nahen zur Zeit ihres Geblüts [666]); nachdem sie empfangen hatte, drey Monate vor der Geburt oder von dem Augenblick an, wo sie das Leben des Kindes verspürte; nach der Geburt aber, so lange sie das

---

[663]) C. 1 c. XXX. qu. 5 eod. Excerpt. Eggbert. c. 90. Wilkins I. p. 106. Eine ganz eigenthümliche Bestimmung enthält c. 29 der sog. Capitula Theodorici Cantuar., welches vorschreibt, daß diejenigen, welche zum erstenmale heurathen, die ersten dreissig Tage (wo vorausgesetzt wird, daß sie in der Liebe schwelgen) die Kirche meiden, dann aber vierzig Tage Busse thun und hienach erst die Communion empfangen sollen.

[664]) Liberius Papa in Decret. Hardouin. I. 1800. Theodulphi Aurelian. Capitul. 43. Mansi XIII. 1006. Bedae Poenitent. Mansi XII. 517 init. Poenitent. Eggbert. Lib. I. c. 28 Lib. II. c. 21. Wilkins I. 121, 131. Collect. antiq. hibern. ex lib. 44. c. 11. d'Achery I. 504. col. 1 Eggbert de remed. peccat. Mansi XII. 491. Theod. Cantuar. Capitul. 49.

[665]) Beda et Eggbert Poenit. cit. cf. Mansi XII. 511. E. Judicia Gregorii III. 30. Mansi XII. 295. Excerpt. Eggbert. c. 111. Wilkins I. 107.

[666]) Gregor III. Judicia c. 25. Bedae Poenitent. Mansi XII. 511 D.

Kind säugte, bis zur eingetretenen Reinigung, oder doch wenigstens vierzig Tage lang [667]). Die Weiber, die aus Begierlichkeit oder Bequemlichkeit ihre Kinder von Anderen säugen lassen, werden streng getadelt. Jeder wohllüstige, widernatürliche Genuß der Ehe muß gebüßt werden [668]) und bis zu dem Punkte ist die Sorgfalt für die Keuschheit und Sittsamkeit des ehlichen Lebens getrieben, daß dem Manne untersagt ist, seine Frau nackt zu sehen [669]).

Unter die Rubrik Eherecht gehören nun freilich alle diese Bestimmungen streng genommen nicht; allein zur Vollendung des Bildes des damaligen Zustandes, dessen, was die Ehe im christlichen Sinne damals war, gehörte es doch, zumal gerade in Ansehung der Ehe aus diesem Gebiete heraus sich beinahe alles, die ganze kirchliche Gesetzgebung, entwickelt hat.

Eine Bemerkung endlich dringt sich hier noch auf. Man kann nemlich nach Ansicht der oben angegebenen Bestimmungen nicht begreifen, wie dem Geistlichen, der immer mit dem Gottesdienste beschäftigt seyn und täglich das Opfer darbringen mußte, die Ehe hätte erlaubt seyn können [670]).

---

[667]) Bedae Poenit. Mansi XII. 513 D — E. 516 in f. Collect. hibern. ex lib. 44 c. 11 d'Achery I. 504.

[668]) Poenit. Eggbert. c. 21 et 25 Wilkins I. 121.

[669]) Poenitent. Eggbert. c. 20 Wilkins I. 119. Theodor. Cantuar. Capit. 61.

[670]) Von mehreren Schriftstellern wird das c. 35 der leges presbyterorum Northumbrensium aus dem 10. Jahrhundert, folgenden Inhalts: Si presbyter Concubinam deserat et aliam accipiat anathema sit, als Beweis angeführt, daß den Priestern nicht bloß die Ehe, sondern sogar der Concubinat erlaubt gewesen sey. Sollten die im III. Kapitel §. 7 angeführten Belege nicht hinreichen, um die Ueberzeugung zu begründen, daß aus jenem c. 35, falls es keine andere

§. 2.

Wie die Gesetzgebung, so gründete sich auch die Jurisdiction der Kirche in Ehesachen auf die nothwendige Sorge derselben für die Reinheit und Würde dieses Verhältnisses, der Hauptgrundlage der allgemeinen Sittlichkeit und Religiosität, als ein nothwendiger Zweig ihrer Disciplinargewalt. Es war natürlich und nothwendig, daß ihre Thätigkeit in dieser Hinsicht in dem Verhältnisse ausschließender wurde, als der Geist des Christenthums mehr die öffentlichen und häuslichen Sitten der Völker durchdrang. Was insbesondere die Ehescheidung anbelangt, so haben wir wohl gesehen, daß man lange Zeit hindurch theils aus wechselseitiger Uebereinkunft, theils auch einseitig, häufig mittels wirklicher oder scheinbarer Abfindung des anderen Theiles, besonders der Frau, endlich aber auch wegen bestimmter, gesetzlich gebilligter Gründe die Ehe löste; und es wäre seltsam, anzunehmen, daß die Kirche, sich dabey anders als leidend verhalten habe, und daß die weltlichen Rechte und Gesetze hierüber von jemand anderem als den weltlichen Richtern gehandhabt worden seyen. Aber

---

Deutung vertrüge, höchstens der Schluß gezogen werden könne, daß eben die englische Kirche damals von der allgemeinen Regel auf eine auffallende Weise abwich und in einem Zustande arger Unordnung sich befand: so dürfte man nur die Schilderung lesen, welche vor einer Versammlung von Bischöfen der beinahe gleichzeitige König Edgar von der Zuchtlosigkeit des englischen Klerus macht (Wilkins I. 346) und die Kanones vergleichen, welche unter der Regierung dieses Königs erlassen wurden. Einer dieser Kanones bestimmt: Si presbyter vel monachus, vel diaconus legitimam uxorem habet, antequam consecratus sit, et eam deserat et ordines recipiat, et postea propter concubitum illam saepe recipiat, jejunet quilibet eorum tanquam pro homicidio et valde lugeant (Wilkins I. 233 in f. l 31.) Das oben angeführte c. 35 leg. presbyt. Northumb. dürfte auf ein analoges Verhältniß zu einer Concubine gedeutet werden, wenn derjenige, der diese um der Weihe willen verlassen, sich wohl gar dann mit einer Andern abgäbe.

es handelte sich, so lange dieses Verhältniß bestand, nur darum, wer von beiden, ob der weltliche Sinn oder der christliche Geist im Kampfe obsiegen würde. In dem Grade, als die Kirche grössere Gewalt über die Gewissen erlangte und ihr Bußwesen mehr auszubilden vermogte, wurde auch dieser Gegenstand immer mehr vor ihr Forum gebracht und ihrer Bestimmung und Entscheidung unterworfen. Sie bestrafte nun die Scheidungen, die man sich sonst ungeahndet erlaubt hatte, stufte ihre Strafen, je nach der Beschaffenheit der Fälle, ab, entschied, wann man sich straflos trennen könne, wann zu einer neuen Verbindung zu schreiten gestattet sey, von welcher Art die Verbindung eines Christen seyn müsse, um nicht sündhaft, sondern lobenswürdig und glücklich zu seyn; und so ist jede Stelle, worin sie über diesen Gegenstand entschied, namentlich da, wo sie ihre Bestimmungen mit Strafandrohungen begleitete, ein Zeugniß für die Jurisdictionsgewalt, die sie in Ehesachen, und so denn auch namentlich in Scheidungsangelegenheiten ausübte. Wir können in der Beziehung auf die ganze bisherige Darstellung, besonders aber auf das im zweyten Kapitel des vorigen Abschnittes Vorgetragene verweisen. Einzelne Stellen übrigens bezeichnen auch die Sache näher und zeigen, wie von der frühesten Zeit an besonders die Scheidungsangelegenheiten dem Urtheile der Geistlichkeit unterlagen, wo immer sich die Kirche Gehör zu verschaffen im Stande war. Dahin weist z. B. der beinahe in allen Sammlungen vorkommende Brief Innocenz I an den Bischof Exuperius von Toulouse' (Hardouin I. 1002) an der Stelle, wo er ihm auf die Frage: warum die christlichen Frauen bey ihren ehebrecherischen Männern bleiben, während die Männer doch von den ehebrecherischen Weibern sich scheiden, zur Antwort giebt, das komme daher, weil die Männer leichter ihre Weiber bei den

Geistlichen verklagten, während die Weiber in Ansehung ihrer Männer zu demselben Schritte sich nicht entschließen könnten. Bestimmter noch spricht die Sache der gleichfalls in den Sammlungen vielfach vorkommende Kanon 25 des Konciliums von Agde v. J. 506 mit folgenden Worten aus: **Si antequam apud Episcopos comprovinciales discidii causas dixerint et prius uxores, quam judicio damnentur, abjecerint, a communione ecclesiae et sancto populi coetu, pro eo quod fidem et conjugia maculant, excludantur.** Eben so entschieden behandeln die Sache als einen Gegenstand der bischöflichen Jurisdiction die Instructionen Gregors II an seine Abgesandten nach Bayern. Es war also Regel, daß man nicht anders, als mit Zustimmung der geistlichen Behörde sich trennen sollte, und in dem Verhältniß, als die Kirche diese Regel geltend zu machen vermogte, gieng auch die Autorität und der Gebrauch der frühern, weltlichen Scheidungsgesetze unter, und die eigentliche Scheidung machte der blossen Trennung von Tisch und Bette Platz, die überall hervortritt, wo mit der Erlaubniß, die Frau zu entfernen oder vom Manne wegzugehen, das Verbot verbunden ist, bey Lebzeiten des andern Theiles eine neue Verbindung zu schliessen. Wir würden ohne Noth auf das im ersten Kapitel dieses Abschnitts schon Vorgetragene zurückkommen, wenn wir hier die einzelnen Stellen, wo dieses der Fall ist, noch einmal besonders anführen wollten.

§. 3.

In Ansehung der Wiederverehlichung, nachdem die erste Ehe durch den Tod gelöst worden, bewahrte man zwar, besonders in den Pönitentialbüchern, die Traditionen der alten Kirche namentlich die bekannten Kanones von Neocäsarea und Laodicea, so daß die zweite Ehe als erlaubt wohl anerkannt, doch einer Büſſung bedürftig, die dritte aber als wirklich unerlaubt bezeichnet wurde [671]): allein der Gang, den die Disciplin in der Folge über diesen Punkt genommen, die Geschichte und namentlich das Beispiel Karls des Großen beweisen, daß im praktischen Leben diese Bestimmungen nicht strenge eingehalten wurden, noch werden konnten.

Die bisherige Darstellung hat nun theils im Keime, theils als schon vorhanden, alles dasjenige nachgewiesen, was nachher, in den sogenannten Institutionen Karls des Großen, in bestimmten Formen dem leichteren Ueberblick entgegentritt, und so mag sie denn dazu dienen, in diesem Punkte wenigstens diese Institutionen selbst theils vor übertriebener Bewunderung, theils vor Mißdeutungen zu bewahren, wie sie ihnen bis in die neueste Zeit nur allzuoft zu Theil geworden [672]).

---

[671]) Ind. vett. can. hisp. Lib. V. Tit. 5. Decret. Gelasii general. T. 24 c. 84. Hardouin I. 997 c. 22. Concil. Neocaesar. Tit. 3. a. c. 3. Concil. Bracar. III. Tit. 80 a. c. 3. Concil. Laodic. Tit. 1. c. 7. Poenitent. antiq. gall. c. 78 et 80 d'Achery I. 527, 528. Theodor. Cantuar. Capitul 26 Mansi XII. 28. Excerpt. Eggbert c. 91. Wilkins I. 106. Poenitent. Eggbert. c. 19, 20 Wilkins I. 131.

[672]) Sieh z. B. J. H. Böhmer „die Ehgesetze im Zeitalter Karls des Großen. Göttingen 1826.

Anhang.

Uebersetzung mehrerer im Text und in den Noten vorkommenden griechischen Stellen.

A.

Seite 15 fg. Justini Martyr. Apologia II.: Denn da die Frau es im Uebrigen für gottlos hielt, einem Manne beizuwohnen, der wider das Gesetz der Natur und außer den Grenzen des Erlaubten überhaupt seiner Lust Bahn zu machen versuchte; so wollte sie aus der Gemeinschaft mit ihm geschieden seyn. . . . . Nachdem ihr nun gemeldet wurde, daß ihr Mann in Alexandrien, wohin er gereist war, noch Schlimmeres trieb, so sandte sie ihm, um nicht Theilhaberin seiner Sünden und Frevel zu werden, wenn sie in der Gemeinschaft mit ihm verbliebe und seines Tisches und Bettes Genossin wäre, das bey euch sogenannte Repudium und trennte sich.

B.

Seite 16 fg. Justin. Martyr. Apol. I.: Damit ihr aber nicht glaubt, daß wir euch etwa täuschen, so schien es uns angemessen, einige der Lehren Christi selber zur Probe anzuführen, und ihr mögt nun, als mächtige Fürsten, prüfen, ob wir in Wahrheit so gelehrt wurden und lehren. Kurz und bündig waren seine Aussprüche; denn er war kein Sophist; sondern seine Rede war Gottes Kraft.

Ueber die Mäßigung der Begierden sagte er nun: Wer ein Weib ansieht, um ihrer zu begehren, hat schon im Herzen bey Gott die Ehe gebrochen . . . . und wer die von einem anderen Manne Verlassene heurathet, der bricht die Ehe. . . . . Wie nach menschlichem Gesetze die, welche sich zweimal verheurathen, so fehlen nach unserer Lehre auch die, welche ein Weib ansehen, um seiner zu begehren. Denn nicht bloß der, welcher in der That die Ehe bricht, sondern auch, welcher den Willen hat, die Ehe zu brechen, wird bey ihm verworfen; wie nicht bloß die Werke, sondern auch die Gedanken Gott sichtbar sind.

C.

Seite 29. **Clement.** Alexandr. **Stromat. Lib. II. c. 23.** Damit, daß die Schrift zu heurathen räth und nie die Ehe zu trennen vorschreibt, stellt sie offenbar ein Gesetz auf. Du sollst deine Frau nicht verstossen, es sey denn um Ehbruchs willen. Für Ehbruch aber hält er es, ferner zu heurathen bey Lebzeiten des anderen der beiden Geschiedenen. . . . . . Wer eine geschiedene Frau nimmt, der bricht die Ehe, sagt er; denn wenn einer seine Frau verstößt, so macht er sie zur Ehbrecherin d. h. zwingt sie, die Ehe zu brechen. Nicht allein aber, der sie verstoßen hat, wird dessen schuldig, sondern auch der, welcher sie annimmt, indem er ihr Anlaß bietet, zu sündigen; denn wenn er sie nicht aufnähme, würde sie zu ihrem Manne zurückkehren.

eod. **Lib. III.** c. 6. Sie wußten nicht, daß nach der Rede von der Scheidung, da Einige meinten, wenn es so stünde mit der Frau, so wäre es dem Menschen nicht gut, zu heurathen, der Herr sprach: Nicht Alle fassen diese Rede, sondern denen es gegeben ist. Denn die so fragten, wollten wissen, ob es erlaubt sey, nachdem die Frau wegen Ehbruchs schuldig erkannt und entfernt worden sey, eine andere zu nehmen.

Eben da. **Strom. Lib. III.** c. 12. Derselbe Mann und Herr aber duldete, das Alte wiederherstellend, die Vielweiberey nicht; denn jenes wollte Gott, als es Noth that, daß die Erde bevölkert und das Menschengeschlecht vermehrt würde. Die Monogamie aber führt er ein um der Kinderzeugung und der Pflege des Hauses willen, wozu die Frau als Gehülfin gegeben ward, wenn auch der Apostel, um der Verderbniß und der Begierlichkeit willen, einem aus Nachsicht eine zweite Ehe gestattet, indem auch dieser nicht sündigt wider den Bund. Denn es wurde nicht verboten durch das Gesetz. Aber er erfüllt nicht den Zweck der Vervollkommnung nach der evangelischen Ordnung. Himmlischen Ruhm dagegen erwirbt sich derjenige, der für sich bleibt und die durch den Tod gelöste Verbindung unversehrt bewahrt und zufrieden der Fügung gehorcht, durch welche er ungehindert dem Dienste des Herrn hingegeben wurde.

D.

Seite 31. Theophyli ad Autolycum lib. III. c. 12. Die Stimme des Evangeliums aber lehrt Strengeres über die Heiligkeit, indem sie sagt: Jeder, der ein fremdes Weib ansieht, um ihrer zu begehren, hat bereits mit ihr die Ehe in seinem Herzen gebrochen und derjenige, spricht sie, welcher die vom Manne Verlassene heurathet, bricht die Ehe; und derjenige, welcher die Frau verstößt, außer wegen Ehbruchs, macht sie die Ehe brechen.

Eod. c. 15. Möge es fern seyn von den Christen, etwas solches thun zu wollen; bey ihnen ist die Keuschheit; Enthaltsamkeit wird gepflegt; Monogamie wird bewahrt.

E.

Seite 54 Note 55. Basilius ad Amphiloch. c. 40. Die gegen den Willen ihres Herrn einem Manne sich hingiebt, begeht Unzucht; die aber hienach einer ihr erlaubten Verbindung genießt, die hat geheurathet. So ist jenes Hurerey, dieses aber Ehe. Denn die Verträge derer, die unter fremder Gewalt stehen, haben keine Kraft.

c. 42 eod. Die ohne die Gebieter geschlossenen Ehen sind Hurerey. Weder also bey des Vaters noch bey des Herrn Leben sind die sich Verbindenden von Schuld frey, bis ihre Gebieter die Verbindung gebilligt haben; denn dann erst nimmt sie die Giltigkeit der Ehe an.

F.

Seite 56. Note 59. Basilii ad Amphiloch. c. 38. Die Jungfrauen, welche wider des Vaters Willen (einem Manne) folgen, begehen Unzucht. Wenn aber die Eltern versöhnt sind, scheint mir die Sache wieder gut gemacht. Nicht sogleich aber sollen sie in die Gemeinschaft wieder aufgenommen werden, sondern sie sollen drey Jahre büssen.

G.

Seite 59 Note 64. Canon apostol. 66. Wenn Einer eine unvermählte Jungfrau mit Gewalt erlangt hat, soll er ausgeschlossen werden: es sey ihm aber nicht erlaubt, eine andere zu nehmen, sondern nur die, welche er raubte, wenn sie auch arm wäre.

H.

Seite 62 Note 67. Ignatius ad Policarpum. Wenn Einer in Reinheit verharren kann, zur Verehrung des Fleisches unseres Herrn, so bleibe er in Demuth.

I.

Seite 63. Clement. Alexand. Strom. lib. III. §. 12. Der Vorsatz dessen, der sich selbst verschnitten, und dessen, der dagegen um der Kinderzeugung willen in die Ehe sich begeben, muß streng gegen das Schlechtere aufrecht erhalten werden. — Derjenige, der mit dem Vorsatze der Keuschheit, gelobt hat, nicht zu heurathen, der bleibe ehlos.

K.

Seite 65 Note 74. Ignatius ad Smyrn. Ich grüsse . . . . . . auch die Jungfrauen, die man Wittwen nennt.

eod. Clem. Alex. Strom. lib. VII. §. 12. p. 875. Denn der, welcher die Begierde gefühlt hat und sich enthält, wird, wie die Wittwe, wiederum zur Jungfrau.

L.

S. 65 Note 77. **Athanasius in vita Antonii.** Nachdem er die Schwester bekannten und treuen Jungfrauen anvertraut hatte, indem er sie in ein Parthenon zur Erziehung gab.

M.

S. 71. Note 87. **Can. Apost. 25.** Denen unter den unvermählt in den Klerus Getretenen, welche heurathen wollen, befehlen wir, daß bloß die Lectoren und Cantoren es dürfen.

N.

S. 71. Note 89. **Concil. Ancyran. c. 9.** Die Diakone, welche angestellt werden, mögen, wenn sie bey der Anstellung selbst bezeugt und gesagt haben, daß sie der Ehe bedürfen, weil sie so nicht bleiben können, in dem Dienste bleiben, weil es ihnen vom Bischofe gestattet worden ist; wenn aber welche schweigen und es auf sich nehmen, in der getroffenen Wahl so zu verbleiben, nachher jedoch in die Ehe treten, so sollen sie des Diakonats entsetzt werden.

O.

S. 87 Note 129. **Concil. Ancyr. c. 24.** Einer, welcher eine Jungfrau gefreit hatte, hing dann ihrer Schwester an, so daß er mit ihr lebte. Nachher heurathete er seine Verlobte, die Verführte aber erhängte sich. Die Mitschuldigen wurden verurtheilt, zehn Jahre lang unter die Versammelten nach den vorgeschriebenen Stufen (der Busse) gestellt zu werden.

Eod. Concil. Neocaesar. c. 2. Wenn ein Weib sich mit zwey Brüdern verheurathet; so soll es ausgestossen werden bis zum Tode; erst am Tode soll sie aus Menschlichkeit, wenn sie sagt, daß sie im Falle der Genesung die Ehe aufgeben wolle, Verzeihung erhalten. Stirbt aber die Frau in solcher Ehe, oder etwa der Mann, so ist für den Ueberbleibenden die Busse schwer.

P.

S. 96 Note 148. **Ignatius ad Polycarp. V.** Es ziemt sich für die, welche heurathen, wie für die, welche geheurathet werden, daß sie die Verbindung nach der Gesinnung des Bischofs schliessen, damit die Ehe nach dem Herrn sey, und nicht nach der Begierlichkeit. Alles soll zur Ehre des Herrn geschehen.

S. 101. Note 161. **Concil. Ancyran. c. 11. NB.** Die Dionysische und die Isidorische Interpretation dieses Kanons geben ihn so, wie er im Texte angeführt ist; sonst könnte wohl die Frage entstehen, ob man das *εἰ καὶ βίαν ὑπ᾽ αὐτῶν πάθοιεν* nicht eher auf *προμνηστευσαμένοις*, als auf *ἄλλων* zu beziehen hätte, so daß es hieße, die Bräute sollen ihren Verlobten zurückgegeben werden, wenn sie auch unter denselben Mißhandlung erlitten.

Q.

S. 140. Note 247. Was Gott verbunden hat, soll der Mensch nicht trennen; das wurde den Pharisäern gesagt: hört aber nun ihr, die ihr damit trödelt und die Weiber so ruhig, wie die Kleider wechselt; die ihr euere Ehbetten so oft und leicht aufrichtet, wie öffentliche Buden bey Volksbelustigungen; die ihr nur die Mitgift heurathet und die Weiber verhandelt; die ihr über ein Kleines erbittert werdet und gleich den Scheidebrief schreibt; die ihr bey Lebzeiten eine Menge Wittwen zurückläßt; merkt euch wohl, daß die Ehe nur durch den Tod und den Ehbruch getrennt wird.

R.

S. 142 Note 248. Can. apost. 48. Wenn ein Laie sein Weib verstößt und eine andere nimmt oder eine von einem Anderen Verlassene, so soll er ausgeschlossen werden.

S.

S. 162 Note 288. Can. apost. 67. Wenn Einer ein unverlobtes Mädchen durch Gewalt in seinen Besitz bekommt; so werde er ausgeschlossen; es sey ihm daher auch nicht gestattet, eine Andere zu heurathen, sondern jene, die er entführte, wenn sie auch arm seyn sollte.

T.

S. 162. Note 289. C. 25. Basil. Derjenige, welcher die von ihm Verführte zur Frau hat, soll zwar die Strafe der Verführung erleiden, die Frau aber soll er behalten dürfen.

U.

S. 163. Note 290. Can. 22 Basil. Diejenigen, welche durch Entführung Weiber haben, sollen, wenn sie mit Anderen bereits Verlobte geraubt haben, nicht eher angenommen werden, als nachdem dieselben ihnen entzogen und es deren ursprünglichen Verlobten freigestellt worden, sie, wenn sie wollten, zu nehmen, oder zu entlassen . . .

V.

S. 172. Basil. ad Amphiloch. c. 19. Ein Gelöbniß der Männer kenne ich nicht, ausgenommen wenn sie sich dem Orden der Mönche beizählen; die geben stillschweigend zu erkennen, daß sie die Ehlosigkeit annehmen. Uebrigens auch bei diesen glaube ich, vorschreiben zu müssen, daß man sie frage und ihnen das ausdrückliche Versprechen abnehme, daß sie fortan, dem sinnlichen Wohlleben absagend, sich der Strafe der Ehebrecher unterziehen.

X.

S. 172. Note 303. Basil. ad Amphiloch. c. 60. Eine Jungfrau, die das Gelübde abgelegt hat und von dem Versprechen abgefallen ist, soll die für die Sünde des Ehbruchs bestimmte Zeit in der Einsamkeit abbüssen; eben so die, welche das Mönchsleben gelobt und das Gelübde gebrochen haben.

Y.

S. 180. Concil. Nicaen. c. 3. Die große Synode verbietet durchaus, daß weder einem Bischofe, noch einem Priester, oder einem Diakon oder überhaupt irgend Einem aus dem Klerus erlaubt sey, eine eingeführte Hausgenossin (subintroductam) zu haben, ausgenommen etwa die Mutter, die Schwester, die Muhme oder Solche, deren Aeußeres jeden Verdacht entfernt. Wer dagegen handelt, wagt, seine Würde zu verlieren.

Z.

S. 181. Note 330. Epiphan. haeres. 48 No. 9. Aus Solchen, die von einer monogamischen Ehe sich enthalten, oder in der Jungfäulichkeit ausharren. Eod. 59. No. 4. Aber auch den noch in der Ehe Verharrenden und Kinder zeugenden, wenn er auch eines Weibes Mann ist, nimmt sie (die Kirche) nicht an als Diakon oder Priester, Bischof oder Subdiakon, sondern denjenigen, der von der einen Frau sich enthält oder Wittwer geworden ist, besonders wo die kirchlichen Satzungen noch unversehrt bewahrt werden.

Aa.

S. 190. Note 339. Concil. Trullan. c. 26. Der Priester, der durch Unwissenheit in eine verbotene Ehe gerathen, soll zwar die Kanzel behalten, nach dem, was durch den heiligen Kanon uns vorgeschrieben ist, von den übrigen Verrichtungen aber sich enthalten. Genug ist ja einem Solchen die Nachsicht. Daß aber Einer, der seine eigenen Gebrechen zu heilen hat, einen Anderen segne, geht nicht an. Denn die Segenspendung gehört zur Heiligkeit. Wer aber diese nicht hat wegen des aus Unwissenheit begangenen Fehlers, wie wird er sie einen Anderen spenden? Weder öffentlich also noch geheim soll er segnen, noch den Leib Christi Anderen reichen, oder irgend eine heilige Verrichtung vornehmen, sondern mit seiner Stelle zufrieden, flehe er zum Herrn um Vergebung des aus Unwissenheit begangenen Fehlers. Klar ist indessen, daß eine solche gesetzwidrige Ehe gelöst werden wird und der Mann auf keine Weise Umgang haben soll mit derjenigen, durch welche er seiner heiligen Werkthätigkeit verlustig geworden ist.

Bb.

Seite 197. Note 349. Concil. Laodicen. c. 10. Daß die Angehörigen der Kirche ihre Kinder nicht ohne Unterschied den Ketzern zur Ehe geben sollen.

Cc.

S. 198. Note 351. Concil. Chalcedon. c. 14. Nachdem in einigen Provinzen den Lectoren und Cantoren zu heurathen erlaubt wird, so hat die heilige Synode bestimmt, daß keinem derselben gestattet sey, ein Weib anderes Glaubens zu nehmen, diejenigen aber, welche aus einer solchen Ehe Kinder erzeugten, falls sie ihre Kinder bey den Ketzern haben taufen lassen, von der Gemeinschaft der katholischen Kirche ausgeschlossen werden sollen. Die noch nicht Getauften sollen nicht bey den Ketzern getauft werden können, noch zur Ehe einem Ketzer, Juden oder Heiden gegeben werden, wenn nicht der mit den Rechtgläubigen verbundene Theil sich zum wahren Glauben zu bekehren verspricht. Wenn aber Einer diese Bestimmung der heiligen Synode überschreitet, soll er nach den kanonischen Satzungen büssen.

Dd.

S. 226. Note 409. Epiphan. haeres. 48. No. 9. Sie stossen den in zweiter Ehe Verbundenen aus und zwingen, in eine zweite Ehe sich nicht einzulassen; wir aber wenden keinen Zwang an, sondern wir sprechen zu, mit gutem Rathe den, der es vermag, ermunternd; keinen Zwang thun wir jedoch dem an, der es nicht vermag; wir stoßen ihn nicht vom Leben aus.

Ee.

S. 227. Note 410. Concil. Nicaen. c. 8. Vor allem müssen sie schriftlich bekennen, daß sie sich unterwerfen und anhängen den Lehren der katholischen und apostolischen Kirche, nemlich auch mit den Digamis (wieder verehlichten Wittwern) die Kirchengemeinschaft zu pflegen. rc.

Ff.

S. 242. Note 434. Asterius in C. XIX Matth. Das wurde den Pharisäern gesagt: hört aber nun ihr, die ihr damit trödelt und die Weiber so ruhig, wie die Kleider wechselt; die ihr euere Ehbetten so oft und leicht aufrichtet, wie öffentliche Buden bey Volksbelustigungen; die ihr nur die Mitgift heurathet und die Weiber verhandelt; die ihr über ein Kleines erbittert werdet und gleich den Scheidebrief schreibt; die ihr bey Lebzeiten eine Menge Wittwen zurücklaßt, merkt euch wohl, daß die Ehe nur durch den Tod und den Ehbruch getrennt wird . . . . Wenn er (der Mann) aber die Klage des Ehbruches anführt, so mag er dieß als Rechtfertigung der Scheidung aufzeigen; gleich will ich die Vertheidigung des Beleidigten übernehmen, die Rede gegen die Ehbrecherin richtend; als guter Mitstreiter will ich, dem Feinde gegenüber, ihm zur Seite stehen, lobend den, der die Hinterlist flieht, der das Band zerschneidet, womit er an die Schlange oder die Viper gefesselt war. Denn diesem giebt zuerst der Schöpfer des Weltalls die Erlaubniß als einem, den mit Recht seine Familie schmerzt und der das Uebel seines Hauses austreibt . . . . . . Dieses Gesetz der Keuschheit wurde von Gott nicht bloß den Weibern vorgeschrieben; sondern auch den Männern. Diejenigen aber, die sich an die Gesetzgeber dieser Welt halten, gestatten den Männern die ungestrafte Freiheit der Unzucht und sind nur schwere Beurtheiler und Lehrer der Ehrbarkeit der Frauen. Aerzte der Anderen, die gewöhnlch an vielen Leibern ihre Thorheit auslassen, und nach dem Sprichwort von tausend Wunden strotzen. . . . . Wenn aber auch Einige, mit den Gesetzen der Römer es haltend, die Unzucht für unsträflich erklären; so irren sie sich gewaltig, da sie nicht einsehen, daß etwas anderes Gott vorschreibt und anderes Menschen lehren.